河南省“十二五”普通高等教育规划教材
普通高等教育“十二五”规划教材
河南省精品资源共享课程配套教材
河南省精品课程配套教材

概率论与数理统计

（第二版）

徐雅静　段清堂　汪远征　曲双红 等　编著

科学出版社
北京

内 容 简 介

本书由概率论与数理统计两部分组成.概率论部分(第1章～第5章)包括随机变量及其分布、随机变量的数字特征、大数定理和中心极限定理等研究随机性问题的理论基础.数理统计部分(第6章～第10章)包括参数估计、假设检验、回归分析和方差分析等基本统计分析方法.

本书增加概率统计的发展简史和应用案例,以激发学生的学习兴趣;引进计算机数据处理与统计分析技术,便于学生对理论的理解和应用方法的掌握;增加实验内容,图文并茂地给出实验过程,便于学生自学掌握.

本书可供普通高等院校工科类、理科类(非数学专业)、经济管理类有关专业的大学生作为教材使用,也可供广大教师和相关人员参考.

图书在版编目(CIP)数据

概率论与数理统计/徐雅静等编著.—2版.—北京:科学出版社,2015.8
(河南省"十二五"普通高等教育规划教材·普通高等教育"十二五"规划教材·河南省精品资源共享课程配套教材·河南省精品课程配套教材)
ISBN 978-7-03-045199-6

Ⅰ.概… Ⅱ.徐… Ⅲ.①概率论-高等学校-教材②数理统计-高等学校-教材 Ⅳ.O21

中国版本图书馆CIP数据核字(2015)第158766号

责任编辑:张中兴 / 责任校对:蒋 萍
责任印制:张 伟 / 封面设计:迷底书装

科学出版社 出版
北京东黄城根北街16号
邮政编码: 100717
http://www.sciencep.com
北京凌奇印刷有限责任公司 印刷
科学出版社发行 各地新华书店经销

*

2009年8月第 一 版 开本:720×1000 1/16
2015年8月第 二 版 印张:21
2022年1月第二十三次印刷 字数:424 000

定价: 49.00元

(如有印装质量问题,我社负责调换)

前　言

“概率论与数理统计”是一门研究随机现象的应用性很强又颇具特色的数学学科，它在工程技术、科学研究、经济管理、企业管理、人文社科等众多领域都有广泛的应用. 它的理论与方法向各个学科渗透，是近代科学技术发展的特征之一，并由此产生了许多新的交叉学科，如生物统计学、工程统计学，医学统计学、统计物理、管理统计学、计量经济学、商业统计学等等. 它又是许多新兴的重要学科的基础，如信息论、控制论、可靠性理论、人工智能、信息编码理论和数据挖掘等. “概率论与数理统计”改变了原有单一学科发展的思路，对各门学科的发展具有极大的支撑作用，它的方法可以帮助各个领域的研究工作者更快地获得成功. 在理论联系实际方面它是数学学科中最活跃、最有发展前途的分支之一.

“概率论与数理统计”是高校理、工、农、医、经济类、管理类等本科专业必修的一门重要的基础课，也是相关专业硕士研究生入学考试的一门必考科目，更是本科学生运用随机思维模式解决本专业相关问题的实用课程. 由于该课程的理论内容抽象深奥，应用方法灵活多样，应用中涉及大量复杂的公式和数值计算，偏重理论的传统教材和手工计算方法限制了它的应用性，而现代计算机技术和众多统计软件早已为解决这一问题提供了条件. 为适应现代教学理念、方法和手段，改变学生认为“概率论与数理统计”难学、难记、不会用的现状，我们编写了《概率论与数理统计》一书.

自第一版出版以来，本书以其独创的概率统计实验内容及其图文并茂的实验过程深受广大师生的喜爱，2013 年本书被评为河南省“十二五”普通高等教育规划教材.

本书的第二版在第一版的基础上进行了精心的修改，理论内容更加深入浅出，例题和案例更加实用、新颖，习题更加丰富.

本书由概率论与数理统计两部分组成. 概率论部分(第 1 章～第 5 章)包括随机变量及其分布、随机变量的数字特征、大数定理和中心极限定理等研究随机性问题的理论基础. 数理统计部分(第 6 章～第 10 章)包括参数估计、假设检验、回归分析和方差分析等基本统计分析方法.

本书主要特色如下：

(1) 增加概率统计的发展历史简介、概率统计应用方面的例题及应用案例，以激发学生的学习兴趣.

在各章的开始增加了应用案例，通过案例教学，使抽象的概念、理论与实际应用紧密结合，便于学生理解与应用. 各章最后对应用案例的分析和解答旨在培养学生综合运用有关理论和方法分析问题、解决问题的能力，把数学建模的思想方法融入概率论与数理统计的课堂教学中.

选用和编制了一些能够反映当代概率论与数理统计应用方向的例题和习题，这些例题和习题不但具有一定的启发性，也能够使读者体会到概率论与数理统计在现实生活中应用的广泛性.

(2) 略去一些复杂的理论推导和繁琐的手工计算，引进计算机数据处理与统计分析技术，重点放在对理论的理解和应用方法的掌握上.

"概率论与数理统计"中有相当部分的理论推导，这虽然可以培养学生的理论分析能力，但对基本概念的理解及解决实际问题帮助不大. 考虑到课程学时的限制，我们对理论推导部分做了弱化处理，在计算上尽量借助于计算机来完成，把重点放在对实际问题的分析和基本方法的运用上.

(3) 增加概率统计实验内容，图文并茂的给出实验过程，便于学生自学掌握.

对于概率论与数理统计中较为复杂的计算，我们引入了应用非常广泛的数据处理软件 Excel，并设计了大量实验. 在众多统计软件中，之所以选择 Excel 软件，是因为 Excel 软件的基本操作已为广大师生所熟悉，对于概率计算和统计数据的处理与分析，只需通过简单自学即可上机操作.

在 Excel 实验的设计中，我们采用了两种不同的处理方式. 实验方法一是实验型：直接利用 Excel 的函数和公式完成实验内容，帮助学生加深对所学知识的理解和记忆，还可以通过改变参数或个别数据观察动态的计算结果，便于教师课堂演示教学. 实验方法二是应用型：直接使用 Excel 的"数据分析"工具完成实验内容，简单、便捷，以应用为目的.

实验内容的学习可以根据教学时数，采用全讲、选讲或学生自学的方式进行.

(4) 根据各章内容特点设计了不同类型的习题，学生可根据需要有选择地进行练习.

本教材大部分章节的习题分 A、B 两部分，A 中配备了填空题、选择题、解答题和应用题，希望通过这些基本题目的训练，使学生能够较好地掌握基本概念、理论和基本方法；B 中选用了往年的部分考研题或较难一些的题目，旨在强化学生对理论内容的深入理解和掌握；应用题大多需要借助于计算机完成，旨在训练学生利用计算机进行数据处理和统计分析解决实际问题的能力.

学习和使用本教材需要读者具备"高等数学"与"线性代数"课程的基本知识. 本教程知识系统、详略得当、举例丰富、讲解透彻、难度适宜，适合作为普通高等院校工科类、理科类(非数学专业)、经济管理类有关专业的概率论与数理统计课程的教材使用，也可作为供相关专业人员和广大教师的参考资料.

为方便教学，我们设计制作了与本教材配套的精美 PPT 课件供选用.

本书第 1 章由黄士国、何朝兵编写，第 2、3 章由段清堂、黄士国编写，第 4、5、6 章由曲双红编写，第 7、8 章由徐雅静编写，第 9 章由何朝兵编写，第 10 章及附录由汪远征编写，全书由徐雅静统稿.

在本书的编写过程中，得到郑州轻工业学院、河南理工大学、解放军信息工程大学、郑州大学、南京理工大学等院校的大力支持，在此一并表示感谢!

限于编者水平，以及编写时间仓促，书中难免有错漏与不当之处，恳请读者批评指正.

作　者

2015 年 2 月

目　　录

第1章 概率论基础

客观世界中存在着两类现象，一类是在一定条件下必然出现的现象，称为**必然现象**.例如，在标准大气压下，100℃的纯水必然沸腾；在地面上向上抛一枚硬币必然下落；冬天过去春天就会到来等等都是必然现象的例子.

还有一类现象，在一定条件下可能出现也可能不出现，称为**随机现象**.自然界和社会上发生的随机现象广泛存在.例如，抛掷一枚硬币，有可能正面朝上，也有可能反面朝上；一天内进入某超市的顾客数的多少；随机抽查一台某种型号电视机，考察其寿命的长短；测量一物体长度时，测量误差的大小，这些都是随机现象的例子.

概率论是从数量化的角度来研究和揭示随机现象规律性的一门数学学科，20世纪以来，广泛应用于工业、国防、国民经济及工程技术等各个领域.本章主要介绍随机事件及其概率、古典概型与几何概型、条件概率与乘法公式、全概率公式和贝叶斯公式、事件的独立性等概率论中最基本、最重要的概念及概率的计算方法.

【概率论发展简史】

概率概念的形成与用投掷骰子进行赌博有密切的关系.17世纪中叶，在欧洲许多国家，贵族之间盛行赌博之风.法国有一位热衷于掷骰子游戏的贵族德·梅尔(De Méré)，曾提出了“分赌注问题”，其大意是：两个人决定各出赌本若干，赌若干局，事先约定谁先赢得3局便算赢家，将赢得所有赌本.如果在一个人赢2局，另一人赢1局时因故要终止赌博，应如何分赌本？

诸如此类的问题提出了不少，但他们自己无法给出答案.参赌者将他们遇到的上述问题请教当时的数学家帕斯卡(Pascal，法，1623—1662)，帕斯卡接受了这些问题，他没有立即回答，而把它交给另一位数学家费马(Fermat，法，1601—1665).他们频频通信，互相交流，围绕着赌博中的数学问题开始了深入细致的研究.他们一边亲自做赌博实验，一边仔细分析计算赌博中出现的各种问题，终于完整地解决了“分赌注问题”，并将该问题的解法向更一般的情况推广，从而建立了概率论的一个基本概念——数学期望.

1657年惠更斯(Huygens，荷，1629—1695)发表的《论赌博中的计算》是最早的概率论著作.因此早期概率论的真正创立者是帕斯卡、费马和惠更斯.这一时期被称为组合概率时期，计算各种古典概率.论著中第一批概率论概念(如数学期望)与定理(如概率加法、乘法定理)标志着概率论的诞生.

18世纪初，伯努利(Bernoulli，法，1700—1782)、棣莫弗(De Moivre，法，1667—1754)、蒲丰(Buffon，法，1707—1788)、拉普拉斯(Laplace，法，1749—1827)、高斯

(Gauss,德,1777—1855)和泊松(Poisson,法,1781—1840)等一批数学家对概率论的发展作出了奠基性的贡献.

1812 年,拉普拉斯所著的《概率的分析理论》实现了从组合技巧向分析方法的过渡,这是一部继往开来的作品,开辟了概率论发展的新时期.

19 世纪后期,极限理论的发展成为概率论研究的中心课题,是概率论的又一次飞跃,为后来数理统计的产生和应用奠定了基础.切比雪夫(Chebyshev,俄,1821—1894)对此做出了重要贡献.他建立了关于独立随机变量序列的大数定律,推广了棣莫弗-拉普拉斯的极限定理.切比雪夫的成果后来被其学生马尔可夫发扬光大,影响了 20 世纪概率论发展的进程.

如何把概率论建立在严格的逻辑基础上,这是从概率论诞生之初人们就关注的问题,好多数学家进行过尝试,终因条件不成熟,一直拖了近三百年才得以解决.

1933 年,柯尔莫哥洛夫(Kolmogorov,俄,1903—1987)在他的名著《概率论基础》一书中,提出了概率公理化定义,并得到数学家的普遍承认.公理化体系给概率论提供了一个逻辑上的坚实基础,使概率论成为一门严格的演绎科学,取得了与其他数学学科同等的地位,并通过集合论与其他数学分支紧密联系起来.

在公理化的基础上,现代概率论不仅在理论上取得了一系列突破,在应用上也取得了巨大的成就,其应用几乎遍及所有的科学领域.现在,概率论与以它作为基础的数理统计学科一起,在自然科学、社会科学、工程技术、军事科学、工农业生产、经济研究、金融和管理等诸多领域中都起着不可或缺的作用.

直观地说,卫星上天、导弹巡航、飞机制造、宇宙飞船遨游太空等都有概率论与数理统计的一份功劳;及时准确的天气预报、海洋探险、考古研究等更离不开概率论与数理统计;电子技术发展、影视文化的进步、人口普查及教育等和概率论与数理统计也是密不可分的.

根据概率论中用投针试验估计 π 值的思想产生的蒙特卡罗方法,是一种建立在概率论与数理统计基础上的计算方法.借助于电子计算机这一工具,使这种方法在核物理、表面物理、电子学、生物学、高分子化学等学科的研究中起着重要的作用.

概率论作为理论严谨,应用广泛的数学分支正日益受到人们的重视,并将随着科学技术的发展而得到发展.

1.1　随机试验与样本空间

1.1.1　随机试验

对随机现象的研究是通过随机试验来进行的,概率论中把满足以下特点的试验称为**随机试验**:

(1) 可以在相同条件下重复进行;

(2) 每次试验的可能结果不止一个,并且能事先明确试验的所有可能结果;

(3) 进行一次试验之前不能确定哪一个结果会出现.

随机试验通常用大写字母 E 表示.

【例 1.1】 下面是一些随机试验的例子.

E_1:抛一枚硬币观察哪一面朝上;

E_2:抛一颗骰子观察朝上一面的点数;

E_3:观测某品牌电视机的寿命;

E_4:记录 110 每天接到的报警次数;

E_5:在圆心为原点的单位圆内任取一点.

虽然一次随机试验的最终结果不能事先确定,但是,在相同条件下大量重复此试验时,其结果会呈现出一定的数量规律性,这种在大量重复试验中所呈现出的固有的规律性称为**统计规律性**.例如,多次重复抛一枚硬币观察发现正面朝上的次数大致有一半,同一门炮射击同一目标的弹着点按照一定规律分布,等等.

随机试验(以后简称试验)是一个广泛的术语,它包括各种科学实验,也包括对客观事物进行的"调查"、"观察"、"测量"等.

1.1.2 样本空间

定义 1.1 随机试验的一切可能的基本结果组成的集合称为**样本空间**,记为 $\Omega=\{\omega\}$,其中 ω 表示基本结果,又称为**样本点**.

研究随机现象首先要了解它的样本空间.

【例 1.2】 对例 1.1 的几个随机试验,可以写出它们对应的样本空间.我们用 Ω_i 表示 E_i 的样本空间,$i=1,2,\cdots,5$.

抛一枚硬币观察哪一面朝上:$\Omega_1=\{$正面向上,反面向上$\}$;

掷一颗骰子观察朝上一面的点数:$\Omega_2=\{1,2,3,4,5,6\}$;

观测某品牌电视机的寿命:$\Omega_3=\{t \mid t\geqslant 0\}$;

记录 110 每天接到的报警次数:$\Omega_4=\{0,1,2,\cdots\}$;

在圆心为原点的单位圆内任取一点:$\Omega_5=\{(x,y) \mid x^2+y^2<1\}$.

关于样本空间的两点说明:

(1) 样本空间中的元素可以是数也可以不是数;

(2) 样本空间中的样本点可以是有限多个,也可以是无限多个.仅含两个样本点的样本空间是最简单的样本空间.

1.2 随机事件及其概率

1.2.1 随机事件

定义 1.2 随机试验的若干个基本结果组成的集合称为**随机事件**,简称**事件**,只含有一个基本结果的事件称为**基本事件**.

随机事件常用大写英文字母 $A,B,C,\cdots$ 来表示.

关于随机事件概念的几点说明：

(1) 事件可以用集合表示，任一事件 A 是对应了样本空间的一个子集；

(2) 基本事件就是只含有一个样本点的集合；

(3) 当集合 A 中某个样本点出现了，就说事件 A 发生了.或者说事件 A 发生当且仅当集合 A 中某个样本点出现了；

(4) 样本空间 Ω 包含所有的样本点，作为自身的子集，在每次试验中它总是发生的，称为**必然事件**.空集 $\varnothing$ 不包含任何样本点，它作为样本空间的子集，在每次试验中都不发生，称为**不可能事件**.

【例 1.3】 掷一颗骰子的样本空间为：$\Omega=\{1,2,3,4,5,6\}$.

$A_1=$“出现 5 点”，可记为 $A_1=\{5\}$，它是一个基本事件；

$A_2=$“出现奇数点”，可记为 $A_2=\{1,3,5\}$；

$A_3=$“出现偶数点”，可记为 $A_3=\{2,4,6\}$；

$A_4=$“出现的点数不大于 6”，它由 Ω 的全部样本点“1,2,3,4,5,6”组成，是必然事件，可记为 $A_4=\Omega$；

$A_5=$“出现的点数大于 6”，Ω 中任一样本点都不在 A_5 中，所以 A_5 是不可能事件，可记为 $A_5=\varnothing$.

1.2.2　事件间的关系及运算

由于事件可以用集合表示，因而事件间的关系及运算实质上是集合间的关系及运算.下面对事件的讨论总是假设在同一个样本空间 Ω 中进行.

1. 事件间的关系

1) 包含

若事件 A 发生必有事件 B 发生，则称事件 A 包含于事件 B，或者事件 B 包含事件 A，记为 $A\subset B$.

从集合论的观点看，$A\subset B$ 也就是说 A 是 B 的子集，因此也称 A 为 B 的子事件.

例如，在例 1.3 中，$A_1=\{5\}$，$A_2=\{1,3,5\}$，则有 $A_1\subset A_2$.

2) 相等

如果事件 A 与事件 B 满足：$A\subset B$ 且 $B\subset A$，则称 A 与 B 相等，记为 $A=B$.也就是说，A,B 中有一个发生另一个也必发生.

从集合论的观点看，两个事件相等就意味着这两个事件是同一个集合. 有时，不同语言描述的事件也可能是同一件事.

例如，掷两颗骰子，以 A 记事件“两颗骰子的点数之和为奇数”，以 B 记“两颗骰子的点数一奇一偶”，很容易看出：A 发生必然导致 B 发生，而且 B 发生也必然导致

A 发生，所以 $A=B$.

3）互不相容

如果事件 A 和 B 没有相同的样本点，则称 A 与 B 互不相容(或互斥).也就是说，A，B 不同时发生.

从集合论的观点看，A 与 B 互不相容也就是 A 与 B 的交集为空集.

例如，在例 1.3 中，$A_2=\{1,3,5\}$，$A_3=\{2,4,6\}$，那么 A_2 与 A_3 互不相容.

2. 事件运算

1）事件 A 与 B 的和

由至少属于 A，B 之一的样本点的全体组成的集合，称为事件 A 与 B 的**和**(或**并**)，记为 $A\cup B$. 事件 $A\cup B$ 表示 A，B 至少有一个发生.

2）事件 A 与 B 的积

由既属于 A 又属于 B 的样本点组成的集合，称为事件 A 与 B 的**积**(或**交**)，记为 $A\cap B$ 或 AB. 事件 $A\cap B$ 或 AB 表示事件 A 与 B 同时发生.

显然，事件 A 与 B 互不相容当且仅当其积事件为不可能事件，即 $AB=\varnothing$.

事件的和与积运算可推广到有限个或可列个事件的情形，假设有事件 $A_1,A_2,\cdots,A_n,\cdots$，则 $\bigcup\limits_{i=1}^{n}A_i$ 称为**有限和**；$\bigcup\limits_{i=1}^{\infty}A_i$ 称为**可列和**；$\bigcap\limits_{i=1}^{n}A_i$ 称为**有限积**；$\bigcap\limits_{i=1}^{\infty}A_i$ 称为**可列积**.

3）事件 A 与 B 的差

属于事件 A 而不属于事件 B 的样本点的全体组成的集合称为 A 与 B 的**差事件**，记为 $A-B$. $A-B$ 表示 A 发生而 B 不发生.

4）对立事件

由在 Ω 中而不在 A 中的样本点组成的集合称为 A 的**对立事件**(或**逆事件**)，记为 $\bar{A}$.$\bar{A}$ 表示 A 不发生.显然，$\bar{A}=\Omega-A$，$\bar{\bar{A}}=A$.

3. 事件运算满足的定律

事件的运算性质和集合的运算性质相同.设 A，B，C 为事件，则有

交换律 $A\cup B=B\cup A$；$AB=BA$.

结合律 $(A\cup B)\cup C=A\cup(B\cup C)$；$(AB)C=A(BC)$.

分配律 $(A\cup B)C=(AC)\cup(BC)$；$(AB)\cup C=(A\cup C)(B\cup C)$.

对偶律 $\overline{A\cup B}=\bar{A}\bar{B}$；$\overline{AB}=\bar{A}\cup\bar{B}$.

【例 1.4】 设 A，B，C 表示三个随机事件，试将下列事件用 A，B，C 表示出来.

(1) A 发生，且 B 与 C 至少有一个发生；

(2) A 与 B 发生，而 C 不发生；

(3) A，B，C 中恰有一个发生；

(4) A，B，C 中至少有两个发生；

(5) A，B，C 中至多有两个发生；

(6) A，B，C 中不多于一个发生.

解　(1) $A(B\cup C)$；

(2) $AB\bar{C}$；

(3) $A\bar{B}\bar{C}\cup\bar{A}B\bar{C}\cup\bar{A}\bar{B}C$；

(4) $AB\cup BC\cup CA$；

(5) 考虑该事件的对立事件,其对立事件为 A，B，C 同时发生,所以该事件表示为$\overline{ABC}$；

(6) 该事件为(4)的对立事件,因此该事件可表示为$\overline{AB\cup BC\cup CA}$.

【例 1.5】　向指定目标射三枪,观察射中目标的情况.用 A_i 表示事件"第 i 枪击中目标",$i=1, 2, 3$.试用 A_1,A_2,A_3 表示以下各事件：

(1) 只击中第一枪；

(2) 三枪都没击中；

(3) 至少击中一枪；

(4) 至多击中两枪.

解　(1) 事件"只击中第一枪",意味着"第一枪击中目标"、"第二枪未击中目标"、"第三枪未击中目标",三个事件同时发生,所以可表示成 $A_1\bar{A}_2\bar{A}_3$.

(2) 事件"三枪都没击中",意味着"第一枪未击中目标"、"第二枪未击中目标"、"第三枪未击中目标",三个事件同时发生,所以可表示成 $\bar{A}_1\bar{A}_2\bar{A}_3$.

(3) 事件"至少击中一枪",就是事件 A_1,A_2,A_3 至少有一个发生,所以可表成 $A_1\cup A_2\cup A_3$ 或 $A_1\bar{A}_2\bar{A}_3\cup\bar{A}_1A_2\bar{A}_3\cup\bar{A}_1\bar{A}_2A_3\cup A_1A_2\bar{A}_3\cup A_1\bar{A}_2A_3\cup\bar{A}_1A_2A_3\cup A_1A_2A_3$.

(4) 事件"至多击中两枪"意味着三枪不能同时击中,即事件 A_1,A_2,A_3 不能同时发生,所以可表示成$\overline{A_1A_2A_3}$.

1.2.3　事件的概率及性质

随机事件的发生有其偶然性的一面,即在一次试验中它可能发生也可能不发生,但是在大量重复试验中它又呈现出内在的规律性,即它发生的可能性大小是确定的,且是可以度量的.所谓随机事件的**概率**,概括地说就是用来描述随机事件发生的可能性大小的数量指标,它是概率论中最基本的概念之一.

在概率论发展史上,曾有过概率的古典定义、概率的几何定义、概率的统计定义、概率的主观定义、概率的公理化定义等,这些定义各适合一类随机现象,我们希望对每个事件都能指定一个数,能用它来表示事件在一次试验中发生的可能性大小.下面先从事件发生的频率与概率的统计定义谈起.

1. 频率与概率的统计定义

定义 1.3 设 E 为任一随机试验,A 为其中任一事件,在相同条件下,把 E 独立地重复做 n 次,n_A 表示事件 A 在这 n 次试验中发生的次数,称为**频数**.比值 $f_n(A)=n_A/n$ 称为事件 A 在这 n 次试验中发生的**频率**.

易知频率有如下性质:

(1) 对于任一事件 A,有 $0\leqslant f_n(A)\leqslant 1$;

(2) 对于必然事件 Ω,有 $f_n(\Omega)=1$;

(3) 对于互不相容的事件 A,B,有

$$f_n(A\cup B)=f_n(A)+f_n(B).$$

人们在实践中发现:在相同条件下重复进行同一试验,当试验次数 n 很大时,某事件 A 发生的频率具有一定的“稳定性”.例如,大量重复地抛掷一枚硬币,正面出现的频率总在 0.5 附近波动,随着抛掷次数的逐渐增大,频率逐渐稳定于 0.5.历史上许多统计学家用抛硬币的方法对频率的稳定性进行验证,他们的结论如表 1.1 所示,这些结论说明了随着试验次数的增加,频率逐渐稳定于 0.5.

表 1.1 投币试验

试验者	掷币次数 n	正面次数 n_A	n_A/n
De Morgan	2048	1061	0.5180
Buffon	4040	2048	0.5069
J.Kerrich	7000	3516	0.5022
J.Kerrich	8000	4034	0.5042
J.Kerrich	9000	4538	0.5042
J.Kerrich	10000	5067	0.5067
Feller	10000	4979	0.4979
K.Pearson	12000	6019	0.5016
K.Pearson	24000	12012	0.5005
V.E.Romanovsky	80640	40173	0.4982

一般来说,试验次数 n 越大,事件 A 发生的频率就越接近一个确定的数值.这个数值说明了事件 A 发生的可能性大小,据此可以给出概率的统计定义.

定义 1.4 设有随机试验 E,若当试验的次数 n 充分大时,事件 A 发生的频率 $f_n(A)$ 稳定在某数 p 附近,则称数 p 为事件 A 发生的**概率**,记为 $P(A)=p$.

值得注意的是,概率的统计定义是以试验为基础的,但这并不是说概率取决于试验.事件 A 出现的概率是事件 A 的一种属性,也就是说它完全取决于事件 A 本身,是先于试验客观存在的.

概率的统计定义只是描述性的，一般不能用来计算事件的概率，通常只有在 n 充分大时，以事件出现的频率作为事件概率的近似值.根据频率和概率的这种关系及理论研究的需要，受频率性质的启发，1933 年俄国数学家柯尔莫哥洛夫给出了概率的公理化定义.

2. 概率的公理化定义与性质

定义 1.5　设 Ω 是一随机试验的样本空间，对于该随机试验的每一个事件 A 赋予一个实数，记为 $P(A)$，称为事件 A 发生的**概率**，如果函数 $P(\cdot)$满足下列公理：

(1) 非负性：对于每一个事件 A，有 $P(A)\geqslant 0$；

(2) 规范性：对于必然事件 Ω，有 $P(\Omega)=1$；

(3) 可列可加性：设 $A_1,A_2,\cdots$是两两互不相容的事件，即对于 $i\neq j,A_iA_j=\varnothing$，$i,j=1,2,\cdots$，则有

$$P(A_1\cup A_2\cup\cdots)=P(A_1)+P(A_2)+\cdots. \tag{1.1}$$

概率的公理化定义使概率论成为一门严格的演绎科学，取得了与其他数学学科同等的地位.在公理化的基础上，现代概率论不仅在理论上取得了一系列的突破，也在应用上取得了巨大的成就.

利用概率的公理化定义，可以导出概率的一些性质.

性质 1　$P(\varnothing)=0$.

证　由于可列个不可能事件之和仍是不可能事件，所以

$$\Omega=\Omega\cup\varnothing\cup\varnothing\cup\cdots\cup\varnothing\cup\cdots.$$

因为不可能事件与任何事件都是互不相容的，故由可列可加性公理得

$$P(\Omega)=P(\Omega)+P(\varnothing)+P(\varnothing)+\cdots+P(\varnothing)+\cdots,$$

由 $P(\Omega)=1$ 得 $P(\varnothing)+P(\varnothing)+\cdots+P(\varnothing)+\cdots=0$.

再由非负性公理，必有

$$P(\varnothing)=0.$$

性质 2 (有限可加性)　若 $A_1,A_2,\cdots,A_n$ 是两两互不相容的事件，则有

$$P(A_1\cup A_2\cup\cdots\cup A_n)=P(A_1)+P(A_2)+\cdots+P(A_n).$$

证　对 $A_1,A_2,\cdots,A_n,\varnothing,\cdots$，应用可列可加性，得

$$\begin{aligned}&P(A_1\cup A_2\cup\cdots\cup A_n)\\&=P(A_1\cup A_2\cup\cdots\cup A_n\cup\varnothing\cup\cdots)\\&=P(A_1)+P(A_2)+\cdots+P(A_n)+P(\varnothing)+\cdots\\&=P(A_1)+P(A_2)+\cdots+P(A_n).\end{aligned}$$

性质 3　对任一事件 A，有

$$P(\bar{A})=1-P(A).$$

证 因为 A 与 $\bar{A}$ 互不相容，且 $\Omega=A\cup\bar{A}$，所以由概率的规范性和有限可加性得 $P(\bar{A})+P(A)=1$，由此可得 $P(\bar{A})=1-P(A)$.

性质 4 对任意两个事件 A,B，有

$$P(A-B)=P(A)-P(AB).$$

证 因为 $A=(A-B)\cup(AB)$，且 $A-B$ 与 AB 互不相容，由性质 2 知，

$$P(A)=P(A-B)+P(AB),$$

所以

$$P(A-B)=P(A)-P(AB).$$

特别地，若 $B\subset A$，则 $P(A-B)=P(A)-P(B)$，且 $P(A)\geqslant P(B)$.

性质 5（加法公式） 对于任意两事件 A,B 有

$$P(A\cup B)=P(A)+P(B)-P(AB).$$

证 因 $A\cup B=A\cup(B-AB)$，且 $A(B-AB)=\varnothing$，故由性质 2 及性质 4 得

$$P(A\cup B)=P(A)+P(B-AB)=P(A)+P(B)-P(AB).$$

一般地，对于任意 n 个事件 $A_1,A_2,\cdots,A_n$，有

$$\begin{aligned}&P(A_1\cup A_2\cup\cdots\cup A_n)\\&=\sum_{i=1}^{n}P(A_i)-\sum_{1\leqslant i<j\leqslant n}P(A_iA_j)+\sum_{1\leqslant i<j<k\leqslant n}P(A_iA_jA_k)\\&\quad+\cdots+(-1)^{n-1}P(A_1A_2\cdots A_n).\end{aligned}$$

【例 1.6】 设事件 A,B 的概率分别为 $\frac{1}{3},\frac{1}{2}$.在下列两种情况下分别求 $P(B\bar{A})$ 的值：

(1) A 与 B 互不相容；

(2) $A\subset B$；

解 (1) 由于 $B\bar{A}=B-A$，由性质 4，$P(B\bar{A})=P(B-A)=P(B)-P(AB)$，因为 A 与 B 互不相容，所以 $AB=\varnothing$，$P(B\bar{A})=P(B)-P(AB)=P(B)=\frac{1}{2}$.

(2) 因为 $A\subset B$，由性质 4，有

$$P(B\bar{A})=P(B-A)=P(B)-P(A)=\frac{1}{2}-\frac{1}{3}=\frac{1}{6}.$$

1.3 古典概型与几何概型

1.3.1 排列与组合公式

1. 排列

从 n 个不同元素中任取 $r(r\leqslant n)$ 个元素排成一列（考虑元素出现的先后次序），

称此为一个**排列**，此种排列的总数为

$$A_n^r = n(n-1)\cdots(n-r+1) = \frac{n!}{(n-r)!}.$$

若 $r=n$，则称为**全排列**，全排列的总数为 $A_n = n!$.

2. 重复排列

从 n 个不同元素中每次取出一个，放回后再取出下一个，如此连续取 r 次所得的排列称为**重复排列**，此种重复排列数共有 n^r 个，这里 r 允许大于 n.

3. 组合

从 n 个不同元素中任取 $r(r \leqslant n)$ 个元素并成一组(不考虑元素出现的先后次序)，称为一个**组合**，此种组合的总数为

$$C_n^r = \frac{n(n-1)\cdots(n-r+1)}{r!} = \frac{n!}{r!\,(n-r)!},$$

易知

$$A_n^r = C_n^r r!\ , \quad C_n^r = C_n^{n-r}.$$

排列组合公式在古典概型的概率计算中经常使用.

1.3.2　古典概型

具有以下两个特点的试验称为**古典概型**：

(1) 有限性：试验的样本空间只含有限个样本点；

(2) 等可能性：试验中每个基本事件发生的可能性相同.

对于古典概型，若样本空间中共有 n 个样本点，事件 A 包含 k 个样本点，则事件 A 的概率为

$$P(A) = \frac{\text{事件 } A \text{ 中所包含样本点的个数}}{\Omega \text{ 中所有样本点的个数}} = \frac{k}{n}.$$

容易验证，由上式确定的概率满足公理化定义.

【例 1.7】(随机取数问题)　从 1，2，…，10 共 10 个数字中任取一个，取后放回，先后取出 7 个数字，试求下列各事件的概率：

(1) A ="7 个数字全不相同"；

(2) B ="不含 10 与 1"；

(3) C ="10 恰好出现两次".

解　随机试验的样本空间共含有 10^7 个不同的样本点，则

(1) $P(A) = \dfrac{A_{10}^7}{10^7} = \dfrac{10 \cdot 9 \cdot 8 \cdot 7 \cdot 6 \cdot 5 \cdot 4}{10^7} \approx 0.06048$；

(2) $P(B)=\frac{8^7}{10^7}\approx 0.209715$;

(3) 对于事件 C,出现两次 10 可以是 7 次中的任意两次,故有 C_7^2 种选择,其他 5 次中,每次只能取剩下 9 个数字中的任何一个,故

$$P(C)=\frac{C_7^2\cdot 9^5}{10^7}\approx 0.124003.$$

【例 1.8】(摸球问题)　袋中有 a 个白球,b 个红球,k 个人依次在袋中取一个球,考虑下列两种取球方式,求第 $i(i=1,2,\cdots,k)$个人取到白球的概率. (1) 作放回抽样(即前一人取一个球观察颜色后放回袋中,后一个人再取一球),(2) 作不放回抽样(即前一人取一个球观察颜色后不放回袋中,后一个人再取一球).

解　记 B_i="第 $i(i=1,2,\cdots,k)$个人取到白球".

(1) 放回抽样的情况.

第 1 个人取到白球的概率为$\frac{a}{a+b}$,因为是放回抽样,所以第 2 人,第 3 人,……,第 k 人取到白球的概率均为$\frac{a}{a+b}$,即

$$P(B_i)=\frac{a}{a+b},i=1,2,\cdots,k.$$

(2) 不放回抽样的情况.

k 个人各取一球,每种取法是一个基本事件,k 个人各取一球共有$(a+b)(a+b-1)\cdots[(a+b)-(k-1)]=A_{a+b}^k$种取法.

当事件 B 发生时,第 i 人取的应是白球,它可以是 a 个白球中的任一个,有 a 种取法,其余被取的 $k-1$ 个球可以是其余 $a+b-1$ 个球中的任意 $k-1$ 个,共有$(a+b-1)(a+b-2)\cdots\{(a+b-1)-[(k-1)+1]\}=A_{a+b-1}^{k-1}$种取法,所以

$$P(B_i)=\frac{a A_{a+b-1}^{k-1}}{A_{a+b}^k}=\frac{a(a+b-1)(a+b-1-1)\cdots[(a+b-1)-(k-1)+1]}{(a+b)(a+b-1)\cdots[(a+b)-k+1]}$$

$$=\frac{a}{a+b},i=1,2,\cdots,k.$$

值得注意的是,$P(B_i)$与 i 无关,即 k 个人取球,尽管取球的先后次序不同,每个人取到白球的概率是一样的,大家机会均等;放回抽样与不放回抽样取到白球的概率也是一样的.

类似的问题如购买彩票等,无论先买后买,中奖的概率是一样的.

【例 1.9】(分房问题)　有 n 个人,每个人都以同样的概率被分配在 $N(n\leqslant N)$间房中的每一间中,试求下列各事件的概率:

(1) A ="某指定 n 间房中各有一人";

(2) B ="恰有 n 间房,其中各有一人";

(3) C ="某指定房中恰有 m $(m\leqslant n)$人".

解　因为每个人都可以被分配到 N 间房中任一间,所以 n 个人被分配在 N 间房中的方式共有 N^n 种,即样本空间中所有样本点的个数为 N^n.

(1) 指定某 n 间房,第一个人可以分配到其中任一间,故有 n 种分法,第二个人可分配到余下 $n-1$ 间中的任一间,故有 $n-1$ 种分法,……,因而事件 A 中含有 $n!$ 个样本点,于是

$$P(A)=\frac{n!}{N^n}.$$

(2) 该 n 间房可自 N 间中任意选出,那么共有 C_N^n 种选法,因而事件 B 中含有 $C_N^n\cdot n!$ 个样本点,于是

$$P(B)=\frac{C_N^n n!}{N^n}=\frac{N!}{N^n(N-n)!}.$$

(3) 事件 C 中的 m 个人可自 n 个人中任意选出,共有 C_n^m 种选法,其余 $n-m$ 个人可以任意分配在其余 $N-1$ 间房里,共有$(N-1)^{n-m}$个分配法,因而事件 C 中有 $C_n^m(N-1)^{n-m}$个样本点,于是

$$P(C)=\frac{C_n^m(N-1)^{n-m}}{N^n}=C_n^m\left(\frac{1}{N}\right)^m\left(\frac{N-1}{N}\right)^{n-m}.$$

以上三个例子具有典型的意义,许多表面上提法不同的问题实际上属于同一类型.

1.3.3　几何概型

具有以下两个特点的试验称为几何概型:

(1) 随机试验的样本空间为某可度量的区域 Ω;

(2) Ω 中任一区域出现的可能性的大小与该区域的几何度量成正比而与该区域的位置和形状无关.

对于几何概型,若事件 A 是 Ω 中的某一区域,且 A 可以度量,则事件 A 的概率为

$$P(A)=\frac{A\text{ 的几何度量}}{\Omega\text{ 的几何度量}},$$

其中,如果 Ω 是一维、二维或三维的区域,则 Ω 的几何度量分别是长度、面积或体积.

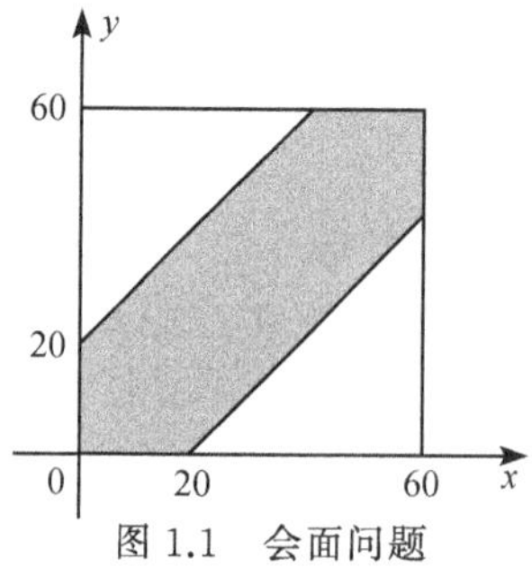

图 1.1　会面问题

【例 1.10】(会面问题)　甲乙两人约定在下午 6 点到 7 点之间在某处会面,并约定先到者应等候另一人 20 分钟,过时即可离去,求两人能会面的概率.

解　以 x 和 y 分别表示甲乙两人到达约会地点的时间(以分钟为单位),在平面上建立 xOy 直角坐标系,如图 1.1 所示.因为甲乙都是在 0 到 60 分钟内等可能

到达,所以由等可能性知这是一个几何概型问题.

样本空间 $\Omega=\{(x,y):0\leqslant x,y\leqslant 60\}$.

事件 $A=$"甲乙能会面"$=\{(x,y)\in\Omega:|x-y|\leqslant 20\}$,因此

$$P(A)=\frac{A\text{ 的面积}}{\Omega\text{ 的面积}}=\frac{60^2-40^2}{60^2}=\frac{5}{9}.$$

【例 1.11】(蒲丰投针问题) 平面上画有间隔为 $d\ (d>0)$的等距平行线,向平面任意投掷一枚长为 $l\ (l<d)$的针,求针与任一平行线相交的概率.

解 以 x 表示针的中点与最近一条平行线的距离,又以 φ 表示针与直线间的交角,如图 1.2 所示.易知样本空间 Ω 满足

$$0\leqslant x\leqslant\frac{d}{2},\quad 0\leqslant\varphi\leqslant\pi.$$

由这两式可以确定平面上的一个矩形 Ω,Ω 的面积为$\frac{d\pi}{2}$,事件

$$A=\text{“针与平行线相交” 发生当且仅当 } 0\leqslant x\leqslant\frac{l}{2}\sin\varphi.$$

因此

$$P(A)=\frac{A\text{ 的面积}}{\Omega\text{ 的面积}}=\frac{\int_0^{\pi}\frac{l}{2}\sin\varphi\,\mathrm{d}\varphi}{\frac{d\pi}{2}}=\frac{2l}{d\pi}.$$

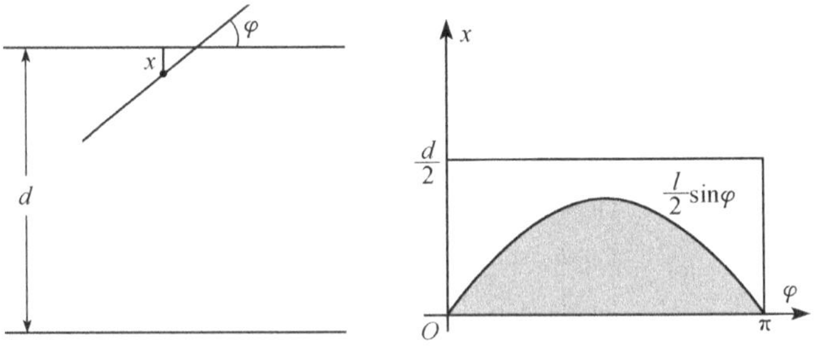

图 1.2 蒲丰投针问题

蒲丰投针试验的应用及意义:根据频率的稳定性,当投针试验次数 n 很大时,测出针与平行线相交的次数 m,则频率值$\frac{m}{n}$即可作为 $P(A)$的近似值代入上式,那么

$$\frac{m}{n}\approx\frac{2l}{d\pi}\Rightarrow\pi\approx\frac{2nl}{dm}.$$

利用上式可以计算圆周率 π 的近似值.

【例 1.12】 随机向边长为 1 的正方形内投点,试求点投在正方形的一条对角线

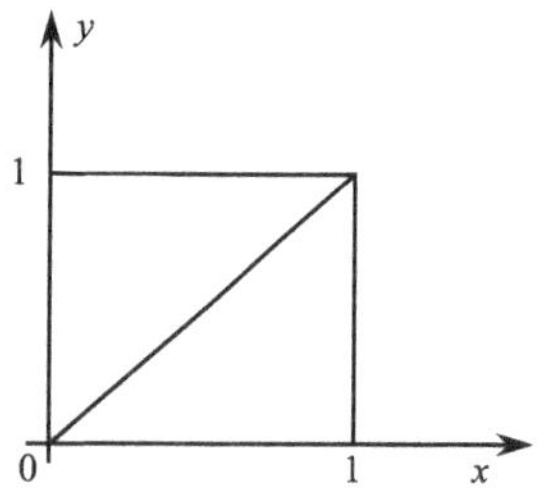

图 1.3　正方形内投点问题

上的概率,如图 1.3 所示.

解　样本空间 $\Omega=\{(x,y):0<x,y<1\}$,事件 $A=$"点投在正方形的对角线上"$=\{(x,y):x=y\}$,因此

$$P(A)=\frac{\text{对角线的面积}}{\text{正方形的面积}}=\frac{0}{1}=0.$$

说明:根据前面概率的性质 1,我们知道不可能事件的概率为 0. 本例表明,概率为 0 的事件未必是不可能事件,可能发生. 类似地,概率为 1 的事件也未必是必然事件.

1.4　条件概率与乘法公式

1.4.1　条件概率

在实际问题中,除了直接考虑某事件 B 发生的概率 $P(B)$ 外,有时还会碰到这样的问题,就是"在事件 A 已经发生的条件下,事件 B 发生的概率". 一般情况下,后一概率与前一概率不同,为了区别,我们常把后者称为条件概率,记为 $P(B\mid A)$,读作事件 A 发生条件下事件 B 发生的条件概率. 先看一个例子.

【例 1.13】　某厂的 100 件产品中有 5 件是不合格品,而 5 件不合格品中有 3 件次品,2 件废品. 现从 100 件产品中任意抽取一件,假定每件产品被抽到的可能性都相同,求

(1) 抽到次品的概率;

(2) 在抽到的产品是不合格品的条件下,产品是次品的概率.

解　设 $A=$"抽到的产品是不合格品",$B=$"抽到"的产品是次品".

(1) 100 件产品中有 3 件次品,所以

$$P(B)=\frac{3}{100}.$$

(2) 本题是在已知抽到的产品是不合格品的条件下求抽到次品的概率,即求"事件 A 发生条件下,事件 B 发生的概率",这好比预先给了一个"情报",使得我们可以在"缩小的样本空间"(即事件 A)中考虑问题.

由于 5 件不合格品中有 3 件次品,所以

$$P(B\mid A)=\frac{3}{5}.$$

可见,$P(B)\neq P(B|A)$. 一般来说,无条件概率 $P(B)$ 和条件概率 $P(B|A)$ 不同,但二者之间有一定关系.

由于 $P(A)=\frac{5}{100}$,$P(AB)=\frac{3}{100}$,通过简单计算,易得

$$P(B \mid A)=\frac{3}{5}=\frac{3/100}{5/100}=\frac{P(AB)}{P(A)}.$$

事实上,上述结果具有一般性,下面我们给出条件概率的定义如下.

定义 1.6 设 A 与 B 是同一样本空间中的两个事件,若 $P(A)>0$,则称

$$P(B|A)=\frac{P(AB)}{P(A)} \tag{1.2}$$

为在事件 A 发生下的事件 B 发生的**条件概率**.

不难验证,条件概率 $P(\cdot|A)$满足概率定义 1.5 中的三条公理:

(1) 非负性:对任意事件 B,$P(B|A)\geqslant 0$;

(2) 规范性:$P(\Omega|A)=1$;

(3) 可列可加性:设事件 $B_1,B_2,\cdots,B_n,\cdots$两两互不相容,则 $P\left(\bigcup_{i=1}^{\infty} B_i \mid A\right)=\sum_{i=1}^{\infty} P(B_i|A)$.

所以,条件概率 $P(\cdot \mid A)$也满足概率的其他所有性质.

【例 1.14】 某家庭中有两个孩子,已知其中至少有一个是男孩,求两个都是男孩的概率(假设男、女孩出生率相同).

解 用 g 代表女孩,b 代表男孩,A =“该家庭中至少有一个男孩”,B =“两个都是男孩”,本题求的是条件概率 $P(B|A)$. 该家庭两个孩子的情况无非是 bb,bg,gb,gg 四种情况之一,即 $\Omega=\{bb,bg,gb,gg\}$,$B=\{bb\}$,$A=\{bb,bg,gb\}$,所以有 $P(A)=\frac{3}{4}$,$P(B)=\frac{1}{4}$,故

$$P(B|A)=\frac{P(AB)}{P(A)}=\frac{P(B)}{P(A)}=\frac{1/4}{3/4}=1/3.$$

注 在事件 A 发生条件下,该家庭两个孩子的情况只能是 bb,bg,gb 三种情况之一,即此时样本空间缩小为 $\Omega=\{bb,bg,gb\}=A$,$B=\{bb\}$,所以根据古典概型有 $P(B|A)=\frac{1}{3}$.这种解法称为求条件概率的**缩小样本空间法**.

【例 1.15】 设某种动物从出生起活 20 岁以上的概率为 80%,活 25 岁以上的概率为 40%.如果现在有一个 20 岁的这种动物,求它能活 25 岁以上的概率.

解 设事件 A=“该种动物能活 20 岁以上”,事件 B =“该种动物能活 25 岁以上”.按题意,$P(A)=0.8$,由于 $B\subset A$,所以 $P(AB)=P(B)=0.4$.由条件概率定义

$$P(B \mid A)=\frac{P(AB)}{P(A)}=\frac{0.4}{0.8}=0.5.$$

1.4.2 乘法公式

由条件概率公式容易得到下面定理.

定理 1.1 设 A 与 B 是同一样本空间中的两个事件，如果 $P(A)>0$，则

$$P(AB)=P(A)P(B|A). \tag{1.3}$$

如果 $P(B)>0$，则

$$P(AB)=P(B)P(A|B). \tag{1.4}$$

上面式(1.3)，式(1.4)均称为事件概率的**乘法公式**.

定理 1.1 容易推广到任意有限多个事件积事件概率的情况.

例如，若 $P(A_1A_2\cdots A_{n-1})>0$，则

$$P(A_1A_2\cdots A_n)=P(A_1)P(A_2|A_1)P(A_3|A_1A_2)\cdots P(A_n|A_1A_2\cdots A_{n-1}). \tag{1.5}$$

事实上，因为

$$P(A_1)\geqslant P(A_1A_2)\geqslant P(A_1A_2A_3)\geqslant\cdots\geqslant P(A_1A_2\cdots A_{n-1})>0,$$

所以式(1.5)中各条件概率均有意义，由条件概率定义，得

$$\begin{aligned}&P(A_1)P(A_2|A_1)P(A_3|A_1A_2)\cdots P(A_n|A_1A_2\cdots A_{n-1})\\&=P(A_1)\cdot\frac{P(A_1A_2)}{P(A_1)}\cdot\frac{P(A_1A_2A_3)}{P(A_1A_2)}\cdots\frac{P(A_1A_2\cdots A_n)}{P(A_1A_2\cdots A_{n-1})}\\&=P(A_1A_2\cdots A_n).\end{aligned}$$

【例 1.16】 某人忘记了电话号码的最后一位数字，因而他随意地拨号.求他拨号不超过三次而接通电话的概率.

解 设 A_i＝“第 i 次接通电话”，$i=1,2,3$，B＝“拨号不超过 3 次接通电话”，则

$$B=A_1\cup\bar{A}_1A_2\cup\bar{A}_1\bar{A}_2A_3.$$

利用概率的有限可加性和乘法公式，有

$$\begin{aligned}P(B)&=P(A_1)+P(\bar{A}_1A_2)+P(\bar{A}_1\bar{A}_2A_3)\\&=P(A_1)+P(\bar{A}_1)P(A_2\mid\bar{A}_1)+P(\bar{A}_1)P(\bar{A}_2\mid\bar{A}_1)P(A_3\mid\bar{A}_1\bar{A}_2)\\&=\frac{1}{10}+\frac{9}{10}\times\frac{1}{9}+\frac{9}{10}\times\frac{8}{9}\times\frac{1}{8}=\frac{3}{10}.\end{aligned}$$

【例 1.17】 猎手在距猎物 10 米处开枪，击中的概率为 0.6.若击不中，待开第二枪时猎物已逃至 30 米远处，此时击中的概率为 0.25，若再击不中，则猎物已逃至 50 米远处，此时只有 0.1 的击中概率.求猎手三枪内击中猎物的概率.

解 以 A_i＝“第 i 枪击中猎物”，$i=1,2,3$，则所求概率为 $P(A_1\cup A_2\cup A_3)$.

$$\begin{aligned}P(A_1\cup A_2\cup A_3)&=1-P(\overline{A_1\cup A_2\cup A_3})=1-P(\bar{A}_1\bar{A}_2\bar{A}_3)\\&=1-P(\bar{A}_1)P(\bar{A}_2\mid\bar{A}_1)P(\bar{A}_3\mid\bar{A}_1\bar{A}_2)\\&=1-[1-P(A_1)][1-P(A_2\mid\bar{A}_1)][1-P(A_3\mid\bar{A}_1\bar{A}_2)]\\&=1-(1-0.6)(1-0.25)(1-0.1)\\&=0.73.\end{aligned}$$

1.5 全概率公式和贝叶斯公式

1.5.1 全概率公式

在处理复杂事件的概率时，我们经常将这个复杂事件分解为若干个互不相容的较简单的事件之和，先求这些简单事件的概率，再利用有限可加性得到所求事件的概率，这种方法就是全概率公式的思想方法.

全概率公式是概率论中的一个非常重要又实用的公式，它能使复杂事件的概率计算化繁就简，是计算复杂事件概率的有效方法.

定理 1.2 设试验 E 的样本空间为 Ω，$A_1,A_2,\cdots,A_n$ 为 E 的一组事件，且满足：

(1) $A_1,A_2,\cdots,A_n$ 两两互不相容，$P(A_i)>0, i=1,2,\cdots,n$；

(2) $\bigcup\limits_{i=1}^{n}A_i=\Omega$，

则对任一事件 B，有

$$P(B)=\sum_{i=1}^{n}P(A_i)P(B|A_i). \tag{1.6}$$

式(1.6)称为**全概率公式**.称满足(1)和(2)的事件组 $A_1,A_2,\cdots,A_n$ 为**完备事件组或样本空间的一个划分**.

证 因为 $B=B\Omega=B\left(\bigcup\limits_{i=1}^{n}A_i\right)=\bigcup\limits_{i=1}^{n}(BA_i)$，由条件(1)知 $BA_1,BA_2,\cdots,BA_n$ 两两互不相容，根据有限可加性

$$P(B)=P\left(\bigcup_{i=1}^{n}(BA_i)\right)=\sum_{i=1}^{n}P(BA_i),$$

由假设 $P(A_i)>0\ (i=1,2,\cdots,n)$ 及乘法公式得到

$$P(B)=\sum_{i=1}^{n}P(BA_i)=\sum_{i=1}^{n}P(A_i)P(B|A_i).$$

利用全概率公式求事件 B 的概率，关键是寻求完备事件组 $A_1,A_2,\cdots,A_n$，且 $P(A_i)$ 和 $P(B|A_i)$ 为已知或容易求得.寻求完备事件组 $A_1,A_2,\cdots,A_n$ 相当于找导致事件 B 发生的所有互不相容的事件.

【例 1.18】 假设有 3 箱同种型号零件，里面分别装有 50 件、30 件、40 件，而且一等品分别有 20 件、12 件和 24 件，现在任取一箱，再从所取的一箱中任取一个零件，试求取出的零件是一等品的概率.

解 设 A_i＝"取到第 i 箱中的零件"，$i=1,2,3$，B＝"取到的是一等品".

由题意知

$$P(A_1)=P(A_2)=P(A_3)=\frac{1}{3},$$

$$P(B \mid A_1)=\frac{20}{50}=0.4,\quad P(B \mid A_2)=\frac{12}{30}=0.4,\quad P(B \mid A_3)=\frac{24}{40}=0.6.$$

A_1,A_2 和 A_3 构成完备事件组,由全概率公式得

$$P(B)=\sum_{i=1}^{3}P(A_i)P(B|A_i)=\frac{1}{3}(0.4+0.4+0.6)=\frac{7}{15}.$$

1.5.2　贝叶斯公式

在例 1.18 中,如果问题变为:已知取出的零件是一等品,问该零件来自第一箱的概率多大?

这类问题是已知某事件(结果)已经发生,寻找导致该事件(结果)发生的某种原因的条件概率,解决这类问题的有效方法就是下面的贝叶斯公式.

定理 1.3　设试验 E 的样本空间为 Ω,B 为 E 的事件,$A_1,A_2,\cdots,A_n$ 为完备事件组,且 $P(B)>0$,$P(A_i)>0$,$i=1,2,\cdots,n$,则

$$P(A_i|B)=\frac{P(A_i)P(B|A_i)}{\sum_{j=1}^{n}P(A_j)P(B|A_j)},\quad i=1,2,\cdots,n, \tag{1.7}$$

式(1.7)称为**贝叶斯公式**.

容易看出,将全概率公式(1.6)代入条件概率公式 $P(A_i|B)=\frac{P(A_i)P(B|A_i)}{P(B)}$,$i=1,2,\cdots,n$ 就得到了贝叶斯公式(1.7).

【例 1.19】　在例 1.18 中,若已知取出的零件是一等品,问该零件来自这三箱的概率分别有多大?

解　设 A_i=“任取的一箱为第 i 箱零件”,$i=1,2,3$,B=“取到的是一等品”.

由例 1.18 知

$$P(A_1)=P(A_2)=P(A_3)=\frac{1}{3},\quad P(B \mid A_1)=\frac{20}{50}=0.4,$$

$$P(B \mid A_2)=\frac{12}{30}=0.4,\quad P(B \mid A_3)=\frac{24}{40}=0.6,\quad P(B)=\frac{7}{15}.$$

由贝叶斯公式得

$$P(A_1|B)=\frac{P(A_1)P(B|A_1)}{P(B)}=\frac{\frac{1}{3}\times 0.4}{\frac{7}{15}}=\frac{2}{7},$$

$$P(A_2|B)=\frac{P(A_2)P(B|A_2)}{P(B)}=\frac{\frac{1}{3}\times 0.4}{\frac{7}{15}}=\frac{2}{7},$$

$$P(A_3|B)=\frac{P(A_3)P(B|A_3)}{P(B)}=\frac{\frac{1}{3}\times 0.6}{\frac{7}{15}}=\frac{3}{7}.$$

【例 1.20】 9 支手枪中有 5 支已校准过，4 支未校准.一名射手用校准过的枪射击时，命中率为 0.9，用未校准过的枪射击时，命中率为 0.3，现从这 9 支枪中任取一支射击.(1) 求他能命中目标的概率；(2) 如果他命中目标，求所用的枪是校准过的概率.

解 (1) 设 B ={命中目标}，A_1 ={所用的枪校准过}，A_2 ={所用的枪未校准}，则

$$P(A_1)=5/9,\quad P(A_2)=4/9,$$

$$P(B\mid A_1)=0.9,\quad P(B\mid A_2)=0.3,$$

由全概率公式，有

$$P(B)=\sum_{i=1}^{2}P(A_i)P(B\mid A_i)=5/9\times 0.9+4/9\times 0.3=19/30.$$

(2) 由贝叶斯公式，有

$$P(A_1\mid B)=\frac{P(B\mid A_1)P(A_1)}{P(B)}=\frac{0.9\times 5/9}{19/30}=\frac{15}{19}.$$

【例 1.21】 玻璃杯成箱出售，每箱 20 只，假设各箱含 0，1，2 只残次品的概率分别是 0.8，0.1 和 0.1，某顾客欲购一箱玻璃杯，在购买时，售货员随机取出一箱，顾客开箱随机地查看四只，若无残次品，则买下该箱玻璃杯，否则退回，试求：

(1) 顾客买下该箱玻璃杯的概率 α；

(2) 在顾客买下的一箱中，确实没有残次品的概率 β.

解 设 B =“顾客买下该箱玻璃杯”，A_i =“抽到的一箱中有 i 件残次品”，$i=0,1,2$.

(1) 事件 B 在下面三种情况下均会发生：抽到的一箱中没有残次品、有 1 件残次品或有 2 件残次品.显然 A_0,A_1,A_2 是完备事件组.由题意知

$$P(A_0)=0.8,\quad P(A_1)=0.1,\quad P(A_2)=0.1,$$

$$P(B|A_0)=\frac{C_{20}^4}{C_{20}^4}=1,\quad P(B|A_1)=\frac{C_{19}^4}{C_{20}^4}=\frac{4}{5},\quad P(B|A_2)=\frac{C_{18}^4}{C_{20}^4}=\frac{12}{19},$$

由全概率公式得

$$\alpha=P(B)=P(A_0)P(B|A_0)+P(A_1)P(B|A_1)+P(A_2)P(B|A_2)=0.94.$$

(2) 由贝叶斯公式，有

$$\beta=P(A_0|B)=\frac{P(A_0)P(B|A_0)}{P(B)}=\frac{0.8\times 1}{0.94}=0.85.$$

注意,在使用贝叶斯公式时,如果 A 和 $\bar{A}$ 是一个完备事件组,事件 B 为试验 E 的任一事件,$P(B)>0$,则贝叶斯公式的一种常用简单形式为

$$P(A|B)=\frac{P(A)P(B|A)}{P(A)P(B|A)+P(\bar{A})P(B|\bar{A})}.$$

【例 1.22】 根据以往的记录,某种诊断肝炎的试验有如下效果:对肝炎患者的试验呈阳性的概率为 0.95;非肝炎患者的试验呈阴性的概率为 0.95.对自然人群进行普查的结果为:有千分之五的人患有肝炎.现有某人做此试验结果为阳性,问此人确有肝炎的概率为多少?

解 设 A ="某人确有肝炎",B ="某人做此试验结果为阳性". 由已知条件有

$$P(B|A)=0.95,\quad P(\bar{B}|\bar{A})=0.95,\quad P(A)=0.005,$$

从而

$$P(\bar{A})=1-P(A)=0.995,\quad P(B|\bar{A})=1-P(\bar{B}|\bar{A})=0.05.$$

由贝叶斯公式,有

$$P(A|B)=\frac{P(A)P(B|A)}{P(A)P(B|A)+P(\bar{A})P(B|\bar{A})}=\frac{0.005\times0.95}{0.005\times0.95+0.995\times0.05}=0.087.$$

本题的结果表明,虽然 $P(B|A)=0.95$,$P(\bar{B}|\bar{A})=0.95$,这两个概率都很高,但是 $P(A|B)=0.087$,即试验阳性的人有肝炎的概率只有 8.7%.如果不注意这一点,将 $P(B|A)$和 $P(A|B)$搞混,将会得出错误诊断,造成不良的后果.

在贝叶斯公式中,事件 A_i 的概率 $P(A_i)$,$i=1,2,\cdots,n$,通常是人们在试验之前对 A_i 的认知,习惯上称其为**先验概率**.若试验后事件 B 发生了,在这种信息下考察 A_i 的概率 $P(A_i|B)$,$i=1,2,\cdots,n$,它反映了导致 B 发生的各种原因的可能性大小,常称为**后验概率**.

贝叶斯公式是英国数学家贝叶斯(Thomas Bayes,英,1701—1761)在其著作《机会问题的解法》中首先提出的,该著作于 1763 年发表. 经过多年的发展和完善,贝叶斯公式的思想已经发展成为一整套统计推断方法,即"Bayes 方法",这一方法在计算机诊断、模式识别、基因组成、蛋白质结构、经济分析等很多方面都有应用.

1.6 独 立 性

独立性是概率统计中的一个重要概念,先来看事件的独立性.

1.6.1 事件的独立性

1. 两个事件的独立性

一般地,同一随机试验中的各事件之间应是相互联系的,一个事件的发生可能会

对其他事件的发生产生影响，即一般地有 $P(B\mid A)\neq P(B)$，但是在一些特殊情况下两者相同，即事件 A 的发生与否对事件 B 发生的概率无影响.

【例 1.23】 设试验 E 为“抛甲乙两枚硬币，观察正反面出现的情况”，则 E 的样本空间可以表示为 $\Omega=\{$甲正乙正，甲正乙反，甲反乙正，甲反乙反$\}$；设事件 $A=$“甲币出现正面”，事件 $B=$“乙币出现正面”，则 $P(A)=\frac{1}{2}$，$P(B)=\frac{1}{2}$，$P(B|A)=\frac{1}{2}$，从而 $P(B\mid A)=P(B)$，这时 $P(AB)=P(A)P(B)$.

事实上，甲币是否出现正面与乙币是否出现正面是互不影响的，即事件 A 和 B 是否发生互不影响，这时我们称事件 A 和 B 相互独立.一般地，有下面定义.

定义 1.7 设 A,B 是两个事件，如果 $P(AB)=P(A)P(B)$，则称 A 与 B **相互独立**.

显然，当 $P(A)>0$ 时，A 与 B 相互独立当且仅当 $P(B\mid A)=P(B)$.

需要注意的是，不要把事件 A 与 B 的独立性与事件 A 与 B 互不相容相混淆.事实上，当 $P(A)P(B)>0$ 时，有

如果 A 与 B 相互独立，则 A 与 B 一定不互不相容；如果 A 与 B 互不相容，则 A 与 B 一定不相互独立.

【例 1.24】 证明若事件 A 与 B 相互独立，则下列各对事件也相互独立：

$$A\text{ 与 }\bar{B},\quad B\text{ 与 }\bar{A},\quad \bar{A}\text{ 与 }\bar{B}.$$

证 因为 $A=A(B\cup\bar{B})=AB\cup A\bar{B}$，得

$$\begin{aligned}P(A)&=P(AB\cup A\bar{B})=P(AB)+P(A\bar{B})\\&=P(A)P(B)+P(A\bar{B}),\end{aligned}$$

$$P(A\bar{B})=P(A)[1-P(B)]=P(A)P(\bar{B}).$$

所以，A 与 $\bar{B}$ 相互独立.由此，可推出 $\bar{A}$ 与 $\bar{B}$ 相互独立，再由 $\bar{\bar{B}}=B$ 又推出 B 与 $\bar{A}$ 相互独立.

2. 多个事件的独立性

定义 1.8 设 A,B,C 为三个事件，如果等式

$$P(AB)=P(A)P(B),$$

$$P(BC)=P(B)P(C),$$

$$P(AC)=P(A)P(C),$$

$$P(ABC)=P(A)P(B)P(C)$$

都成立，则称事件 A,B,C **相互独立**.

一般地，如果事件 $A_1,A_2,\cdots,A_n(n\geqslant 2)$ 中任意 $k(2\leqslant k\leqslant n)$ 个事件积事件的概率都等于各个事件的概率之积，则称 $A_1,A_2,\cdots,A_n$ 相互独立；如果 $A_1,A_2,\cdots,A_n$

中任意两个事件都相互独立，则称 $A_1, A_2, \cdots, A_n$ **两两独立**.

显然，若 n 个事件相互独立，则一定两两独立，反之，不一定成立.

【例 1.25】 将一个均匀的正四面体的第一面染上红、黄、蓝三色，将其他三面分别染上红色、黄色、蓝色，设 A, B, C 分别表示掷一次四面体红色、黄色、蓝色与桌面接触的事件，则显然

$$P(A)=P(B)=P(C)=\frac{1}{2},$$

$$P(AB)=P(A)P(B)=\frac{1}{4},$$

$$P(AC)=P(A)P(C)=\frac{1}{4},$$

$$P(BC)=P(B)P(C)=\frac{1}{4},$$

$$P(ABC)=\frac{1}{4}\neq P(A)P(B)P(C)=\frac{1}{8}.$$

这表明事件 A, B, C 两两独立，但是 A, B, C 不相互独立.

【例 1.26】 设一口袋中有 100 个球，其中有 7 个是红的，25 个是黄的，24 个是黄蓝两色的，1 个是红黄蓝三色的，其余 43 个是无色的.现从中任取一个球，以 A, B, C 分别表示取得的球有红色的、有黄色的、有蓝色的事件.

显然，$P(A)=\frac{2}{25}$，$P(B)=\frac{1}{2}$，$P(C)=\frac{1}{4}$，$P(AB)=\frac{1}{100}$，$P(BC)=\frac{1}{4}$，$P(AC)=\frac{1}{100}$，$P(ABC)=\frac{1}{100}$，故 $P(ABC)=P(A)P(B)P(C)$.但显然又有

$$P(AB)\neq P(A)P(B),$$
$$P(AC)\neq P(A)P(C),$$
$$P(BC)\neq P(B)P(C),$$

即 A, B, C 不相互独立.

此例表明，即使 $P(ABC)=P(A)P(B)P(C)$，也不能保证 A, B, C 两两独立，更不能保证三个事件相互独立.

由独立性的定义，可以得到以下两点推论：

(1) 若 $A_1, A_2, \cdots, A_n (n\geqslant 2)$ 相互独立，则其中任意 $k(2\leqslant k\leqslant n)$ 个事件也相互独立；

(2) 若 $A_1, A_2, \cdots, A_n (n\geqslant 2)$ 相互独立，将其中任意多个换成它们各自的对立事件，所得的 n 个事件仍然相互独立.

在实际应用中，事件的独立性常常根据事件的实际意义去判断.一般情况下，若各事件之间没有关联或关联很弱，就可以认为它们是相互独立的.如果根据实际意义

判断一组事件是相互独立的,则关于它们的积事件的概率计算就很简单.

【例 1.27】 设某地区某时间每人的血清中含有某种病毒的概率为 0.4%,混合 100 个人的血清,求血清中含有该病毒的概率.

解 设 A_i="第 i 人的血清中含有某种病毒",$i=1, 2, \cdots, 100$,可以认为诸 A_i 是相互独立的,从而诸 $\bar{A}_i$ 也是相互独立的,且 $P(\bar{A}_i)=1-0.004=0.996$,则要求的概率为

$$P\left(\bigcup_{i=1}^{100}A_i\right)=1-P\left(\overline{\bigcup_{i=1}^{100}A_i}\right)=1-P\left(\bigcap_{i=1}^{100}\bar{A}_i\right)$$

$$=1-\prod_{i=1}^{100}P(\bar{A}_i)=1-0.996^{100}\approx 0.33.$$

【例 1.28】 从 1 至 9 这 9 个数字中,有放回地取 3 个数字,每次任取 1 个,求所取的 3 个数之积能被 10 整除的概率.

解 1 设 A="所取的 3 个数之积能被 10 整除",A_1="所取的 3 个数中含有数字 5",A_2="所取的 3 个数中含有偶数",则 $A=A_1A_2$,所以

$$P(A)=P(A_1A_2)=1-P(\overline{A_1A_2})=1-P(\bar{A}_1\cup\bar{A}_2)$$

$$=1-P(\bar{A}_1)-P(\bar{A}_2)+P(\bar{A}_1\bar{A}_2)$$

$$=1-\left(\frac{8}{9}\right)^3-\left(\frac{5}{9}\right)^3+\left(\frac{4}{9}\right)^3=1-0.786=0.214.$$

解 2 设 A_k 表示"第 k 次取得数字 5",B_k 表示"第 k 次取得偶数",$k=1,2,3$,则 $A=(A_1\cup A_2\cup A_3)(B_1\cup B_2\cup B_3)$,由事件的对偶律得

$$\bar{A}=\overline{(A_1\cup A_2\cup A_3)(B_1\cup B_2\cup B_3)}$$

$$=\overline{(A_1\cup A_2\cup A_3)}\cup\overline{(B_1\cup B_2\cup B_3)}$$

$$=(\bar{A}_1\bar{A}_2\bar{A}_3)\cup(\bar{B}_1\bar{B}_2\bar{B}_3),$$

所以 $P(\bar{A})=P(\bar{A}_1\bar{A}_2\bar{A}_3)+P(\bar{B}_1\bar{B}_2\bar{B}_3)-P(\bar{A}_1\bar{A}_2\bar{A}_3\bar{B}_1\bar{B}_2\bar{B}_3)$.由于是有放回地取数,所以各次抽取结果相互独立,并且

$$P(\bar{A}_1)=P(\bar{A}_2)=P(\bar{A}_3)=\frac{8}{9},$$

$$P(\bar{B}_1)=P(\bar{B}_2)=P(\bar{B}_3)=\frac{5}{9},$$

$$P(\bar{A}_1\bar{B}_1)=P(\bar{A}_2\bar{B}_2)=P(\bar{A}_3\bar{B}_3)=\frac{4}{9}.$$

因此

$$P(A)=1-P(\bar{A})=1-\left(\left(\frac{8}{9}\right)^3+\left(\frac{5}{9}\right)^3-\left(\frac{4}{9}\right)^3\right)$$

$$=1-0.786=0.214.$$

1.6.2　试验的独立性

定义 1.9　如果第一次试验的任一结果，第二次试验的任一结果，……，第 n 次试验的任一结果都是相互独立的事件，则称这 n 次**试验相互独立**. 如果这 n 次独立试验还是相同的，则称为 n **重独立重复试验**. 如果在 n 重独立重复试验中，每次试验的可能结果为两个：A 或 $\bar{A}$，则称这种试验为 n **重伯努利试验**.

例如，掷 n 枚硬币，从一大批产品中随机抽查 n 个产品等，都是 n 重独立重复试验.

在 n 重伯努利试验中，若事件 A 在每次试验中发生的概率均为 $P(A)=p(0<p<1)$，现在来计算在 n 重伯努利试验中事件 A 发生 k 次的概率 $p_k, k=0,1,2,\cdots,n$.

由于试验是相互独立的，如果事件 A 在 n 次独立试验中指定的 k 次试验(比如，前 k 次试验)中发生，而在其余 $n-k$ 次试验中不发生，其概率为

$$\begin{aligned}P(A_1A_2\cdots A_k\bar{A}_{k+1}\cdots\bar{A}_n)&=P(A_1)P(A_2)\cdots P(A_k)P(\bar{A}_{k+1})\cdots P(\bar{A}_n)\\&=p^k(1-p)^{n-k},\end{aligned}$$

其中 A_i 表示"A 在第 i 次试验中发生"，$i=1,2,\cdots,n$.

但问题是 A 在 n 次独立试验中发生了 k 次，不论在哪 k 次发生，由组合知识，A 在 n 次试验中发生 k 次共有 C_n^k 种不同的情况，而每种情况的概率都是 $p^k(1-p)^{n-k}$，并且这些情况是互不相容的.故所求概率为

$$p_k=C_n^kp^k(1-p)^{n-k},\quad k=0,1,2,\cdots,n.$$

【例 1.29】　八门火炮同时独立地向一目标各射击一发炮弹，共有不少于 2 发炮弹命中目标时，目标就被击毁，如果每门炮命中目标的概率为 0.6，求击毁目标的概率.

解　设 A="一门火炮命中目标"，则 $P(A)=0.6$.本题可看成 $p=0.6, n=8$ 的 n 重伯努利试验，所求概率是事件 A 在 8 次独立试验中至少出现两次的概率，即

$$\sum_{k=2}^{8}p_k=1-\sum_{k=0}^{1}p_k=1-\sum_{k=0}^{1}C_8^k(0.6)^k(0.4)^{8-k}=0.9915.$$

1.7　Excel 数据分析功能简介

Excel 是微软公司 Office 套件中的一款办公软件，其超强的电子表格功能使其成为最受大众喜欢的软件之一，同时其具有的数据分析功能已经越来越受到人们关注.

Excel 除了可以执行简单的加、减、乘、除等算术运算，还能进行较为复杂的函数运算，为各种统计数据制作图表.其种类繁多的统计计算函数以及附带的数据分析工

具可以为数理统计带来极大的便利.

本书所有 Excel 实验可以在 Excel 2003 及以上版本中实现,并对部分实验在 Excel 2010 版中的变化做了介绍.

1.7.1 统计函数简介

Excel 的超强计算功能源自其拥有的庞大函数库,其中常用的数学与统计函数如表 1.2 所示.这里只给出函数的功能简介,函数格式、参数的含义及具体用法参见本书附录二,或参考 Excel 帮助.

表 1.2 常用的数学与统计函数

函数	功能
FACT	返回给定数值的阶乘
POWER	返回给定数值的乘幂
COMBIN	返回从给定数目的对象集合中提取若干对象的组合数
SUMPRODUCT	返回多个区域中对应数值乘积之和
MMULT	返回两数组的矩阵乘积
SUMXMY2	返回两数组中对应数值之差的平方和
VLOOKUP	在数值区域的首列查找满足条件的元素,确定待检索单元格在区域中的行序号,再进一步返回选定单元格的值
SQRT	返回给定数值的平方根
AVERAGE	返回参数的算术平均值
BINOMDIST	返回二项分布的概率值
CHIDIST	返回 χ^2 分布的收尾概率
CHIINV	返回具有给定收尾概率的 χ^2 分布区间点
CHITEST	返回检验相关性
CONFIDENCE	返回总体平均值的置信区间
CORREL	返回两组数值的相关系数
COUNT	返回指定包含数字的单元格以及参数列表中的数字的个数
COVAR	返回协方差,即每对数据点的偏差乘积的平均数
CRITBINOM	返回使累积二项式分布的函数值大于等于临界值的最小整数
DEVSQ	返回数据点与样本均值偏差的平方和
EXPONDIST	返回指数分布函数值
FDIST	返回 F 分布的尾部概率
FINV	返回 FDIST 的反函数值
FORECAST	根据已知的 x 和 y 数组的线性回归来预测 x 值
FREQUENCY	以一垂直数组计算频率的分布
FTEST	返回 F 检验结果的值
HARMEAN	返回一组数据的调和平均数
HYPGEOMDIST	返回超几何分布

续表

函数	功能
INTERCEPT	返回线性回归拟合线的截距值
KURT	返回一组数据的峰值
LARGE	返回在数据组中第 k 个最大值
LINEST	返回一线性回归方程的参数
LOGEST	返回描述指数曲线预测公式的参数
LOGINV	返回对数正态分布的分布函数的反函数
LOGNORMDIST	返回对数正态分布值
MAX	返回一组数值中的最大值
MEDIAN	返回一组数值中的中间值
MIN	返回一组数值中的最小值
MODE	返回一组数值或数据区域中的众数(出现频率最高的数)
NORMDIST	返回给定平均值和标准差的正态分布的分布函数值
NORMINV	对于指定的均值和标准差,返回其正态分布的分布函数的反函数值
NORMSDIST	返回标准正态分布函数值
NORMSINV	返回标准正态分布的分布函数的反函数值
PERCENTILE	返回数组的 k 百分比数值点
PERCENTRANK	返回特定数值在一组数中的百分比排位
PERMUT	返回从给定元素数目的集合中选取若干元素的排列数
POISSON	返回泊松概率分布函数值
QUARTILE	返回一组数据的四分位点
RANK	返回某数字在指定范围中的排序等级
RSQ	返回给定数据点的 Pearson 积矩法相关系数的平方,即相关系数的平方
SKEW	返回一个分布的偏斜度
SLOPE	返回回归直线的斜率
SMALL	返回数据集中第 k 小的值
STANDARDIZE	通过平均值和标准差,返回正态分布的概率值
STDEV	计算给定样本的标准差
STDEVP	计算基于给定样本总体的标准差
STEYX	返回回归中每个由 x 预测 y 值的标准误差
TDIST	返回 t 分布的尾部概率
TINV	返回指定自由度和双尾概率的 t 分布的区间点
TREND	返回线性回归拟合线的一组纵坐标值(y 值)
TTEST	返回 t 检验的 P 值
VAR	计算给定样本的方差
VARP	计算基于给定样本总体的方差
ZTEST	返回 z 检验的 P 值

【实验 1.1】 用 Excel 计算例 1.7 中的概率. 即求 $P(A)=\frac{10\cdot9\cdot8\cdot7\cdot6\cdot5\cdot4}{10^7}$，$P(B)=\frac{8^7}{10^7}$和 $P(C)=\frac{C_7^2\cdot9^5}{10^7}$.

实验准备：

学习附录二中如下 Excel 函数：

(1) 阶乘函数 FACT.

(2) 乘幂函数 POWER.

(3) 组合数函数 COMBIN.

实验步骤：

(1) 在单元格 B1 中输入公式：=FACT(10)/FACT(3)/POWER(10,7)

(2) 在单元格 B2 中输入公式：=POWER(8,7)/POWER(10,7)

(3) 在单元格 B3 中输入公式：=COMBIN(7,2) * POWER(9,5)/POWER(10,7)

	A	B
1	P(A)=	0.06048
2	P(B)=	0.209715
3	P(C)=	0.124003

图 1.4 计算概率值

即得计算结果：$P(A)=0.06048$，$P(B)=0.209715$，$P(C)=0.124003$，如图 1.4 所示.

1.7.2 数据分析工具简介

Microsoft Excel 提供了一组数据分析工具，称为“分析工具库”，在建立复杂统计或工程分析时可节省步骤.只需为每一个分析工具提供必要的数据和参数，该工具就会使用适当的统计或工程宏函数，在输出表格中显示相应的结果.其中有些工具在生成输出表格时还能同时生成图表.

表 1.3 列出“分析工具库”中包括的常用工具.若要使用这些工具，在 Excel 2003 版中可以选择“工具”菜单中的“数据分析”.在 Excel 2010 版或更新的版本中可以在“数据”选项卡中选择“数据分析”命令.

表 1.3 “分析工具库”中包括的常用工具

分析类型	分析名称	功能
方差分析	单因素方差分析	对两个或更多样本的数据执行简单的方差分析
	可重复双因素方差分析	用于当数据按照二维进行分类时的可重复双因素方差分析
	无重复双因素方差分析	用于当数据按照二维进行分类时的双因素方差分析
相关分析	相关系数	用于相关分析
协方差	协方差	用于使用协方差工具来检验两个变量，以便确定两个变量的变化是否相关

续表

分析类型	分析名称	功能
描述统计	描述统计	用于生成数据源区域中数据的单变量统计分析报表，提供有关数据趋中性和易变性的信息
	直方图	用于计算数据单元格区域和数据接收区间的单个和累积频率.此工具可用于统计数据集中某个数值出现的次数
	随机数发生器	用于产生指定分布的独立随机数来填充某个区域.可以通过概率分布来表示总体中的主体特征
	排位与百分比排位	产生一个数据表，在其中包含数据表中各个数值的顺序排位和百分比排位.该工具用来分析数据表中各数值间的相对位置关系
回归分析	回归	通过对一组观察值使用“最小二乘法”直线拟合来进行线性回归分析.本工具可用来分析单个因变量是如何受一个或几个自变量影响的
抽样分析	抽样	以数据源区域为总体，从而为其创建一个样本
F 检验	F 检验:双样本方差	通过双样本 F 检验，对两个样本总体的方差进行比较
t 检验	t 检验:平均值的成对二样本分析	基于每个样本检验样本总体平均值是否相等
	t 检验:双样本等方差假设	假设两组数据取自具有相同方差的分布，进行双样本 t 检验
	t 检验:双样本异方差假设	假设两组数据取自具有不同方差的分布，进行双样本 t 检验
z 检验	z 检验:双样本平均差检验	对具有已知方差的平均值进行双样本 z 检验

如果没有显示“数据分析”命令，则需要加载“分析工具库”加载项程序.在 Excel 2003 版中，通过选择“工具”菜单中的“加载宏”命令，打开“加载宏”对话框，选中“分析工具库”复选框，单击“确定”按钮即可.在 Excel 2010 或更新的版本中，则要在“文件”菜单中选择“选项”命令，打开“Excel 选项”工具.选择“加载项”中的“分析工具库”，单击“转到”按钮，打开“加载宏”对话框，选中“分析工具库”复选框，单击“确定”按钮即可.

习　题　1

(A)

一、填空题

1. 写出下面随机试验的样本空间：

(1) 同时掷 2 颗骰子，记录它们的点数之和________；

(2) 袋中有 5 只球，其中 3 只白球 2 只黑球，从袋中任意取一球，观察其颜色________；

(3) 袋中有 5 只球,其中 3 只白球 2 只黑球,从袋中不放回任意取 3 只球,记录取到的黑球个数________;

(4) 测量一辆汽车通过某一测速点时的速度________.

2. 设 Ω 为样本空间,A,B,C 是任意的三个随机事件,根据概率的性质,则

(1) $P(\bar{A})=$________;

(2) $P(B-A)=P(B\bar{A})=$________;

(3) $P(A\cup B\cup C)=$________.

3. 设 A,B,C 是三个随机事件,试以 A,B,C 来表示下列事件:

(1) 仅有 A 发生________;

(2) A,B,C 中全少有一个发生________;

(3) A,B,C 中恰有一个发生________;

(4) A,B,C 中最多有一个发生________;

(5) A,B,C 都不发生________;

(6) A 不发生,B,C 中至少有一个发生________.

4. A,B,C 是三个随机事件,且 $P(A)=P(B)=P(C)=1/4$,$P(AC)=1/8$,$P(AB)=P(BC)=0$,则

(1) A,B,C 中至少有一个发生的概率为________;

(2) A,B,C 都发生的概率为 ________;

(3) A,B,C 都不发生的概率为________.

5. 袋中有 n 只球,记有号码 $1,2,3,\cdots,n$ $(n>5)$,则事件

(1) 任意取出两球,号码为 1,2 的概率为________;

(2) 任意取出三球,没有号码为 1 的概率为________;

(3) 任意取出五球,号码 1,2,3 中至少出现一个的概率为________.

6. 从一批由 5 件正品,5 件次品组成的产品中,任意取出三件产品,则其中恰有一件次品的概率为________.

7. $A_1,A_2,\cdots,A_n$ 为样本空间 Ω 的一个事件组,若 $A_1,A_2,\cdots,A_n$ 两两互斥,且 $A_1\cup A_2\cup\cdots\cup A_n=\Omega$,则对 Ω 中的事件 B 有

(1) 全概率公式________;

(2) 贝叶斯公式为________.

8. 两事件 A,B 相互独立的充要条件为________;A,B,C 三事件相互独立的充要条件为________.

9. 已知在 10 只晶体管中,有 2 只次品,在其中取两次,每次随机地取一只,作不放回抽样,则

(1) 两只都是正品的概率为________;

(2) 一只正品,一只为次品的概率为________;

(3) 两只都为次品的概率为________;

(4) 第二次取出的是次品的概率________.

10. 从厂外打电话给这个工厂的一个车间,要由总机转入.若总机打通的概率为 0.6,车间分机占线的概率为 0.3,假定两者是独立的,从厂外向车间打电话能打通的概率为________.

11. A,B 是两个随机事件，且 $P(A)=0.4, P(A\cup B)=0.7$.

(1) 若 A 与 B 互不相容，则 $P(B)=$________；

(2) 若 A 与 B 相互独立，则 $P(B)=$________.

12.若 $P(A)=0.5, P(B)=0.6, P(B\mid A)=0.8$，则 $P(\overline{A\cup B})=$________.

13.一袋中有 2 个黑球和若干个白球，现有放回地摸球 4 次，每次摸一个，若至少摸到一个白球的概率是 80/81，则袋中白球的个数是 ________.

14. 设 A,B,C 是随机事件，A 与 C 互不相容，$P(AB)=\frac{1}{2}, P(C)=\frac{1}{3}$，则 $P(AB\mid\bar{C})=$________.

二、单项选择题

1. 设 A,B 和 C 是任意三事件，则下列选项中正确的是(　　).

(A) 若 $A\cup C=B\cup C$，则 $A=B$　　(B) 若 $A-C=B-C$，则 $A=B$

(C) 若 $AB=\varnothing$ 且 $\bar{A}\bar{B}=\varnothing$，则 $\bar{A}=B$　　(D) 若 $AC=BC$，则 $A=B$

2. 设 A,B 是任意两事件，则下列各选项中错误的是(　　).

(A) 若 $AB=\varnothing$，则 $\bar{A},\bar{B}$ 可能不相容　　(B) 若 $AB=\varnothing$，则 $\bar{A},\bar{B}$ 也可能相容

(C) 若 $AB\neq\varnothing$，则 $\bar{A},\bar{B}$ 也可能相容　　(D) 若 $AB\neq\varnothing$，则 $\bar{A},B$ 一定不相容

3. 设 A 和 B 是任意两互不相容事件，且 $P(A)>0, P(B)>0$，则必有(　　).

(A) $P(A\cup\bar{B})=P(\bar{B})$　　(B) $\bar{A}$ 和 $\bar{B}$ 相容

(C) $\bar{A}$ 和 $\bar{B}$ 不相容　　(D) $P(A\bar{B})=P(B)$

4. 设 A_1,A_2 和 B 是任意事件，$0<P(B)<1, P(A_1\cup A_2\mid B)=P(A_1\mid B)+P(A_2\mid B)$，则(　　).

(A) $P(A_1\cup A_2)=P(A_1)+P(A_2)$　　(B) $P(A_1\cup A_2)=P(A_1\mid B)+P(A_2\mid B)$

(C) $P(A_1B\cup A_2B)=P(A_1B)+P(A_2B)$　　(D) $P(A_1\cup A_2\mid\bar{B})=P(A_1\mid\bar{B})+P(A_2\mid\bar{B})$

5. 对于任意两事件 A 和 B，若 $P(AB)=0$，则必有(　　).

(A) $\bar{A}\bar{B}=\varnothing$　　(B) $P(A-B)=P(A)$

(C) $P(A)P(B)=0$　　(D) $\bar{A}\bar{B}\neq\varnothing$

6. 设事件 A,B,C 有包含关系：$A\subset C, B\subset C$，则(　　).

(A) $P(C)=P(AB)$　　(B) $P(C)\leqslant P(A)+P(B)-1$

(C) $P(C)\geqslant P(A)+P(B)-1$　　(D) $P(C)=P(A\cup B)$

7. 设事件满足条件：$0<P(A)<1, P(B)>0, P(B\mid A)=P(B\mid\bar{A})$，则(　　).

(A) $P(A\mid B)=P(\bar{A}\mid B)$　　(B) $P(A\mid B)\neq P(\bar{A}\mid B)$

(C) $P(AB)\neq P(A)P(B)$　　(D) $P(AB)=P(A)P(B)$

8. 将一枚硬币独立地掷两次，引进事件 $A_1=$“掷第一次出现正面”，$A_2=$“掷第二次出现正面”，$A_3=$“正、反面各出现一次”，$A_4=$“正面出现两次”，则事件(　　).

(A) A_1,A_2,A_3 相互独立　　(B) A_2,A_3,A_4 相互独立

(C) A_1,A_2,A_3 两两独立　　(D) A_2,A_3,A_4 两两独立

9. 对于任意两事件 A 和 B，则(　　).

(A) 若 $AB\neq\varnothing$，则 A,B 一定独立　　(B) 若 $AB\neq\varnothing$，则 A,B 有可能独立

(C) 若 $AB=\varnothing$,则 A,B 一定独立　　(D) 若 $AB=\varnothing$,则 A,B 一定不独立

10. 设 A,B 为两个随机事件,且 $P(B)>0,P(A|B)=1$,则必有(　　).

(A) $P(A\cup B)>P(A)$　　(B) $P(A\cup B)>P(B)$

(C) $P(A\cup B)=P(A)$　　(D) $P(A\cup B)=P(B)$

11. 设随机事件 A 与 B 相互独立,且 $P(B)=0.5,P(A-B)=0.3$ 则 $P(B-A)=$(　　).

(A) 0.1　　(B) 0.2　　(C) 0.3　　(D) 0.4

三、解答题

1. 设 $P(AB)=0$,则下列说法哪些是正确的?

(1) A 和 B 互不相容;

(2) A 和 B 相容;

(3) AB 是不可能事件;

(4) AB 不一定是不可能事件;

(5) $P(A)=0$ 或 $P(B)=0$;

(6) $P(A-B)=P(A)$.

2. 按照从小到大顺序排列 $P(A),P(A\cup B),P(AB),P(A)+P(B)$,并说明理由.

3. 已知事件 A,B 满足 $P(AB)=P(\bar{A}\bar{B})$,记 $P(A)=p$,试求 $P(B)$.

4. 已知 $P(A)=0.7,P(A-B)=0.3$,试求 $P(\overline{AB})$.

5. 已知 $P(A)=1/2,P(B)=1/3,P(C)=1/5,P(AB)=1/10,P(AC)=1/15,P(BC)=1/20,$ $P(ABC)=1/30$,试求 $P(A\cup B),P(\bar{A}\bar{B}),P(A\cup B\cup C),P(\bar{A}\bar{B}\bar{C})$.

6. 在房间里有 10 个人,分别佩戴从 1 号到 10 号的纪念章,任取 3 人记录其纪念章的号码.求:

(1) 求最小号码为 5 的概率;

(2) 求最大号码为 5 的概率.

7. 将 3 个球随机地放入 4 个杯子中去,求杯子中球的最大个数分别为 1,2,3 的概率.

8. 设 5 个产品中有 3 个合格品,2 个不合格品,从中不放回地任取 2 个,求取出的 2 个中全是合格品、仅有一个合格品和没有合格品的概率各为多少?

9. 口袋中有 5 个白球,3 个黑球,从中任取两个,求取到的两个球颜色相同的概率.

10. 若在区间(0,1)内任取两个数,求事件"两数之和小于 6/5"的概率.

11. 随机地向半径为 a 的半圆 $0<y<\sqrt{2ax-x^2}$ 内掷一点,点落在半圆内任何区域的概率与区域的面积成正比,求原点和该点的连线与 x 轴的夹角小于 $\frac{\pi}{4}$ 的概率.

12. 已知 $P(A)=\frac{1}{4},P(B|A)=\frac{1}{3},P(A|B)=\frac{1}{2}$,求 $P(A\cup B)$.

13. 设 10 件产品中有 4 件不合格品,从中任取两件,已知所取两件产品中有一件是不合格品,则另一件也是不合格品的概率是多少?

14. 某人决定去甲、乙、丙三国之一旅游. 注意到这三国此季节下雨的概率分别为 1/2,2/3,1/2,他去这三个国家旅游的概率分别为 1/4,1/4,1/2. 据此信息计算他旅游遇上下雨的概率是多少? 如果已知他遇上雨天,那么他到甲国旅游的概率又是多少?

15. 将两信息分别编码为 a 和 b 传递出去,接收站收到时,a 被误收作 b 的概率为 0.02,而 b 被误收作 a 的概率为 0.01,信息 a 与信息 b 传送的频繁程度为 2∶1,若接收站收到的信息是 a,问原

发信息是 a 的概率是多少？

16. 设人群中男女人口之比为 51∶49，男性中有 5% 是色盲患者，女性中有 2.5% 是色盲患者. 仅从人群中随机抽取一人，恰好是色盲患者，求此人是男性的概率.

17. 三人独立地去破译一份密码，已知各人能译出的概率分别为 $\frac{1}{5}$，$\frac{1}{3}$，$\frac{1}{4}$，问三人中至少有一人能将此密码译出的概率是多少？

18. 设事件 A 与 B 相互独立，已知 $P(A)=0.4$，$P(A\cup B)=0.7$，求 $P(\bar{B}\mid A)$.

19. 甲乙两人独立地对同一目标射击一次，其命中率分别为 0.6 和 0.5，现已知目标被命中，则它是甲射中的概率是多少？

20. 某零件用两种工艺加工，第一种工艺有三道工序，各道工序出现不合格品的概率分别为 0.3，0.2，0.1；第二种工艺有两道工序，各道工序出现不合格品的概率分别为 0.3，0.2，试问：

(1) 用哪种工艺加工得到合格品的概率较大些？

(2) 第二种工艺两道工序出现不合格品的概率都是 0.3 时，情况又如何？

(B)

1. 设两两相互独立的三事件 A，B 和 C 满足条件 $ABC=\varnothing$，$P(A)=P(B)=P(C)<\frac{1}{2}$，且已知 $P(A\cup B\cup C)=\frac{9}{16}$，求 $P(A)$.

2. 设事件 A，B，C 的概率都是 $\frac{1}{2}$，且 $P(ABC)=P(\bar{A}\,\bar{B}\,\bar{C})$，证明：

$$2P(ABC)=P(AB)+P(AC)+P(BC)-\frac{1}{2}.$$

3. 设 $0<P(A)<1$，$0<P(B)<1$，$P(A\mid B)+P(\bar{A}\mid\bar{B})=1$，试证 A 与 B 独立.

4. 设 A，B 是任意两事件，其中 A 的概率不等于 0 和 1，证明 $P(B\mid A)=P(B\mid\bar{A})$ 是事件 A 与 B 独立的充分必要条件.

5. 一学生接连参加同一课程的两次考试.第一次及格的概率为 p，若第一次及格则第二次及格的概率也为 p；若第一次不及格则第二次及格的概率为 $\frac{p}{2}$.

(1) 若至少有一次及格则他能取得某种资格，求他取得该资格的概率；

(2) 若已知他第二次及格了，求他第一次及格的概率.

6. 每箱产品有 10 件，其中次品从 0 到 2 是等可能的，开箱检验时，从中任取一件，如果检验为次品，则认为该箱产品为不合格而拒收.由于检验误差，一件正品被误判为次品的概率为 2%，一件次品被误判为正品的概率为 10%.求检验一箱产品能通过验收的概率.

7. 用一种检验法检验产品中是否含有某种杂质的效果如下：若真含有杂质检验结果为含有的概率为 0.8；若真不含有杂质检验结果为不含有的概率为 0.9；据以往的资料知一产品真含有杂质或真不含有杂质的概率分别为 0.4 和 0.6.今独立地对一产品进行三次检验，结果是两次检验认为含有杂质，而有一次认为不含有杂质，求此产品真含有杂质的概率.

8. 火炮与坦克对战，假设火炮与坦克依次发射，且由火炮先射击，并允许火炮与坦克各发射 2 发，已知火炮与坦克每次发射的命中概率不变，它们分别等于 0.3 和 0.35.我们规定只要命中就被

击毁.试问

(1) 火炮与坦克被击中的概率各等于多少?

(2) 都不被击毁的概率等于多少?

9. 甲、乙、丙三人进行比赛,规定每局两个人比赛,胜者与第三人比赛,依次循环,直至有一人连胜两次为止,此人即为冠军,而每次比赛双方取胜的概率都是$\frac{1}{2}$,现假定甲乙两人先比,试求各人得冠军的概率.

第2章　随机变量及其分布

我们观察一个随机现象,其样本空间的样本点可以是数量性质的,也可以是非数量性质的.概率论是从数量的角度来研究随机现象的统计规律性,建立起一系列的公式和定理,借以更好地描述、处理和解决各种与随机现象有关的理论和应用问题.为此,需要将样本空间的样本点与实数联系起来,建立样本空间与实数空间或其某一部分的对应关系,这就是随机变量.

本章首先引入随机变量的概念,介绍一些常用的随机变量,最后讨论随机变量函数的分布.

【工作效率问题】

某工厂有80台同类型设备,各台工作是相互独立的,发生故障的概率都是0.01,且一台设备的故障能有一人处理.为了提高设备维修的效率,节省人力资源,考虑两种配备维修工人的方法:其一是由4人维护,每人负责20台;其二是由3人共同维护80台.

试比较两种配备维修工人方法的工作效率,即比较这两种方法在设备发生故障时不能及时维修的概率的大小.

2.1　随机变量

2.1.1　随机变量的概念

随机试验的结果有些本身就是数量,例如,一只灯泡的寿命,每天的最高气温等.随机试验的结果有些不是数量,例如,检查一个产品,结果可能是“合格”与“不合格”,但是我们可以将其数量化,如用“1”表示“合格”,用“0”表示“不合格”.这样,随机试验的结果就是随机变化的变量.把随机试验的结果数量化,便于应用数学知识研究随机现象,使对随机现象的研究更深入和简单.先看两个例子.

【例2.1】　有朋自远方来,他可能乘船、乘火车,或者乘飞机,记 $\omega_1=\{乘船\}$,$\omega_2=\{乘火车\}$,$\omega_3=\{乘飞机\}$,这就是以 $\Omega=\{\omega_1,\omega_2,\omega_3\}$ 为样本空间的随机试验,现考虑该客人的旅费,假定乘船、火车与乘飞机的单价分别为100元,200元,300元,则所需旅费就是如下实值单值函数

$$X=X(\omega)=\begin{cases}100, & \omega=\omega_1,\\ 200, & \omega=\omega_2,\\ 300, & \omega=\omega_3.\end{cases}$$

易见，$X=X(\omega)$是随试验结果而变化的变量，称之为随机变量.它的定义域是样本空间 Ω，值域为$\{100,200,300\}$.

【例 2.2】 将一枚硬币连续抛 3 次，观察是正面朝上的情况. 如果用 1 表示正面朝上，0 表示反面朝上，那么试验的样本空间为 $\Omega=\{(1,1,1),(1,1,0),(1,0,1),(1,0,0),(0,1,1),(0,1,0),(0,0,1),(0,0,0)\}$.

若用 X 表示正面朝上的次数，那么 X 是一个变量，它的取值随试验结果而变化，是定义在样本空间上的函数，具体写出来就是

$$X=X(\omega)=\begin{cases}0, & \omega=(0,0,0),\\ 1, & \omega=(0,0,1)\text{ 或}(0,1,0)\text{ 或}(1,0,0),\\ 2, & \omega=(1,1,0)\text{ 或}(1,0,1)\text{ 或}(0,1,1),\\ 3, & \omega=(1,1,1).\end{cases}$$

以上函数我们称为随机变量，它的定义域是样本空间 Ω，值域为$\{0,1,2,3\}$.

下面给出随机变量的定义.

定义 2.1 设随机试验的样本空间为 $\Omega=\{\omega\}$，$X=X(\omega)$是定义在样本空间 Ω 上的实值单值函数，称 $X=X(\omega)$为**随机变量**.常用大写字母 X,Y,Z 等表示随机变量，其取值常用小写字母 x,y,z 等表示.

定义 2.1 表明：随机变量 X 是样本点的一个实值单值函数. 一个样本点只能对应一个实数，不同样本点可以对应不同的实数，也可以对应同一个实数.

随机变量的取值随试验的结果而定，在试验之前不能预知它取到的值，且它的取值有一定的概率，这说明了随机变量与普通函数和普通变量有着本质的区别.

引入随机变量后，我们很容易用随机变量表示随机事件和随机事件发生的概率. 例如，用随机变量 X 表示掷一枚骰子朝上一面的点数，则$\{X=1\}$和$\{X\leqslant 3\}$分别表示事件“朝上一面的点数为 1”和“朝上一面的点数不超过 3”两事件，而 $P\{X=1\}$，$P\{X\leqslant 3\}$则分别表示两事件发生的概率.

2.1.2 随机变量的分布函数

下面引入随机变量的分布函数的概念.

定义 2.2 设 X 是一个随机变量，对任意实数 x，称事件$\{X\leqslant x\}$发生的概率

$$F(x)=P\{X\leqslant x\},\quad -\infty<x<\infty \tag{2.1}$$

为随机变量 X 的**分布函数**，且称 X 服从 $F(x)$，记为 $X\sim F(x)$.

由分布函数的定义易知，对任意实数 $a,b(a\leqslant b)$，有

$$P\{a<X\leqslant b\}=P\{X\leqslant b\}-P\{X\leqslant a\}=F(b)-F(a),$$

$$P\{X>a\}=1-P\{X\leqslant a\}=1-F(a).$$

可见，若已知 X 的分布函数 $F(x)$，那么，计算 X 落在某个区间的概率就非常方便了.由于分布函数是一个普通的函数，通过它我们可以方便地利用数学方法来研究

随机变量.

容易证明分布函数 $F(x)$具有以下三条基本性质.

(1) 单调性:$F(x)$是定义在整个实数轴$(-\infty,+\infty)$上的单调非减函数,即对任意的 $x_1<x_2$,有 $F(x_1)\leqslant F(x_2)$;

(2) 有界性:对任意的 x,有 $0\leqslant F(x)\leqslant 1$,且

$$F(-\infty)=\lim_{x\to-\infty}F(x)=0,$$

$$F(+\infty)=\lim_{x\to+\infty}F(x)=1.$$

(3) 右连续性:$F(x)$是 x 的右连续函数,即对任意的 x_0,有 $\lim\limits_{x\to x_0^+}F(x)=F(x_0)$.

还可以证明,满足这三个基本性质的函数一定是某个随机变量的分布函数.从而这三个基本性质成为判别某个函数是否能成为分布函数的充要条件.

【例 2.3】 证明 $F(x)=\dfrac{1}{\pi}\left[\arctan x+\dfrac{\pi}{2}\right],-\infty<x<+\infty$是一个分布函数.

证 显然 $F(x)$在整个数轴上是连续、严格单调递增函数,且 $F(+\infty)=1$, $F(-\infty)=0$,因此它满足分布函数的三条基本性质,故 $F(x)$是一个分布函数.

该函数称为**柯西分布函数**.

【例 2.4】 向半径为 r 的圆内随机抛一点,求此点到圆心的距离 X 的分布函数,并求 $P\left\{X>\dfrac{2r}{3}\right\}$.

解 事件$\{X\leqslant x\}$表示所抛一点落在半径为 x 的圆内.

若 $x<0$,$\{X\leqslant x\}$为不可能事件,则 $F(x)=P\{X\leqslant x\}=0$;

若 $x\geqslant r$,$\{X\leqslant x\}$为必然事件,则 $F(x)=P\{X\leqslant x\}=1$;

若 $0\leqslant x<r$,由几何概型知

$$F(x)=P\{X\leqslant x\}=\frac{\pi x^2}{\pi r^2}=\left(\frac{x}{r}\right)^2,$$

从而 X 的分布函数为

$$F(x)=\begin{cases}0, & x<0,\\ \left(\dfrac{x}{r}\right)^2, & 0\leqslant x<r,\\ 1, & x\geqslant r,\end{cases}$$

且

$$P\left\{X>\frac{2r}{3}\right\}=1-P\left\{X\leqslant\frac{2r}{3}\right\}=1-F\left(\frac{2r}{3}\right)=1-\left(\frac{2}{3}\right)^2=\frac{5}{9}.$$

在引入了随机变量和分布函数后,我们就可以利用高等数学的许多结果和方法来研究各种随机现象了.下面将分别按照离散型和连续型两种类别来更深入地研究随机变量及其分布函数,其他类型的随机变量本书不作研究.

2.2 离散型随机变量

有些随机变量,它全部可能取到的值是有限个或可列无限多个,这种随机变量称为**离散型随机变量**.例如,掷骰子朝上一面的点数,一昼夜 110 接到的呼叫次数等均为离散型随机变量.

2.2.1 离散型随机变量的分布律

定义 2.3 设 X 是一个离散型随机变量,若 X 的全部可能取值为 $x_1,x_2,\cdots,x_i,\cdots$,则 X 取 x_i 的概率 $P\{X=x_i\}=p_i,i=1,2,\cdots$ 称为 X 的**概率分布**或简称**分布律**,也可以称为**概率函数**.

X 的分布律也可用如下方式表示:

X	x_1	x_2	$\cdots$	x_i	$\cdots$
p_i	p_1	p_2	$\cdots$	p_i	$\cdots$

显然分布律具有如下性质:

(1) 非负性:$p_i\geqslant 0,i=1,2,\cdots$;

(2) 归一性:$\sum_{i=1}^{\infty}p_i=1$.

上述两条既是分布律具有的性质,同时也是判别某个数列能否成为某个离散型随机变量的分布律的充要条件.

根据分布函数的定义,易知离散型随机变量 X 的分布函数为

$$F(x)=P\{X\leqslant x\}=\sum_{x_i\leqslant x}p_i,\quad -\infty<x<\infty.$$

【例 2.5】 设一汽车在开往目的地的道路上需经过四组信号灯,每组信号灯以概率 p 禁止汽车通过,以 X 表示汽车首次停下来时已通过的信号灯的组数(设各组信号灯的工作是相互独立的),求 X 的分布律.

解 因为每一组信号灯禁止汽车通过的概率为 p,允许汽车通过的概率为 $1-p$,所以 X 的分布律为

X	0	1	2	3	4
p_i	p	$(1-p)p$	$(1-p)^2p$	$(1-p)^3p$	$(1-p)^4$

如果 $p=\frac{1}{2}$,则 X 的分布律为

X	0	1	2	3	4
p_i	0.5	0.25	0.125	0.0625	0.0625

【例 2.6】 设离散型随机变量 X 的分布律为

X	-1	2	3
p_i	$1/4$	$1/2$	$1/4$

试求 $P\{X\leqslant 0.5\}$，$P\{1.5<X\leqslant 2.5\}$，并写出 X 的分布函数.

解 $P\{X\leqslant 0.5\}=P\{X=-1\}=1/4$，　$P\{1.5<X\leqslant 2.5\}=P\{X=2\}=1/2$.

X 的分布函数为

$$F(x)=\begin{cases}0, & x<-1,\\ 1/4, & -1\leqslant x<2,\\ 1/4+1/2, & 2\leqslant x<3,\\ 1, & x\geqslant 3.\end{cases}$$

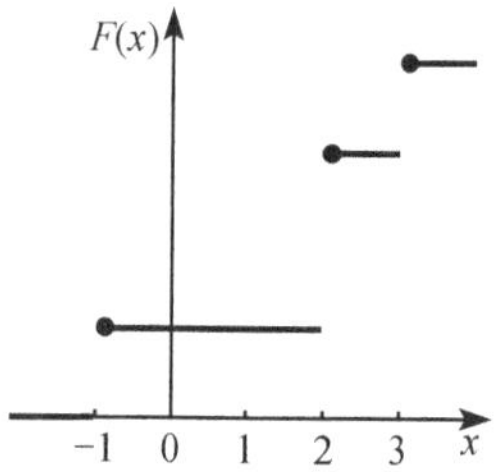

图 2.1　X 的分布函数

$F(x)$的图形呈阶梯形右连续，如图 2.1 所示，在 X 的可能取值 $-1,2,3$ 处有跳跃点，其跃度分别为 $1/4,1/2,1/4$.

2.2.2　常用离散分布

1. 0-1 分布

定义 2.4　如果随机变量 X 只可能取 0 与 1 两个值，它的分布律是

$$P\{X=k\}=p^k(1-p)^{1-k},\quad k=0,1(0<p<1),$$

则称 X 服从参数为 p 的 **0-1 分布或两点分布**. 0-1 分布的分布律也可写成

X	0	1
p_i	$1-p$	p

对于一个随机试验，如果它的样本空间 Ω 只包含两个样本点 ω_1,ω_2，我们总能在 Ω 上定义一个服从 0-1 分布的随机变量

$$X=X(\omega)=\begin{cases}0, & \omega=\omega_1,\\ 1, & \omega=\omega_2\end{cases}$$

来描述这个随机试验的结果.

2. 二项分布

在前面介绍的 n 重伯努利试验中我们已经知道，若事件 A 在每次试验中发生的概率为 $P(A)=p\ (0<p<1)$，则 n 次试验中事件 A 发生 k 次的概率为

$$p_k=\mathrm{C}_n^k p^k(1-p)^{n-k},\quad k=0,1,\cdots,n.$$

定义 2.5 如果随机变量 X 的分布律是

$$P\{X=k\}=C_n^k p^k(1-p)^{n-k}, \quad k=0,1,\cdots,n,$$

则称 X 服从**二项分布**,记为 $X \sim B(n,p)$.

显然,$B(1,p)$就是 0-1 分布,实际上二项分布是 n 重伯努利试验的概率模型.

二项分布是一种常用的离散分布.例如,在一大批产品中随机抽查 10 个产品,10 个产品中不合格品的个数 X 服从二项分布 $B(10,p)$,其中 p 为不合格品率;又如,在某地区随机调查 50 个人,50 个人中患色盲的人数 Y 服从二项分布 $B(50,p)$,其中 p 为色盲率.

【例 2.7】 一大批零件,其次品率为 0.05,现从中任意连续抽取 5 个,求其中至少有一个是次品的概率.

解 将抽取一个零件观察它是否为次品作为一次试验,任意连续抽取 5 个可以看成是连续进行了 5 次试验. 本题是不放回抽样,因而各次试验并不独立,这不是 5 重伯努利试验.但由于零件总数很多,而只需抽出 5 个,故可近似地作为放回抽样来处理,这种抽取过程可近似看成是 5 重伯努利试验.

以 X 记抽出的 5 个零件中次品的个数,则 $X\sim B(5,0.05)$,所以所求的概率为

$$P\{X \geqslant 1\}=1-P\{X=0\}=1-C_5^0 0.05^0(1-0.05)^{5-0}=0.226.$$

【例 2.8】 设 $X\sim B(2,p)$,$Y\sim B(3,p)$,若 $P\{X\geqslant 1\}=5/9$,试求 $P\{Y\geqslant 1\}$.

解 由 $P\{X\geqslant 1\}=5/9$,知 $P\{X=0\}=4/9$,所以$(1-p)^2=4/9$,由此得 $p=1/3$.再由 $Y\sim B(3,p)$,可得 $P\{Y\geqslant 1\}=1-P\{Y=0\}=1-(1-1/3)^3=19/27$.

3. 泊松分布

泊松分布是概率论中又一种重要的离散分布,它在理论和实践中都有广泛的应用.

定义 2.6 如果随机变量 X 的分布律为 $P\{X=k\}=\dfrac{\lambda^k}{k!}e^{-\lambda}$,$\lambda>0$ 为参数,$k=0,1,2,\cdots$,则称 X 服从参数为 λ 的**泊松分布**,记为 $X\sim P(\lambda)$.

【例 2.9】 某种铸件的砂眼(缺陷)数服从参数为 $\lambda=0.5$ 的泊松分布,试求该铸件至多有一个砂眼(合格品)的概率和至少有 2 个砂眼(不合格品)的概率.

解 以 X 表示铸件的砂眼数,由题意知 $X\sim P(0.5)$,则该种铸件上至多有 1 个砂眼的概率为

$$P\{X \leqslant 1\}=\frac{0.5^0}{0!}e^{-0.5}+\frac{0.5^1}{1!}e^{-0.5}=0.91,$$

至少有 2 个砂眼的概率为

$$P\{X \geqslant 2\}=1-P\{X \leqslant 1\}=0.09.$$

在二项分布 $B(n,p)$的概率计算中,往往计算量很大,利用下面的泊松定理近似

计算，可以大大减少计算量.下面不加证明地给出泊松定理.

定理 2.1（泊松定理）　设 $\lambda>0$ 是一个常数，n 是任意正整数，设 $np=\lambda$（p 与 n 有关），则对于任一固定的非负整数 k，有

$$\lim_{n\to\infty}C_n^k p^k(1-p)^{n-k}=\frac{\lambda^k}{k!}e^{-\lambda}.$$

定理的条件 $np=\lambda$（常数）意味着当 n 很大时 p 必定很小.因此，当 n 很大 p 很小时，有下面近似计算公式

$$C_n^k p^k(1-p)^{n-k}\approx\frac{(np)^k}{k!}e^{-np},\quad k=0,1,2,\cdots.$$

该公式说明，在对二项分布 $B(n,p)$ 计算概率时，如果 n 很大 p 很小，可以由参数为 $\lambda=np$ 的泊松分布的概率值近似.下面给出一个利用泊松分布作近似计算的例子.

【例 2.10】　已知某种非传染疾病的发病率为 0.001，某单位共有 5000 人，问该单位患有这种疾病的人数不超过 5 人的概率为多少？

解　设该单位患有这种疾病的人数为 X，则有 $X\sim B(5000,0.001)$，则所求概率为

$$P\{X\leqslant 5\}=\sum_{k=0}^{5}C_{5000}^k 0.001^k 0.999^{5000-k},$$

取 $\lambda=np=5$，用泊松分布近似计算并查附录一中附表 1 得

$$P\{X\leqslant 5\}\approx\sum_{k=0}^{5}\frac{5^k}{k!}e^{-5}=0.616.$$

在应用中，诸如服务系统中寻求服务的呼叫次数，产品的缺陷（如布匹上的疵点、玻璃内的气泡等）数，一定时期内出现的稀有事件（如意外事故、自然灾害等）个数，放射性物质发射出的离子数等，这些例子都是 n 大 p 小的二项分布，所以常用泊松分布为其概率模型进行研究.以服务系统中的呼叫次数为例，服务设施的用户数 n 很大，每个用户在指定时间内使用这个设施的概率 p 很小，而且各用户使用情况又独立.因此，服务系统中的呼叫次数应是 n 大 p 小的二项分布，由泊松定理，可以近似认为服从 $\lambda=np$ 的泊松分布.上述应用表明，泊松分布广泛用于社会生活的许多方面，它在运筹学、管理科学中占有突出的地位.

【实验 2.1】　用 Excel 计算例 2.10 中的概率.

实验准备：

学习附录二中如下 Excel 函数：

(1) 二项分布概率函数 BINOMDIST.

(2) 泊松分布概率函数 POISSON.

实验步骤：

(1) 在单元格 B2 中输入 n 值：5000.

(2) 在单元格 B3 中输入 p 值:0.001.

(3) 在单元格 B4 中输入公式:

=B2 * B3

(4) 在单元格 B5 中输入 k 值:5.

(5) 在单元格 B6 中输入公式:

=BINOMDIST(B5, B2, B3, TRUE)

(6) 在单元格 B7 中输入公式:

=POSSION(B5, B4, TRUE)

	A	B	C
1	二项分布及泊松分布的计算		
2	n=	5000	
3	p=	0.001	
4	λ=	5	
5	k=	5	
6	P(X<=k)=	0.615960669	二项分布计算结果
7	P(X<=k)=	0.615960655	泊松分布计算结果

图 2.2 计算例 2.10 中的概率

即得二项分布和泊松分布的计算结果分别为:$P\{X\leqslant 5\}=0.61596067$,$P\{X\leqslant 5\}=0.61596055$,如图 2.2 所示.

【实验 2.2】 用 Excel 验证二项分布与泊松分布的关系.

实验准备:

学习附录二中如下 Excel 函数:

(1) 二项式分布概率函数 BINOMDIST.

(2) 泊松分布概率函数 POISSON.

实验步骤:

(1) 在 Excel 中输入参数:

在单元格 B2 中输入 n 值:10

在单元格 D2 中输入 λ 值:4

在单元格 F2 中输入 p 值公式:=D2/B2

如图 2.3(a)所示.

(2) 在单元格 B4 中输入计算二项分布 $B(n,p)$ 的公式:

=BINOMDIST(A4, B\$2, F\$2, FALSE)

	A	B	C	D	E	F
1	二项分布与泊松分布					
2	n =	10	λ=	4	p =	0.4
3	k	B(n, p)	P(λ)			
4	1					
5	2					
6	3					
7	4					
8	5					
9	6					
10	7					
11	8					
12	9					
13	10					
14	11					
15	12					
16	13					

(a)

	A	B	C	D	E	F
1	二项分布与泊松分布					
2	n =	10	λ=	4	p =	0.4
3	k	B(n, p)	P(λ)			
4	1	0.040311	0.073263			
5	2	0.120932	0.146525			
6	3	0.214991	0.195367			
7	4	0.250823	0.195367			
8	5	0.200658	0.156293			
9	6	0.111477	0.104196			
10	7	0.042467	0.05954			
11	8	0.010617	0.02977			
12	9	0.001573	0.013231			
13	10	0.000105	0.005292			
14	11	#NUM!	0.001925			
15	12	#NUM!	0.000642			
16	13	#NUM!	0.000197			

(b)

图 2.3 计算二项分布与泊松分布的概率值

并将公式复制到单元格区域 B5:B16 中;

(3) 在单元格 C4 中输入计算泊松分布 $P(\lambda)$的公式:

=POISSON(A4, D$2, FALSE)

并将公式复制到单元格区域 C5:C16 中,计算结果如图 2.3(b)所示.

(4) 作折线图.选中单元格区域 B4:C16,单击“图表向导”按钮,打开“图表向导”对话框.在“图表类型”中选择“折线图”,直接单击“完成”按钮,即可得到概率分布的折线图,如图 2.4 所示.

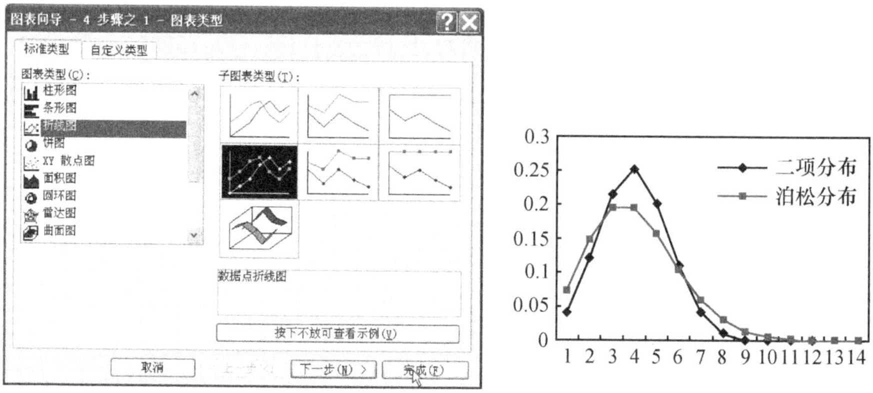

(a)　　　　　　　　(b)

图 2.4　折线图

(5) 修改单元格 B2 中的 n 值为 20,50,140,可以看到二项分布的图形逐渐逼近泊松分布的图形,如图 2.5 所示.

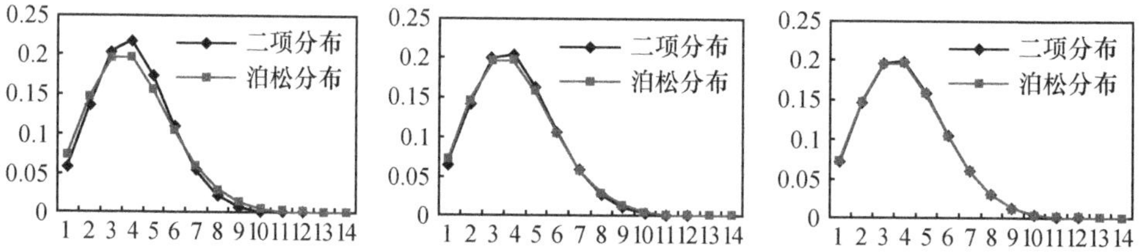

(a)　　　　　　(b)　　　　　　(c)

图 2.5　二项分布逐渐逼近泊松分布

2.3　连续型随机变量

2.3.1　连续型随机变量及其概率密度

定义 2.7　如果对于随机变量 X 的分布函数 $F(x)$,存在非负函数 $f(x)$,使得对

于任意实数 x 有

$$F(x)=\int_{-\infty}^{x} f(t)\mathrm{d}t, \tag{2.2}$$

则称 X 为**连续型随机变量**.其中函数 $f(x)$称为 X 的**概率密度函数**,简称**概率密度**或**密度函数**.

从式(2.2)可以看出,连续型随机变量的分布函数一定是连续函数,且在 $F(x)$的导数存在的点上有

$$F'(x)=f(x). \tag{2.3}$$

概率密度的基本性质:

(1) 非负性:$f(x)\geqslant 0$;

(2) 归一性:$\int_{-\infty}^{+\infty} f(x)\mathrm{d}x=1$.

以上两条基本性质是概率密度必须具有的性质,也是确定或判别某个函数是否成为概率密度的充要条件.

注 1 对连续型随机变量 X 来说,它取任一指定实数值 a 的概率为 0,即 $P\{X=a\}=0$.事实上,设 X 的分布函数为 $F(x)$,$\Delta x>0$,则由

$$\{X=a\}\subset\{a-\Delta x<X\leqslant a\},$$

得

$$0\leqslant P\{X=a\}\leqslant P\{a-\Delta x<X\leqslant a\}=F(a)-F(a-\Delta x),$$

在上述不等式中令 $\Delta x\to 0$,并注意到 X 为连续型随机变量,其分布函数 $F(x)$是连续的,即得

$$P\{X=a\}=0.$$

这表明:概率为 0 的事件不一定是不可能事件,尽管不可能事件的概率为 0;类似地,必然事件的概率为 1,但概率为 1 的事件不一定是必然事件.

注 2 由于连续型随机变量 X 仅取一点的概率恒为 0,故在事件"$a\leqslant X\leqslant b$"中减去"$X=a$"或"$X=b$",不影响其概率,即

$$\begin{aligned}P\{a\leqslant X\leqslant b\}&=P\{a<X\leqslant b\}=P\{a\leqslant X<b\}\\&=P\{a<X<b\}=F(b)-F(a)=\int_{a}^{b} f(t)\mathrm{d}t.\end{aligned}$$

这给计算带来很大的方便.

【例 2.11】 设随机变量 X 的概率密度为

$$f(x)=\begin{cases}\dfrac{A}{\sqrt{1-x^2}}, & |x|<1,\\ 0, & |x|\geqslant 1.\end{cases}$$

试求:(1) 系数 A;(2) X 落在$(-1/2,1/2)$内的概率;(3) X 的分布函数 $F(x)$.

解　(1) 由概率密度的归一性知

$$1=\int_{-\infty}^{+\infty} f(x)\mathrm{d}x=\int_{-1}^{1}\frac{A}{\sqrt{1-x^2}}\mathrm{d}x=2A\arcsin x\Big|_0^1=2A\cdot\frac{\pi}{2}=\pi A,$$

所以 $A=\frac{1}{\pi}$.

(2) $P\left\{-\frac{1}{2}<X<\frac{1}{2}\right\}=\int_{-1/2}^{1/2}\frac{1}{\pi}\frac{1}{\sqrt{1-x^2}}\mathrm{d}x=\frac{2}{\pi}\arcsin x\Big|_0^{1/2}=\frac{1}{3}$.

(3) 因为 $F(x)=\int_{-\infty}^{x} f(t)\mathrm{d}t$.

当 $x<-1$ 时, $F(x)=\int_{-\infty}^{x}0\mathrm{d}t=0$;

当 $-1\leqslant x<1$ 时, $F(x)=\int_{-1}^{x}\frac{1}{\pi}\frac{1}{\sqrt{1-t^2}}\mathrm{d}t=\frac{1}{\pi}\arcsin t\Big|_{-1}^{x}=\frac{1}{\pi}\arcsin x+\frac{1}{2}$;

当 $x\geqslant 1$ 时, $F(x)=\int_{-1}^{1}\frac{1}{\pi}\frac{1}{\sqrt{1-t^2}}\mathrm{d}t=1$.

故 X 的分布函数为

$$F(x)=\begin{cases}0, & x<-1,\\ \frac{1}{\pi}\arcsin x+\frac{1}{2}, & -1\leqslant x<1,\\ 1, & x\geqslant 1.\end{cases}$$

【例 2.12】　设随机变量 X 的概率密度为

$$f(x)=\begin{cases}2x, & 0<x<1,\\ 0, & \text{其他}.\end{cases}$$

现对 X 进行 n 次独立重复观测,以 Y 表示观测值不大于 0.1 的次数,试求随机变量 Y 的分布律.

解　事件"观测值不大于 0.1",即事件$\{X\leqslant 0.1\}$的概率

$$P\{X\leqslant 0.1\}=\int_{-\infty}^{0.1} f(x)\mathrm{d}x=\int_{0}^{0.1}2x\mathrm{d}x=0.01.$$

由题意 Y 服从 $B(n,0.01)$,于是 Y 的分布律为

$$P\{Y=k\}=\mathrm{C}_n^k(0.01)^k(0.99)^{n-k},\quad k=0,1,2,\cdots,n.$$

【例 2.13】　设随机变量 X 的分布为 $F(x)=A+B\arctan x$, $-\infty<x<+\infty$,求:

(1) 系数 A 和 B;

(2) X 落在$(-1,1)$内的概率;

(3) X 的概率密度.

解　(1) 由于 $F(-\infty)=0$, $F(+\infty)=1$,可知

$$\begin{cases} A+B\times\left(-\dfrac{\pi}{2}\right)=0, \\ A+B\times\dfrac{\pi}{2}=1. \end{cases}$$

解得

$$A=\frac{1}{2}, \quad B=\frac{1}{\pi}.$$

于是

$$F(x)=\frac{1}{2}+\frac{1}{\pi}\arctan x, \quad -\infty<x<+\infty.$$

(2) $P\{-1<X<1\}=F(1)-F(-1)$

$$=\left(\frac{1}{2}+\frac{1}{\pi}\arctan 1\right)-\left(\frac{1}{2}+\frac{1}{\pi}\arctan(-1)\right)=\frac{1}{2}.$$

(3) $f(x)=F'(x)=\dfrac{1}{\pi(1+x^2)}, -\infty<x<+\infty.$

2.3.2 常用连续分布

1. 均匀分布

定义 2.8 如果连续型随机变量 X 具有概率密度

$$f(x)=\begin{cases} \dfrac{1}{b-a}, & a<x<b, \\ 0, & \text{其他}, \end{cases} \tag{2.4}$$

则称 X 在区间 (a,b) 上服从**均匀分布**,记为 $X\sim U(a,b)$.均匀分布的分布函数为

$$F(x)=\begin{cases} 0, & x<a, \\ \dfrac{x-a}{b-a}, & a\leqslant x<b, \\ 1, & x\geqslant b. \end{cases} \tag{2.5}$$

均匀分布的概率密度与分布函数 $f(x)$ 和 $F(x)$ 的图形如图 2.6 所示.

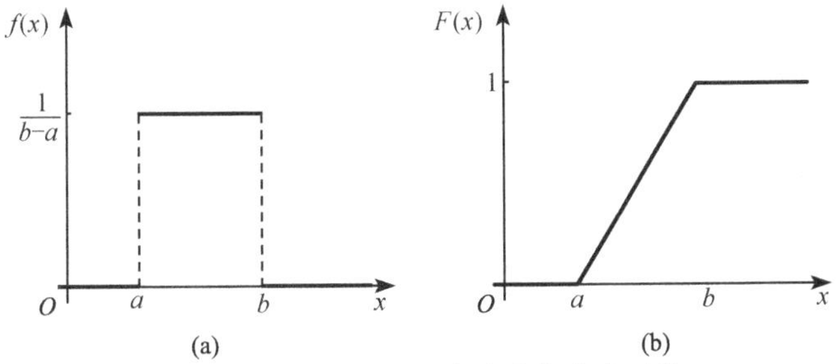

图 2.6 均匀分布的概率密度与分布函数

在应用中，定点计算的舍入误差被认为是均匀分布随机变量，假定运算中的数据只保留小数点后 5 位，第 6 位四舍五入，那么每次运算的舍入误差服从 $U(-0.5\times 10^{-5},0.5\times 10^{-5})$ 分布.再者，假定班车每隔 a 分钟发出一辆，由于乘客不了解时间表，到达本站的时间是任意的(具有等可能性)，故可以认为候车时间服从区间 $(0,a)$ 上的均匀分布.

【例 2.14】 设随机变量 X 在(2,5)上服从均匀分布，现对 X 进行三次独立观测，试求至少有两次观测值大于 3 的概率.

解 因为随机变量 X 在(2,5)上服从均匀分布，所以 X 的概率密度为

$$f(x)=\begin{cases}\dfrac{1}{3}, & 2<x<5,\\ 0, & \text{其他}.\end{cases}$$

事件"对 X 的观测值大于 3"的概率为

$$P\{X>3\}=\int_3^5 \frac{1}{3}\mathrm{d}x=\frac{2}{3}.$$

设 Y 表示三次独立观测中观测值大于 3 的次数，则 $Y\sim B\left(3,\dfrac{2}{3}\right)$，于是

$$P\{Y\geqslant 2\}=\mathrm{C}_3^2\left(\frac{2}{3}\right)^2\cdot\frac{1}{3}+\mathrm{C}_3^3\left(\frac{2}{3}\right)^3=\frac{20}{27}.$$

2. 指数分布

定义 2.9 如果随机变量 X 概率密度为

$$f(x)=\begin{cases}\dfrac{1}{\theta}\mathrm{e}^{-x/\theta}, & x>0,\\ 0, & x\leqslant 0\end{cases}\quad(\theta>0), \tag{2.6}$$

则称 X 服从参数为 θ 的**指数分布**，记为 $X\sim \mathrm{Exp}(\theta)$.

指数分布的分布函数为

$$F(x)=\begin{cases}1-\mathrm{e}^{-\frac{x}{\theta}}, & x>0,\\ 0, & x\leqslant 0.\end{cases} \tag{2.7}$$

指数分布的概率密度与分布函数 $f(x)$ 和 $F(x)$ 的图形如图 2.7 所示.

因为服从指数分布的随机变量只可能取非负实数，所以它被用作各种"寿命"分布的近似分布，例如，电子元器件的寿命，随机服务系统中的服务时间等都可假定服从指数分布.指数分布在可靠性理论与排队论中有着广泛的应用.

下面给出指数分布的一个有趣性质.

定理 2.2 (指数分布的无记忆性) 设 $X\sim \mathrm{Exp}(\theta)$，则对任意 $s>0,t>0$，有

$$P\{X>s+t\mid X>s\}=P\{X>t\}. \tag{2.8}$$

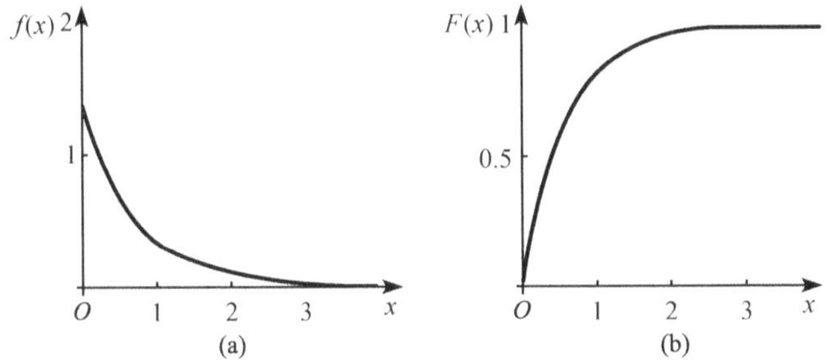

图 2.7 指数分布的概率密度与分布函数

证 因为 $X \sim \mathrm{Exp}(\theta)$，所以，当 $x>0$ 时，$P\{X>x\}=1-F(x)=\mathrm{e}^{-x/\theta}$，于是

$$P\{X>s+t \mid X>s\}=\frac{P\{(X>s+t)\cap(X>s)\}}{P\{X>s\}}=\frac{P\{X>s+t\}}{P\{X>s\}}$$

$$=\frac{\mathrm{e}^{-(s+t)/\theta}}{\mathrm{e}^{-s/\theta}}=\mathrm{e}^{-t/\theta}=P\{X>t\}.$$

如果 X 表示某一元件的寿命，式(2.8)说明若元件已使用了 s 小时，则它至少能使用 $s+t$ 小时的条件概率，与开始使用时算起至少能使用 t 小时的概率相等.这就是说，元件对它已使用过的 s 小时没有记忆.这一性质使指数分布具有广泛的应用性.

【例 2.15】 假定自动取款机对每位顾客的服务时间(单位:分钟)服从 $\theta=3$ 的指数分布.如果有一顾客恰好在你前头走到空闲的取款机，求：

(1) 你至少等候 3 分钟的概率；

(2) 你等候时间在 3 分钟至 6 分钟之间的概率.

如果你到达取款机时，正有一名顾客使用着取款机，上述概率又是多少？

解 以 X 表示你前面这位顾客所用服务时间，$F(x)$ 为 X 的分布函数，由式(2.7)，所求概率

(1) $P\{X\geqslant 3\}=1-F(3)=1-(1-\mathrm{e}^{-3/\theta})=\mathrm{e}^{-1}=0.368$.

(2) $P\{3\leqslant X\leqslant 6\}=F(6)-F(3)=(1-\mathrm{e}^{-6/\theta})-(1-\mathrm{e}^{-3/\theta})=\mathrm{e}^{-1}-\mathrm{e}^{-2}=0.233$.

如果你到达时取款机正在为一名顾客服务，同时没有其他人在排队等候，那么由指数分布的无记忆性，取款机还需要花在你前面顾客身上的服务时间，与他刚到取款机相同，从而问题的答案不变.

3. 正态分布

定义 2.10 如果随机变量 X 的概率密度为

$$f(x)=\frac{1}{\sqrt{2\pi}\sigma}\mathrm{e}^{-\frac{(x-\mu)^2}{2\sigma^2}}, \quad -\infty<x<+\infty, \tag{2.9}$$

其中 μ,σ $(\sigma>0)$ 为参数，则称 X 服从参数为 μ,σ 的**正态分布**(又称为**高斯分布**)，记为 $X\sim N(\mu,\sigma^2)$.

正态分布 $N(\mu,\sigma^2)$的分布函数为

$$F(x)=\frac{1}{\sqrt{2\pi}\sigma}\int_{-\infty}^{x}e^{-\frac{(t-\mu)^2}{2\sigma^2}}dt. \tag{2.10}$$

正态分布的概率密度与分布函数 $f(x)$和 $F(x)$的图形如图 2.8 所示.

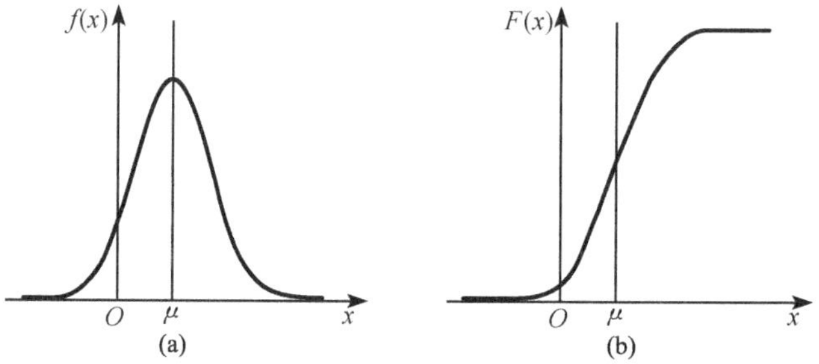

图 2.8　正态分布的概率密度和分布函数

$f(x)$的图形具有以下的性质:

(1) 曲线关于 $x=\mu$ 对称;

(2) 当 $x=\mu$ 时取到最大值 $f(\mu)=\frac{1}{\sqrt{2\pi}\sigma}$;

(3) 在 $x=\mu\pm\sigma$ 处曲线有拐点,曲线以 Ox 轴为渐近线;

(4) 如果固定 σ,改变 μ 的值,则图形沿着 x 轴平移,而不改变其形状,如图 2.9 所示,因此 μ 称为位置参数;

(5) 如果固定 μ,改变 σ 的值,则 σ 越小,图形变得越尖,如图 2.10 所示,因而 X 落在 μ 附近的概率越大,即正态概率密度的尺度由参数 σ 所确定,因此称 σ 为尺度参数.

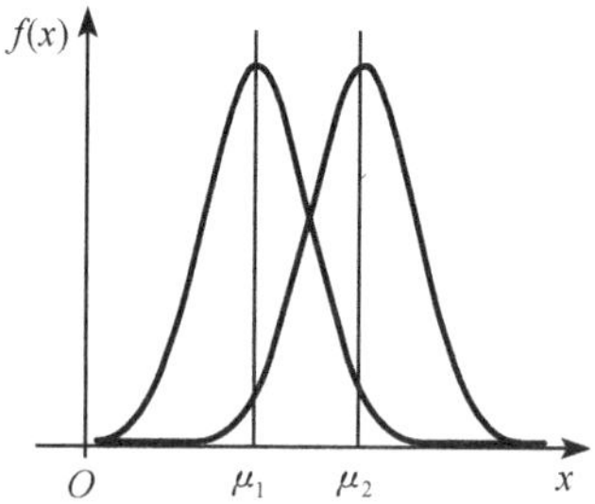

图 2.9　固定 σ,改变 μ 的值

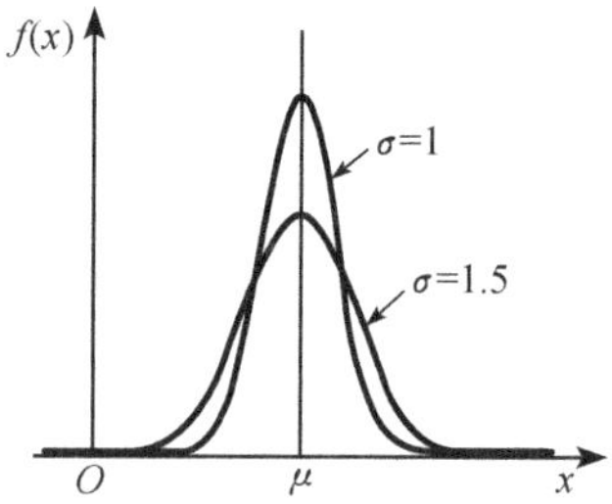

图 2.10　固定 μ,改变 σ 的值

特别地,当 $\mu=0,\sigma=1$ 时称 X 服从**标准正态分布**,记作 $X\sim N(0,1)$,其概率密度和分布函数分别用 $\varphi(x)$和 $\Phi(x)$表示,即

$$\varphi(x)=\frac{1}{\sqrt{2\pi}}e^{-\frac{x^2}{2}},\quad -\infty<x<+\infty,\quad \Phi(x)=\frac{1}{\sqrt{2\pi}}\int_{-\infty}^{x}e^{-\frac{t^2}{2}}dt.$$

标准正态分布的概率密度如图 2.11 所示.易知

$$\Phi(-x)=1-\Phi(x).$$

附录中对 $x\geqslant 0$ 给出了 $\Phi(x)$ 的值,可供查用.

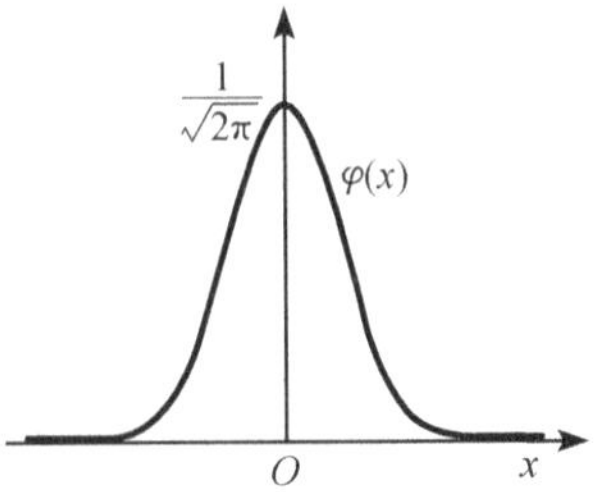

图 2.11 标准正态分布的概率密度

【例 2.16】 设 $X\sim N(0,1)$,利用附表 2,求下列事件的概率:

(1) $P\{X<1.52\}=\Phi(1.52)=0.9357$.

(2) $P\{X<-1.52\}=1-\Phi(1.52)=0.0643$.

(3) $P\{|X|<1.52\}=\Phi(1.52)-\Phi(-1.52)$

$$=2\Phi(1.52)-1=0.8714.$$

2.4 随机变量函数的分布

在实际中,有些随机变量往往不能直接观测到,而它却是某个能直接观测到的随机变量的函数. 在本节中,我们将讨论如何由已知的随机变量 X 的概率分布去求它的函数 $Y=g(X)$($g(\cdot)$是已知的连续函数)的概率分布.

2.4.1 离散型随机变量函数的分布

设 X 是离散型随机变量,X 的分布律为

X	x_1	x_2	…	x_i	…
p_i	p_1	p_2	…	p_i	…

则 $Y=g(X)$也是一个离散型随机变量,此时 Y 的分布律为

$Y=g(X)$	$g(x_1)$	$g(x_2)$	…	$g(x_i)$	…
p_i	p_1	p_2	…	p_i	…

当 $g(x_1),g(x_2),\cdots,g(x_i),\cdots$ 中有某些值相等时,则把那些相等的值分别合并,并把对应的概率相加即可.

【例 2.17】 已知随机变量 X 的分布律为

X	-2	-1	0	1	2
p_i	0.2	0.1	0.1	0.3	0.3

求 $Y=X^2+X,Z=X^2+1$ 的分布律.

解 由 X 的分布律可得如下表格:

p_i	0.2	0.1	0.1	0.3	0.3
X	-2	-1	0	1	2
X^2+X	2	0	0	2	6
X^2+1	5	2	1	2	5

由此表格,得 Y,Z 的分布律分别为

Y	0	2	6
p_i	0.2	0.5	0.3

和

Z	1	2	5
p_i	0.1	0.4	0.5

2.4.2　连续型随机变量函数的分布

对连续型随机变量 X,如果已知它的分布,可以求出 X 的函数 $Y=g(X)$的分布函数或概率密度.

这里仅介绍分布函数法.

设随机变量 X 的概率密度为 $f_X(x)$,为了求 $Y=g(X)$的概率密度 $f_Y(y)$,可先求其分布函数:

$$F_Y(y)=P\{Y\leqslant y\}=P\{g(X)\leqslant y\},$$

然后在上式两端对 y 求导,即可求出概率密度 $f_Y(y)$.

【例 2.18】　设随机变量 X 的概率密度为

$$f_X(x)=\begin{cases}2x, & 0<x<1,\\ 0, & \text{其他},\end{cases}$$

$Y=3X-1$,求 Y 的概率密度.

解　分别记 X,Y 的分布函数为 $F_X(x),F_Y(y)$.先求 Y 的分布函数(用 X 的分布函数来表示):

$$F_Y(y)=P\{Y\leqslant y\}=P\{3X-1\leqslant y\}=P\left\{X\leqslant\frac{y+1}{3}\right\}=F_X\left(\frac{y+1}{3}\right),$$

再将上式对 y 求导可得 Y 的概率密度(用 X 的概率密度表示)

$$f_Y(y)=F'_Y(y)=\frac{1}{3}f_X\left(\frac{y+1}{3}\right).$$

最后将 X 的概率密度代入上式整理即可,

$$f_Y(y)=\frac{1}{3}f_X\left(\frac{y+1}{3}\right)=\begin{cases}\dfrac{1}{3}\times\dfrac{2(y+1)}{3}, & 0<\dfrac{y+1}{3}<1,\\ 0, & \text{其他}\end{cases}$$

$$=\begin{cases}\dfrac{2(y+1)}{9}, & -1<y<2,\\ 0, & \text{其他}.\end{cases}$$

【例 2.19】 设 $X \sim N(0,1)$,求 $Y=|X|$的概率密度.

解 $F_Y(y)=P\{Y\leqslant y\}=P\{|X|\leqslant y\}$,

(1) 当 $y<0$ 时,$\{Y\leqslant y\}$是不可能事件,所以 $F_Y(y)=0$, 从而 $f_Y(y)=F'_Y(y)=0$.

(2) 当 $y\geqslant 0$ 时,$F_Y(y)=P\{-y\leqslant X\leqslant y\}=\Phi(y)-\Phi(-y)=2\Phi(y)-1$,则

$$f_Y(y)=F'_Y(y)=2\varphi(y)=\sqrt{\frac{2}{\pi}}\mathrm{e}^{-\frac{y^2}{2}}.$$

由(1)与(2)得到

$$f_Y(y)=\begin{cases}\sqrt{\dfrac{2}{\pi}}\mathrm{e}^{-\frac{y^2}{2}}, & y\geqslant 0,\\ 0, & y<0.\end{cases}$$

【例 2.20】 设随机变量 X 具有概率密度 $f_X(x)$,$-\infty<x<\infty$,求 $Y=X^2$ 的概率密度.

解 分别记 X,Y 的分布函数为 $F_X(x)$,$F_Y(y)$.

先求 Y 的分布函数 $F_Y(y)$. 由于 $Y=X^2\geqslant 0$,故当 $y<0$ 时,$F_Y(y)=0$;

当 $y\geqslant 0$ 时有

$$\begin{aligned}F_Y(y)&=P\{Y\leqslant y\}=P\{X^2\leqslant y\}=P\{-\sqrt{y}\leqslant X\leqslant \sqrt{y}\}\\&=F_X(\sqrt{y})-F_X(-\sqrt{y}),\end{aligned}$$

将 $F_Y(y)$关于 y 求导数,得 Y 的概率密度为

$$\begin{aligned}f_Y(y)=F'_Y(y)&=\begin{cases}(F_X(\sqrt{y}))'-(F_X(-\sqrt{y}))', & y>0,\\ 0, & y\leqslant 0\end{cases}\\&=\begin{cases}\dfrac{1}{2\sqrt{y}}[f_X(\sqrt{y})+f_X(-\sqrt{y})], & y>0,\\ 0, & y\leqslant 0.\end{cases}\end{aligned}\tag{2.11}$$

可以将式(2.11)作为公式使用,例如,若 $X\sim N(0,1)$,其概率密度为

$$\varphi(x)=\frac{1}{\sqrt{2\pi}}\mathrm{e}^{-\frac{x^2}{2}},\quad -\infty<x<+\infty,$$

由式(2.11)可得求 $Y=X^2$ 的概率密度为

$$f_Y(y)=\begin{cases}\dfrac{1}{\sqrt{2\pi}}y^{-\frac{1}{2}}\mathrm{e}^{-\frac{y}{2}}, & y>0,\\ 0, & y\leqslant 0.\end{cases}$$

此时称 Y 服从自由度为 1 的 χ^2 分布.

用分布函数法,可以证明下述正态分布的重要性质.

定理 2.3 设 $X\sim N(\mu,\sigma^2)$,则

(1) $Y=aX+b\sim N(a\mu+b,(a\sigma)^2)$，其中 $a(\neq 0)$，b 为常数；

(2) $Y=\dfrac{X-\mu}{\sigma}\sim N(0,1)$.

证　(1) 分别记 Y 的分布函数及概率密度为 $F_Y(y)$ 和 $f_Y(y)$，则由分布函数的定义知

$$F_Y(y)=P\{Y\leqslant y\}=P\{aX+b\leqslant y\},$$

若 $a>0$，则有

$$F_Y(y)=P\left\{X\leqslant \frac{y-b}{a}\right\}=F_X\left(\frac{y-b}{a}\right);$$

若 $a<0$，则有

$$F_Y(y)=P\left\{X\geqslant \frac{y-b}{a}\right\}=1-F_X\left(\frac{y-b}{a}\right),$$

将上面两式分别对 y 求导得

$$f_Y(y)=\frac{1}{|a|}f_X\left(\frac{y-b}{a}\right)=\frac{1}{|a|}\frac{1}{\sqrt{2\pi}\sigma}e^{-\frac{\left(\frac{y-b}{a}-\mu\right)^2}{2\sigma^2}}$$

$$=\frac{1}{|a|}\frac{1}{\sqrt{2\pi}\sigma}e^{-\frac{[y-(a\mu+b)]^2}{2(a\sigma)^2}}.$$

故 $Y=aX+b\sim N(a\mu+b,(a\sigma)^2)$.

(2) 在(1)中取 $a=1/\sigma$，$b=-\mu/\sigma$，即得 $Y\sim N(0,1)$.

通常称变换 $Y=\dfrac{X-\mu}{\sigma}$ 为对 X 进行的**标准化变换**.由定理 2.3，若 $X\sim N(\mu,\sigma^2)$，则 X 的分布函数可写成

$$F(x)=P\{X\leqslant x\}=P\left\{\frac{X-\mu}{\sigma}\leqslant\frac{x-\mu}{\sigma}\right\}=\Phi\left(\frac{x-\mu}{\sigma}\right).$$

这样，利用 $\Phi(x)$ 的函数表就能求出服从一般正态分布的随机变量落在任意区间中的概率了.

【例 2.21】　设 $X\sim N(108,9)$，试求 $P\{102<X<117\}$.

解 1　$P\{102<X<117\}=F(117)-F(102)$

$$=\Phi\left(\frac{117-108}{3}\right)-\Phi\left(\frac{102-108}{3}\right)$$

$$=\Phi(3)-\Phi(-2)=\Phi(3)+\Phi(2)-1$$

$$=0.9987+0.9772-1=0.9759.$$

解 2　$P\{102<X<117\}=P\left\{\dfrac{102-108}{3}<\dfrac{X-108}{3}<\dfrac{117-108}{3}\right\}$

$$=P\left\{\frac{102-108}{3}<\frac{X-108}{3}<\frac{117-108}{3}\right\}$$

$$=P\left\{-2<\frac{X-108}{3}<3\right\}$$

$$=\Phi(3)-\Phi(-2)=0.9759.$$

若 $X\sim N(\mu,\sigma^2)$，则由 $\Phi(x)$ 的函数表可以得到

$$P\{\mu-3\sigma<X<\mu+3\sigma\}=\Phi(3)-\Phi(-3)=2\Phi(3)-1=0.9974.$$

从这个数据看到，正态随机变量的值几乎完全落在了区间 $(\mu-3\sigma,\mu+3\sigma)$，这就是人们所说的"$3\sigma$ 法则".

【实验 2.3】 用 Excel 计算例 2.21 中概率.

实验准备：

学习附录二中如下 Excel 函数：

正态分布函数 NORMDIST.

实验步骤：

(1) 在单元格 B2 中输入计算 $P\{X<102\}$ 的公式：

=NORMDIST(102, 108, 3, TRUE)

(2) 在单元格 B3 中输入计算 $P\{X<117\}$ 的公式：

=NORMDIST(117, 108, 3, TRUE)

(3) 在单元格 B4 中输入计算 $P\{102<X<117\}$ 的公式：

=B3－B2

	A	B	C
1	设 $X\sim N(108, 9)$		
2	$P\{X<102\}=$	0.02275	
3	$P\{X<117\}=$	0.99865	
4	$P\{102<X<117\}=$	0.9759	
5			

图 2.12 计算例 2.18 中的概率

即得计算结果：$P\{102<X<117\}=0.9759$，如图 2.12 所示.

【工作效率问题解答】

某工厂有 80 台同类型设备，各台工作是相互独立的，发生故障的概率都是 0.01，且一台设备的故障能有一人处理.为了提高设备维修的效率，节省人力资源，考虑两种配备维修工人的方法：其一是由 4 人维护，每人负责 20 台；其二是由 3 人共同维护 80 台.

试比较两种配备维修工人方法的工作效率，即比较这两种方法在设备发生故障时不能及时维修的概率的大小.

解 在第一种方法中，设事件 A_i="第 i 个人维护的 20 台设备发生故障不能及时维修"$(i=1,2,3,4)$，X ="第 1 个人维护的 20 台设备同一时刻发生故障的台数"，则 80 台设备发生故障不能及时得到维修的概率为

$$P\{A_1\cup A_2\cup A_3\cup A_4\}\geqslant P\{A_1\}=P\{X\geqslant 2\}.$$

由于 $X\sim B(20,0.01)$，所以有

$$P\{X \geqslant 2\}=1-\sum_{k=0}^{1} P\{X=k\}=1-\sum_{k=0}^{1} C_{20}^{k}(0.01)^{k}(0.99)^{20-k}=0.0169,$$

即 $P\{A_1 \cup A_2 \cup A_3 \cup A_4\} \geqslant 0.0169$.

在第二种方法中，设 Y ="80 台设备同一时刻发生故障的台数"，由于 $Y \sim B(80,0.01)$，故 80 台设备发生故障不能及时得到维修的概率为

$$P\{Y \geqslant 4\}=1-\sum_{k=0}^{3} P\{Y=k\}=1-\sum_{k=0}^{3} C_{80}^{k}(0.01)^{k}(0.99)^{80-k}=0.0087.$$

可见，第二种方法不仅节省了人力，而且提高了维修效率.

习　题　2

(A)

一、填空题

1. 设 X 为一个随机变量，x 为任意的实数，则 X 的分布函数定义为 $F(x)=$________；根据分布函数的性质 $P\{x_1<X\leqslant x_2\}=$________.

2. 如果随机变量 X 服从参数为 n,p 的二项分布 $B(n,p)$，那么它的分布律为 $P\{X=k\}$ $=$________.

3. 设 X 服从参数为 λ 的泊松分布，则其分布律为________.

4. 设离散型随机变量 X 的分布律为 $P\{X=k\}=\lambda p^k (k=1,2,\cdots)$，其中 λ 是已知常数，则未知参数 $p=$________.

5. X 服从 (a,b) 上的均匀分布，那么 X 的概率密度为 ________.

6. X 服从参数为 μ,σ 的正态分布，那么 X 的概率密度为 ________.

7. $X \sim N(0,1)$，那么 X 的概率密度为 ________.

8. 如果 $X \sim N(\mu,\sigma^2)$，$\Phi(x)$ 是标准正态分布的分布函数，那么 $P\{a<X<b\}=F(b)-F(a)=$________.

9. 设随机变量 X 的分布函数

$$F(x)=\begin{cases}0, & x<-1,\\ 0.4, & -1 \leqslant x<1,\\ 0.8, & 1 \leqslant x<2,\\ 1, & x \geqslant 2,\end{cases}$$

则 X 的分布律为 ________.

10. 设随机变量 X 的概率密度 $f(x)=\begin{cases}2x, & 0<x<1\\ 0, & \text{其他}\end{cases}$，以 Y 表示对 X 的 3 次独立重复观察中"$X\leqslant \frac{1}{2}$"出现的次数，则 $P\{Y=2\}=$ ________.

11. 设随机变量 $X \sim N(1,2^2)$，则 $P\{X<2.2\}=$________，$P\{-1.6<X<5.8\}=$________，$P\{|X|\leqslant 3.5\}=$________.

12. 设随机变量 X 的分布函数为 $F(x)$，则 $Y=3X+1$ 的分布函数 $G(y)=$________.

13. 从数 1,2,3,4 中任取一个数,记为 X,再从 $1,2,\cdots,X$ 中任取一个数,记为 Y,则 $P\{Y=2\}$ $=$________.

14. 设随机变量 Y 服从参数为 1 的指数分布,a 为常数且大于零,则 $P\{Y\leqslant a+1|Y>a\}$ $=$________.

二、单项选择题

1. 设随机变量 X 的概率密度 $f(x)$是偶函数,$F(x)$是 X 的分布函数,则对于任意实数 a,有(　　).

(A) $F(-a)=2F(a)-1$　　(B) $F(-a)=0.5-\int_0^a f(x)\mathrm{d}x$

(C) $F(-a)=F(a)$　　(D) $F(-a)=1-\int_0^a f(x)\mathrm{d}x$

2. 设 $F_1(x)$和 $F_2(x)$都是随机变量的分布函数,在下列 a 和 b 的各对取值中,能够使得 $F(x)=aF_1(x)-bF_2(x)$成为某个随机变量的分布函数的是(　　).

(A) $a=\frac{2}{3},b=-\frac{2}{3}$　　(B) $a=\frac{3}{5},b=-\frac{2}{5}$

(C) $a=-\frac{1}{2},b=\frac{3}{2}$　　(D) $a=\frac{1}{2},b=-\frac{3}{2}$

3. 设 $F_1(x)$和 $F_2(x)$都是随机变量的分布函数,$f_1(x)$,$f_2(x)$是相应的概率密度,则(　　).

(A) $f_1(x)f_2(x)$是概率密度　　(B) $f_1(x)+f_2(x)$是概率密度

(C) $F_1(x)F_2(x)$是分布函数　　(D) $F_1(x)+F_2(x)$是分布函数

4. 设随机变量 X 服从指数分布,$Y=\min(X,2)$,则随机变量 Y 的分布函数(　　).

(A) 是连续函数　　(B) 至少有两个间断点

(C) 是阶梯函数　　(D) 恰好有一个间断点

5. 某人向同一目标独立重复射击,每次射击命中目标的概率为 $p(0<p<1)$,则此人第 4 次射击恰好第 2 次命中目标的概率为(　　).

(A) $3p(1-p)^2$　　(B) $6p(1-p)^2$　　(C) $3p^2(1-p)^2$　　(D) $6p^2(1-p)^2$

6. 设 X_1,X_2,X_3 是随机变量,且 $X_1\sim N(0,1)$,$X_2\sim N(0,4)$,$X_3\sim N(5,9)$,$p_j=P\{-2\leqslant X_j\leqslant 2\}$,$j=1,2,3$,则(　　).

(A) $p_1>p_2>p_3$　　(B) $p_2>p_1>p_3$

(C) $p_3>p_2>p_1$　　(D) $p_1>p_3>p_2$

7. 设 $F_1(x)$和 $F_2(x)$都是随机变量的分布函数,$f_1(x)$,$f_2(x)$是相应的概率密度,则必为概率密度的是(　　).

(A) $f_1(x)f_2(x)$　　(B) $2f_2(x)\ F_1(x)$

(C) $f_1(x)F_2(x)$　　(D) $f_1(x)F_2(x)+f_2(x)F_1(x)$

8. 设随机变量 X 的分布函数为 $F(x)=\begin{cases}0, & x<0,\\ 1/2, & 0\leqslant x<1,\\ 1, & x\geqslant 1,\end{cases}$ 则 $P\{X=1\}=$(　　).

(A) 0　　(B) 1/2　　(C) $\frac{1}{2}-\mathrm{e}^{-1}$　　(D) $1-\mathrm{e}^{-1}$

9. 设 $f_1(x)$为标准正态分布的概率密度函数,$f_2(x)$为$[-1,3]$上均匀分布的概率密度函数,

若 $f(x)=\begin{cases}af_1(x), & x\leqslant 0,\\ bf_2(x), & x>0\end{cases}$ $(a>0,b>0)$为概率密度函数. 则 a,b 满足(　　).

(A) $2a+3b=4$　　(B) $3a+2b=4$　　(C) $a+b=1$　　(D) $a+b=2$

三、解答题

1. 一颗骰子抛两次,以 X 表示抛两次中所得的最小点数.

(1) 试求 X 的分布律;

(2) 写出 X 的分布函数.

2. 某种抽奖活动规则是这样的:袋中放红色球及白色球各 5 只,抽奖者交纳一元钱后得到一次抽奖的机会,然后从袋中一次取出 5 只球,若 5 只球同色,则获奖 100 元,否则无奖,以 X 表示某抽奖者在一次抽取中的净赢钱数,求 X 的分布律.

3. 设随机变量 X 的分布律为 $P\{X=k\}=a\dfrac{\lambda^k}{k!},k=0,1,2,\cdots,\lambda>0$ 为常数,试求常数 a.

4. 设随机变量 X 的分布律为

X	-1	2	3
p_i	1/4	1/2	1/4

(1) 求 X 的分布函数;

(2) 求 $P\left\{X\leqslant\dfrac{1}{2}\right\},P\left\{\dfrac{3}{2}<X\leqslant\dfrac{5}{2}\right\},P\{2\leqslant X\leqslant 3\}$.

5. 设随机变量 X 的分布律为 $P\{X=k\}=\dfrac{1}{2^k},k=1,2,\cdots$,求:

(1) $P\{X=\text{偶数}\}$;

(2) $P\{X\geqslant 5\}$;

(3) $P\{X=3\text{ 的倍数}\}$.

6. 某公安局在长度为 t 的时间间隔内收到的紧急呼救的次数 X 服从参数为 $0.5t$ 的泊松分布,而与时间间隔的起点无关(时间以小时计).

(1) 求某一天中午 12 时至下午 3 时没有收到紧急呼救的概率;

(2) 求某一天中午 12 时至下午 5 时至少收到一次紧急呼救的概率.

7. 某人进行射击,每次射击的命中率为 0.02,独立射击 400 次,试求至少击中 2 次的概率.

8. 设事件 A 在每一次试验中发生的概率为 0.3,当 A 发生不少于 3 次时,指示灯发出信号.现进行 5 次独立试验,试求指示灯发出信号的概率.

9. 设顾客在某银行窗口等待服务的时间 X(以分钟计)服从参数为 5 指数分布.某顾客在窗口等待服务,若超过 10 分钟,他就离开.他一个月要到银行 5 次,以 Y 表示他未等到服务而离开窗口的次数.写出 Y 的分布律,并求 $P\{Y\geqslant 1\}$.

10. 设随机变量 X 的概率密度为

$$f(x)=\begin{cases}a\cos x, & |x|\leqslant\dfrac{\pi}{2},\\ 0, & |x|>\dfrac{\pi}{2}.\end{cases}$$

试求:

(1) 系数 a;

(2) X 落在区间 $\left(0,\dfrac{\pi}{4}\right)$ 内的概率.

11. 设连续随机变量 X 的分布函数为

$$F(x)=\begin{cases}0, & x<0,\\ Ax^2, & 0\leqslant x<1,\\ 1, & x\geqslant 1.\end{cases}$$

试求：

(1) 系数 A；

(2) X 落在区间(0.3,0.7)内的概率；

(3) X 的概率密度.

12. 设随机变量 X 服从(0,5)上的均匀分布，求 x 的方程 $4x^2+4Xx+X+2=0$ 有实根的概率.

13. 设 $X\sim N(3,4)$，

(1) 求 $P\{2<X\leqslant 5\}$，$P\{-4<X\leqslant 10\}$，$P\{|X|>2\}$，$P\{X>3\}$；

(2) 确定 c 使得 $P\{X>c\}=P\{X\leqslant c\}$；

(3) 设 d 满足 $P\{X>d\}\geqslant 0.9$，问 d 至多为多少？

14. 设随机变量 X 服从正态分布 $N(0,\sigma^2)$，若 $P\{|X|>k\}=0.1$，试求 $P\{X<k\}$.

15. 设随机变量 X 服从正态分布 $N(\mu,\sigma^2)$，试问：随着 σ 的增大，概率 $P\{|X-\mu|<\sigma\}$ 是如何变化的？

16. 已知离散型随机变量 X 的分布律为

X	-2	-1	0	1	3
p_i	1/5	1/6	1/5	1/15	11/30

试求 $Y=X^2$ 与 $Z=|X|$ 的分布律.

17. 设随机变量 X 服从正态分布 $N(\mu,\sigma^2)$，求 $Y=e^X$ 的概率密度.

18. 设 $X\sim U(0,1)$，试求 $1-X$ 的概率密度.

19. 设 $X\sim U(1,2)$，试求 $Y=e^{2X}$ 的概率密度.

20. 设随机变量 X 的概率密度为

$$f(x)=\begin{cases}\dfrac{3}{2}x^2, & -1<x<1,\\ 0, & \text{其他}.\end{cases}$$

试求下列随机变量的概率密度：

(1) $Y_1=3X$；

(2) $Y_2=3-X$；

(3) $Y_3=X^2$.

四、应用题

1. 甲地需要与乙地的 10 个电话用户联系，每一个用户在 1 分钟内平均占线 12 秒，并且各个用户是否使用电话是相互独立的.为了在任意时刻使得电话用户在用电话时能够接通的概率不小于 0.99，应至少有多少个电话线路？

2. 在一个电子仪器系统中，有 10 块组件独立工作，每个组件经过 5 小时后仍能正常工作的概率为 $e^{-5\lambda}$，其中 λ 是与工艺、系统复杂性有关的因子.若该系统中损坏的组件不超过一块，则系统仍能正常工作，那么，5 小时后系统不能正常工作的概率($\lambda=0.08$)是多少？

3. 测量距离(单位：m)时，产生的随机误差 X 服从正态分布 $N(20,40^2)$，做三次独立测量，求：

(1) 至少有一次误差绝对值不超过 30m 的概率；

(2) 只有一次误差绝对值不超过 30m 的概率.

4. 假设一设备开机后无故障工作的时间 X 服从参数为 5 的指数分布，设备定时开机，出现故障时自动关机，而无故障的情况下工作 2 小时便关机.试求该设备每次开机无故障工作的时间 Y 的分布函数.

5. 有甲乙两种颜色和味道都极为相似的名酒各 4 杯，如果从中挑 4 杯，能将甲种酒全挑出来，算是试验成功一次.

(1) 某人随机去挑，问他试验成功的概率是多少？

(2) 某人声称他通过品尝能区分两种酒，他连续试验 10 次，成功 3 次，试推断他是猜对的还是确有区分的能力(设各次试验是相互独立的).

(B)

1. 设随机变量的概率密度为

$$f(x)=\begin{cases}\dfrac{1}{3}, & 0\leqslant x\leqslant 1,\\[2mm] \dfrac{2}{9}, & 3\leqslant x\leqslant 6,\\[2mm] 0, & \text{其他}.\end{cases}$$

若 k 使得 $P\{X\geqslant k\}=2/3$，求 k 的取值范围.

2. 设随机变量 X 服从$(-1,2)$上的均匀分布，记

$$Y=\begin{cases}1, & X\geqslant 0,\\ -1, & X<0.\end{cases}$$

试求 Y 的分布律.

3. 设随机变量 X 的概率密度为 $f(x)=\dfrac{1}{\pi(1+x^2)}$，求随机变量 $Y=1-\sqrt[3]{X}$ 的概率密度 $f_Y(y)$.

4. 设 X 为连续型随机变量，其概率密度为 $f_X(x)$是偶函数，令 $Y=-X$，证明 Y 与 X 有相同的概率密度.

5. 设随机变量 X 的概率密度为

$$f(x)=\begin{cases}\dfrac{1}{3\sqrt[3]{x^2}}, & x\in[1,8],\\[2mm] 0, & \text{其他}.\end{cases}$$

$F(x)$是 X 的分布函数.求随机变量 $Y=F(X)$的分布函数.

6. 设随机变量 X 的概率密度为

$$f(x)=\begin{cases}e^{-x}, & x>0,\\ 0, & x\leqslant 0.\end{cases}$$

试求下列随机变量的概率密度：

(1) $Y_1=2X+1$；

(2) $Y_2=\mathrm{e}^X$；

(3) $Y_3=X^2$.

7. 设随机变量 X 服从参数为 1/2 的指数分布，试证 $Y_1=\mathrm{e}^{-2X}$ 和 $Y_2=1-\mathrm{e}^{-2X}$ 都服从区间(0,1)上的均匀分布.

8. 设随机变量 X 的概率密度为

$$f(x)=\begin{cases}-\dfrac{1}{a}x^2, & 0<x<3,\\ 0, & \text{其他}.\end{cases}$$

令随机变量

$$Y=\begin{cases}2, & x\leqslant 1,\\ x, & 1<x<2,\\ 1, & x\geqslant 2.\end{cases}$$

(1) 求 Y 的分布函数；

(2) 求概率 $P\{X\leqslant Y\}$.

第 3 章　多维随机变量及其分布

在第 2 章中,讨论的问题中只涉及一个随机变量,而在实际问题的研究中,只用一个随机变量往往是不够的.例如,要研究儿童的生长发育情况,常用身高和体重两个随机变量来描述;研究某地区的气候状况需要考虑温度、湿度等多个随机变量;研究飞机在空中的位置需要经度、纬度、高度三个随机变量来描述;研究国民经济状况,就需要用国内生产总值(GDP)、固定资产投资、各产业产值、人均消费额等多个随机变量来描述.

本章主要讨论二维随机变量及其分布的有关概念、理论和应用,从二维随机变量到 n 维随机变量的推广是直接的、形式上的,并无实质性困难,我们将在 3.6 节介绍.

【路灯寿命问题】

某段道路原来有 5 个路灯,道路改建后有 20 个路灯用于此段道路的夜间照明.改建后道路管理人员总认为灯泡更容易坏了,请解释其中原因.

3.1　二维随机变量及联合分布

3.1.1　二维随机变量及联合分布函数

定义 3.1　设 X,Y 是定义在同一个样本空间 $\Omega=\{\omega\}$ 上的两个随机变量,则称 (X,Y) 为**二维随机变量**,或**二维随机向量**.

二维随机变量的性质不仅与 X 的性质及 Y 的性质有关,还依赖于这两个随机变量的相互关系,所以逐个研究 X 和 Y 的性质是不够的,还必须把 (X,Y) 作为一个整体加以研究.

首先引入 (X,Y) 的分布函数的概念.

定义 3.2　设 (X,Y) 是二维随机变量,对于任意实数 x,y,事件 $\{X\leqslant x\}$,$\{Y\leqslant y\}$ 同时发生的概率

$$F(x,y)=P\{X\leqslant x,Y\leqslant y\}$$

称为二维随机变量 (X,Y) 的**分布函数**,或 X 与 Y 的**联合分布函数**.

如果将二维随机变量 (X,Y) 看成是平面上随机点的坐标,那么分布函数 $F(x,y)$ 在 (x,y) 处的函数值就是随机点 (X,Y) 落在以点 (x,y) 为右上角的无穷矩形内的概率,如图 3.1 所示.

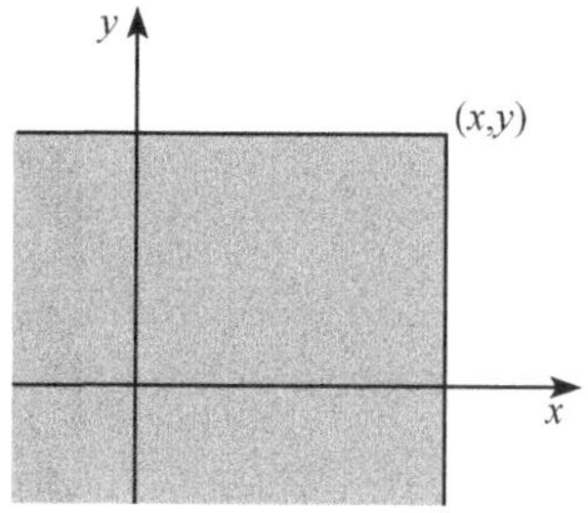

图 3.1

容易证明分布函数 $F(x,y)$ 具有以下的性质.

(1) 单调性：$F(x,y)$ 分别对 x 或 y 是单调不减的，即

当 $x_1<x_2$ 时，有 $F(x_1,y)\leqslant F(x_2,y)$；

当 $y_1<y_2$ 时，有 $F(x,y_1)\leqslant F(x,y_2)$.

(2) 有界性：对任意的 x 和 y，有 $0\leqslant F(x,y)\leqslant 1$，且

$$F(-\infty,y)=\lim_{x\to-\infty}F(x,y)=0,$$

$$F(x,-\infty)=\lim_{y\to-\infty}F(x,y)=0,$$

$$F(+\infty,+\infty)=\lim_{\substack{x\to+\infty\\y\to+\infty}}F(x,y)=1.$$

(3) 右连续性：对每个变量是右连续的，即

对任意的 x_0，有 $\lim\limits_{x\to x_0^+}F(x,y)=F(x_0,y)$；

对任意的 y_0，有 $\lim\limits_{y\to y_0^+}F(x,y)=F(x,y_0)$.

(4) 对任意的 $a<b,c<d$，有下式成立：

$$P\{a<X\leqslant b,c<Y\leqslant d\}=F(b,d)-F(a,d)-F(b,c)+F(a,c)\geqslant 0.$$

事实上，具有上述四条性质的二元函数 $F(x,y)$ 一定是某个二维随机变量的分布函数.

注意，分布函数 $F(x,y)$ 的性质(4)不能由前三条性质推出.

【例 3.1】 令 $F(x,y)=\begin{cases}1, & x+y\geqslant -1,\\0, & x+y<-1,\end{cases}$ 显然 $F(x,y)$ 满足(1)～(3)三条性质，但它不满足(4)，因为 $F(1,1)-F(-1,1)-F(1,-1)+F(-1,-1)=1-1-1+0<0$. 这说明性质(4)不能由前三条性质推出，故定义一个二元函数为分布函数时性质(4)不能省.

3.1.2 二维离散型随机变量及联合分布律

定义 3.3 如果二维随机变量 (X,Y) 只取有限个或可列个数对 (x_i,y_j)，则称 (X,Y) 为**二维离散型随机变量**，称

$$P\{X=x_i,Y=y_j\}=p_{ij},\quad i,j=1,2,\cdots$$

为 (X,Y) 的**分布律**，或 X 与 Y 的**联合分布律**，也可用如下表格形式表示 (X,Y) 的分布律.

X \ Y	y_1	y_2	$\cdots$	y_j	$\cdots$
x_1	p_{11}	p_{12}	$\cdots$	p_{1j}	$\cdots$
x_2	p_{21}	p_{22}	$\cdots$	p_{2j}	$\cdots$
$\vdots$	$\vdots$	$\vdots$		$\vdots$	
x_i	p_{i1}	p_{i2}	$\cdots$	p_{ij}	$\cdots$
$\vdots$	$\vdots$	$\vdots$		$\vdots$	

联合分布律有如下性质：

(1) 非负性：$p_{ij}\geqslant 0, i, j=1,2,\cdots$；

(2) 归一性：$\sum\limits_{i=1}^{+\infty}\sum\limits_{j=1}^{+\infty}p_{ij}=1$.

求二维离散型随机变量(X,Y)的分布律，关键是写出(X,Y)所有可能取到的数对及其发生的概率.

【例 3.2】 甲、乙两人独立进行射击，甲每次命中率为 0.2，乙每次命中率为 0.5. 以 X，Y 分别表示甲、乙各射击两次的命中次数，试求(X,Y)的分布律.

解 由题知，X，Y 均可取 0，1，2. 由于甲、乙是独立进行射击，所以$\{X=i\}$与$\{Y=j\}$两事件相互独立，$i,j=0,1,2$. 于是

$$P\{X=i,Y=j\}=P\{X=i\}P\{Y=j\}=C_2^i\,0.2^i\,0.8^{2-i}C_2^j\,0.5^j\,0.5^{2-j}, i, j=0,1,2.$$

故(X,Y)的分布律为

X \ Y	0	1	2
0	0.16	0.32	0.16
1	0.08	0.16	0.08
2	0.01	0.02	0.01

【例 3.3】 设随机变量 X 在 1，2，3，4 四个整数中等可能地取一个值，另一个随机变量 Y 在 $1,2,\cdots,X$ 中等可能地取一整数值，试求(X,Y)的分布律.

解 $\{X=i,Y=j\}$的取值情况是：$i=1,2,3,4$，j 取不大于 i 的正整数，且

$$P\{X=i,Y=j\}=P\{X=i\}P\{Y=j\mid X=i\}=\frac{1}{4i},\quad i=1,2,3,4,\quad j\leqslant i.$$

于是(X,Y)的分布律为

X \ Y	1	2	3	4
1	1/4	0	0	0
2	1/8	1/8	0	0
3	1/12	1/12	1/12	0
4	1/16	1/16	1/16	1/16

3.1.3　二维连续型随机变量及联合概率密度

定义 3.4 如果存在二元非负函数 $f(x,y)$，使得二维随机变量(X,Y)的分布函数 $F(x,y)$可表示为

$$F(x,y)=\int_{-\infty}^{y}\int_{-\infty}^{x}f(u,v)\mathrm{d}u\mathrm{d}v,$$

则称(X,Y)为**二维连续型随机变量**,称$f(x,y)$为(X,Y)的**概率密度**,或X与Y的**联合概率密度**.

显然,在$F(x,y)$偏导数存在的点上有

$$f(x,y)=\frac{\partial^2 F(x,y)}{\partial x\partial y}.$$

联合概率密度有如下性质:

(1) 非负性:$f(x,y)\geqslant 0$;

(2) 归一性:$\int_{-\infty}^{+\infty}\int_{-\infty}^{+\infty}f(x,y)\mathrm{d}x\mathrm{d}y=1$;

(3) 二维随机变量(X,Y)落在平面上某个区域G内的概率为

$$P\{(X,Y)\in G\}=\iint_G f(x,y)\mathrm{d}x\mathrm{d}y.$$

【例 3.4】 已知随机变量X和Y的联合概率密度为

$$f(x,y)=\begin{cases}\mathrm{e}^{-(x+y)}, & 0<x<+\infty,0<y<+\infty,\\ 0, & \text{其他}.\end{cases}$$

试求$P\{X<Y\}$.

解 由联合概率密度的性质3知:

$$P\{X<Y\}=\iint_{G:\{x<y\}}f(x,y)\mathrm{d}x\mathrm{d}y,$$

积分区域$G=\{(x,y)\mid x<y\}$与$f(x,y)$取值非零的区域$\{(x,y)\mid 0<x<+\infty,0<y<+\infty\}$的交集如图3.2所示中阴影部分.所以

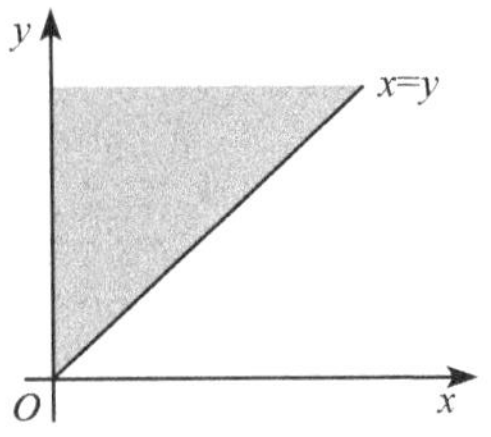

图 3.2

$$P\{X<Y\}=\iint_{G:\{x<y\}}f(x,y)\mathrm{d}x\mathrm{d}y=\int_0^{+\infty}\int_x^{+\infty}\mathrm{e}^{-(x+y)}\mathrm{d}y\mathrm{d}x$$
$$=\int_0^{+\infty}\mathrm{e}^{-x}\int_x^{+\infty}\mathrm{e}^{-y}\mathrm{d}y\mathrm{d}x=\int_0^{+\infty}\mathrm{e}^{-2x}\mathrm{d}x=\frac{1}{2}.$$

【例 3.5】 设二维随机变量(X,Y)具有概率密度

$$f(x,y)=\begin{cases}2\mathrm{e}^{-(2x+y)}, & x>0,y>0,\\ 0, & \text{其他}.\end{cases}$$

求分布函数$F(x,y)$.

解

$$F(x,y)=\int_{-\infty}^{y}\int_{-\infty}^{x}f(x,y)\mathrm{d}x\mathrm{d}y$$

$$=\begin{cases}\int_0^y\int_0^x 2\mathrm{e}^{-(2x+y)}\,\mathrm{d}x\,\mathrm{d}y, & x>0,y>0,\\ 0, & \text{其他}\end{cases}$$

$$=\begin{cases}(1-\mathrm{e}^{-2x})(1-\mathrm{e}^{-y}), & x>0,y>0,\\ 0, & \text{其他}.\end{cases}$$

特别强调的是,当 $f(x,y)$ 分区域定义时,对 (x,y) 也需分区域计算 $F(x,y)$.如何分区域求出 $F(x,y)$ 的表示式呢?首先在平面上给出 $f(x,y)$ 取值非零的区域 D,然后过 D 的各个边界交点分别作平行于 x 轴和 y 轴的直线,设这些直线将平面分为 s 个平面区域 $Di(i=1,2,\cdots,s)$,对各个 Di 分别求出 $F(x,y)$ 的表示式,即得所求的 $F(x,y)$.

3.1.4 常用二维分布

1. 二维均匀分布

定义 3.5 设 G 是平面上的一个有界区域,其面积为 A,令

$$f(x,y)=\begin{cases}\dfrac{1}{A}, & (x,y)\in G,\\ 0, & \text{其他}.\end{cases}$$

以 $f(x,y)$ 为概率密度的二维随机变量 (X,Y) 称为服从区域 G 上的**均匀分布**.

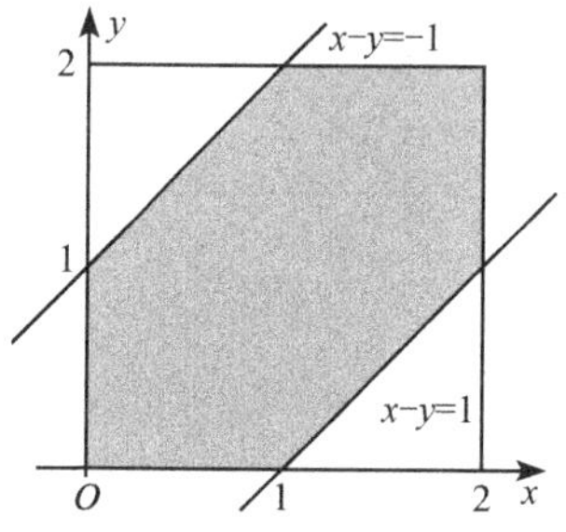

图 3.3

【例 3.6】 设 (X,Y) 服从区域 $G=\{0\leqslant x\leqslant 2;0\leqslant y\leqslant 2\}$ 上的均匀分布,求 $P\{|X-Y|\leqslant 1\}$.

解 设 D 表示区域 $\{|x-y|\leqslant 1\}$(图 3.3),由于 (X,Y) 的概率密度为

$$f(x,y)=\begin{cases}\dfrac{1}{4}, & (x,y)\in G,\\ 0, & \text{其他}.\end{cases}$$

$f(x,y)$ 的非零区域 G 与区域 D 的交集部分如图 3.3 所示中阴影部分,因此所求概率为

$$P\{|X-Y|\leqslant 1\}=\iint\limits_{D:\{|x-y|<1\}} f(x,y)\,\mathrm{d}x\,\mathrm{d}y=\iint\limits_{D\cap G}\frac{1}{4}\mathrm{d}x\,\mathrm{d}y$$

$$=\frac{1}{4}\times \text{区域 } D\cap G \text{ 的面积}=\frac{1}{4}\times 3=\frac{3}{4}.$$

2. 二维正态分布

定义 3.6 如果二维随机变量 (X,Y) 的概率密度为

$$f(x,y)=\frac{1}{2\pi\sigma_1\sigma_2\sqrt{1-\rho^2}}\exp\left\{-\frac{1}{2(1-\rho^2)}\left[\frac{(x-\mu_1)^2}{\sigma_1^2}-2\rho\frac{(x-\mu_1)(y-\mu_2)}{\sigma_1\sigma_2}+\frac{(y-\mu_2)^2}{\sigma_2^2}\right]\right\},$$
$$-\infty<x,y<+\infty,$$

则称(X,Y)服从**二维正态分布**，记为$(X,Y)\sim N(\mu_1,\mu_2,\sigma_1^{\ 2},\sigma_2^2,\rho)$，其中$-\infty<\mu_1,\mu_2<+\infty$；$\sigma_1,\sigma_2>0$，$-1<\rho<1$.

二维正态分布概率密度的图形很像一顶四周无限延伸的草帽，其中心点在(μ_1,μ_2)处，其等高线是椭圆.

图 3.4 为二维标准正态分布 $N(0,0,1,1,0)$ 的概率密度曲面图.

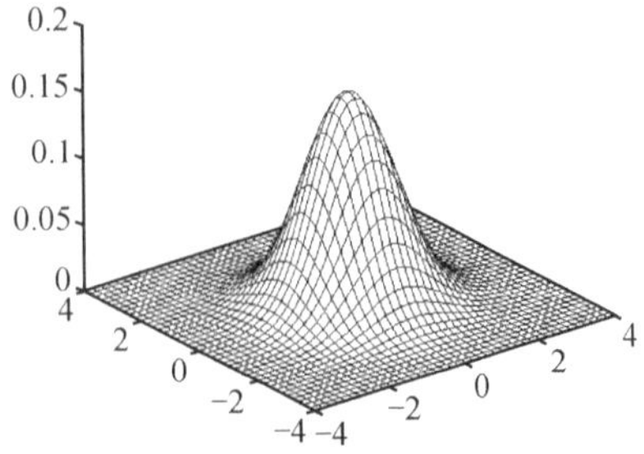

图 3.4 二维标准正态分布概率密度图

3.2 二维随机变量的边缘分布

二维随机变量的分布主要包含三个方面的信息：每个分量的信息，即边缘分布；两个分量之间的关系程度，即相关系数；给定一个分量时，另一个分量的分布，即条件分布.本节先讨论边缘分布.

3.2.1 二维随机变量的边缘分布函数

定义 3.7 设二维随机变量(X,Y)具有分布函数$F(x,y)$.X和Y都是一维随机变量，也各有对应的分布函数$F_X(x)$和$F_Y(y)$，依次称为二维随机变量(X,Y)关于X和关于Y的**边缘分布函数**.易知

$$F_X(x)=P\{X\leqslant x\}=P\{X\leqslant x,Y<+\infty\}=\lim_{y\to+\infty}F(x,y)=F(x,+\infty),$$

$$F_Y(y)=P\{Y\leqslant y\}=P\{X<+\infty,Y\leqslant y\}=\lim_{x\to+\infty}F(x,y)=F(+\infty,y).$$

以上两式说明，由联合分布函数可以求出每个分量的分布函数，但由各个分量的分布函数不一定能求出联合分布函数.

【例 3.7】 设(X,Y)的分布函数为

$$F(x,y)=\frac{1}{\pi^2}\left(\arctan x+\frac{\pi}{2}\right)\left(\arctan y+\frac{\pi}{2}\right),-\infty<x,y<+\infty,$$

求关于X和Y的边缘分布函数$F_X(x)$，$F_Y(y)$.

解 由定义知

$$\begin{aligned}F_X(x)&=\lim_{y\to+\infty}F(x,y)\\&=\lim_{y\to+\infty}\left[\frac{1}{\pi^2}\left(\arctan x+\frac{\pi}{2}\right)\left(\arctan y+\frac{\pi}{2}\right)\right]\end{aligned}$$

$$=\frac{1}{\pi^2}\left(\arctan x+\frac{\pi}{2}\right)\cdot\pi$$

$$=\frac{1}{\pi}\arctan x+\frac{1}{2},\quad -\infty<x<+\infty.$$

同理可求得(或由对称性可得)

$$F_Y(y)=\frac{1}{\pi}\arctan y+\frac{1}{2},\quad -\infty<y<+\infty.$$

3.2.2　二维离散型随机变量的边缘分布律

设二维离散型随机变量(X,Y)的分布律为 $P\{X=x_i,Y=y_j\}=p_{ij},i,j=1,2,\cdots$,则

$$P\{X=x_i\}=P\{X=x_i,Y<+\infty\}=\sum_{j=1}^{\infty}P\{X=x_i,Y=y_j\}=\sum_{j=1}^{\infty}p_{ij},\ i=1,2,\cdots,$$

$$P\{Y=y_j\}=P\{X<+\infty,Y=y_j\}=\sum_{i=1}^{\infty}P\{X=x_i,Y=y_j\}=\sum_{i=1}^{\infty}p_{ij},\ j=1,2,\cdots.$$

定义 3.8　称

$$p_{i\cdot}=P\{X=x_i\}=\sum_{j=1}^{\infty}p_{ij},\quad i=1,2,\cdots$$

与

$$p_{\cdot j}=P\{Y=y_j\}=\sum_{i=1}^{\infty}p_{ij},\quad j=1,2,\cdots$$

分别为(X,Y)关于 X,关于 Y 的**边缘分布律**.

【例 3.8】　设一只口袋中有五个球,有两个球上标有数字 1,三个球上标有数字 0,现从中(1) 有放回地摸两个球,(2) 无放回地摸两个球.并以 X 表示第一次摸到的球上标有的数字,以 Y 表示第二次摸到的球上标有的数字,求(X,Y)的联合分布律及其两个边缘分布律.

解　(1) (X,Y)所有可能取值为:(0,0),(0,1),(1,0),(1,1)且

$$P\{X=0,Y=0\}=P\{X=0\}P\{Y=0\mid X=0\}=\frac{3}{5}\cdot\frac{3}{5}=\frac{9}{25},$$

$$P\{X=0,Y=1\}=P\{X=0\}P\{Y=1\mid X=0\}=\frac{3}{5}\cdot\frac{2}{5}=\frac{6}{25},$$

同理

$$P\{X=1,Y=0\}=\frac{6}{25},\quad P\{X=1,Y=1\}=\frac{4}{25}.$$

于是(X,Y)的分布律和边缘分布律如下:

X \ Y	0	1	$P\{X=x_i\}$
0	9/25	6/25	3/5
1	6/25	4/25	2/5
$P\{Y=y_j\}$	3/5	2/5	1

(2) (X,Y)所有可能取值仍然为$(0,0)$,$(0,1)$,$(1,0)$,$(1,1)$且

$$P\{X=0,Y=0\}=P\{X=0\}P\{Y=0\mid X=0\}=\frac{3}{5}\cdot\frac{2}{4}=\frac{3}{10},$$

$$P\{X=0,Y=1\}=P\{X=0\}P\{Y=1\mid X=0\}=\frac{3}{5}\cdot\frac{2}{4}=\frac{3}{10},$$

同理

$$P\{X=1,Y=0\}=\frac{3}{10},\quad P\{X=1,Y=1\}=\frac{1}{10}.$$

于是(X,Y)的分布律和边缘分布律如下：

X \ Y	0	1	$P\{X=x_i\}$
0	3/10	3/10	3/5
1	3/10	1/10	2/5
$P\{Y=y_j\}$	3/5	2/5	1

从例 3.8 可以看出,对于两种情况,X,Y 的边缘分布是相同的,但(X,Y)的分布不同,说明由联合分布可得到边缘分布,但由边缘分布却不一定能确定联合分布.

3.2.3 二维连续型随机变量的边缘概率密度

设二维连续型随机变量(X,Y)的分布函数为 $F(x,y)$,概率密度为 $f(x,y)$.因为 X 的分布函数

$$F_X(x)=F(x,+\infty)=\int_{-\infty}^{x}\left(\int_{-\infty}^{+\infty}f(x,y)\mathrm{d}y\right)\mathrm{d}x,$$

由连续型随机变量的定义知,X 是一个连续型随机变量,且其概率密度为

$$f_X(x)=\int_{-\infty}^{+\infty}f(x,y)\mathrm{d}y.$$

同样地,Y 也是一个连续型随机变量,其概率密度为

$$f_Y(y)=\int_{-\infty}^{+\infty}f(x,y)\mathrm{d}x.$$

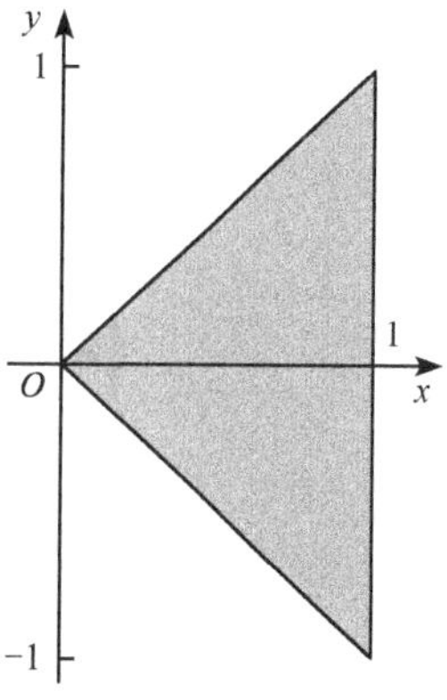

图 3.5

定义 3.9　称 $f_X(x)=\int_{-\infty}^{+\infty}f(x,y)\mathrm{d}y$ 与 $f_Y(y)=\int_{-\infty}^{+\infty}f(x,y)\mathrm{d}x$ 分别为 (X,Y) 关于 X，关于 Y 的**边缘概率密度**.

【例 3.9】　设二维随机变量 (X,Y) 的联合概率密度为

$$f(x,y)=\begin{cases}1, & 0\leqslant x\leqslant 1, |y|<x,\\ 0, & \text{其他}.\end{cases}$$

求边缘概率密度 $f_X(x)$ 和 $f_Y(y)$.

解　如图 3.5，$f_X(x)=\int_{-\infty}^{+\infty}f(x,y)\mathrm{d}y$

$$=\begin{cases}\int_{-x}^{x}\mathrm{d}y, & 0\leqslant x\leqslant 1,\\ 0, & \text{其他}\end{cases}=\begin{cases}2x, & 0\leqslant x\leqslant 1,\\ 0, & \text{其他}.\end{cases}$$

$$f_Y(y)=\int_{-\infty}^{+\infty}f(x,y)\mathrm{d}x=\begin{cases}\int_{-y}^{1}\mathrm{d}x, & -1<y<0,\\ \int_{y}^{1}\mathrm{d}x, & 0<y<1,\\ 0, & \text{其他}\end{cases}$$

$$=\begin{cases}1+y, & -1<y<0,\\ 1-y, & 0<y<1,\\ 0, & \text{其他}.\end{cases}$$

【例 3.10】　设 $(X,Y)\sim N(\mu_1,\mu_2,\sigma_1^2,\sigma_2^2,\rho)$，试求二维正态分布的边缘概率密度 $f_X(x)$ 和 $f_Y(y)$.

解　由于 (X,Y) 的概率密度为

$$f(x,y)=\frac{1}{2\pi\sigma_1\sigma_2\sqrt{1-\rho^2}}\exp\left\{-\frac{1}{2(1-\rho^2)}\left[\frac{(x-\mu_1)^2}{\sigma_1^2}-2\rho\frac{(x-\mu_1)(y-\mu_2)}{\sigma_1\sigma_2}+\frac{(y-\mu_2)^2}{\sigma_2^2}\right]\right\},$$

且

$$\frac{(y-\mu_2)^2}{\sigma_2^2}-2\rho\frac{(x-\mu_1)(y-\mu_2)}{\sigma_1\sigma_2}=\left(\frac{y-\mu_2}{\sigma_2}-\rho\frac{x-\mu_1}{\sigma_1}\right)^2-\rho^2\frac{(x-\mu_1)^2}{\sigma_1^{\ 2}},$$

所以

$$f_X(x)=\int_{-\infty}^{+\infty}f(x,y)\mathrm{d}y$$

$$=\frac{1}{2\pi\sigma_1\sigma_2\sqrt{1-\rho^2}}\mathrm{e}^{-\frac{(x-\mu_1)^2}{2\sigma_1^2}}\int_{-\infty}^{+\infty}\exp\left\{-\frac{1}{2(1-\rho^2)}\left(\frac{y-\mu_2}{\sigma_2}-\rho\frac{x-\mu_1}{\sigma_1}\right)^2\right\}\mathrm{d}y.$$

令 $t=\frac{1}{\sqrt{1-\rho^2}}\left(\frac{y-\mu_2}{\sigma_2}-\rho\frac{x-\mu_1}{\sigma_1}\right)$，则有

$$f_X(x)=\frac{1}{2\pi\sigma_1}e^{-\frac{(x-\mu_1)^2}{2\sigma_1^2}}\int_{-\infty}^{+\infty}e^{-\frac{t^2}{2}}dt,$$

即

$$f_X(x)=\frac{1}{\sqrt{2\pi}\sigma_1}e^{-\frac{(x-\mu_1)^2}{2\sigma_1^2}},\quad -\infty<x<+\infty.$$

故 $X\sim N(\mu_1,\sigma_1{}^2)$,同理

$$f_Y(y)=\frac{1}{\sqrt{2\pi}\sigma_2}e^{-\frac{(y-\mu_2)^2}{2\sigma_2^2}},-\infty<y<+\infty,$$

即 $Y\sim N(\mu_2,\sigma_2{}^2)$.

我们看到二维正态分布的两个边缘分布都是一维正态分布,并且都不依赖于参数 ρ,亦即对于给定的 $\mu_1,\mu_2,\sigma_1,\sigma_2$,不同的 ρ 对应不同的二维正态分布,它们的边缘分布都是一样的. 这一事实再次表明,单由关于 X 和关于 Y 的边缘分布,一般来说不能确定随机变量 X 和 Y 的联合分布.

3.3 条件分布

对二维随机变量(X,Y)而言,所谓随机变量 X 的条件分布,就是在给定 Y 取某个值的条件下 X 的分布.本节由条件概率引出条件分布的概念.

3.3.1 离散型随机变量的条件分布

定义 3.10 设二维离散型随机变量(X,Y)的分布律为

$$P\{X=x_i,Y=y_j\}=p_{ij},\quad i=1,2,\cdots,\ j=1,2,\cdots,$$

对一切使 $P\{Y=y_j\}=p_{\cdot j}=\sum\limits_{i=1}^{+\infty}p_{ij}>0$ 的 y_j,称

$$p_{i|j}=P\{X=x_i\mid Y=y_j\}=\frac{P\{X=x_i,Y=y_j\}}{P\{Y=y_j\}}=\frac{p_{ij}}{p_{\cdot j}},\quad i=1,2,\cdots$$

为给定 $Y=y_j$ 条件下 X 的**条件分布律**.

同理,对一切使 $P\{X=x_i\}=p_{i\cdot}=\sum\limits_{j=1}^{+\infty}p_{ij}>0$ 的 x_i,称

$$p_{j|i}=P\{Y=y_j\mid X=x_i\}=\frac{P\{X=x_i,Y=y_j\}}{P\{X=x_i\}}=\frac{p_{ij}}{p_{i\cdot}},\quad j=1,2,\cdots$$

为给定 $X=x_i$ 条件下 Y 的条件分布律.

【例 3.11】 一名射手进行射击,击中目标的概率为 $p(0<p<1)$,射击直至击中目标两次为止,设以 X 表示首次击中目标所进行的射击次数,以 Y 表示总共进行的射击次数,试求 X 和 Y 的联合分布律及条件分布律.

解　按题意 $Y=n$ 表示在第 n 次射击时击中目标，且在第 1 次，第 2 次，……，第 $n-1$ 次射击中恰有一次击中目标，已知各次射击是相互独立的. 于是不管 $m(m<n)$ 是多少，总有

$$P\{X=m,Y=n\}=p^2q^{n-2},$$

其中 $q=1-p$，$m=1,2,\cdots,n-1$，$n=2,3,\cdots$. 这就是 (X,Y) 的分布律. 又

$$\begin{aligned}P\{X=m\}&=\sum_{n=m+1}^{\infty}P\{X=m,Y=n\}=\sum_{n=m+1}^{\infty}p^2q^{n-2}\\&=p^2\sum_{n=m+1}^{\infty}q^{n-2}=p^2\frac{q^{m-1}}{1-q}=pq^{m-1},\quad m=1,2,\cdots,\end{aligned}$$

$$P\{Y=n\}=\sum_{m=1}^{n-1}P\{X=m,Y=n\}=\sum_{m=1}^{n-1}p^2q^{n-2}=(n-1)p^2q^{n-2},\quad n=2,3,\cdots,$$

于是所求的条件分布律为

当 $n=2,3,\cdots$ 时

$$P\{X=m\mid Y=n\}=\frac{p^2q^{n-2}}{(n-1)p^2q^{n-2}}=\frac{1}{n-1},\quad m=1,2,\cdots,n-1;$$

当 $m=1,2,\cdots$ 时

$$P\{Y=n\mid X=m\}=\frac{p^2q^{n-2}}{pq^{m-1}}=pq^{n-m-1},\quad n=m+1,m+2,\cdots.$$

例如，$P\{X=m|Y=3\}=\dfrac{1}{2}$，$m=1,2$；$P\{Y=n|X=3\}=pq^{n-4}$，$n=4,5,\cdots$.

【例 3.12】　设在一段时间内进入某一商店的顾客人数 X 服从泊松分布 $P(\lambda)$，每个顾客购买某种物品的概率为 p，并且各个顾客是否购买该种物品相互独立，求进入商店的顾客购买这种物品的人数 Y 的分布律.

解　由题意知

$$P\{X=m\}=\frac{\lambda^m}{m!}\mathrm{e}^{-\lambda},\quad m=0,1,2,\cdots,$$

在进入商店的人数 $X=m$ 的条件下，购买某种物品的人数 Y 的条件分布为二项分布 $B(m,p)$，即

$$P\{Y=k\mid X=m\}=\mathrm{C}_m^k p^k(1-p)^{m-k},\quad k=0,1,2,\cdots,m.$$

由全概率公式有

$$\begin{aligned}P\{Y=k\}&=\sum_{m=k}^{+\infty}P\{X=m\}P\{Y=k\mid X=m\}=\sum_{m=k}^{+\infty}\frac{\lambda^m}{m!}\mathrm{e}^{-\lambda}\mathrm{C}_m^k p^k(1-p)^{m-k}\\&=\sum_{m=k}^{+\infty}\frac{\lambda^m}{m!}\mathrm{e}^{-\lambda}\frac{m!}{k!\,(m-k)!}p^k(1-p)^{m-k}\\&=\mathrm{e}^{-\lambda}\frac{(\lambda p)^k}{k!}\sum_{m=k}^{+\infty}\frac{[(1-p)\lambda]^{m-k}}{(m-k)!}\end{aligned}$$

$$=e^{-\lambda}\frac{(\lambda p)^k}{k!}e^{(1-p)\lambda}=\frac{(\lambda p)^k}{k!}e^{-\lambda p},\quad k=0,1,2,\cdots,$$

即 $Y\sim P(\lambda p)$.

3.3.2 连续型随机变量的条件分布

设(X,Y)的概率密度为 $f(x,y)$，(X,Y)关于 Y 的边缘概率密度为 $f_Y(y)$，给定 y，对于任意固定的 $\varepsilon>0$，对于任意 x，考虑条件概率

$$P\{X\leqslant x\mid y<Y\leqslant y+\varepsilon\}.$$

设 $P\{y<Y\leqslant y+\varepsilon\}>0$，则有

$$\begin{aligned}&P\{X\leqslant x\mid y<Y\leqslant y+\varepsilon\}\\&=\frac{P\{X\leqslant x,y<Y\leqslant y+\varepsilon\}}{P\{y<Y\leqslant y+\varepsilon\}}\\&=\frac{\int_{-\infty}^{x}\left[\int_{y}^{y+\varepsilon}f(x,y)\mathrm{d}y\right]\mathrm{d}x}{\int_{y}^{y+\varepsilon}f_Y(y)\mathrm{d}y}.\end{aligned}$$

在某些条件下，当 ε 很小时，上式右端分子、分母分别近似于 $\varepsilon\int_{-\infty}^{x}f(x,y)\mathrm{d}x$ 和 $\varepsilon f_Y(y)$，于是当 ε 很小时，有

$$P\{X\leqslant x\mid y<Y\leqslant y+\varepsilon\}\approx\frac{\varepsilon\int_{-\infty}^{x}f(x,y)\mathrm{d}x}{\varepsilon f_Y(y)}=\int_{-\infty}^{x}\frac{f(x,y)}{f_Y(y)}\mathrm{d}x.$$

与一维随机变量概率密度的定义比较，我们给出以下的定义.

定义 3.11 设二维随机变量(X,Y)的概率密度为 $f(x,y)$，(X,Y)关于 X，关于 Y 的边缘概率密度为分别为 $f_X(x)$ 和 $f_Y(y)$，若对于固定的 y，$f_Y(y)>0$，则称 $\frac{f(x,y)}{f_Y(y)}$为在 $Y=y$ 的条件下 X 的**条件概率密度**，记为

$$f_{X|Y}(x\mid y)=\frac{f(x,y)}{f_Y(y)}.$$

若对于固定的 x，$f_X(x)>0$，则称$\frac{f(x,y)}{f_X(x)}$为在 $X=x$ 的条件下 Y 的条件概率密度，记为

$$f_{Y|X}(y|x)=\frac{f(x,y)}{f_X(x)}.$$

【例 3.13】 设(X,Y)服从 $G=\{(x,y)|x^2+y^2\leqslant1\}$上的均匀分布，试求给定 Y

$=y$ 的条件下 X 的条件概率密度 $f_{X|Y}(x|y)$.

解　因为

$$f(x,y)=\begin{cases}\dfrac{1}{\pi}, & x^2+y^2\leqslant 1,\\ 0, & \text{其他},\end{cases}$$

由此得的边缘概率密度为

$$f_Y(y)=\begin{cases}\dfrac{2}{\pi}\sqrt{1-y^2}, & -1\leqslant y\leqslant 1,\\ 0, & \text{其他}.\end{cases}$$

所以当 $-1<y<1$ 时，$f_Y(y)\neq 0$，有

$$f_{X|Y}(x|y)=\frac{f(x,y)}{f_Y(y)}=\begin{cases}\dfrac{1/\pi}{2/\pi\sqrt{1-y^2}}=\dfrac{1}{2\sqrt{1-y^2}}, & -\sqrt{1-y^2}\leqslant x\leqslant\sqrt{1-y^2},\\ 0, & \text{其他},\end{cases}$$

即当 $-1<y<1$ 时，给定 $Y=y$ 条件下，X 服从 $(-\sqrt{1-y^2},\sqrt{1-y^2})$ 上的均匀分布.

【例 3.14】　设数 X 在区间 $(0,1)$ 上随机地取值，当观察到 $X=x(0<x<1)$ 时，数 Y 在区间 $(x,1)$ 上随机地取值，求 Y 的概率密度 $f_Y(y)$.

解　按题意 X 具有概率密度

$$f_X(x)=\begin{cases}1, & 0<x<1,\\ 0, & \text{其他}.\end{cases}$$

对于任意给定的值 $x(0<x<1)$，在 $X=x$ 的条件下，Y 的条件概率密度为

$$f_{Y|X}(y|x)=\begin{cases}\dfrac{1}{1-x}, & x<y<1,\\ 0, & \text{其他}.\end{cases}$$

于是 (X,Y) 的概率密度为

$$f(x,y)=f_{Y|X}(y|x)f_X(x)=\begin{cases}\dfrac{1}{1-x}, & 0<x<y<1,\\ 0, & \text{其他},\end{cases}$$

即得关于 Y 的边缘概率密度为

$$f_Y(y)=\int_{-\infty}^{+\infty}f(x,y)\mathrm{d}x=\begin{cases}\displaystyle\int_0^y\frac{1}{1-x}\mathrm{d}x, & 0<y<1,\\ 0, & \text{其他}\end{cases}$$

$$=\begin{cases}-\ln(1-y), & 0<y<1,\\ 0, & \text{其他}.\end{cases}$$

3.4 随机变量的相互独立性

随机变量的相互独立是概率论与数理统计中一个十分重要的概念.

本节,我们将利用事件相互独立的概念引出随机变量相互独立的概念.

定义 3.12 设二维随机变量(X,Y)的分布函数为$F(x,y)$,X,Y的边缘分布函数分别为$F_X(x)$,$F_Y(y)$,如果对任意实数x,y,有

$$F(x,y)=F_X(x)F_Y(y), \tag{3.1}$$

则称X,Y相互独立.

如果(X,Y)是二维离散型随机变量,其分布律为$P\{X=x_i,Y=y_j\}=p_{ij}$,$i,j=1,2,\cdots$,则X,Y相互独立的充要条件可写为

$$P\{X=x_i,Y=y_j\}=P\{X=x_i\}P\{Y=y_j\}, \tag{3.2}$$

或者写成

$$p_{ij}=p_{i.}p_{.j}, \quad i=1,2,\cdots,\ j=1,2,\cdots. \tag{3.3}$$

如果(X,Y)是二维连续型随机变量,其概率密度为$f(x,y)$,为则X,Y相互独立的充要条件可写为:对任意的实数x,y,下式几乎处处成立

$$f(x,y)=f_X(x)f_Y(y), \tag{3.4}$$

这里“几乎处处成立”是指平面上除去面积为零的点外式(3.4)处处成立.

【例 3.15】 设随机变量X和Y的联合分布律为

X \ Y	y_1	y_2	y_3
x_1	a	1/9	c
x_2	1/9	b	1/3

若X与Y相互独立,求参数a,b,c的值.

解 要求参数a,b,c的值,需要利用联合分布律的性质、边缘分布律的定义和随机变量相互独立的充要条件.

首先写出两个边缘分布律

X \ Y	y_1	y_2	y_3	$p_{i.}$
x_1	a	1/9	c	$a+c+1/9$
x_2	1/9	b	1/3	$b+4/9$
$p_{.j}$	$a+1/9$	$b+1/9$	$c+1/3$	$a+b+c+5/9=1$

利用 X 与 Y 相互独立的条件，由 $p_{22}=p_{2\cdot}p_{\cdot 2}$，即 $b=\left(b+\frac{4}{9}\right)\left(\frac{1}{9}+b\right)$，解之得 $b=\frac{2}{9}$，再由 $p_{23}=p_{2\cdot}p_{\cdot 3}$，即 $\frac{1}{3}=\left(b+\frac{4}{9}\right)\left(\frac{1}{3}+c\right)$，将 $b=\frac{2}{9}$ 代入解得 $c=\frac{1}{6}$，最后利用 $a+b+c=\frac{4}{9}$，可得 $a=\frac{1}{18}$.

【例 3.16】 已知随机变量 X 与 Y 相互独立且都服从 0-1 分布，分布律分别为

X	0	1
p_i	0.4	0.6

Y	0	1
p_j	0.3	0.7

定义随机变量 $Z=\begin{cases}1, & \text{当 } X+Y \text{ 为偶数},\\ 0, & \text{当 } X+Y \text{ 为奇数},\end{cases}$ 求(X,Z)的分布律，并问 X 与 Z 是否独立？

解 由 X 与 Y 的分布律及独立性得到下表：

p_{ij}	0.12	0.28	0.18	0.42
(X,Y)	(0,0)	(0,1)	(1,0)	(1,1)
Z	1	0	0	1
(X,Z)	(0,1)	(0,0)	(1,0)	(1,1)

(X,Z)的分布律及边缘分布律为

X \ Z	0	1	$p_{i\cdot}$
0	0.28	0.12	0.4
1	0.18	0.42	0.6
$p_{\cdot j}$	0.46	0.54	1

由于 $P\{X=0,Z=0\}=0.28$，而 $P\{X=0\}P\{Z=0\}=0.4\times0.46=0.184$，二者不相等，所以 X 与 Z 不独立.

【例 3.17】 在例 3.9 中，二维随机变量(X,Y)的联合概率密度为

$$f(x,y)=\begin{cases}1, & 0\leqslant x\leqslant 1,\ |y|<x,\\ 0, & \text{其他}.\end{cases}$$

我们已经求出两个边缘概率密度分别为

$$f_X(x)=\begin{cases}2x, & 0\leqslant x\leqslant 1,\\ 0, & 其他,\end{cases}\qquad f_Y(y)=\begin{cases}1+y, & -1<y<0,\\ 1-y, & 0<y<1,\\ 0, & 其他.\end{cases}$$

显然在面积非零的区域上有 $f(x,y)\neq f_X(x)f_Y(y)$，所以 X 与 Y 不独立.

【例 3.18】 某电子仪器由两部件构成，以 X 和 Y 分别表示两个部件的寿命(单位：千小时)，已知 X 和 Y 的联合分布函数为

$$F(x,y)=\begin{cases}1-\mathrm{e}^{-0.5x}-\mathrm{e}^{-0.5y}+\mathrm{e}^{-0.5(x+y)}, & x\geqslant 0,y\geqslant 0,\\ 0, & 其他.\end{cases}$$

问 X 与 Y 是否独立?

解 1 由边缘分布函数的定义知

$$F_X(x)=\lim_{y\to+\infty}F(x,y)=\begin{cases}1-\mathrm{e}^{-0.5x}, & x\geqslant 0,\\ 0, & x<0.\end{cases}$$

$$F_Y(y)=\lim_{x\to+\infty}F(x,y)=\begin{cases}1-\mathrm{e}^{-0.5y}, & y\geqslant 0,\\ 0, & y<0.\end{cases}$$

显然，对任意实数 x,y，均有 $F(x,y)=F_X(x)F_Y(y)$，故 X 与 Y 独立.

解 2 由分布函数与概率密度的关系知

$$f(x,y)=\frac{\partial^2 F(x,y)}{\partial x\partial y}=\begin{cases}0.25\mathrm{e}^{-0.5(x+y)}, & x>0,y>0,\\ 0, & 其他.\end{cases}$$

$$f_X(x)=\int_{-\infty}^{+\infty}f(x,y)\mathrm{d}y=\begin{cases}\int_0^{+\infty}0.25\mathrm{e}^{-0.5(x+y)}\mathrm{d}y, & x>0,\\ 0, & x\leqslant 0\end{cases}=\begin{cases}0.5\mathrm{e}^{-0.5x}, & x>0,\\ 0, & x\leqslant 0,\end{cases}$$

$$f_Y(y)=\int_{-\infty}^{+\infty}f(x,y)\mathrm{d}x=\begin{cases}\int_0^{+\infty}0.25\mathrm{e}^{-0.5(x+y)}\mathrm{d}x, & y>0,\\ 0, & y\leqslant 0\end{cases}=\begin{cases}0.5\mathrm{e}^{-0.5y}, & y>0,\\ 0, & y\leqslant 0.\end{cases}$$

因而对任意的 x,y，均有 $f(x,y)=f_X(x)f_Y(y)$，故 X 与 Y 独立.

【例 3.19】 设 (X,Y) 服从二维正态分布，则 X 与 Y 相互独立的充要条件是 $\rho=0$.

证 二维正态分布的概率密度为

$$f(x,y)=\frac{1}{2\pi\sigma_1\sigma_2\sqrt{1-\rho^2}}\exp\left\{-\frac{1}{2(1-\rho^2)}\left(\frac{(x-\mu_1)^2}{\sigma_1{}^2}-2\rho\frac{(x-\mu_1)(y-\mu_2)}{\sigma_1\sigma_2}+\frac{(y-\mu_2)^2}{\sigma_2^2}\right)\right\},$$

由例 3.11 知，$f_X(x)$，$f_Y(y)$ 的乘积为

$$f_X(x)f_Y(y)=\frac{1}{2\pi\sigma_1\sigma_2}\exp\left\{-\frac{1}{2}\left[\frac{(x-\mu_1)^2}{\sigma_1^2}+\frac{(y-\mu_2)^2}{\sigma_2^2}\right]\right\}.$$

因此，若 $\rho=0$，则对所有 x,y 有 $f(x,y)=f_X(x)f_Y(y)$，即 X 与 Y 独立.

反之，若 X 与 Y 独立，由于 $f(x,y)$，$f_X(x)$，$f_Y(y)$ 都是连续函数，故对所有的 x,y，有 $f(x,y)=f_X(x)f_Y(y)$，特别地，令 $x=\mu_1$，$y=\mu_2$，可以得到

$$\frac{1}{2\pi\sigma_1\sigma_2\sqrt{1-\rho^2}}=\frac{1}{2\pi\sigma_1\sigma_2},$$

从而 $\rho=0$.

3.5 二维随机变量函数的分布

3.5.1 二维离散型随机变量函数的分布

设 (X,Y) 为二维离散型随机变量，则函数 $Z=g(X,Y)$ 是一维离散型随机变量. 若已知 (X,Y) 的分布律，可以得到 $Z=g(X,Y)$ 的分布律.

【例 3.20】 设 (X,Y) 的分布律为

X \ Y	-1	0	1
1	0.2	0.1	0.1
2	0.1	0	0.1
3	0	0.3	0.1

试求：$Z_1=X$，$Z_2=Y/X$，$Z_3=\min(X,Y)$ 的分布律.

解 将 (X,Y) 及各个函数的取值对应列于同一表中

p	0.2	0.1	0.1	0.1	0	0.1	0	0.3	0.1
(X,Y)	$(1,-1)$	$(1,0)$	$(1,1)$	$(2,-1)$	$(2,0)$	$(2,1)$	$(3,-1)$	$(3,0)$	$(3,1)$
$Z_1=X$	1	1	1	2	2	2	3	3	3
$Z_2=Y/X$	-1	0	1	$-1/2$	0	$1/2$	$-1/3$	0	$1/3$
$Z_3=\min(X,Y)$	-1	0	1	-1	0	1	-1	0	1

易得到下列随机变量的分布律(取相同值的概率给以合并)：

$Z_1=X$	1	2	3
p_i	0.4	0.2	0.4

$Z_2=Y/X$	-1	$-1/2$	$-1/3$	0	$1/3$	$1/2$	1
p_j	0.2	0.1	0	0.4	0.1	0.1	0.1

$Z_3=\min(X,Y)$	-1	0	1
p_k	0.3	0.4	0.3

【例 3.21】 设 $X\sim P(\lambda_1)$，$Y\sim P(\lambda_2)$，且 X 与 Y 独立，证明 $Z=X+Y\sim P(\lambda_1+\lambda_2)$.

证 首先指出，$Z=X+Y$ 取值为 $0,1,2,\cdots$，而事件 $\{Z=k\}$ 是诸互不相容事件 $\{X=i,Y=k-i\}$，$i=0,1,\cdots,k$ 的和，考虑到独立性，对任意非负整数 k，有

$$
\begin{aligned}
P\{Z=k\}=P\{X+Y=k\}&=P\{\bigcup_{i=0}^{k}\{X=i,Y=k-i\}\}\\
&=\sum_{i=0}^{k}P\{X=i\}P\{Y=k-i\}\\
&=\sum_{i=0}^{k}\left(\frac{\lambda_1^i}{i!}e^{-\lambda_1}\right)\left(\frac{\lambda_2^{k-i}}{(k-i)!}e^{-\lambda_2}\right)\\
&=\frac{(\lambda_1+\lambda_2)^k}{k!}e^{-(\lambda_1+\lambda_2)}\sum_{i=0}^{k}\frac{k!}{i!\,(k-i)!}\left(\frac{\lambda_1}{\lambda_1+\lambda_2}\right)^i\left(\frac{\lambda_2}{\lambda_1+\lambda_2}\right)^{k-i}\\
&=\frac{(\lambda_1+\lambda_2)^k}{k!}e^{-(\lambda_1+\lambda_2)}\left(\frac{\lambda_1}{\lambda_1+\lambda_2}+\frac{\lambda_2}{\lambda_1+\lambda_2}\right)^k\\
&=\frac{(\lambda_1+\lambda_2)^k}{k!}e^{-(\lambda_1+\lambda_2)},\quad k=0,1,\cdots,
\end{aligned}
$$

即证明了 $X+Y\sim P(\lambda_1+\lambda_2)$.

注意 $X-Y$ 不服从泊松分布.

以后我们称性质“同一类分布的独立随机变量和的分布仍属于此类分布”为此类分布具有**可加性**.

例 3.21 的结论说明，泊松分布具有可加性.例如，设 $X\sim P(2)$，$Y\sim P(3)$，且 X 与 Y 独立，则 $Z=X+Y\sim P(5)$.

3.5.2 二维连续型随机变量函数的分布

设 (X,Y) 为二维连续型随机变量，其概率密度为 $f(x,y)$，$Z=g(x,y)$ 为 X,Y 的连续函数，它也是连续型随机变量.求 Z 的概率密度的一般方法是，先求 Z 的分布函数 $F_Z(z)$：

$$F_Z(z)=P\{Z\leqslant z\}=P\{g(X,Y)\leqslant z\}=P\{(X,Y)\in D_Z\}=\iint_{D_Z}f(x,y)\mathrm{d}x\mathrm{d}y$$

其中 $D_Z=\{(x,y)\mid g(x,y)\leqslant z\}$，然后，$F_Z(z)$ 对 z 求导数，得 Z 的概率密度为

$$f_Z(z)=F'_Z(z)=\frac{\mathrm{d}}{\mathrm{d}z}\iint_{D_Z}f(x,y)\mathrm{d}x\mathrm{d}y.$$

【例 3.22】（和的分布） 设 (X,Y) 的概率密度为 $f(x,y)$，求 $Z=X+Y$ 的概率密度 $f_Z(z)$.

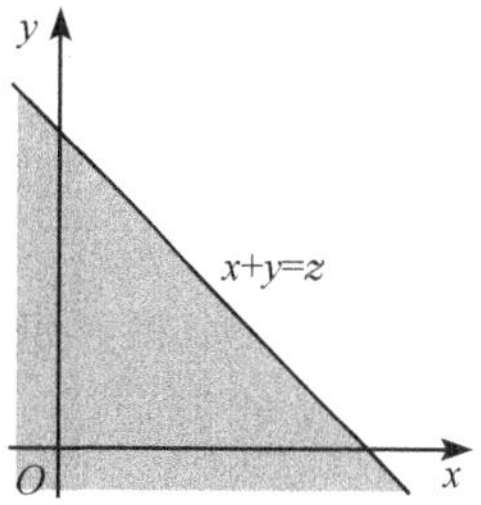

图 3.6

解　事件$\{X+Y\leqslant z\}$所占的区域如图 3.6 所示.

$$F_Z(z)=P\{X+Y\leqslant z\}=\iint\limits_{\{x+y\leqslant z\}} f(x,y)\mathrm{d}x\mathrm{d}y$$

$$=\int_{-\infty}^{+\infty}\left[\int_{-\infty}^{z-y} f(x,y)\mathrm{d}x\right]\mathrm{d}y.$$

对积分$\int_{-\infty}^{z-y} f(x,y)\mathrm{d}x$ 作变量变换 $x=u-y$ 得

$$\int_{-\infty}^{z-y} f(x,y)\mathrm{d}x=\int_{-\infty}^{z} f(u-y,y)\mathrm{d}u.$$

于是

$$F_Z(z)=\int_{-\infty}^{+\infty}\left[\int_{-\infty}^{z} f(u-y,y)\mathrm{d}u\right]\mathrm{d}y$$

$$=\int_{-\infty}^{z}\left[\int_{-\infty}^{+\infty} f(u-y,y)\mathrm{d}y\right]\mathrm{d}u,$$

对 z 求导数得

$$f_Z(z)=\int_{-\infty}^{+\infty} f(z-y,y)\mathrm{d}y. \tag{3.5}$$

由 X,Y 的对称性,又有

$$f_Z(z)=\int_{-\infty}^{+\infty} f(x,z-x)\mathrm{d}x. \tag{3.6}$$

特别地,当 X 和 Y 独立时,X,Y 的概率密度分别为 $f_X(x)$和 $f_Y(y)$,则式(3.5)和式(3.6)分别写成

$$f_Z(z)=\int_{-\infty}^{+\infty} f_X(z-y)f_Y(y)\mathrm{d}y, \tag{3.7}$$

$$f_Z(z)=\int_{-\infty}^{+\infty} f_X(x)f_Y(z-x)\mathrm{d}x. \tag{3.8}$$

公式(3.7)和公式(3.8)称为**卷积公式**,记为 $f_X * f_Y$,即

$$f_X * f_Y=\int_{-\infty}^{+\infty} f_X(z-y)f_Y(y)\mathrm{d}y=\int_{-\infty}^{+\infty} f_X(x)f_Y(z-x)\mathrm{d}x. \tag{3.9}$$

在求两个随机变量和的分布时,上述几个式子都可作为公式使用,请看下面两个例子.

【例 3.23】　设 X 和 Y 是两个相互独立的随机变量,其概率密度分别为

$$f_X(x)=\begin{cases}1, & 0\leqslant x\leqslant 1,\\ 0, & \text{其他},\end{cases}\qquad f_Y(y)=\begin{cases}\mathrm{e}^{-y}, & y>0,\\ 0, & \text{其他}.\end{cases}$$

求:随机变量 $Z=X+Y$ 的概率密度.

解 用式(3.8)求之.因 $f_Z(z)=\int_{-\infty}^{+\infty}f_X(x)f_Y(z-x)\mathrm{d}x$，欲使 $f_X(x)f_Y(z-x)>0$，即使 $f_X(x)>0,f_Y(z-x)>0$，x 与 z 必须满足 $0\leqslant x\leqslant 1,z-x>0$，即 $z>x,0\leqslant x\leqslant 1$.

将上述 x 与 z 的关系描绘在 xOz 平面上便是图 3.7 中的阴影部分.

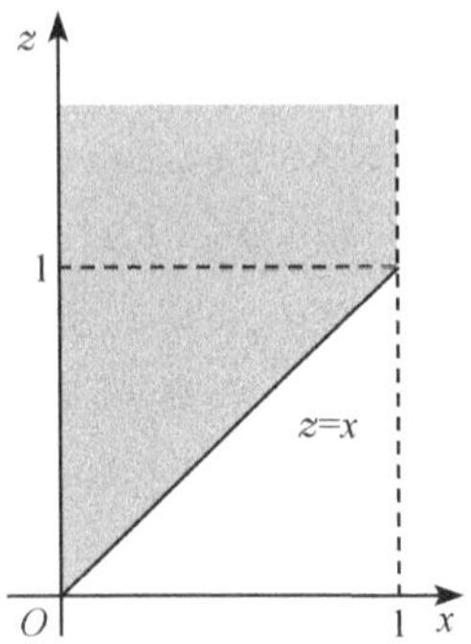

图 3.7

(1) $z<0$ 时，由于 $f_X(x)f_Y(z-x)=0$，故 $f_Z(z)=0$；

(2) $0\leqslant z<1$ 时，$f_Z(z)=\int_0^z \mathrm{e}^{-(z-x)}\mathrm{d}x=1-\mathrm{e}^{-z}$，

(3) $z\geqslant 1$ 时，$f_Z(z)=\int_0^1 \mathrm{e}^{-(z-x)}\mathrm{d}x=(\mathrm{e}-1)\mathrm{e}^{-z}$.

综上所述，得到

$$f_Z(z)=\begin{cases}0, & z<0,\\ 1-\mathrm{e}^{-z}, & 0\leqslant z<1,\\ (\mathrm{e}-1)\mathrm{e}^{-z}, & z\geqslant 1.\end{cases}$$

本题也可以用式(3.7)求解.

【例 3.24】(正态分布的可加性) 设 X 和 Y 都服从 $N(0,1)$ 且相互独立，求 $Z=X+Y$ 的概率密度.

解 由式(3.8)可知

$$\begin{aligned}f_Z(z)&=\int_{-\infty}^{+\infty}f_X(x)f_Y(z-x)\mathrm{d}x\\&=\frac{1}{2\pi}\int_{-\infty}^{+\infty}\mathrm{e}^{-\frac{x^2}{2}}\mathrm{e}^{-\frac{(z-x)^2}{2}}\mathrm{d}x\\&=\frac{1}{2\pi}\mathrm{e}^{-\frac{z^2}{4}}\int_{-\infty}^{+\infty}\mathrm{e}^{-\left(x-\frac{z}{2}\right)^2}\mathrm{d}x.\end{aligned}$$

令 $t=x-\frac{z}{2}$，得 $f_Z(z)=\frac{1}{2\pi}\mathrm{e}^{-\frac{z^2}{4}}\int_{-\infty}^{+\infty}\mathrm{e}^{-t^2}\mathrm{d}t=\frac{1}{2\sqrt{\pi}}\mathrm{e}^{-\frac{z^2}{4}}$，即 $Z\sim N(0,2)$.

一般地，设 X,Y 相互独立，且 $X\sim N(\mu_1,\sigma_1^2)$，$Y\sim N(\mu_2,\sigma_2^2)$，则

$$X+Y\sim N(\mu_1+\mu_2,\sigma_1^2+\sigma_2^2).$$

更一般地，可以证明，有限个相互独立的正态随机变量的线性组合仍服从正态分布.即有下面定理.

定理 3.1(正态分布的重要性质) 若 $X_1,X_2,\cdots,X_n$ 为相互独立的随机变量，且 $X_i\sim N(\mu_i,\sigma_i^2)$，$i=1,2,\cdots,n$，$C_1,C_2,\cdots,C_n$ 为 n 个任意常数，则

$$\sum_{i=1}^n C_iX_i\sim N\left(\sum_{i=1}^n C_i\mu_i,\sum_{i=1}^n C_i^2\sigma_i^2\right). \tag{3.10}$$

【例 3.25】 设 $X\sim N(1,4)$，$Y\sim N(1,5)$，且 X 和 Y 相互独立，则 $X-3Y\sim$

$N(-2,49)$.

【例 3.26】（最大值与最小值分布）　设 X,Y 是相互独立的随机变量，若记 $Z_1=\max(X,Y)$，$Z_2=\min(X,Y)$，试在以下情况下分别求 Z_1 和 Z_2 的分布.

(1) $X\sim F_X(x)$，$Y\sim F_Y(y)$；

(2) X 与 Y 同分布，即 $X\sim F(x)$，$Y\sim F(x)$；

(3) X 与 Y 为连续型随机变量，X 与 Y 同分布，其概率密度均为 $f(x)$.

解　(1) $Z_1=\max(X,Y)$ 的分布函数为

$$\begin{aligned}F_{\max}(z)&=P\{Z_1\leqslant z\}=P\{\max(X,Y)\leqslant z\}\\&=P\{X\leqslant z,Y\leqslant z\}=P\{X\leqslant z\}P\{Y\leqslant z\},\end{aligned}$$

即有

$$F_{\max}(z)=F_X(z)F_Y(z).\tag{3.11}$$

$Z_2=\min(X,Y)$ 的分布函数为

$$\begin{aligned}F_{\min}(z)&=P\{Z_2\leqslant z\}=P\{\min(X,Y)\leqslant z\}\\&=1-P\{\min(X,Y)>z\}\\&=1-P\{X>z,Y>z\}\\&=1-P\{X>z\}P\{Y>z\}\\&=1-[1-P\{X\leqslant z\}][1-P\{Y\leqslant z\}],\end{aligned}$$

即有

$$F_{\min}(z)=1-[1-F_X(z)][1-F_Y(z)].\tag{3.12}$$

(2) 因为 X 与 Y 同分布，即 $X\sim F(x)$，$Y\sim F(x)$，将它们共同的分布函数 $F(x)$ 分别代入式(3.11)和式(3.12)得 Z_1 和 Z_2 的分布函数为

$$F_{\max}(z)=[F(z)]^2,\tag{3.13}$$

$$F_{\min}(z)=1-[1-F(z)]^2.\tag{3.14}$$

(3) Z_1 和 Z_2 的分布函数仍为式(3.13)和式(3.14)，概率密度可由式(3.13)和式(3.14)两式分别对 z 求导得到

$$f_{\max}(z)=2F(z)f(z),\tag{3.15}$$

$$f_{\min}(z)=2[1-F(z)]f(z).\tag{3.16}$$

例 3.26 的结论可以推广到任意 n 个随机变量的情况.

设 $X_1,X_2,\cdots,X_n$ 是相互独立的 n 个随机变量，分布函数分别为 $F_i(x)$，则 $Z_1=\max(X_1,X_2,\cdots,X_n)$ 的分布函数为

$$F_{\max}(z)=\prod_{i=1}^{n}F_i(z).\tag{3.17}$$

$Z_2=\min(X_1,X_2,\cdots,X_n)$ 的分布函数为

$$F_{\min}(z)=1-\prod_{i=1}^{n}[1-F_i(z)]. \tag{3.18}$$

当 $X_1,X_2,\cdots,X_n$ 独立且具有相同的分布函数 $F(x)$ 时，有

$$F_{\max}(z)=[F(z)]^n, \tag{3.19}$$

$$F_{\min}(z)=1-[1-F(z)]^n. \tag{3.20}$$

当 $X_1,X_2,\cdots,X_n$ 是连续型随机变量，且独立并具有相同的概率密度为 $f(x)$ 时，则有

$$f_{\max}(z)=n[F(z)]^{n-1}f(z), \tag{3.21}$$

$$f_{\min}(z)=n[1-F(z)]^{n-1}f(z). \tag{3.22}$$

【例 3.27】 设某系统 L 由两个相互独立的系统 L_1,L_2 联结而成，联结方式分别为(1)串联；(2)并联；(3)备用(开关完全可靠，当 L_1 损坏时，L_2 自动开始工作)，如图 3.9 所示.已知 L_1,L_2 的使用寿命分别为 X,Y，其概率密度分别为

$$f_X(x)=\begin{cases}\alpha e^{-\alpha x}, & x>0,\\ 0, & x\leqslant 0,\end{cases}\qquad f_Y(y)=\begin{cases}\beta e^{-\beta y}, & y>0,\\ 0, & y\leqslant 0.\end{cases}$$

其中 $\alpha>0,\beta>0,\alpha\neq\beta$，分别对以上三种联结方式写出 L 的使用寿命 Z 的概率密度.

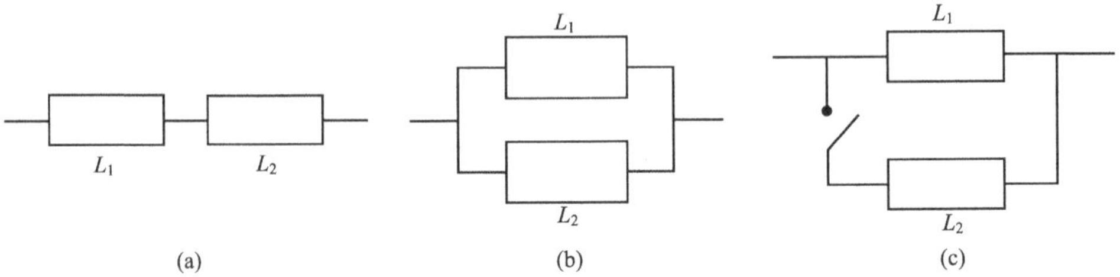

图 3.8

解 因为

$$F_X(x)=\begin{cases}1-e^{-\alpha x}, & x>0,\\ 0, & x\leqslant 0,\end{cases}\qquad F_Y(y)=\begin{cases}1-e^{-\beta y}, & y>0,\\ 0, & y\leqslant 0.\end{cases}$$

(1) 串联时，系统 L 的使用寿命 $Z=\min(X,Y)$，其分布函数

$$F_Z(z)=1-[1-F_X(z)][1-F_Y(z)]=\begin{cases}1-e^{-(\alpha+\beta)z}, & z>0,\\ 0, & z\leqslant 0.\end{cases}$$

$$f_Z(z)=\begin{cases}(\alpha+\beta)e^{-(\alpha+\beta)z}, & z>0,\\ 0, & z\leqslant 0.\end{cases}$$

(2) 并联时，系统 L 的使用寿命 $Z=\max(X,Y)$

$$F_Z(z)=F_X(z)F_Y(z)=\begin{cases}(1-e^{-\alpha z})(1-e^{-\beta z}), & z>0,\\ 0, & z\leqslant 0.\end{cases}$$

$$f_Z(z)=\begin{cases}\alpha e^{-\alpha z}+\beta e^{-\beta z}-(\alpha+\beta)e^{-(\alpha+\beta)z}, & z>0,\\ 0, & z\leqslant 0.\end{cases}$$

(3) 对于备用的情况，系统 L 的使用寿命 $Z=X+Y$.

由于 X,Y 独立，所以由卷积公式，

$$f_Z(z)=\int_{-\infty}^{+\infty}f_X(x)f_Y(z-x)\mathrm{d}x.$$

当 $z\leqslant 0$ 时，由于 $f_X(x)f_Y(z-x)=0$，故 $f_Z(z)=0$.

当 $z>0$ 时，$f_Z(z)=\int_0^z \alpha e^{-\alpha x}\beta e^{-\beta(z-x)}\mathrm{d}x=\dfrac{\alpha\beta}{\alpha-\beta}(e^{-\beta z}-e^{-\alpha z})$，从而

$$f_Z(z)=\begin{cases}\dfrac{\alpha\beta}{\alpha-\beta}(e^{-\beta z}-e^{-\alpha z}), & z>0,\\ 0 & z\leqslant 0.\end{cases}$$

3.6 n 维随机变量

前面我们系统讨论了二维随机变量.在实际问题中，除了二维随机变量，常常还会遇到 $n(n\geqslant 3)$ 维随机变量，例如，在本章开始所提到的对飞机在空中的定位，需要用经度(X)、纬度(Y)、高度(Z)这三个随机变量来描述，从而形成了一个三维随机变量(X,Y,Z).再如，在讨论某商场每年商品销售状况时，用 X_i 表示该商场第 i 个月的商品销售额，$i=1,2,\cdots,12$，形成了一个 12 维的随机变量$(X_1,X_2,\cdots,X_{12})$.

在本章的最后，我们将二维随机变量的一些概念和结论推广到 n 维随机变量.

3.6.1 n 维随机变量的概念

如果 $X_1,X_2,\cdots,X_n$ 是定义在同一个样本空间 $\Omega=\{\omega\}$ 上的 n 个随机变量，则称

$$X=(X_1,X_2,\cdots,X_n)$$

为 **n 维随机变量**或 **n 维随机向量**.

例如，在研究每个家庭的支出情况时，我们感兴趣于每个家庭(样本点 ω)的衣食住行四个方面，若用 $X_1(\omega),X_2(\omega),X_3(\omega),X_4(\omega)$ 分别表示衣食住行的花费，则(X_1,X_2,X_3,X_4)就是一个四维随机变量.

分布函数仍是描述 n 维随机变量的重要工具.

3.6.2 n 维随机变量的分布函数

设 n 维随机变量$(X_1,X_2,\cdots,X_n)$，对任意 n 个实数 $x_1,x_2,\cdots,x_n$，我们称

$$F(x_1,x_2,\cdots,x_n)=P\{X_1\leqslant x_1,X_2\leqslant x_2,\cdots,X_n\leqslant x_n\} \tag{3.23}$$

为$(X_1,X_2,\cdots,X_n)$的分布函数.$F(x_1,x_2,\cdots,x_n)$具有类似于二维随机变量分布函

数的性质.

n 维随机变量也有离散型和连续型等类型,其中连续型更为常见.

3.6.3 n 维连续型随机变量

与二维连续型随机变量类似,为引进 n 维随机变量的概率密度函数,要用到 n 维随机变量的分布函数和 n 重积分.

对 n 维随机变量 $(X_1,X_2,\cdots,X_n)$,如果存在非负函数 $f(x_1,x_2,\cdots,x_n)$,使得对任意实数 $x_1,x_2,\cdots,x_n$,有

$$F(x_1,x_2,\cdots,x_n)=\int_{-\infty}^{x_n}\cdots\int_{-\infty}^{x_2}\int_{-\infty}^{x_1}f(u_1,u_2,\cdots,u_n)\mathrm{d}u_1\mathrm{d}u_2\cdots\mathrm{d}u_n \tag{3.24}$$

成立,则称 $(X_1,X_2,\cdots,X_n)$ 为**连续型随机变量**,称 $f(x_1,x_2,\cdots,x_n)$ 为 $(X_1,X_2,\cdots,X_n)$ 的**概率密度函数**,简称**概率密度**.

$f(x_1,x_2,\cdots,x_n)$ 具有类似于二维随机变量概率密度的性质.

3.6.4 n 维随机变量的边缘分布

设 n 维随机变量 $(X_1,X_2,\cdots,X_n)$ 的分布函数为 $F(x_1,x_2,\cdots,x_n)$,$(X_1,X_2,\cdots,X_n)$ 的边缘分布比二维的情况要复杂,其中常用的是关于每个分量 X_i 的边缘分布.

n 维随机变量 $(X_1,X_2,\cdots,X_n)$ 关于 X_i 的边缘分布函数为

$$F_{X_i}(x_i)=F(+\infty,\cdots,+\infty,x_i,+\infty,\cdots,+\infty),\quad i=1,2,\cdots,n. \tag{3.25}$$

设 n 维连续型随机变量 $(X_1,X_2,\cdots,X_n)$ 的概率密度为 $f(x_1,x_2,\cdots,x_n)$,那么 $(X_1,X_2,\cdots,X_n)$ 关于 X_i 的边缘概率密度为

$$f_{X_i}(x_i)=\int_{-\infty}^{+\infty}\int_{-\infty}^{+\infty}\cdots\int_{-\infty}^{+\infty}f(x_1,x_2,\cdots,x_n)\mathrm{d}x_1\cdots\mathrm{d}x_{i-1}\mathrm{d}x_{i+1}\cdots\mathrm{d}x_n,\ i=1,2,\cdots,n. \tag{3.26}$$

3.6.5 n 维随机变量的独立性

设 n 维随机变量 $(X_1,X_2,\cdots,X_n)$ 的分布函数为 $F(x_1,x_2,\cdots,x_n)$,$F_{X_i}(x_i)$ 为 X_i 的边缘分布函数,如果对任意 n 个实数,有

$$F(x_1,x_2,\cdots,x_n)=\prod_{i=1}^{n}F_{X_i}(x_i), \tag{3.27}$$

则称 $X_1,X_2,\cdots,X_n$ 相互独立.

在 n 维离散型随机变量的情形,如果对于任意 n 个取值 $x_1,x_2,\cdots,x_n$,有

$$P\{X_1=x_1,X_2=x_2,\cdots,X_n=x_n\}=\prod_{i=1}^{n}P\{X_i=x_i\}, \tag{3.28}$$

则称 $X_1, X_2, \cdots, X_n$ 相互独立.

在 n 维连续型随机变量的情形，如果下式几乎处处成立

$$f(x_1, x_2, \cdots, x_n) = \prod_{i=1}^{n} f_{X_i}(x_i), \tag{3.29}$$

则称 $X_1, X_2, \cdots, X_n$ 相互独立.这里“几乎处处成立”是指除去测度为零的点集外处处成立.

【路灯寿命问题解答】

某段道路原来有5个路灯，道路改建后有20个路灯用于此段道路的夜间照明.改建后道路管理人员总认为灯泡更容易坏了，请解释其中原因.

解　设所有灯泡的使用寿命是相互独立、且服从同一分布的随机变量，其共同分布为指数分布 $\mathrm{Exp}(\theta)$.用 X_i 与表示第 i 只灯泡的使用寿命，则 X_1 的概率密度和分布函数分别为

$$f_1(x_1) = \begin{cases} \dfrac{1}{\theta} e^{-\frac{1}{\theta}x_1}, & x_1 > 0, \\ 0, & \text{其他}, \end{cases} \qquad F_1(x_1) = \begin{cases} 1 - e^{-\frac{1}{\theta}x_1}, & x_1 > 0, \\ 0, & \text{其他}. \end{cases}$$

道路改建前5个灯泡中等待首只灯泡烧坏的时间长度可表示为

$$X = \min(X_1, X_2, X_3, X_4, X_5).$$

道路改建后20个灯泡中等待首只灯泡烧坏的时间长度可表示为

$$Y = \min(X_1, X_2, \cdots, X_{20}).$$

由于所有灯泡的使用寿命相互独立，且服从同一分布，因此当 $t > 0$ 时，

$$\begin{aligned} P\{X > t\} &= P\{X_1 > t, X_2 > t, \cdots, X_5 > t\}, \\ &= \prod_{i=1}^{5} P\{X_i > t\} = [P\{X_1 > t\}]^5 = [1 - P\{X_1 \leqslant t\}]^5 \\ &= [1 - F_1(t)]^5 = e^{-\frac{5}{\theta}t}. \end{aligned}$$

所以，则 X 的分布函数为

$$F_X(t) = P\{X \leqslant t\} = 1 - P\{X > t\} = \begin{cases} 1 - e^{-\frac{5}{\theta}t}, & t > 0, \\ 0 & \text{其他}. \end{cases}$$

类似地，

$$P\{Y > t\} = e^{-\frac{20}{\theta}t},$$

Y 的分布函数为

$$F_Y(t) = \begin{cases} 1 - e^{-\frac{20}{\theta}t}, & t > 0, \\ 0 & \text{其他}. \end{cases}$$

所以 $X\sim\mathrm{Exp}(\theta/5)$，$Y\sim\mathrm{Exp}(\theta/20)$.

现在假设 $\theta=2000$（即所使用的该品牌灯泡的平均使用寿命为 2000 小时，其 θ 的含义我们将在第 4 章给出说明），每个灯泡每天使用 10 小时，则道路改建前 30 天内需要换灯泡的概率为

$$P\{X\leqslant 300\}=1-\mathrm{e}^{-\frac{5}{\theta}\times 300}=1-\mathrm{e}^{-\frac{1500}{2000}}\approx 0.5276.$$

道路改建后 30 天内需要换灯泡的概率为

$$P\{Y\leqslant 300\}=1-\mathrm{e}^{-\frac{20}{\theta}\times 300}=1-\mathrm{e}^{-\frac{6000}{2000}}\approx 0.9502.$$

这表明：道路改建后，在 30 天内需要更换灯泡的概率提高了很多，也就是改建后，道路管理人员认为灯泡“更容易坏”的原因.

习 题 3

(A)

一、填空题

1. 如果(X,Y)是二维随机离散型变量，则(X,Y)的分布律定义为 $p_{ij}=$________；分布律的性质 $\sum\limits_i\sum\limits_j p_{ij}=$________.

2. 若已知 $P\{X=x_i,Y=y_j\}=p_{ij}\,(i,j=1,2,\cdots)$，则随机变量$(X,Y)$关于 X 的边缘分布为________；X,Y 相互独立的充要条件是________.

3. 设随机变量 X 和 Y 独立，其分布律分别为

X	0	$\frac{\pi}{2}$
p_i	0.5	0.5

与

Y	0	$\frac{\pi}{2}$
p_j	0.5	0.5

$U=\sin X$，$V=\cos Y$，则 $P\{U=V\}=$________.

4. (X,Y)是二维连续型随机变量，$f(x,y)$是(X,Y)的概率密度，则(X,Y)的分布函数 $F(x,y)=P\{X\leqslant x,Y\leqslant y\}=$________；$\int_{-\infty}^{+\infty}\int_{-\infty}^{+\infty}f(x,y)\mathrm{d}x\mathrm{d}y=$________；

5. 设 $f(x,y)$是二维连续型随机变量的概率密度，则关于 X 与 Y 的边缘概率密度分别为 $f_X(x)=$________；$f_Y(y)=$________；X 与 Y 相互独立的充分必要条件是________；

6. 二维随机变量(X,Y)在 G 上服从二维均匀分布，G 是平面上一个有界区域，其面积为 A，则概率密度 $f(x,y)=$________.

7. 设二维随机变量(X,Y)的概率密度为

$$f(x,y)=\begin{cases}c, & -1\leqslant x\leqslant 1,0\leqslant y\leqslant 2,\\ 0, & \text{其他},\end{cases}$$

则 $c=$________；(X,Y)关于 Y 的边缘概率密度为 $f_Y(y)=$________.

8. 设平面区域 D 由曲线 $y=\dfrac{1}{x}$ 及直线 $y=0,x=1,x=\mathrm{e}^2$ 所围成，二维随机变量(X,Y)在区域 D 上服从均匀分布，则(X,Y)关于 X 的边缘概率密度在 $x=2$ 处的值为________.

9. 设 X,Y 为两个随机变量且

$$P\{X\geqslant 0,Y\geqslant 0\}=\frac{3}{7},\quad P\{X\geqslant 0\}=P\{Y\geqslant 0\}=\frac{4}{7},$$

则 $P\{\max(X,Y)\geqslant 0\}=$________.

10. 设二维随机变量(X,Y)的概率密度为

$$f(x,y)=\begin{cases}6x, & 0\leqslant x\leqslant y\leqslant 1,\\ 0, & \text{其他},\end{cases}$$

则 $P\{X+Y\leqslant 1\}=$________.

11. 随机变量 X 与 Y 相互独立，且均服从区间$(0,3)$上的均匀分布，则 $P\{\max(X,Y)\leqslant 1\}=$________.

12. 设 $X\sim P(2)$，$Y\sim P(1.5)$，且 X 与 Y 独立，则 $Z=X+Y\sim$________.

13. 设 $X\sim N(1,2)$，$Y\sim N(-2,3)$，且 X 与 Y 独立，则 $X+Y\sim$________，$X-2Y\sim$________.

二、单项选择题

1.设随机变量 X 和 Y 相互独立且都服从 0—1 分布：

$$P\{X=0\}=P\{Y=0\}=\frac{2}{3},\quad P\{X=1\}=P\{Y=1\}=\frac{1}{3},$$

则 $P\{X=Y\}$等于(　　).

(A) 0　　(B) $\frac{5}{9}$　　(C) $\frac{7}{9}$　　(D) 1

2.设随机变量 X 和 Y 相互独立且 $X\sim N(0,1)$，$Y\sim N(1,1)$，则(　　).

(A) $P\{X+Y\leqslant 0\}=\frac{1}{2}$　　(B) $P\{X+Y\leqslant 1\}=\frac{1}{2}$

(C) $P\{X-Y\leqslant 0\}=\frac{1}{2}$　　(D) $P\{X-Y\leqslant 1\}=\frac{1}{2}$

3. 设随机变量 X 和 Y 相互独立且都服从$(0,1)$上的均匀分布，则(　　)服从区间或区域上的均匀分布.

(A) (X,Y)　　(B) $X+Y$　　(C) X^2　　(D) $X-Y$

4. 如果两独立随机变量 X 与 Y 之和 $X+Y$ 与 X 和 Y 服从同一名称概率分布，则它们都服从(　　).

(A)均匀分布　　(B) 二项分布　　(C) 泊松分布　　(D) 指数分布

5. 设随机变量 X 和 Y 的联合分布函数为 $F(x,y)$，而 $F_1(x)$和 $F_2(x)$相应为 X 和 Y 的分布函数，则对任意 a,b，概率 $P\{X>a,Y>b\}=$(　　).

(A) $1-F(a,b)$　　(B) $F(a,b)+1-[F_1(a)+F_2(b)]$

(C) $1-F_1(a)+F_2(b)$　　(D) $F(a,b)-1+[F_1(a)+F_2(b)]$

6. 设随机变量 X 与 Y 不独立，则其联合概率密度 $f(x,y)$可能为(　　).

(A) $\begin{cases}e^{-x}, & 0<y<x,\\ 0, & \text{其他}.\end{cases}$　　(B) $\begin{cases}e^{-(x+y)}, & x>0,y>0,\\ 0, & \text{其他}.\end{cases}$

(C) $\begin{cases}e^{-y}, & 0<x<1,y>0,\\ 0, & \text{其他}.\end{cases}$　　(D) $\begin{cases}2e^{-(x+2y)}, & x>0,y>0,\\ 0, & \text{其他}.\end{cases}$

7. 设随机变量 X 与 Y 独立同分布，且 X 的分布律如下表所示

X	0	1
p	1/2	1/2

则随机变量 $Z=\max(X,Y)$ 的分布律为(　　)所示.

(A)

X	0	1
p_i	1/2	1/2

(B)

Z	0	1
p_i	1/2	1/2

(C)

Z	0	1	2
p_i	1/4	1/4	1/2

(D)

Z	0	1
p_i	1/4	3/4

8. 设随机变量(X,Y)服从正态分布,且 X 与 Y 独立,$f_X(x)$,$f_Y(y)$分别表示 X,Y 的概率密度,则在 $Y=y$ 的条件下,X 的条件概率密度 $f_{X|Y}(x|y)$为(　　).

(A) $f_X(x)$　　(B) $f_Y(y)$　　(C) $f_X(x)f_Y(y)$　　(D) $\dfrac{f_X(x)}{f_Y(y)}$

9. 设随机变量 X,Y 独立同分布,且 X 的分布函数为 $F(x)$,则 $Z=\max(X,Y)$的分布函数为(　　).

(A) $F^2(x)$　　(B) $F(x)F(y)$

(C) $1-[1-F(x)]^2$　　(D) $[1-F(x)][1-F(y)]$

10. 设随机变量 X,Y 独立,且分别服从参数为 1 和 4 的指数分布,则 $P\{X<Y\}=$(　　).

(A) 1/5　　(B) 1/3　　(C) 2/3　　(D) 4/5

三、解答题

1. 设口袋中有 3 个球,它们上面依次标有数字 1,1,2,现从口袋中无放回地连续摸出两个球,以 X,Y 分别表示第一次与第二次摸出的球上标有的数字,求(X,Y)的分布律.

2. 设盒中装有 8 支圆珠笔芯,其中 3 支是蓝的,3 支是绿的,2 支是红的,现从中随机抽取 2 支,以 X,Y 分别表示抽取的蓝色与红色笔芯数,试求:

(1) X 和 Y 的联合分布律;

(2) $P\{(X,Y)\in A\}$,其中 $A=\{(x,y)|\ x+y\leqslant 1\}$.

3. 设事件 A,B 满足 $P(A)=\dfrac{1}{4}$,$P(A|B)=\dfrac{1}{2}$,$P(B|A)=\dfrac{1}{2}$,记 X,Y 分别为一次试验中 A,B 发生的次数,即 $X=\begin{cases}1, & A\text{ 发生},\\ 0, & A\text{ 不发生},\end{cases}$ $Y=\begin{cases}1, & B\text{ 发生},\\ 0, & B\text{ 不发生},\end{cases}$ 求:二维随机变量(X,Y)的分布律.

4. 设二维随机变量(X,Y)的概率密度为

$$f(x,y)=\begin{cases}Axy, & 0<x<1,0<y<1,\\ 0, & \text{其他}.\end{cases}$$

试求:

(1) 常数 A;

(2) $P\{X=Y\}$;

(3) $P\{X<Y\}$;

(4) (X,Y)的分布函数.

5.设二维随机变量(X,Y)的联合概率密度为

$$f(x,y)=\begin{cases}x^2+\dfrac{xy}{3}, & 0<x<1,0<y<2,\\ 0, & \text{其他}.\end{cases}$$

求 $P\{X+Y\geqslant 1\}$.

6. 将一枚硬币掷 3 次,以 X 表示前 2 次中出现正面的次数,以 Y 表示 3 次中出现正面的次数,求 X,Y 的联合分布律及(X,Y)的边缘分布律.

7. 设二维随机变量(X,Y)的分布律如下表:

X \ Y	-1	0
1	1/4	1/4
2	1/6	a

(1) 求 a 的值;

(2) 求(X,Y)关于 X 和关于 Y 的边缘分布律与边缘分布函数.

8. 设二维随机变量(X,Y)的概率密度为

$$f(x,y)=\begin{cases}e^{-y}, & 0<x<y,\\ 0, & \text{其他}.\end{cases}$$

求边缘概率密度 $f_X(x),f_Y(y)$.

9. 设二维随机变量(X,Y)的概率密度为

$$f(x,y)=\begin{cases}cx^2y, & x^2\leqslant y\leqslant 1,\\ 0, & \text{其他}.\end{cases}$$

求:(1) 确定常数 c;

(2) 边缘概率密度 $f_X(x),f_Y(y)$.

10. 设平面区域 D 由曲线 $y=\dfrac{1}{x}$ 及直线 $y=0,x=1,x=e^2$ 围成,二维随机变量(X,Y)在区域 D 上服从均匀分布,求边缘概率密度 $f_X(x),f_Y(y)$.

11. 设二维随机变量(X,Y)的概率密度为

$$f(x,y)=\begin{cases}3x, & 0<x<1,0<y<x,\\ 0, & \text{其他}.\end{cases}$$

试求条件概率密度 $f_{Y|X}(y\mid x)$.

12. 设二维随机变量(X,Y)的概率密度为

$$f(x,y)=\begin{cases}1, & 0<x<1,|y|<x,\\ 0, & \text{其他}.\end{cases}$$

求条件概率密度 $f_{X|Y}(x\mid y)$.

13. 已知随机变量 Y 的概率密度为

$$f_Y(y)=\begin{cases}5y^4, & 0<y<1,\\ 0, & \text{其他}.\end{cases}$$

在给定 $Y=y$ 条件下，随机变量 X 的条件概率密度为

$$f_{X|Y}(x \mid y)=\begin{cases}\dfrac{3x^2}{y^3}, & 0<x<y<1,\\ 0, & \text{其他}.\end{cases}$$

求概率 $P\{X>0.5\}$.

14. 设随机变量 X 和 Y 的联合分布律为

X \ Y	1	2	3
1	1/6	1/9	1/18
2	1/3	a	b

若 X 与 Y 相互独立，求参数 a，b 的值.

15. 设袋中有 5 个号码 1，2，3，4，5，从中任取 3 个，记这 3 个号码中最小的号码为 X，最大的号码为 Y.

(1) 求 X 和 Y 的联合分布律；

(2) X 和 Y 是否相互独立?

16. 设二维随机变量 (X,Y) 的分布律如下表所示

X \ Y	2	5	8
0.4	0.15	0.30	0.35
0.8	0.05	0.12	0.03

(1) 求关于 X 和关于 Y 的边缘分布律；

(2) X 和 Y 是否相互独立?

17. 设二维随机变量 (X,Y) 的概率密度为

$$f(x,y)=\begin{cases}\dfrac{1}{\pi}, & x^2+y^2\leqslant 1,\\ 0, & \text{其他}.\end{cases}$$

求边缘概率密度 $f_X(x)$，$f_Y(y)$；并问 X 与 Y 是否独立?

18. 设二维随机变量 (X,Y) 的分布律为

X \ Y	−1	0	1
0	0.05	0.15	0.2
1	0.07	0.11	0.22
2	0.04	0.07	0.09

试分别求 $Z=\max(X, Y)$ 和 $W=\min(X, Y)$ 的分布律.

19. 设二维随机变量 (X,Y) 的分布律为

$X \backslash Y$	-1	1	2
-1	$1/10$	$2/10$	$3/10$
2	$2/10$	$1/10$	$1/10$

求：(1) $Z_1=X+Y$ 的分布律；

(2) $Z_2=\max(X,Y)$的分布律.

20. 设 X 和 Y 是相互独立的随机变量，且 $X\sim \mathrm{Exp}(\theta)$，$Y\sim \mathrm{Exp}(\theta)$，如果定义随机变量 Z 如下：

$$Z=\begin{cases}1, & X\leqslant Y,\\ 0, & X>Y.\end{cases}$$

求 Z 的分布律.

21. 设随机变量 X 和 Y 相互独立，试在以下情况下求 $Z=X+Y$ 的概率密度，

(1) $X\sim U(0,1)$，$Y\sim U(0,1)$；

(2) $X\sim U(0,1)$，$Y\sim \mathrm{Exp}(1)$.

22. 设 $X\sim N(0,1)$，$Y\sim N(1,1)$，且 X 与 Y 独立，求 $P\{X+Y\leqslant 1\}$.

23. 设随机变量(X,Y)的概率密度为

$$f(x,y)=\begin{cases}\dfrac{1}{2}(x+y)\mathrm{e}^{-(x+y)}, & x>0,y>0,\\ 0, & \text{其他}.\end{cases}$$

(1) 问 X 和 Y 是否相互独立？

(2) 求 $Z=X+Y$ 的概率密度.

24. 设随机变量 X,Y 相互独立，若 X 和 Y 均服从(0,1)上的均匀分布，求 $U=\min(X,Y)$和 $V=\max(X,Y)$的概率密度.

四、应用题

1. 为了进行吸烟与患某种呼吸系统疾病关系的研究，随机调查了 23000 个 40 岁以上的人，其结果见下表：

是否吸烟 \ 是否患病	患病	不患病	合计
吸	3	4597	4600
不吸	1	18399	18400
合计	4	22996	23000

根据上述数据分析吸烟与患该种呼吸系统疾病之间的关系是相互独立的吗？

2. (会面问题)甲、乙两人约定在下午 6 点到 7 点之间在某处会面，并约定先到者应等候另一人 20 分钟，过时即可离去，请用多维随机变量的知识来求两人能会面的概率.(注：本题在例 1.10 中，我们曾用几何概型做过解答)

(B)

1. 设二维随机变量(X,Y)的分布律为

X \ Y	0	1
0	0.4	a
1	b	0.1

已知随机事件$\{X=0\}$与$\{X+Y=1\}$相互独立,求 a,b 的值.

2. 设二维随机变量(X,Y)的概率密度为

$$f(x,y)=\begin{cases}2-x-y, & 0<x<1,0<y<1,\\ 0, & \text{其他}.\end{cases}$$

(1) 求 $P\{X>2Y\}$;

(2) 求 $Z=X+Y$ 的概率密度 $f_Z(z)$.

3. 设随机变量 X 的概率密度为

$$f_X(x)=\begin{cases}\dfrac{1}{2}, & -1<x<0,\\ \dfrac{1}{4}, & 0\leqslant x<2,\\ 0, & \text{其他}.\end{cases}$$

令 $Y=X^2$, $F(x, y)$为二维随机变量(X,Y)的分布函数,求:

(1) Y 的概率密度 $f_Y(y)$;

(2) $F\left(-\dfrac{1}{2},4\right)$.

4. 设(X,Y)为二维离散型随机变量,X 和 Y 的边缘分布律分别如下:

X	-1	0	1
p_i	1/4	1/2	1/4

Y	0	1
p_i	1/2	1/2

如果 $P\{XY=0\}=1$,试求:

(1) (X,Y)的分布律;

(2) 问 X 与 Y 是否独立.

5. 设随机变量 X 与 Y 相互独立,且 $X\sim N(\mu, \sigma^2)$, $Y\sim U(-\pi, \pi)$,求 $Z=X+Y$ 的概率密度(计算结果用标准正态分布的分布函数 $\Phi(x)$表示).

6. 设二维随机变量(X,Y)在矩形 $G=\{(x, y) \mid 0\leqslant x\leqslant 2, 0\leqslant y\leqslant 1\}$上服从均匀分布,试求边长为 X 和 Y 的矩形面积 S 的概率密度 $f_S(s)$.

7. 设随机变量 X 与 Y 相互独立,其中 X 的分布律为

X	1	2
p_i	0.3	0.7

而 Y 的概率密度为 $f(y)$，求随机变量 $U=X+Y$ 的概率密度 $g(u)$.

8. 设二维随机变量(X,Y)的概率密度为

$$f(x,y)=\begin{cases}1, & 0<x<1,0<y<2x,\\0, & \text{其他}.\end{cases}$$

求：(1) (X,Y)的边缘概率密度 $f_X(x)$，$f_Y(y)$；

(2) $Z=2X-Y$ 的概率密度 $f_Z(z)$.

9. 设随机变量 X 在区间$(0,1)$上服从均匀分布，在 $X=x(0<x<1)$的条件下，随机变量 Y 在区间$(0,x)$上服从均匀分布.求：

(1) 随机变量 X 和 Y 的联合概率密度；

(2) Y 的概率密度；

(3) 概率 $P\{X+Y>1\}$.

10. 设随机变量 X 与 Y 相互独立，X 的分布律为 $P\{X=i\}=\dfrac{1}{3}(i=-1,0,1)$，$Y$ 的概率密度为

$$f_Y(y)=\begin{cases}1, & 0\leqslant y<1,\\0, & \text{其他}.\end{cases}$$

记 $Z=X+Y$，求：

(1) 求 $P\left\{Z\leqslant\dfrac{1}{2}\,\middle|\,X=0\right\}$；

(2) 求 Z 的概率密度 $f_Z(z)$.

11. 设 X 与 Y 的联合概率密度为

$$f(x,y)=\begin{cases}3x, & 0<x<1,0<y<x,\\0, & \text{其他}.\end{cases}$$

试求 $Z=X-Y$ 的概率密度.

12. 设 X 与 Y 独立同分布，且都服从标准正态分布 $N(0,1)$，试求 $Z=\sqrt{X^2+Y^2}$ 的分布.

13. 袋中有1个红球，2个黑球，3个白球，现有放回的从袋中取两次，每次取一个球，以 X,Y,Z 分别表示两次取球所取得的红球、黑球和白球的个数.

(1) 求 $P\{X=1\mid Z=0\}$；

(2) 求二维随机变量(X,Y)的概率分布.

第 4 章　随机变量的数字特征

随机变量的概率分布能够完整地描述随机变量的概率性质,从中可以了解到某些事件发生的概率,但是这还不足以给人留下直观的总体印象.在一些实际问题中,随机变量的概率分布有时是不容易求出来的,有时也不需要去全面考察随机变量的整体变化情况,只需知道随机变量的某些统计特征就可以了.例如,在检查一批棉花的质量时,只需要注意纤维的平均长度,以及纤维长度与平均长度的偏离程度,如果平均长度越长、偏离程度越小,质量就越好.再如,在评定一批灯泡的质量时,主要看这批灯泡的平均寿命和灯泡寿命相对于平均寿命的偏差,平均寿命越长,灯泡质量越好,灯泡寿命相对于平均寿命的偏差越小,灯泡的质量就越稳定.

从这两个例子可以看到,某些与随机变量有关的数字,虽然不能完整地描述随机变量,但却可以概括描述它在某些方面的特征.这些能代表随机变量主要特征的数字,称为随机变量的数字特征.本章介绍随机变量的五个常用数字特征:数学期望、方差、协方差、相关系数和矩.

【分赌本问题】

1654 年法国有个贵族德·梅尔向数学家 Pascal 提出了一个使他苦恼了很久的问题:甲、乙两人各出赌注 50 法郎进行赌博,约定谁先赢 3 局,就赢得全部的 100 法郎,假定两人赌技相当,且每局无平局.如果当甲赢了两局,乙赢了一局时,因故要中止赌局,问如何分 100 法郎的赌注才算公平?

4.1　随机变量的数学期望

4.1.1　数学期望的概念

1. 离散型随机变量的数学期望

先看一个例子.

【例 4.1】(掷骰子游戏)　规定掷出 1 点得 1 分;掷出 2 点或 3 点得 2 分;掷出 4 点、或 5 点、或 6 点得 4 分,投掷一次骰子所得的分数 X 是一个随机变量,则 X 的分布律为

X	1	2	4
p_i	1/6	2/6	3/6

试问:预期投掷一次骰子的平均得分是多少?

解 投掷一次骰子所得的分数 X 是一个随机变量,所有可能取的值有 1,2,3.

能否用$\frac{1+2+4}{3}=\frac{7}{3}$作为预期投掷一次骰子的平均得分吗? 显然不能,因为每个分数出现的概率不等,不能简单地取算术平均数.骰子可以无限地投掷下去,预期投掷一次的平均得分应该和投掷次数没有关系,但是我们可以先从 n 次投掷中投掷一次的平均得分考虑起.

若在 n 次投掷中,得 1 分的共 n_1次,得 2 分的共 n_2次,得 4 分的共 n_3次,则平均投掷一次得分为

$$\frac{n_1x_1+n_2x_2+n_3x_3}{n}=\sum_{i=1}^{3}x_i\frac{n_i}{n},$$

注意到$\frac{n_i}{n}$是事件$\{X=x_i\}$发生的频率,当 n 充分大时,在某种意义下接近于事件$\{X=x_i\}$的概率 p_i,于是

$$\frac{n_1x_1+n_2x_2+n_3x_3}{n}=\sum_{k=1}^{3}x_i\frac{n_i}{n}\approx\sum_{k=1}^{3}x_ip_i=1\times\frac{1}{6}+2\times\frac{2}{6}+4\times\frac{3}{6}=\frac{17}{6}(分).$$

平均分 17/6 是随机变量 X 的取值以概率为权重的加权平均值,和投掷次数没有关系,是投掷一次骰子的平均得分,我们把它看成随机变量 X 的平均值,也称为数学期望. 一般地,对于离散型随机变量,有如下定义.

定义 4.1 设离散型随机变量 X 的分布律为$P\{X=x_i\}=p_i,i=1,2,\cdots$.若级数$\sum_{i=1}^{\infty}x_ip_i$绝对收敛,则称$\sum_{i=1}^{\infty}x_ip_i$为随机变量 X 的**数学期望**或**均值**.记为 $E(X)$或 EX,即

$$E(X)=\sum_{i=1}^{\infty}x_ip_i,\tag{4.1}$$

若级数$\sum_{i=1}^{\infty}|x_i|p_i$发散,则称随机变量 X 的数学期望不存在.

说明:(1) 随机变量 X 的数学期望 $E(X)$是一个常量.与一般的平均值不同,它是从概率的角度计算随机变量 X 所有可能取值的平均值,具有重要的统计意义.

(2) 级数的绝对收敛性保证了级数的和不随级数各项次序的改变而改变,之所以这样要求是因为数学期望是反映随机变量 X 取所有可能值的平均值,它不应随可能值的求和次序而改变.

【例 4.2】 某一彩票中心发行彩票 10 万张,每张 2 元.设头等奖 1 个,奖金 1 万元,二等奖 2 个,奖金各 5 千元;三等奖 10 个,奖金各 1 千元;四等奖 100 个,奖金各 100 元;五等奖 1000 个,奖金各 10 元.每张彩票的成本费为 0.3 元,请计算彩票发行单位的创收利润.

解 设每张彩票中奖的数额为随机变量，则有

X	10000	5000	1000	100	10	0
p_i	$1/10^5$	$2/10^5$	$10/10^5$	$100/10^5$	$1000/10^5$	p_0

其中 $p_0=1-(1/10^5+2/10^5+10/10^5+100/10^5+1000/10^5)\approx0.98887$，每张彩票平均能得到的奖金为

$$E(X)=10000\times\frac{1}{10^5}+5000\times\frac{2}{10^5}+1000\times\frac{10}{10^5}+100\times\frac{100}{10^5}+10\times\frac{1000}{10^5}+0\times p_0=0.5\ (\text{元}).$$

每张彩票平均可赚：$2-0.5-0.3=1.2$(元)，因此彩票发行单位发行 10 万张彩票的创收利润为 $100000\times1.2=120000$(元).

【例 4.3】 设随机变量 X 服从二项分布 $B(n,p)$，求它的数学期望.

解 由于 $P\{X=k\}=C_n^k p^k(1-p)^{n-k}$，$k=0,1,2,\cdots,n$.因而

$$\begin{aligned}E(X)&=\sum_{k=0}^{n}kP\{X=k\}=\sum_{k=0}^{n}kC_n^k p^k(1-p)^{n-k}\\&=np\sum_{k=1}^{n}C_{n-1}^{k-1}p^{k-1}(1-p)^{(n-1)-(k-1)}\\&=np\sum_{k=0}^{n-1}C_{n-1}^{k}p^{k}(1-p)^{(n-1)-k}\\&=np(p+1-p)^{n-1}=np.\end{aligned}$$

【例 4.4】 设随机变量 X 服从参数为 $\lambda(\lambda>0)$ 的泊松分布，求它的数学期望.

解 由于 $P\{X=k\}=\dfrac{\lambda^k}{k!}e^{-\lambda}$，$k=0,1,2,\cdots$，因而

$$\begin{aligned}E(X)&=\sum_{k=0}^{\infty}kP\{X=k\}=\sum_{k=0}^{\infty}k\frac{\lambda^k}{k!}e^{-\lambda}=\sum_{k=1}^{\infty}\frac{\lambda^k}{(k-1)!}e^{-\lambda}\\&=\lambda e^{-\lambda}\sum_{k=1}^{\infty}\frac{\lambda^{k-1}}{(k-1)!}=\lambda e^{-\lambda}\sum_{k=0}^{\infty}\frac{\lambda^k}{k!}=\lambda e^{-\lambda}e^{\lambda}=\lambda.\end{aligned}$$

2. 连续型随机变量的数学期望

定义 4.2 设连续型随机变量 X 的概率密度为 $f(x)$，若积分 $\int_{-\infty}^{+\infty}xf(x)\mathrm{d}x$ 绝对收敛，则称其为 X 的**数学期望**或**均值**.记为 $E(X)$ 或 EX，即

$$E(X)=\int_{-\infty}^{+\infty}xf(x)\mathrm{d}x. \tag{4.2}$$

若积分 $\int_{-\infty}^{+\infty}|x|f(x)\mathrm{d}x$ 不收敛，则称 X 的数学期望不存在.

著名的柯西分布是数学期望不存在的经典例子:设随机变量 X 服从柯西分布,其概率密度为

$$f(x)=\frac{1}{\pi(1+x^2)}\ (-\infty<x<+\infty),$$

由于积分 $\int_{-\infty}^{+\infty}\frac{|x|\,\mathrm{d}x}{\pi(1+x^2)}$ 发散,因而 $E(X)$不存在.

【例 4.5】 某种化合物的 pH X 是一个随机变量,它的概率密度是

$$f(x)=\begin{cases}25(x-3.8), & 3.8\leqslant x\leqslant 4,\\ -25(x-4.2), & 4<x\leqslant 4.2,\\ 0, & \text{其他}.\end{cases}$$

求 pH X 的数学期望$E(X)$.

解　$E(X)=\int_{-\infty}^{\infty}xf(x)\mathrm{d}x=\int_{3.8}^{4}x\cdot 25(x-3.8)\mathrm{d}x+\int_{4}^{4.2}x\cdot(-25)(x-4.2)\mathrm{d}x$
$=4.$

几种常用连续型随机变量的数学期望都是存在的,下面来计算它们的数学期望.

【例 4.6】 设随机变量 X 服从(a,b)上的均匀分布,求 $E(X)$.

解　由于均匀分布的概率密度为 $f(x)=\begin{cases}\frac{1}{b-a}, & a<x<b,\\ 0, & \text{其他},\end{cases}$ 因而

$$E(X)=\int_a^b xf(x)\mathrm{d}x=\int_a^b\frac{x}{b-a}\mathrm{d}x=\frac{b^2-a^2}{2(b-a)}=\frac{a+b}{2}.$$

【例 4.7】 设随机变量 X 服从参数为$\theta(\theta>0)$的指数分布,求 $E(X)$.

解　由于指数分布的概率密度为 $f(x)=\begin{cases}\frac{1}{\theta}\mathrm{e}^{-x/\theta}, & x>0,\\ 0, & \text{其他},\end{cases}$ 因而

$$\begin{aligned}E(X)&=\int_{-\infty}^{+\infty}xf(x)\mathrm{d}x=\int_0^{+\infty}x\ \frac{1}{\theta}\mathrm{e}^{-x/\theta}\mathrm{d}x\\&=-\int_0^{+\infty}x\,\mathrm{d}\mathrm{e}^{-x/\theta}\\&=-x\ \mathrm{e}^{-x/\theta}\Big|_0^{+\infty}+\int_0^{+\infty}\mathrm{e}^{-x/\theta}\mathrm{d}x\\&=-\theta\ \mathrm{e}^{-x/\theta}\Big|_0^{+\infty}=\theta.\end{aligned}$$

4.1.2　随机变量函数的数学期望

在实际中,我们常需求随机变量函数的数学期望.例如,一个零件的横截面为一个圆面,它的直径 X 是一个随机变量,则截面面积 $Y=\pi X^2/4$ 也是随机变量,如果

我们知道 X 的概率分布,现在需要求 Y 的数学期望.像这样已知随机变量 X 的概率分布,如何计算 X 的某个函数 $g(X)$的数学期望呢?当然,由于 $g(X)$也是随机变量,它的概率分布可以通过 X 的概率分布求出来,然后再用数学期望的定义计算 $g(X)$的数学期望,这个方法似乎有些麻烦,那么是否可以不通过求 $g(X)$的概率分布,而根据 X 的概率分布直接求得 $g(X)$的数学期望呢?答案是肯定的,我们不加证明地给出以下定理.

定理 4.1 设 Y 为随机变量 X 的函数:$Y=g(X)$(g 是连续函数),

(1) 设 X 是离散型随机变量,其分布律为 $P\{X=x_k\}=p_k,k=1,2,\cdots$.若级数 $\sum_{k=1}^{\infty}g(x_k)p_k$ 绝对收敛,则有

$$E(Y)=E[g(X)]=\sum_{k=1}^{\infty}g(x_k)p_k. \tag{4.3}$$

(2) 设 X 是连续型随机变量,其概率密度为 $f(x)$,若积分 $\int_{-\infty}^{+\infty}g(x)f(x)\mathrm{d}x$ 绝对收敛,则有

$$E(Y)=E[g(X)]=\int_{-\infty}^{+\infty}g(x)f(x)\mathrm{d}x. \tag{4.4}$$

定理 4.1 告诉我们:求随机变量 X 的函数 $Y=g(X)$的数学期望 $E(Y)$时,不必知道 Y 的概率分布,只需知道 X 的概率分布就可以了.

【例 4.8】 设随机变量 X 的分布律为

X	-1	0	1	2
p_i	0.1	0.2	0.4	0.3

求 $E(2X-1)$,$E(X^2)$.

解 $E(2X-1)$

$=[2\times(-1)-1]\times 0.1+[2\times 0-1]\times 0.2+[2\times 1-1]\times 0.4$
$+[2\times 2-1]\times 0.3=0.8$,

$E(X^2)=(-1)^2\times 0.1+0^2\times 0.2+1^2\times 0.4+2^2\times 0.3=1.7.$

【例 4.9】 某矿物的一个样品中含有杂质的比例为 X,其概率密度为

$$f(x)=\begin{cases}\dfrac{3}{2}x^2+x, & 0\leqslant x\leqslant 1,\\ 0, & \text{其他},\end{cases}$$

一个样品的价值(以元计)为 $Y=5-0.5X$,求 $E(Y)$.

解 $E(Y)=\int_{-\infty}^{+\infty}(5-0.5x)f(x)\mathrm{d}x=\int_0^1(5-0.5x)\left(\dfrac{3}{2}x^2+x\right)\mathrm{d}x=4.65.$

下面将定理 4.1 推广到二维随机变量.

定理 4.2 设 Z 是随机变量 X,Y 的函数 $Z=g(X,Y)$，g 是连续函数.

(1) 若 (X,Y) 是二维离散型随机变量，其分布律为

$$P\{X=x_i,Y=y_j\}=p_{ij},\quad i,j=1,2,\cdots,$$

则有

$$E(Z)=E[g(X,Y)]=\sum_{j=1}^{\infty}\sum_{i=1}^{\infty}g(x_i,y_j)p_{ij}\text{（设该级数绝对收敛）}. \tag{4.5}$$

(2) 若 (X,Y) 是二维连续型随机变量，其概率密度为 $f(x,y)$，则有

$$E(Z)=E[g(X,Y)]=\int_{-\infty}^{+\infty}\int_{-\infty}^{+\infty}g(x,y)f(x,y)\mathrm{d}x\mathrm{d}y\text{（设该积分绝对收敛）}. \tag{4.6}$$

【例 4.10】 已知随机变量 X 和 Y 的联合分布律为

X \ Y	7	9	10
7	0.05	0.05	0.10
9	0.05	0.10	0.35
10	0	0.20	0.10

(1) 求 $\min(X, Y)$ 的数学期望；

(2) 求 $X+Y$ 的数学期望.

解 (1)
$$\begin{aligned}E[\min(X, Y)]&=\sum_{j=1}^{3}\sum_{i=1}^{3}\min(x_i,y_j)p_{ij},\\&=7\times0.05+7\times0.05+7\times0\\&\quad+7\times0.05+9\times0.10+9\times0.20\\&\quad+7\times0.10+9\times0.35+10\times0.10\\&=8.6.\end{aligned}$$

(2)
$$\begin{aligned}E(X+Y)&=\sum_{j=1}^{3}\sum_{i=1}^{3}(x_i+y_j)p_{ij}\\&=14\times0.05+16\times0.05+17\times0\\&\quad+16\times0.05+18\times0.10+19\times0.20\\&\quad+17\times0.10+19\times0.35+20\times0.10\\&=18.25.\end{aligned}$$

【例 4.11】 设 (X,Y) 的概率密度为

$$f(x,y)=\begin{cases}(x+y)/3, & 0\leqslant x\leqslant 2,0\leqslant y\leqslant 1,\\0, & \text{其他}.\end{cases}$$

求 $E(X),E(Y),E(X+Y),E(X^2+Y^2)$.

解 由于 $f(x,y)$的非零区域为 $D=\{0\leqslant x\leqslant 2,0\leqslant y\leqslant 1\}$,所以

$$E(X)=\int_{-\infty}^{+\infty}\int_{-\infty}^{+\infty}xf(x,y)\mathrm{d}x\mathrm{d}y=\iint_D x\frac{x+y}{3}\mathrm{d}x\mathrm{d}y=\int_0^2\int_0^1 x\frac{x+y}{3}\mathrm{d}y\mathrm{d}x$$

$$=\frac{1}{6}\int_0^2 x(2x+1)\mathrm{d}x=\frac{11}{9},$$

$$E(Y)=\int_{-\infty}^{+\infty}\int_{-\infty}^{+\infty}yf(x,y)\mathrm{d}x\mathrm{d}y=\iint_D y\frac{x+y}{3}\mathrm{d}x\mathrm{d}y=\int_0^2\int_0^1 y\frac{x+y}{3}\mathrm{d}y\mathrm{d}x$$

$$=\frac{1}{18}\int_0^2(3x+2)\mathrm{d}x=\frac{5}{9},$$

$$E(X+Y)=\int_{-\infty}^{+\infty}\int_{-\infty}^{+\infty}(x+y)f(x,y)\mathrm{d}x\mathrm{d}y=\iint_D(x+y)\frac{x+y}{3}\mathrm{d}x\mathrm{d}y$$

$$=\int_0^2\int_0^1(x+y)\frac{x+y}{3}\mathrm{d}y\mathrm{d}x=\frac{16}{9},$$

$$E(X^2+Y^2)=\int_{-\infty}^{+\infty}\int_{-\infty}^{+\infty}(x^2+y^2)f(x,y)\mathrm{d}x\mathrm{d}y=\iint_D(x^2+y^2)\frac{x+y}{3}\mathrm{d}x\mathrm{d}y$$

$$=\int_0^2\int_0^1(x^2+y^2)\frac{x+y}{3}\mathrm{d}y\mathrm{d}x=\frac{13}{6}.$$

4.1.3 数学期望的性质

数学期望有以下性质:

(1) 设 c 是常数,则有 $E(c)=c$.

(2) 设 X 是随机变量,设 c 是常数,则有 $E(cX)=cE(X),E(X+c)=E(X)+c$.

(3) 设 X,Y 是随机变量,则有 $E(X+Y)=E(X)+E(Y)$(该性质可推广到有限个随机变量之和的情形).

(4) 设 X,Y 是相互独立的随机变量,则有 $E(XY)=E(X)E(Y)$(该性质可推广到有限个随机变量之积的情形).

证 (1) c 可以看成是一个特殊的随机变量,它只可能取值 c,因而它取 c 的概率为 1,于是 $E(c)=c\cdot 1=c$.

以下仅就 X 为连续型随机变量的情形给出(2)~(4)的证明,离散型情形类似可证.

设二维连续型随机变量(X,Y)的概率密度为 $f(x,y)$,其边缘概率密度为 $f_X(x),f_Y(y)$.

(2) $E(cX)=\int_{-\infty}^{+\infty}cxf(x)\mathrm{d}x=c\int_{-\infty}^{+\infty}xf(x)\mathrm{d}x=cE(X)$,

$$E(X+c)=\int_{-\infty}^{+\infty}(x+c)f(x)\mathrm{d}x=\int_{-\infty}^{+\infty}xf(x)\mathrm{d}x+\int_{-\infty}^{+\infty}cf(x)\mathrm{d}x$$

$$=E(X)+c\int_{-\infty}^{+\infty}f(x)\mathrm{d}x=E(X)+c.$$

(3) $$E(X+Y)=\int_{-\infty}^{+\infty}\int_{-\infty}^{+\infty}(x+y)f(x,y)\mathrm{d}x\mathrm{d}y$$
$$=\int_{-\infty}^{+\infty}\int_{-\infty}^{+\infty}xf(x,y)\mathrm{d}x\mathrm{d}y+\int_{-\infty}^{+\infty}\int_{-\infty}^{+\infty}yf(x,y)\mathrm{d}x\mathrm{d}y$$
$$=E(X)+E(Y).$$

(4) 若 X 和 Y 相互独立，此时 $f(x,y)=f_X(x)f_Y(y)$，故有

$$E(XY)=\int_{-\infty}^{+\infty}\int_{-\infty}^{+\infty}xyf(x,y)\mathrm{d}x\mathrm{d}y$$
$$=\left[\int_{-\infty}^{+\infty}xf_X(x)\mathrm{d}x\right]\left[\int_{-\infty}^{+\infty}yf_Y(y)\mathrm{d}y\right]=E(X)E(Y).$$

由性质(3)不难看出，例 4.11 中，$E(X+Y)=E(X)+E(Y)=11/9+5/9=16/9$，这和用定理 4.2 直接求解的结果是一致的，但是简便了许多.

【例 4.12】 设随机变量 X 服从正态分布 $N(\mu,\sigma^2)$，求 $E(X)$.

解 由于 $X\sim N(\mu,\sigma^2)$，则由定理 2.3 可得 $Z=\dfrac{X-\mu}{\sigma}\sim N(0,1)$，其概率密度为 $\varphi(z)=\dfrac{1}{\sqrt{2\pi}}\mathrm{e}^{-\frac{z^2}{2}}$，因而

$$E(Z)=\int_{-\infty}^{+\infty}z\varphi(z)\mathrm{d}z=\int_{-\infty}^{\infty}\frac{z}{\sqrt{2\pi}}\mathrm{e}^{\frac{-z^2}{2}}\mathrm{d}z=\frac{-1}{\sqrt{2\pi}}\mathrm{e}^{\frac{-z^2}{2}}\Bigg|_{-\infty}^{+\infty}=0,$$

所以 $E(X)=E(\sigma Z+\mu)=\sigma E(Z)+\mu=\mu$.

可见，若随机变量 X 服从正态分布 $N(\mu,\sigma^2)$，参数 μ 的意义是 X 的数学期望.

4.2 方　　差

前面曾提到在检验棉花的质量时，既要注意纤维的平均长度，还要注意纤维长度与平均长度的偏离程度.那么，怎样去度量这个偏离程度呢？用 $E[X-E(X)]$来描述是不行的，因为这时正负偏差可能会抵消一部分；用 $E[|X-E(X)|]$来描述原则上是可以的，但有绝对值不便计算；因此，通常用 $E\{[X-E(X)]^2\}$来描述随机变量与均值的偏离程度.

4.2.1 方差的概念与计算

定义 4.3 设 X 是随机变量，若 $E\{[X-E(X)]^2\}$存在，则称其为 X 的**方差**，记为 $D(X)$（或 $\mathrm{Var}(X)$），即

$$D(X)=\mathrm{Var}(X)=E\{[X-E(X)]^2\},\tag{4.7}$$

称$\sqrt{D(X)}$为 X 的**标准差**.

特别地,如果 X 是离散型随机变量,分布律为 $P\{X=x_i\}=p_i, i=1,2,\cdots$,则

$$D(X)=\sum_{i=1}^{\infty}[x_i-E(X)]^2 p_i.$$

如果 X 是连续型随机变量,其概率密度为 $f(x)$,则

$$D(X)=\int_{-\infty}^{+\infty}[x-E(X)]^2 f(x)\mathrm{d}x.$$

将(4.7)式右端展开,并利用数学期望性质可得

$$\begin{aligned}D(X)&=E\{[X-E(X)]^2\}\\&=E\{X^2-2XE(X)+[E(X)]^2\}\\&=E(X^2)-2E(X)E(X)+[E(X)]^2\}\\&=E(X^2)-[E(X)]^2,\end{aligned}$$

即

$$D(X)=E(X^2)-[E(X)]^2. \tag{4.8}$$

今后我们会经常利用式(4.8)来计算随机变量 X 的方差 $D(X)$.

【例 4.13】 求例 4.2 中随机变量 X 的方差 $D(X)$.

解 由于

$$E(X)=10000\times\frac{1}{10^5}+5000\times\frac{2}{10^5}+\cdots+0\times p_0=0.5,$$

$$E(X^2)=10000^2\times\frac{1}{10^5}+5000^2\times\frac{2}{10^5}+\cdots+0^2\times p_0=1611,$$

所以

$$D(X)=E(X^2)-[E(X)]^2=1611-0.5^2=1610.75.$$

【例 4.14】 设随机变量 X 服从参数为 $\lambda(\lambda>0)$ 的泊松分布,求 $D(X)$.

解 由于 X 的分布律为 $P\{X=k\}=\dfrac{\lambda^k}{k!}\mathrm{e}^{-\lambda}, k=0,1,2,\cdots$,在例 4.4 中已经求出 $E(X)=\lambda$,下面计算 $E(X^2)$:

$$\begin{aligned}E(X^2)&=E[X(X-1)+X]=E[X(X-1)]+E(X)\\&=\sum_{k=0}^{\infty}k(k-1)\frac{\lambda^k}{k!}\mathrm{e}^{-\lambda}+\lambda=\lambda^2\mathrm{e}^{-\lambda}\sum_{k=2}^{\infty}\frac{\lambda^{k-2}}{(k-2)!}+\lambda\\&=\lambda^2\mathrm{e}^{-\lambda}\mathrm{e}^{\lambda}+\lambda=\lambda^2+\lambda,\end{aligned}$$

故

$$D(X)=E(X^2)-[E(X)]^2=\lambda^2+\lambda-\lambda^2=\lambda.$$

【例 4.15】 设随机变量 X 服从参数为 $\theta(\theta>0)$ 的指数分布,求 $D(X)$.

解 由于指数分布的概率密度为 $f(x)=\begin{cases}\dfrac{1}{\theta}\mathrm{e}^{-x/\theta}, & x>0,\\ 0, & 其他,\end{cases}$ 在例 4.7 中已求出

$E(X)=\theta$,下面计算 $E(X^2)$:

$$E(X^2)=\int_{-\infty}^{+\infty}x^2 f(x)\mathrm{d}x=\int_0^{+\infty}\frac{1}{\theta}x^2\mathrm{e}^{-\frac{1}{\theta}x}\mathrm{d}x=-\int_0^{+\infty}x^2\mathrm{d}\mathrm{e}^{-\frac{1}{\theta}x}$$

$$=-x^2\mathrm{e}^{-\frac{1}{\theta}x}\Big|_0^{+\infty}+\int_0^{+\infty}2x\mathrm{e}^{-\frac{1}{\theta}x}\mathrm{d}x=-2\theta\int_0^{+\infty}x\mathrm{d}\mathrm{e}^{-\frac{1}{\theta}x}$$

$$=-2\theta x\mathrm{e}^{-\frac{1}{\theta}x}\Big|_0^{+\infty}+2\theta\int_0^{+\infty}\mathrm{e}^{-\frac{1}{\theta}x}\mathrm{d}x$$

$$=-2\theta^2\mathrm{e}^{-\frac{1}{\theta}x}\Big|_0^{+\infty}=2\theta^2.$$

故有

$$D(X)=E(X^2)-[E(X)]^2=2\theta^2-\theta^2=\theta^2.$$

【例 4.16】 设随机变量 X 服从 (a,b) 上的均匀分布,求 $D(X)$.

解 由于均匀分布的概率密度为

$$f(x)=\begin{cases}\dfrac{1}{b-a}, & a<x<b,\\ 0, & \text{其他},\end{cases}\quad E(X)=\frac{a+b}{2},$$

$$E(X^2)=\int_a^b\frac{x^2}{b-a}\mathrm{d}x=\frac{b^3-a^3}{3(b-a)}=\frac{b^2+ab+a^2}{3},$$

所以

$$D(X)=\frac{b^2+ab+a^2}{3}-\left(\frac{a+b}{2}\right)^2=\frac{(b-a)^2}{12}.$$

【例 4.17】 设 (X,Y) 的概率密度为

$$f(x,y)=\begin{cases}1, & 0<x<1,\ |y|<x,\\ 0, & \text{其他},\end{cases}$$

求 $D(X)$ 及 $D(Y)$.

解 记 $D=\{|y|<x,0<x<1\}$,如图 4.1 所示,则

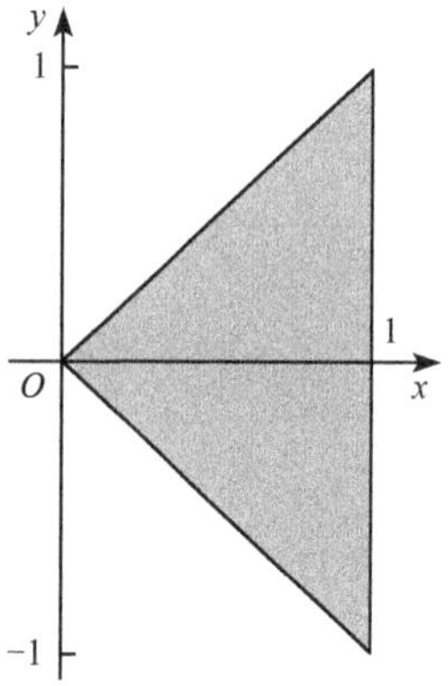

图 4.1

$$E(X)=\iint_D xf(x,y)\mathrm{d}x\mathrm{d}y=\int_0^1\int_{-x}^{x}x\mathrm{d}y\mathrm{d}x=\int_0^1 2x^2\mathrm{d}x=\frac{2}{3},$$

$$E(Y)=\iint_D yf(x,y)\mathrm{d}x\mathrm{d}y=\int_0^1\int_{-x}^{x}y\mathrm{d}y\mathrm{d}x=0,$$

$$E(X^2)=\iint_D x^2 f(x,y)\mathrm{d}x\mathrm{d}y=\int_0^1\int_{-x}^{x}x^2\mathrm{d}y\mathrm{d}x=\int_0^1 2x^3\mathrm{d}x=\frac{1}{2},$$

$$E(Y^2)=\iint_D y^2 f(x,y)\mathrm{d}x\mathrm{d}y=\int_0^1\int_{-x}^{x}y^2\mathrm{d}y\mathrm{d}x=\frac{2}{3}\int_0^1 x^3\mathrm{d}x=\frac{1}{6},$$

$$D(X)=E(X^2)-[E(X)]^2=\frac{1}{2}-\left(\frac{2}{3}\right)^2=\frac{1}{18},$$

$$D(Y)=E(Y^2)-[E(Y)]^2=\frac{1}{6}-0=\frac{1}{6}.$$

【例 4.18】 已知随机变量 X 的概率密度为

$$f(x)=\begin{cases}ax^2+bx+c, & 0\leqslant x\leqslant 1,\\ 0, & \text{其他},\end{cases}$$

又 $E(X)=0.5$，$D(X)=0.15$，求 a,b,c.

解 由于

$$\int_{-\infty}^{+\infty}f(x)\mathrm{d}x=\int_0^1(ax^2+bx+c)\mathrm{d}x=\frac{a}{3}+\frac{b}{2}+c=1,$$

$$E(X)=\int_{-\infty}^{+\infty}xf(x)\mathrm{d}x=\int_0^1x(ax^2+bx+c)\mathrm{d}x=\frac{a}{4}+\frac{b}{3}+\frac{c}{2}=0.5,$$

$$\begin{aligned}E(X^2)&=\int_{-\infty}^{+\infty}x^2f(x)\mathrm{d}x=\int_0^1x^2(ax^2+bx+c)\mathrm{d}x\\&=\frac{a}{5}+\frac{b}{4}+\frac{c}{3}=D(X)+[E(X)]2\\&=0.15+(0.5)^2=0.4,\end{aligned}$$

从上面三个方程中可以解得

$$a=12,\quad b=-12,\quad c=3.$$

4.2.2 方差的性质

方差有如下性质：

(1) 设 c 是常数，则 $D(c)=0$；

(2) 设 c 是常数，X 是随机变量，则

$$D(cX)=c^2D(X),D(X+c)=D(X);$$

(3) 设 X,Y 是两个随机变量，则有

$$D(X+Y)=D(X)+D(Y)+2E\{[X-E(X)][Y-E(Y)]\};$$

特别地，当 X,Y 是相互独立的随机变量时，有

$$D(X+Y)=D(X)+D(Y);$$

(4) $D(X)=0$ 的充要条件是 X 以概率 1 取常数 c，即 $P\{X=c\}=1$.

证 (1) $D(c)=E(c^2)-[E(c)]^2=c^2-c^2=0$.

(2)
$$\begin{aligned}D(cX)&=E\{[cX-E(cX)]^2\}=E\{[c^2[X-E(X)]^2\}\\&=c^2E\{[X-E(X)]^2\}=c^2D(X),\end{aligned}$$

$$D(X+c)=E\{[(X+c)-E(X+c)]^2\}=E\{[X-E(X)]^2\}=D(X).$$

(3)
$$\begin{aligned}D(X+Y)&=E\{[(X+Y)-E(X+Y)]^2\}\\&=E\{[(X-E(X))+(Y-E(Y))]^2\}\\&=E\{[X-E(X)]^2\}+E\{[Y-E(Y)]^2\}\\&\quad+2E\{[X-E(X)][Y-E(Y)]\}\\&=D(X)+D(Y)+2E\{[X-E(X)][Y-E(Y)]\}.\end{aligned}$$

将上式右端第三项展开有

$$\begin{aligned}&2E\{[X-E(X)][Y-E(Y)]\}\\&=2[E(XY)-E(X)E(Y)-E(Y)E(X)+E(X)E(Y)]\\&=2[E(XY)-E(X)E(Y)].\end{aligned}\tag{4.9}$$

当 X,Y 是相互独立的随机变量时，由数学期望的性质(4)可知式(4.9)右端为零，所以有

$$D(X+Y)=D(X)+D(Y).$$

性质(4)证明从略.

由性质(2)和(3)容易推广得到，若 $X_1,X_2,\cdots,X_n$ 是相互独立的随机变量，$c_1,c_2,\cdots,c_n$ 为常数，则

$$D\Big(\sum_{i=1}^{n}c_iX_i\Big)=\sum_{i=1}^{n}c_i^2D(X_i).$$

例 4.3 中已经用定义求出了二项分布的数学期望，现在再用数学期望和方差的性质来求它的期望和方差.

【例 4.19】　设随机变量 X 服从二项分布 $B(n,p)$，求 $E(X)$ 和 $D(X)$.

解　X 可视为 n 重伯努利试验中某个事件 A 发生的次数，p 为每次试验中 A 发生的概率.引入随机变量 $X_i(i=1,2,\cdots)$：

$$X_i=\begin{cases}1, & 第\ i\ 次试验中\ A\ 发生,\\0, & 第\ i\ 次试验中\ A\ 不发生,\end{cases}$$

则 $P\{X_i=1\}=p,P\{X_i=0\}=1-p,i=1,2,\cdots,n$，且 $X=X_1+X_2+\cdots+X_n\sim B(n,p)$，因为 $X_1,X_2,\cdots,X_n$ 相互独立，且

$$E(X_i)=1\times p+0\times(1-p)=p,$$

$$D(X_i)=E(X_i^2)-E(X_i)^2=1^2\times p+0^2\times(1-p)-p^2=p(1-p).$$

由数学期望和方差的性质可得

$$E(X)=\sum_{i=1}^{n}E(X_i)=np,\quad D(X)=\sum_{i=1}^{n}D(X_i)=np(1-p).$$

【例 4.20】　某车间有 20 台的机床，各机床每年发生故障的概率均为 1/10，设 X 表示该车间 10 年内有机床发生故障的年数，求 X 的数学期望 $E(X)$ 及标准差 $\sqrt{D(X)}$（设各机床的工作相互独立，且该车间每年是否有机床发生故障相互独立).

解　每台机床在每年出故障的概率均为 1/10，不出现故障的概率均为 9/10，则该车间每年无机床发生故障的概率均为 $\left(\dfrac{9}{10}\right)^{20}$，每年发生故障的概率均为 $1-\left(\dfrac{9}{10}\right)^{20}$，所以 10 年内该车间有机床发生故障的年数

$$X \sim B\left(10, 1-\left(\frac{9}{10}\right)^{20}\right),$$

从而

$$E(X)=10\times\left(1-\left(\frac{9}{10}\right)^{20}\right)\approx 8.784(\text{年}), D(X)=10\times\left(1-\left(\frac{9}{10}\right)^{20}\right)\left(\frac{9}{10}\right)^{20},$$

$$\sqrt{D(X)}=\sqrt{10\times\left(1-\left(\frac{9}{10}\right)^{20}\right)\left(\frac{9}{10}\right)^{20}}\approx 1.0512(\text{年}).$$

【例 4.21】 设随机变量 X 服从正态分布 $N(\mu,\sigma^2)$，求 $D(X)$.

解 设 $Z=\frac{X-\mu}{\sigma}$，由于 $X\sim N(\mu,\sigma^2)$，所以 $Z\sim N(0,1)$，从而

$$E(Z^2)=\int_{-\infty}^{+\infty} z^2\varphi(z)\mathrm{d}z=\int_{-\infty}^{\infty}\frac{z^2}{\sqrt{2\pi}}\mathrm{e}^{\frac{-z^2}{2}}\mathrm{d}z=\frac{-1}{\sqrt{2\pi}}z\mathrm{e}^{\frac{-z^2}{2}}\Big|_{-\infty}^{+\infty}+\frac{1}{\sqrt{2\pi}}\int_{-\infty}^{\infty}\mathrm{e}^{\frac{-z^2}{2}}\mathrm{d}z$$

$$=0+1=1.$$

又 $E(Z)=0$，所以

$$D(Z)=E(Z^2)-[E(Z)]^2=1-0=1,$$

故

$$D(X)=D(\sigma Z+\mu)=\sigma D(Z)^2=\sigma^2.$$

可见，若随机变量 X 服从正态分布 $N(\mu,\sigma^2)$，参数 σ^2 的意义是 X 的方差.

【实验 4.1】 用 Excel 计算例 4.2 中随机变量 X 的数学期望与方差.

X	10000	5000	1000	100	10	0
p_i	$1/10^5$	$2/10^5$	$10/10^5$	$100/10^5$	$1000/10^5$	p_0

其中 $p_0\approx 0.98887$.

实验准备：

学习附录二中如下 Excel 函数：对应数值乘积之和函数 SUMPRODUCT.

实验步骤：

(1) 整理数据如图 4.2(a)所示.

	A	B
1	X_i	p_i
2	10000	0.00001
3	5000	0.00002
4	1000	0.0001
5	100	0.001
6	10	0.01
7	0	0.98887
8	$E(X)=$	
9	$D(X)=$	

(a)

	A	B	C
1	X_i	p_i	
2	10000	0.00001	
3	5000	0.00002	
4	1000	0.0001	
5	100	0.001	
6	10	0.01	
7	0	0.98887	
8	$E(X)=$	0.5	
9	$D(X)=$		

(b)

图 4.2 计算数学期望

(2) 计算 $E(X)$,在单元格 B8 中输入公式:

=SUMPRODUCT(A2:A7, B2:B7)

得到期望 $E(X)$ 如图 4.2(b)所示.

(3) 为了计算方差,首先计算 $[X_i - E(X)]^2$,在单元格 C2 中输入公式:=(A2-B$8)^2,并将公式复制到单元格区域 C3:C7 中,如图 4.3(a)所示.

	A	B	C
1	X_i	p_i	$[X_i-E(X)]^2$
2	10000	0.00001	99990000
3	5000	0.00002	24995000
4	1000	0.0001	999000.25
5	100	0.001	9900.25
6	10	0.01	90.25
7	0	0.98887	0.25
8	$E(X)=$	0.5	
9	$D(X)=$		

(a)

	A	B	C
1	X_i	p_i	$[X_i-E(X)]^2$
2	10000	0.00001	99990000
3	5000	0.00002	24995000
4	1000	0.0001	999000.25
5	100	0.001	9900.25
6	10	0.01	90.25
7	0	0.98887	0.25
8	$E(X)=$	0.5	
9	$D(X)=$	1610.75	

(b)

图 4.3　计算方差

(4) 计算方差,在单元格 B9 中输入公式:

=SUMPRODUCT(C2:C7, B2:B7)

即得计算结果如图 4.3(b)所示.

4.3　协方差及相关系数、矩

对于二维随机变量 (X,Y),除了讨论 X 与 Y 的数学期望和方差,还需讨论描述 X 与 Y 之间相互关系的数字特征:协方差和相关系数.

4.3.1　协方差

由 4.2.2 节中方差的性质(3)知,若随机变量 X 与 Y 相互独立,则 $D(X+Y)=D(X)+D(Y)$.也就是说,当随机变量 X 与 Y 相互独立时,有 $E\{[X-E(X)][Y-E(Y)]\}=0$成立,这意味着当 $E\{[X-E(X)][Y-E(Y)]\}\neq 0$ 时,X 与 Y 不相互独立,由此可见这个量的重要性.

定义 4.4　设有二维随机变量 (X,Y),如果 $E\{[X-E(X)][Y-E(Y)]\}$存在,则称其为随机变量 X 与 Y 的协方差.记为 $\mathrm{Cov}(X,Y)$,即

$$\mathrm{Cov}(X,Y)=E\{[X-E(X)][Y-E(Y)]\}, \tag{4.10}$$

这样,4.2.2 节的性质(3)可改写为

$$D(X+Y)=D(X)+D(Y)+2\mathrm{Cov}(X,Y). \tag{4.11}$$

由式(4.9)及式(4.10)知协方差的表达式可以表示为

$$\mathrm{Cov}(X,Y)=E(XY)-E(X)E(Y). \tag{4.12}$$

常利用式(4.12)来计算协方差 Cov(X,Y).

由协方差定义,不难知道协方差还具有以下五条性质:

(1) $\mathrm{Cov}(X,Y)=\mathrm{Cov}(Y,X)$;

(2) $\mathrm{Cov}(X,X)=D(X)$;

(3) $\mathrm{Cov}(aX,bY)=ab\mathrm{Cov}(X,Y)$,$a,b$ 为常数;

(4) $\mathrm{Cov}(X_1+X_2,Y)=\mathrm{Cov}(X_1,Y)+\mathrm{Cov}(X_2,Y)$;

(5) 当随机变量 X 与 Y 相互独立时,有 $\mathrm{Cov}(X,Y)=0$.

【例 4.22】 设随机变量(X,Y)具有概率密度

$$f(x,y)=\begin{cases}3, & (x,y)\in G,\\ 0, & 其他,\end{cases}$$

其中区域 G 由曲线 $y=x^2$ 与 $x=y^2$ 围成,如图 4.4 所示,求 $\mathrm{Cov}(X,Y)$及 $D(X+Y)$.

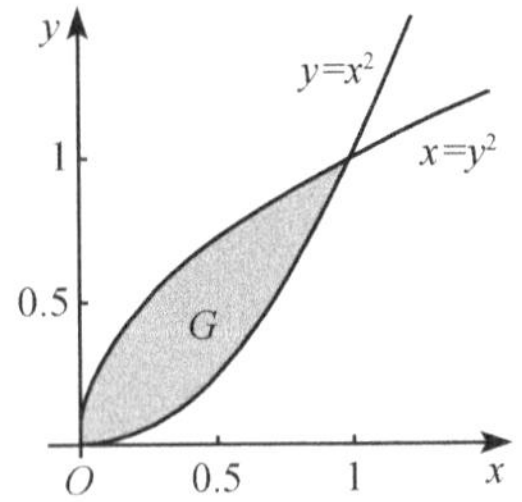

图 4.4 区域 G

解
$$E(X)=\int_0^1\int_{x^2}^{\sqrt{x}}3x\,\mathrm{d}y\,\mathrm{d}x$$
$$=\int_0^1 3x(\sqrt{x}-x^2)\mathrm{d}x=3\left(\frac{2}{5}x^{\frac{5}{2}}-\frac{1}{4}x^4\right)\Big|_0^1=9/20,$$
$$E(X^2)=\int_0^1\int_{x^2}^{\sqrt{x}}3x^2\,\mathrm{d}y\,\mathrm{d}x=\int_0^1 3x^2(\sqrt{x}-x^2)\mathrm{d}x=3\left(\frac{2}{7}x^{\frac{7}{2}}-\frac{1}{5}x^5\right)\Big|_0^1=9/35,$$
$$E(XY)=\int_0^1\int_{x^2}^{\sqrt{x}}3xy\,\mathrm{d}y\,\mathrm{d}x=\int_0^1\frac{3}{2}x(x-x^4)\mathrm{d}x=3\left(\frac{1}{3}x^3-\frac{1}{6}x^6\right)\Big|_0^1=1/4,$$
$$D(X)=E(X^2)-[E(X)]^2=9/35-(9/20)^2=153/2800.$$

由 X 和 Y 的对称性,有

$$D(Y)=D(X)=153/2800,$$

所以有

$$\mathrm{Cov}(X,Y)=E(XY)-E(X)E(Y)=19/400,$$
$$D(X+Y)=D(X)+D(Y)+2\mathrm{Cov}(X,Y)=143/700.$$

4.3.2 相关系数

下面引入另一个度量随机变量之间关系的数字特征——相关系数.

定义 4.5 称

$$\rho_{XY}=\frac{\mathrm{Cov}(X,Y)}{\sqrt{D(X)}\sqrt{D(Y)}}\quad(D(X)\neq 0,D(Y)\neq 0)\tag{4.13}$$

为随机变量 X 与 Y 的**相关系数**.相关系数 ρ_{XY} 是一个无量纲的量.ρ_{XY} 常简记为 ρ.

【例 4.23】 在例 4.22 中,求相关系数 ρ_{XY}.

解 $\rho_{XY}=\dfrac{\mathrm{Cov}(X,Y)}{\sqrt{D(X)}\sqrt{D(Y)}}=\dfrac{19/400}{153/2800}=\dfrac{133}{153}=0.87.$

下面不加证明地给出相关系数的两条性质：

(1) $|\rho_{XY}| \leqslant 1$；

(2) $|\rho_{XY}|=1$ 的充要条件是，存在常数 a, b 使 $P\{Y=aX+b\}=1$.

定义 4.6　若 $\rho_{XY}=0$，称 X 与 Y **不相关**. $0<\rho_{XY}\leqslant 1$，称 X 与 Y **正相关**，$-1\leqslant \rho_{XY}<0$，称 X 与 Y **负相关**.

事实上，相关系数 ρ_{XY} 是 X 与 Y 线性关系强弱的一个度量，X 与 Y 的线性关系程度随着 $|\rho_{XY}|$ 的减小而减弱；当 $|\rho_{XY}|=1$ 时 X 与 Y 的线性关系最强，当 $\rho_{XY}=0$ 时，意味 X 与 Y 不存在线性关系，即 X 与 Y 不相关.

由协方差的性质 5 易知下面的定理.

定理 4.3　若 X 与 Y 相互独立，则 $\rho_{XY}=0$，即 X 与 Y 不相关，反之不真.

这意味着，X 与 Y 不相关仅指 X 与 Y 之间不存在线性关系，并不能说明 X 与 Y 不具有其他关系.

【例 4.24】　设随机变量 Z 服从 $(-\pi,\pi)$ 上的均匀分布，又 $X=\sin Z, Y=\cos Z$，试求相关系数 ρ_{XY}.

解　由于随机变量 Z 的概率密度为

$$f_Z(z)=\begin{cases}\dfrac{1}{2\pi}, & -\pi<z<\pi,\\ 0, & \text{其他}.\end{cases}$$

所以

$$E(X)=\frac{1}{2\pi}\int_{-\pi}^{\pi}\sin z\,\mathrm{d}z=0,\quad E(Y)=\frac{1}{2\pi}\int_{-\pi}^{\pi}\cos z\,\mathrm{d}z=0,$$

$$E(XY)=\frac{1}{2\pi}\int_{-\pi}^{\pi}\sin z\cos z\,\mathrm{d}z=0.$$

因而 $\mathrm{Cov}(X,Y)=0, \rho_{XY}=0$.

相关系数 $\rho_{XY}=0$，说明随机变量 X 与 Y 不相关，但是，由于 $X^2+Y^2=1$，所以 X 与 Y 不独立.

4.3.3　矩

矩的概念在后面的数理统计部分有重要应用.

定义 4.7　设 X 和 Y 是随机变量，若 $E(X^k), k=1,2,\cdots$ 存在，称其为 X 的 k 阶原点矩，简称 k 阶矩；

若 $E\{[X-E(X)]^k\}, k=2,3,\cdots$ 存在，称其为 X 的 k 阶中心矩；

若 $E(X^kY^l), k,l=1,2,\cdots$ 存在，称其为 X 和 Y 的 $k+l$ 阶混合矩；

若 $E\{[X-E(X)]^k[Y-E(Y)]^l\}, k,l=1,2,\cdots$ 存在，称它为 X 和 Y 的 $k+l$ 阶混合中心矩.

显然，X 的数学期望 $E(X)$ 是 X 的一阶原点矩，方差 $D(X)$ 是 X 的二阶中心矩，协方差 Cov(X,Y)是 X 和 Y 的二阶混合中心矩.

【实验 4.2】 设 X 和 Y 分别表示在一分钟内通过某收费站的小汽车数量和卡车数量，X 和 Y 的联合概率分布律如下：

X \ Y	0	1	2	3	4
0	0.05	0.04	0.01	0	0
1	0.05	0.1	0.03	0.02	0
2	0.03	0.05	0.15	0.05	0.02
3	0	0.02	0.08	0.1	0.05
4	0	0	0.02	0.05	0.08

试求：

(1) 期望 $E(X)$，$E(Y)$，$E(XY)$；

(2) 方差 $D(X)$，$D(Y)$；

(3) 协方差 Cov(X,Y)；

(4) 相关系数 ρXY.

实验准备：

学习附录二中如下 Excel 函数：

(1) 求和函数 SUM.

(2) 对应数值乘积之和函数 SUMPRODUCT.

(3) 平方根函数 SQRT.

实验步骤：

(1) 整理数据如图 4.5 所示.

	A	B	C	D	E	F	G
1	X \ Y	0	1	2	3	4	$P\{X=x_i\}$
2	0	0.05	0.04	0.01	0	0	
3	1	0.05	0.1	0.03	0.02	0	
4	2	0.03	0.05	0.15	0.05	0.02	
5	3	0	0.02	0.08	0.1	0.05	
6	4	0	0	0.02	0.05	0.08	
7	$P\{Y=y_j\}$						
8							
9							
10	$E(XY)=$						
11	$E(X)=$		$D(X)=$				
12	$E(Y)=$		$D(Y)=$				
13							
14	$Cov(X,Y)=$						
15	$\rho_{XY}=$						

图 4.5 整理数据

(2) 计算边缘概率 $P\{X=x_i\}$ 和 $P\{Y=y_j\}$.

在单元格 G2 中输入公式:=SUM(B2:F2),并将其复制到单元格区域 G3:G6;

在单元格 B7 中输入公式:=SUM(B2:B6),并将其复制到单元格区域 C7:F7.

(3) 计算期望 $E(XY)$.

首先在单元格 B9 中输入公式:=SUMPRODUCT($A2:$A6,B2:B6),并将其复制到单元格区域 C9:F9,算出中间数组,如图 4.6 所示.

	A	B	C	D	E	F	G
1	Y \ X	0	1	2	3	4	$P\{X=x_i\}$
2	0	0.05	0.04	0.01	0	0	0.1
3	1	0.05	0.1	0.03	0.02	0	0.2
4	2	0.03	0.05	0.15	0.05	0.02	0.3
5	3	0	0.02	0.08	0.1	0.05	0.25
6	4	0	0	0.02	0.05	0.08	0.15
7	$P\{Y=y_j\}$	0.13	0.21	0.29	0.22	0.15	
8							
9		0.11	0.26	0.65	0.62	0.51	

图 4.6　计算矩阵乘积

然后在单元格 B10 中输入公式:

=SUMPRODUCT(B9:F9,B1:F1)

即得期望 $E(XY)$,如图 4.7 所示.

	A	B	C	D	E	F	G
1	Y \ X	0	1	2	3	4	$P\{X=x_i\}$
2	0	0.05	0.04	0.01	0	0	0.1
3	1	0.05	0.1	0.03	0.02	0	0.2
4	2	0.03	0.05	0.15	0.05	0.02	0.3
5	3	0	0.02	0.08	0.1	0.05	0.25
6	4	0	0	0.02	0.05	0.08	0.15
7	$P\{Y=y_j\}$	0.13	0.21	0.29	0.22	0.15	
8							
9		0.11	0.26	0.65	0.62	0.51	
10	$E(XY)=$	5.46					

图 4.7　计算期望 $E(XY)$

(4) 计算期望 $E(X)$,$E(Y)$ 和方差 $D(X)$,$D(Y)$.

在单元格 B11 中输入公式:=SUMPRODUCT(A2:A6 ,G2:G6)

在单元格 B12 中输入公式:=SUMPRODUCT(B1:F1,B7:F7)

在单元格 D11 中输入公式:=SUMPRODUCT(A2:A6,A2:A6,G2:G6)−B11^2

在单元格 D12 中输入公式:=SUMPRODUCT(B1:F1,B1:F1,B7:F7)−B12^2

(5) 计算协方差 $\mathrm{Cov}(X,Y)$.

在单元格 B14 中输入公式:=B10−B11 * B12.

(6) 计算相关系数 ρ_{XY}.

在单元格 B15 中输入公式：=B14/SQRT(D11 * D12)，即得结果如图 4.8 所示.

	A	B	C	D	E	F	G
1	Y \ X	0	1	2	3	4	$P\{X=x_i\}$
2	0	0.05	0.04	0.01	0	0	0.1
3	1	0.05	0.1	0.03	0.02	0	0.2
4	2	0.03	0.05	0.15	0.05	0.02	0.3
5	3	0	0.02	0.08	0.1	0.05	0.25
6	4	0	0	0.02	0.05	0.08	0.15
7	$P\{Y=y_j\}$	0.13	0.21	0.29	0.22	0.15	
8							
9		0.11	0.26	0.65	0.62	0.51	
10	$E(XY)=$	5.46					
11	$E(X)=$	2.15	$D(X)=$	1.4275			
12	$E(Y)=$	2.05	$D(Y)=$	1.5475			
13							
14	$Cov(X,Y)=$	1.0525					
15	$\rho_{XY}=$	0.708139					

图 4.8 计算结果

【分赌本问题解答】

1654 年法国有个贵族德·梅尔向数学家帕斯卡提出了一个使他苦恼了很久的问题：甲、乙两人各出赌注 50 法郎进行赌博，约定谁先赢 3 局，就赢得全部的 100 法郎，假定两人赌技相当，且每局无平局.如果当甲赢了两局，乙赢了一局时，因故要中止赌局，问如何分 100 法郎的赌注才算公平？

解 如果平均分对甲不公平，全部归甲对乙又不公平.合理的分法当然是按照一定的比例，甲多分些，乙少分些，那么如何确定分配比例呢？

(1) 基于已赌的局数分配：甲赢了两局，乙赢了一局，故甲、乙两人按 2∶1 的比例分赌注；

(2) 帕斯卡提出了如下的分法：设想再赌下去，甲的最终所得视为一个随机变量 X，其可能值为 0 或 100，再赌两局赌博必结束，结果无外乎是以下 4 种情形之一：甲甲、甲乙、乙甲、乙乙，其中“甲乙”表示甲胜第一局乙胜第二局，其余类似.由于赌技相同，所以甲在三种情形下可赢得 100 法郎，只在一种情形(乙乙)下，赢得 0 法郎.所以 X 的分布律如下：

X	0	100
p_i	1/4	3/4

因此，帕斯卡认为，甲的“期望”所得应为

$$E(X)=0\times\frac{1}{4}+100\times\frac{3}{4}=75(\text{法郎}).$$

这种分法不仅考虑了已赌局数，而且还包含了对继续赌下去的一种“期望”，它比第一种分法更合理.这其实也正是数学期望这个名称的由来.

习　题　4

(A)

一、填空题

1. 已知随机变量 $X\sim N(1,4)$，$Y=aX+b$，$Y\sim N(0,1)$，则 $a=$________，$b=$________.

2. 设随机变量 X 的概率密度为 $f(x)=\begin{cases}1+x, & -1\leqslant x\leqslant 0,\\ 1-x, & 0<x\leqslant 1,\\ 0, & \text{其他},\end{cases}$ 则期望 $E(X)=$________，方差 $D(X)=$________.

3. 设随机变量 X 和 Y 相互独立，方差分别为 1 和 4，则 $2X-5Y$ 的方差为________.

4. 设随机变量 X 和 Y 的概率密度分别为

$$f_X(x)=\begin{cases}2\mathrm{e}^{-2x}, & x\geqslant 0,\\ 0, & x<0,\end{cases}\quad f_Y(y)=\begin{cases}4\mathrm{e}^{-4y}, & y\geqslant 0,\\ 0, & y<0,\end{cases}$$

且 X 和 Y 相互独立，则 $E(2X-3Y)=$________，$D(2X-3Y)=$________.

5. 随机变量 X 服从参数为 1 的泊松分布，则 $P\{X=E(X^2)\}=$________

6. 随机变量 X 和 Y 的相关系数为 0.5，$E(X)=E(Y)=0$，$E(X^2)=E(Y^2)=2$，则 $E[(X+Y)^2]=$________.

7. 设随机变量 X 的期望 $E(X)$ 为一非负值，且 $E\left(\frac{X^2}{2}-1\right)=2$，$D\left(\frac{X}{2}-1\right)=\frac{1}{2}$，则 $E(X)=$________.

8. 随机变量 X 和 Y 的相关系数为 0.9，若 $Z=X-0.4$，则 Y 与 Z 的相关系数为________.

9. 设随机变量 X 和 Y 的联合概率分布为

$X \backslash Y$	-1	0	1
0	0.07	0.18	0.15
1	0.08	0.32	0.20

则 X 与 Y 的相关系数 $\rho=$________.

10. 设一次试验成功的概率为 p，进行 100 次独立重复试验，当 $p=$________时，成功次数的标准差的值最大，其最大值为________.

11. 设随机变量 X 的分布为 $P\{X=k\}=\frac{C}{k!}$，$k=0,1,2,\cdots$，则 $E(X^2)=$ ________.

二、单项选择题

1. 袋中有 20 个同样的球，其中 12 个标上数字 1，8 个标上数字 2，现在从袋中任取一球并记住球上的数字后再放回，这样一共进行了 4 次，记 X 为数字 1 出现的次数，则 $E(X)=($　　$)$.

(A) 1.6　　(B) 0.4　　(C) 2.4　　(D) 9.6

2. 设随机变量 X 的密度函数 $f(x)=\begin{cases}ax+b, & 0\leqslant x\leqslant 1\\ 0, & 其他,\end{cases}$ 且 $E(X)=7/12$,则(　　).

(A) $a=1,b=-0.5$　　(B) $a=-0.5,b=1$

(C) $a=0.5,b=1$　　(D) $a=1,b=0.5$

3. 设随机变量 X 的密度函数 $f(x)=\dfrac{1}{2\sqrt{2\pi}}e^{-\frac{(x-1)^2}{8}}$,则 $E(2X^2-3)=$(　　).

(A) -1　　(B) 4　　(C) 2　　(D) 7

4. 如果随机变量 X 存在二阶原点矩,则下列表达式正确的是(　　).

(A) $E(X^2)<[E(X)]^2$　　(B) $E(X^2)\geqslant[E(X)]^2$

(C) $E(X^2)\geqslant E(X)$　　(D) $E(X^2)<E(X)$

5. 设 X 是随机变量,$E(X)=\mu$,$D(X)=\sigma^2$,则对任意常数 c,必有(　　).

(A) $E(X-c)^2\geqslant E(X-\mu)^2$　　(B) $E(X-c)^2=E(X-\mu)^2$

(C) $E(X-c)^2<E(X-\mu)^2$　　(D) $E(X-c)^2=E(X^2)-c^2$

6. 已知随机变量 X 服从 $B(n,p)$,$E(X)=4$,$D(X)=3.6$,则(　　).

(A) $n=20,p=0.2$　　(B) $n=40,p=0.9$

(C) $n=10,p=0.4$　　(D) $n=40,p=0.1$

7. 已知离散型随机变量 X 满足 $E(X)=0.1$,$D(X)=0.89$,则在下表所示的分布律中,p_1,p_2,p_3 的值分别为(　　).

X	-1	0	1
p_i	p_1	p_2	p_3

(A) 0.4;0.1;0.5　　(B) 0.4;0.5;0.1

(C) 0.1;0.4;0.5　　(D) 0.4;0.4;0.2

8. 对任意两个随机变量 X 和 Y,以下选项正确的是(　　).

(A) $D(X+Y)=D(X)+D(Y)$　　(B) $E(X+Y)=E(X)+E(Y)$

(C) $E(XY)=E(X)E(Y)$　　(D) $D(XY)=D(X)D(Y)$

9. 二维随机向量 (X,Y) 满足 $E(XY)=E(X)E(Y)$,则(　　).

(A) $D(XY)=D(X)D(Y)$　　(B) $D(X+Y)=D(X-Y)$

(C) X 与 Y 独立　　(D) X 与 Y 不独立

10. 设 $X\sim N(3,2)$,$Y\sim U(2,8)$,且 X 与 Y 相互独立,则 $D(2X-Y)=$(　　).

(A) 7　　(B) 5　　(C) 11　　(D) 1

11. 设 (X,Y) 为二维随机变量,则随机变量 $\xi=X+Y$ 与 $\eta=X-Y$ 不相关的充分必要条件为(　　)

(A) $E(X)=E(Y)$　　(B) $E(X^2)-[E(X)]^2=E(Y^2)-[E(Y)]^2$

(C) $E(X^2)=E(Y^2)$　　(D) $E(X^2)+[E(X)]^2=E(Y^2)+[E(Y)]^2$

12. 将一枚硬币反复抛 n 次,以 X 和 Y 分别表示正面向上和反面向上的次数,则 X 和 Y 的相关系数为(　　).

(A) -1　　(B) 0　　(C) 1/2　　(D) 1

13. 随机变量 X 与 Y 的方差都存在且大于 0,则 $D(X+Y)=D(X)+D(Y)$ 是 X 和 Y 的(　　).

(A)不相关的充分条件,但非必要条件 (B) 不相关的必要条件,但非充分条件

(C)独立的必要条件,但不是充分条件 (D) 独立的充分必要条件

14. 设随机变量 X 与 Y 独立同分布,记 $U=X-Y$, $V=X+Y$,则随机变量 U 与 V 必然( ).

(A)不独立 (B) 独立 (C) 相关系数不为0 (D) 相关系数为0

15. 对于任意两个随机变量 X 和 Y,与命题"X 与 Y 不相关"不等价的是( ).

(A) $E(XY)=E(X)E(Y)$ (B) $\mathrm{Cov}(X,Y)=0$

(C) $D(XY)=D(X)D(Y)$ (D) $D(X+Y)=D(X)+D(Y)$

16. 随机变量 $X\sim N(0,1)$,$Y\sim N(1,4)$,且相关系数 $\rho_{XY}=1$,则( ).

(A) $P\{Y=-2X-1\}=1$ (B) $P\{Y=2X-1\}=1$

(C) $P\{Y=-2X+1\}=1$ (D) $P\{Y=2X+1\}=1$

17. 设随机变量 $X_1,X_2,\cdots,X_n(n>1)$独立同分布,且方差 $\sigma^2>0$,令随机变量 $Y=\dfrac{1}{n}\sum_{i=1}^{n}X_i$,则( ).

(A) $\mathrm{Cov}(X_1,Y)=\dfrac{\sigma^2}{n}$ (B) $\mathrm{Cov}(X_1,Y)=\sigma^2$

(C) $D(X_1+Y)=\dfrac{n+2}{n}\sigma^2$ (D) $D(X_1-Y)=\dfrac{n+1}{n}\sigma^2$

18. 设连续型随机变量 X_1,X_2 独立,且方差存在,其概率密度分别为 $f_1(x)$,$f_2(y)$,另有随机变量 Y_1 的概率密度为 $f_{Y_1}(y)=\dfrac{1}{2}[f_1(y)+f_2(y)]$,$Y_2=\dfrac{1}{2}(X_1+X_2)$,则( ).

(A) $E(Y_1)>E(Y_2),D(Y_1)>D(Y_2)$ (B) $E(Y_1)=E(Y_2),D(Y_1)=D(Y_2)$

(C) $E(Y_1)=E(Y_2),D(Y_1)<D(Y_2)$ (D) $E(Y_1)=E(Y_2),D(Y_1)>D(Y_2)$

19. 将长度为1cm的木棒随机截成两段,则两段的相关系数为( ).

(A) 1 (B) 1/2 (C) $-1/2$ (D) -1

20. 设随机变量 X,Y 相互独立,且 $E(X)$,$E(Y)$存在,记 $U=\max(X,Y)$,$V=\min\{X,Y\}$,则 $E(UV)=$( ).

(A) $E(U)\cdot E(V)$ (B) $E(X)\cdot E(Y)$ (C) $E(U)\cdot E(Y)$ (D) $E(X)\cdot E(V)$

21. 设随机变量 X 的分布函数为 $F(x)=0.3\Phi(x)+0.7\Phi\left(\dfrac{x-1}{2}\right)$,其中 $\Phi(x)$为标准正态分布函数,则 $E(X)=$( ).

(A) 0 (B) 0.3 (C) 0.7 (D) 1

三、解答题

1. 设随机变量 X 的分布律为

X	-2	0	2
p_i	0.4	0.3	0.3

求 $E(X)$,$E(X^2)$,$E(3X+5)$.

2. 同时掷8颗骰子,求8颗骰子所掷出的点数和的数学期望.

3. 某图书馆的读者借阅甲种图书的概率为 p_1,借阅乙种图书的概率为 p_2,设每人借阅甲乙图书的行为相互独立,读者之间的行为也是相互独立的.

(1) 某天恰有 n 个读者,求借阅甲种图书的人数的数学期望;

(2) 某天恰有 n 个读者,求甲乙两种图书至少借阅一种的人数的数学期望.

4. 将 n 个考生的的录取通知书分别装入 n 个信封,在每个信封上任意写上一个考生的姓名、地址发出,用 X 表示 n 个考生中收到自己通知书的人数,求 $E(X)$.

5. 设 $X\sim P(\lambda)$,且 $P\{X=5\}=P\{X=6\}$,求 $E(X)$.

6. 设随机变量 X 的分布律为 $P\{X=k\}=\dfrac{6}{\pi^2 k^2}$,$k=1,-2,3,-4,\cdots$,问 X 的数学期望是否存在?

7. 某城市一天水的消费量 X(百万升计)是一个随机变量,其概率密度为

$$f(x)=\begin{cases}\dfrac{1}{9}x\mathrm{e}^{-x/3}, & x>0,\\ 0 & \text{其他}.\end{cases}$$

求一天的平均耗水量.

8. 设某种动物的寿命 X(以年计)是一个随机变量,其分布函数为

$$F(x)=\begin{cases}1-\dfrac{25}{x^2}, & x>5,\\ 0 & \text{其他}.\end{cases}$$

求这种动物的平均寿命 $E(X)$.

9. 在美国,致命的汽车事故所占的比例 X 的概率密度为

$$f(x)=\begin{cases}42x(1-x)^5, & 0<x<1,\\ 0 & \text{其他}.\end{cases}$$

求 X 的数学期望 $E(X)$.

10. 设随机变量 X 的概率密度如下,求 $E(X)$.

$$f(x)=\begin{cases}\dfrac{3}{2}(1+x)^2, & -1\leqslant x\leqslant 0,\\ \dfrac{3}{2}(1-x)^2, & 0<x\leqslant 1,\\ 0, & \text{其他}.\end{cases}$$

11. 设 $X\sim B(4,p)$,求数学期望 $E\left(\sin\dfrac{\pi X}{2}\right)$.

12. 设风速 V 在 $(0,a)$ 上服从均匀分布,飞机机翼受到的正压力 W 是 V 的函数:$W=kV^2$,($k>0$,常数),求 W 的数学期望.

13. 设随机变量 (X,Y) 的分布律为

X \ Y	0	1	2
0	3/28	9/28	3/28
1	3/14	3/14	0
2	1/28	0	0

求 $E(X)$,$E(Y)$,$E(X-Y)$.

14. 设随机变量(X,Y)具有概率密度

$$f(x,y)=\begin{cases}24xy, & 0\leqslant x\leqslant 1,0\leqslant y\leqslant 1,x+y\leqslant 1,\\ 0, & \text{其他}.\end{cases}$$

求 $E(X)$,$E(Y)$,$E(XY)$.

15. 某工厂完成某批产品生产的天数 X 是一个随机变量,具有分布律

X	10	11	12	13	14
p_i	0.2	0.3	0.3	0.1	0.1

所得利润(以元计)为 $Y=1000(12-X)$,求 $E(Y)$,$D(Y)$.

16. 设随机变量 X 服从几何分布,其分布律为 $P\{X=k\}=(1-p)^{k-1}p$,$k=1,2,\cdots$,其中 $0<p<1$ 是常数,求 $E(X)$,$D(X)$.

17. 设随机变量 X 的概率密度为

$$f(x)=\begin{cases}\dfrac{1}{\pi\sqrt{1-x^2}}, & |x|<1,\\ 0, & \text{其他}.\end{cases}$$

试求 $E(X)$,$D(X)$.

18. 设随机变量(X,Y)具有 $D(X)=9$,$D(Y)=4$,$\rho_{XY}=-1/6$,求 $D(X+Y)$,$D(X-3Y+4)$.

19. 在习题 13 中求 $\mathrm{Cov}(X,Y)$,ρ_{XY}.

20. 在习题 14 中求 $\mathrm{Cov}(X,Y)$,ρ_{XY},$D(X+Y)$.

21. 设二维随机变量(X,Y)的概率密度为

$$f(x,y)=\begin{cases}\dfrac{1}{\pi}, & x^2+y^2\leqslant 1,\\ 0 & \text{其他}.\end{cases}$$

试验证 X 和 Y 是不相关的,但 X 和 Y 不是相互独立的.

22. 设随机变量(X,Y)的概率密度为

$$f(x,y)=\begin{cases}\dfrac{1}{2}, & |y|<2x,0<x<1,\\ 0, & \text{其他}.\end{cases}$$

验证 X 和 Y 是不相关的,但 X 和 Y 不是相互独立的.

四、应用题

1. 设甲、乙两人玩必分胜负的赌博游戏,假定两人获胜的概率不等,甲为 p,乙为 q,$p>q$,$p+q=1$.为了补偿乙的不利地位,另行规定两人下的赌注不相等,甲为 a,乙为 b,$a>b$. 现在的问题是:a,b 满足什么关系,才能做到公正?

2. 某公司计划开发一种新产品市场,并试图确定该产品的产量.他们估计出售一件产品可获利 m 元,而积压一件产品导致 n 元的损失.再者,他们预测销售量 Y(件)服从参数 θ 的指数分布,问若要获得利润的数学期望最大,应该生产多少件产品?(设 m,n,θ 均为已知).

(B)

1. 已知甲、乙两箱中装有同种产品,其中甲箱中装有 3 件合格品和 3 件次品,乙箱中仅装有 3

件合格品，从甲箱中任取 3 件产品放入乙箱后，求：

(1) 乙箱中次品件数 X 的数学期望；

(2) 从乙箱中任取一件产品是次品的概率.

2. 随机变量 X 的概率密度为

$$f(x)=\begin{cases}\dfrac{1}{2}\cos\dfrac{x}{2}, & 0\leqslant x\leqslant \pi,\\ 0, & \text{其他}.\end{cases}$$

对 X 独立重复观察 4 次，用 Y 表示观察值大于 $\dfrac{\pi}{3}$ 的次数，求 Y^2 的数学期望.

3. 设随机变量 U 在区间 $(-2,2)$ 上服从均匀分布，随机变量

$$X=\begin{cases}-1, & U\leqslant -1,\\ 1, & U>-1,\end{cases}\quad Y=\begin{cases}-1, & U\leqslant 1,\\ 1, & U>1.\end{cases}$$

试求：(1) X 和 Y 的联合分布律；

(2) $D(X+Y)$.

4. 设随机变量 X 的期望 $E(X)$ 与方差 $D(X)$ 存在，且有 $E(X)=a$，$D(X)=b(b>0)$，$Y=\dfrac{X-a}{\sqrt{b}}$，证明 $E(Y)=0$，$D(Y)=1$.

5. 设离散型随机变量 X 的分布律为 $P\{X=x_k\}=p_k(k=1,2,\cdots)$，且 $E(X)$，$E(X^2)$，$D(X)$ 都存在，试证明：函数 $f(x)=\sum\limits_{k=1}^{\infty}(x_k-x)^2 p_k$ 在 $x=E(X)$ 时取得最小值，且最小值为 $D(X)$.

6. 随机变量 X 与 Y 独立同分布，且 X 的分布律为

X	1	2
p_i	2/3	1/3

记 $U=\max(X,Y)$，$V=\min(X,Y)$，

(1) 求 (U,V) 的分布律；

(2) 求 U 与 V 的协方差 $\mathrm{Cov}(U,V)$.

7. 随机变量 X 的概率密度为

$$f_X(x)=\begin{cases}\dfrac{1}{2}, & -1<x<0,\\ \dfrac{1}{4}, & 0\leqslant x<2,\\ 0, & \text{其他}.\end{cases}$$

令 $Y=X^2$，$F(x,y)$ 为二维随机变量 (X,Y) 的分布函数，求 $\mathrm{Cov}(X,Y)$.

8. 对于任意两事件 A 和 B，$0<P(A)<1$，$0<P(B)<1$，$\rho=\dfrac{P(AB)-P(A)\cdot P(B)}{\sqrt{P(A)P(B)P(\bar{A})P(\bar{B})}}$ 称作事件 A 和 B 的相关系数.

(1) 证明事件 A 和 B 独立的充分必要条件是其相关系数等于零；

(2) 利用随机变量相关系数的基本性质，证明 $|\rho|\leqslant 1$.

9. 设 X 与 Y 的概率分布分别为

X	0	1
p_i	$\frac{1}{3}$	$\frac{2}{3}$

Y	-1	0	1
p_i	1/3	1/3	1/3

且 $P\{X^2=Y^2\}=1$.

(1) 求二维随机变量(X,Y)的概率分布；

(2) 求 $Z=XY$ 的概率分布；

(3) 求 X 与 Y 的相关系数 ρ_{XY}.

10. 设二维离散型随机变量(X,Y)的概率分布为

X \ Y	-1	0	1
0	1/4	0	1/4
1	0	1/3	0
2	1/12	0	1/12

(1) 求 $P\{X=2Y\}$；

(2) 求 $\mathrm{Cov}(X-Y,Y)$.

11. 设随机变量 X 的概率分布为 $P\{X=1\}=P(X=2\}=\frac{1}{2}$，在给定 $X=i$ 的条件下，随机变量 Y 服从均匀分布 $U(0,\ i)(i=1,2)$.

(1) 求 Y 的分布函数 $F_Y(y)$；

(2) 求 $E(Y)$.

第5章　大数定律和中心极限定理

人们在长期实践中发现，事件发生的频率具有稳定性，也就是说随着试验次数的增多，事件发生的频率将稳定于一个确定的常数，即概率值附近.频率的稳定性是概率定义的客观基础，在第1章中我们从直观上描述了这一事实.本章将用大数定律对频率的稳定性作出理论上的说明.

另外，在前面，我们还看到相互独立的正态随机变量的和仍是正态随机变量.中心极限定理将给出概率论中的另一个重要结果，即在相当一般的条件下，充分多个相互独立的非正态随机变量(不管它们的分布如何)的和近似服从正态分布.这一事实更说明了正态分布的重要性.本章主要介绍中心极限定理的两个最基本的结论.

大数定律和中心极限定理无论在应用上还是理论上都具有极其重要的作用.

【吸烟率调查问题】

某卫生组织为确定某城市成年男子的吸烟率 p，将被调查的成年男子中吸烟的频率作为 p 的估计，现在要保证有90%以上的把握，使得调查对象吸烟者的频率与该城市成年男子的吸烟率 p 之间的差异不大于5%，问至少要调查多少对象?

5.1　大数定律

对某个随机变量 X 进行大量的重复观测，所得到的大批观测数据的算术平均值也具有稳定性，由于这类稳定性都是在对随机变量进行大量重复试验的条件下呈现出来的，历史上把这种试验次数很大时出现的规律统称为大数定律.

首先来引进证明大数定律所需要的预备知识——切比雪夫不等式.

定理5.1　设随机变量 X 的数学期望 $E(X)$ 及方差 $D(X)$ 都存在，则对于任意正数 ε，有不等式

$$P\{|X-E(X)|\geqslant\varepsilon\}\leqslant\frac{D(X)}{\varepsilon^2}, \tag{5.1}$$

即

$$P\{|X-E(X)|<\varepsilon\}\geqslant 1-\frac{D(X)}{\varepsilon^2} \tag{5.2}$$

成立.称不等式(5.2)为**切比雪夫不等式**.

证(仅对连续型随机变量进行证明)　设 $f(x)$ 为 X 的概率密度，记 $E(X)=\mu$，$D(X)=\sigma^2$，则

$$P\{|X-E(X)|\geqslant \varepsilon\}=\int_{\{|x-\mu|\geqslant\varepsilon\}} f(x)\mathrm{d}x\leqslant\int_{\{|x-\mu|\geqslant\varepsilon\}}\frac{(x-\mu)^2}{\varepsilon^2}f(x)\mathrm{d}x$$
$$\leqslant\frac{1}{\varepsilon^2}\int_{-\infty}^{+\infty}(x-\mu)^2 f(x)\mathrm{d}x=\frac{1}{\varepsilon^2}\times\sigma^2=\frac{D(X)}{\varepsilon^2}.$$

从定理 5.1 中可以看出，如果 $D(X)$ 越小，那么随机变量 X 取值于开区间 $(E(X)-\varepsilon,E(X)+\varepsilon)$ 中的概率就越大，这也进一步说明方差是一个反映随机变量在其分布中心 $E(X)$ 附近集中程度的数量指标，$D(X)$ 越小，X 的取值越集中于 $E(X)$ 附近.

利用切比雪夫不等式，我们可以在随机变量 X 的分布未知的情况下估算概率值的界限，当然这个估计是比较保守的.如果已经知道随机变量的分布，所要求的概率可以确切地计算出来，就没必要利用切比雪夫不等式来作估计了.

【例 5.1】 若某班某次考试的平均分为 80 分，标准差为 10，试估计及格率至少为多少？

解 用随机变量 X 表示学生成绩，则数学期望 $E(X)=80$，方差 $D(X)=100$，所以

$$P\{60\leqslant X\leqslant 100\}\geqslant P\{60<X<100\}$$
$$=P\{|X-80|<20\}$$
$$\geqslant 1-\frac{100}{(20)^2}=0.75=75\%.$$

所以及格率至少为 75%.

【例 5.2】 已知 n 重伯努利试验中参数 $p=0.75$，问至少应做多少次试验，才能使试验成功的频率在 0.74 和 0.76 之间的概率不低于 0.90？

解 设需做 n 次试验，其中成功的次数为 X，则 $X\sim B(n,p)$，$E(X)=np$，$D(X)=np(1-p)$.因为

$$P\{0.74<\frac{X}{n}<0.76\}=P\left\{\left|\frac{X}{n}-0.75\right|<0.01\right\},$$

根据切比雪夫不等式有

$$P\left\{0.74<\frac{X}{n}<0.76\right\}\geqslant 1-\frac{D\left(\frac{X}{n}\right)}{0.01^2}=1-\frac{\frac{1}{n^2}np(1-p)}{0.01^2}.$$

令

$$1-\frac{\frac{1}{n^2}np(1-p)}{0.01^2}\geqslant 0.90,$$

解得

$$n \geqslant \frac{p(1-p)}{0.1 \times 0.01^2} = \frac{0.75 \times 0.25}{0.1 \times 0.01^2} = 18750.$$

所以至少应做 18750 次试验.

定义 5.1 设 $X_1, X_2, \cdots, X_n, \cdots$ 是一随机变量序列,a 是一常数,若对任意正数 ε,有

$$\lim_{n \to \infty} P\{|X_n - a| < \varepsilon\} = 1,$$

则称序列 $X_1, X_2, \cdots, X_n, \cdots$ **依概率收敛**于 a,记为

$$X_n \xrightarrow{P} a \ (n \to \infty).$$

定理 5.2(切比雪夫大数定律) 设 $X_1, X_2, \cdots, X_n, \cdots$ 是相互独立,服从同一分布的随机变量序列,且具有数学期望 $E(X_i) = \mu$ 及方差 $D(X_i) = \sigma^2 (i = 1, 2, \cdots)$,则 $\frac{1}{n}\sum_{i=1}^{n} X_i$ 依概率收敛于 μ,即对于任意正数 ε,有

$$\lim_{n \to \infty} P\left\{\left|\frac{1}{n}\sum_{i=1}^{n} X_i - \mu\right| < \varepsilon\right\} = 1,$$

即

$$\frac{1}{n}\sum_{i=1}^{n} X_i \xrightarrow{P} \mu \ (n \to \infty). \tag{5.3}$$

证 因为

$$E\left(\frac{1}{n}\sum_{i=1}^{n} X_i\right) = \frac{1}{n}\sum_{i=1}^{n} E(X_i) = \frac{1}{n} \cdot n\mu = \mu,$$

$$D\left(\frac{1}{n}\sum_{i=1}^{n} X_i\right) = \frac{1}{n^2}\sum_{i=1}^{n} D(X_i) = \frac{1}{n^2} n\sigma^2 = \frac{1}{n}\sigma^2,$$

由切比雪夫不等式可得

$$P\left\{\left|\frac{1}{n}\sum_{i=1}^{n} X_i - \mu\right| < \varepsilon\right\} \geqslant 1 - \frac{\sigma^2/n}{\varepsilon^2}.$$

在上式中,令 $n \to \infty$,并注意到概率不能大于 1,即得

$$\lim_{n \to \infty} P\left\{\left|\frac{1}{n}\sum_{i=1}^{n} X_i - \mu\right| < \varepsilon\right\} = 1.$$

定理 5.2 表明,当 n 充分大时,独立同分布的随机变量序列的算术平均值 $\frac{1}{n}\sum_{i=1}^{n} X_i$ 接近于数学期望 $E(X_i) = \mu$,这种接近是概率意义下的接近.通俗地说,在定理的条件下,n 个相互独立同分布随机变量的算术平均值,当 n 无限增大时,几乎变成了一个常数.这一定理从理论上说明了大量观测值的算术平均具有稳定性,为实际应用提供了理论依据.例如,在进行精密测量时,人们为了提高测量的精度,往往要进行若干次重复测量,然后取测量结果的算术平均值.

作为上述定理得特殊情况,可以得到如下重要定理.

定理 5.3(伯努利大数定律)　设 n_A 是 n 重伯努利试验中事件 A 发生的次数,p 是事件 A 在每次试验中发生的概率,则对于任意正数 ε,有

$$\lim_{n\to\infty}P\left\{\left|\frac{n_A}{n}-p\right|<\varepsilon\right\}=1,\quad 即\ \frac{n_A}{n}\xrightarrow{P}p\ (n\to\infty). \tag{5.4}$$

证　引入随机变量 $X_i(i=1,2,\cdots)$:

$$X_i=\begin{cases}1, & 第\ i\ 次试验中\ A\ 发生,\\ 0, & 第\ i\ 次试验中\ A\ 不发生,\end{cases}$$

则

$$n_A=X_1+X_2+\cdots+X_n\sim B(n,p),$$

其中 $X_1,X_2,\cdots,X_n$ 相互独立且均服从参数为 p 的 0—1 分布,即

$$P\{X_i=1\}=p,\quad P\{X_i=0\}=1-p,\quad i=1,2,\cdots,n,$$

且有

$$E(X_i)=p,\quad D(X_i)=p(1-p),\quad i=1,2,\cdots,n,$$

由定理 5.2 得到

$$\lim_{n\to\infty}P\left\{\left|\frac{1}{n}\sum_{i=1}^{n}X_i-p\right|<\varepsilon\right\}=1,$$

即

$$\lim_{n\to\infty}P\left\{\left|\frac{n_A}{n}-p\right|<\varepsilon\right\}=1,$$

也即

$$\frac{n_A}{n}\xrightarrow{P}p\ (n\to\infty).$$

伯努利大数定律表明事件 A 发生的频率 n_A/n 依概率收敛于事件 A 发生的概率 p.也就是说对于任意正数 ε,只要重复独立试验的次数 n 充分大,事件 $\left\{\left|\frac{n_A}{n}-p\right|<\varepsilon\right\}$ 实际上几乎是必定要发生的,即对于给定的任意小的正数 ε,在 n 充分大时,事件“n_A/n 与概率 p 的偏差小于 ε”实际上几乎是必定要发生的.这也正是在大量重复独立试验中,频率 n_A/n 接近于概率 p 的真正含义,也就是我们所说的频率稳定性的真正含义.所以当试验次数很大时,就可以利用事件发生的频率来近似地代替事件发生的概率.

上述切比雪夫大数定律中要求随机变量 $X_1,X_2,\cdots,X_n,\cdots$ 的方差存在,实际上,在高等概率论中证明了在不要求 $D(X_i)(i=1,2,\cdots)$ 存在的条件下,式(5.3)仍然成立,即有如下定理.

定理 5.4(辛钦大数定律)　设 $X_1,X_2,\cdots,X_n,\cdots$ 是相互独立,服从同一的分布

的随机变量序列，且具有数学期望 $E(X_i)=\mu\ (i=1,2,\cdots)$，则 $\frac{1}{n}\sum_{i=1}^{n}X_i$ 依概率收敛于 μ，即

$$\frac{1}{n}\sum_{i=1}^{n}X_i \xrightarrow{P} \mu\ (n\to\infty). \tag{5.5}$$

辛钦大数定律提供了求随机变量数学期望 $E(X)$ 的近似值的方法.设想对随机变量 X 独立重复地观测 n 次，得到结果 $X_1,X_2,\cdots,X_n$，那么 $X_1,X_2,\cdots,X_n$ 应该是相互独立，且均与 X 同分布的随机变量，所以在 $E(X)$ 存在的条件下，按照辛钦大数定律，当 n 足够大时，可以把 $\frac{1}{n}\sum_{i=1}^{n}X_i$ 的观察值作为 $E(X)$ 的近似值，这样做的好处是不必去管 X 的分布究竟是怎样的，我们的目的只是寻求随机变量的数学期望.这一思想方法将被应用于第 7 章中讲述的参数的点估计理论中，辛钦大数定律是数理统计部分中点估计理论的重要依据.

【例 5.3】 设随机变量 $X_1,X_2,\cdots,X_n$ 独立同分布，且 X_i 的 k 阶矩 $E(X_i^k)=\mu_k\ (i=1,2,\cdots,n)$ 存在.令

$$A_k=\frac{1}{n}\sum_{i=1}^{n}X_i^k \quad (k=1,2,\cdots),$$

则 $A_k \xrightarrow{P} \mu_k$.

证 因为 $X_1,X_2,\cdots,X_n$ 独立同分布，所以 $X_1^k,X_2^k,\cdots,X_n^k$ 独立同分布.又 $E(X_i^k)=\mu_k$ 存在，由辛钦大数定律，得

$$A_k=\frac{1}{n}\sum_{i=1}^{n}X_i^k \xrightarrow{P} \mu_k.$$

5.2 中心极限定理

大数定律讨论的是多个随机变量的算术平均 $\frac{1}{n}\sum_{i=1}^{n}X_i$ 的渐近性质.现在我们来讨论独立随机变量和 $\sum_{i=1}^{n}X_i$ 的极限分布.先给出一个例子.

【例 5.4】 误差分析是人们经常遇到且感兴趣的随机变量，大量的研究表明，误差产生是由大量微小的相互独立的随机因素叠加而成的.现在考虑一位操作工在机床上加工机械轴，要求其直径应符合规定要求，但加工后的机械轴与规定要求总会有一定误差，这是因为在加工时受到一些随机因素的影响，它们是：

(1) 在机床方面有机床振动与转速的影响；

(2) 在刀具方面有装配与磨损的影响；

(3) 在材料方面有钢材的成分、产地的影响；

(4) 在操作者方面有注意力集中程度、当天的情绪的影响；

(5) 在测量方面有度量工具误差、测量技术的影响；

(6) 在环境方面有车间温度、湿度、照明、工作电压的影响；

(7) 在具体场合还可列出许多其他影响因素.

由于这些因素很多，每个因素对加工精度的影响都是很微小的，而且每个因素的出现又都是人们无法控制的、随机的、时有时无、时正时负的.这些因素的综合影响最终使每个机械轴的直径产生误差，若将这个误差记为 S_n，那么 S_n 是随机变量，且可以将 S_n 看成很多微小的独立的随机波动 $X_1, X_2, \cdots, X_n$ 之和，即 $S_n = X_1 + X_2 + \cdots + X_n$，这里 n 是很大的，那么我们关心的是，当 $n \to \infty$ 时，S_n 的分布是什么？当然，我们可以考虑用卷积公式去计算 S_n 的分布，但这样的计算是相当复杂的、不现实的，而且也是不易实现的.有时即使能写出 S_n 的分布，但由于其形式复杂而无法使用.

事实上，在相当一般的条件下独立随机变量的和 $\sum_{i=1}^{n} X_i$ 的分布收敛于正态分布的问题，本节仅介绍独立同分布的中心极限定理.

5.2.1　独立同分布的中心极限定理

定理 5.5 (独立同分布的中心极限定理)　设 $X_1, X_2, \cdots, X_n, \cdots$ 为相互独立、服从同一分布的随机变量序列，且 $E(X_i) = \mu, D(X_i) = \sigma^2 \neq 0 (i = 1, 2, \cdots)$，则对于任意 x，有

$$\lim_{n \to \infty} P\left\{ \frac{\sum_{i=1}^{n} X_i - n\mu}{\sqrt{n}\,\sigma} \leqslant x \right\} = \int_{-\infty}^{x} \frac{1}{\sqrt{2\pi}} \mathrm{e}^{-\frac{t^2}{2}} \mathrm{d}t = \Phi(x). \tag{5.6}$$

定理 5.5 我们通常称之为林德伯格-莱维(Lindeberg-Levy)定理，该定理是这两位学者在 20 世纪 20 年代证明的，这里证明从略.

我们来看一下式(5.6)含义：若记 $Y_n = \dfrac{\sum_{i=1}^{n} X_i - n\mu}{\sqrt{n}\,\sigma}$，记 $F_{Y_n}(x)$ 为 Y_n 的分布函数，则式(5.6)可以写成

$$\lim_{n \to \infty} F_{Y_n}(x) = \Phi(x).$$

这表明，当 n 充分大时，Y_n 近似服从标准正态分布 $N(0,1)$，即

$$\frac{\sum_{i=1}^{n} X_i - n\mu}{\sqrt{n}\,\sigma} \overset{\text{近似}}{\sim} N(0,1).$$

从而当 n 充分大时，

$$\sum_{i=1}^{n} X_i \overset{\text{近似}}{\sim} N(n\mu, n\sigma^2). \tag{5.7}$$

式(5.7)说明,不论 $X_1, X_2, \cdots, X_n$ 服从什么分布,只要满足定理的条件,当 n 充分大时,就可以将 $\sum\limits_{i=1}^{n} X_i$ 近似作为正态随机变量处理,这在理论研究和实际计算上都非常重要.

将上述结论稍作变形,还可以得到定理结论的另外表现形式.

推论 设相互独立的随机变量 $X_1, X_2, \cdots, X_n$ 服从同一分布,其均值为 μ,方差为 $\sigma^2 \neq 0$,则当 n 充分大时

$$\bar{X} \overset{\text{近似}}{\sim} N\left(\mu, \frac{\sigma^2}{n}\right), \tag{5.8}$$

即

$$\frac{\bar{X} - \mu}{\sigma / \sqrt{n}} \overset{\text{近似}}{\sim} N(0,1), \tag{5.9}$$

其中 $\bar{X} = \dfrac{1}{n} \sum\limits_{i=1}^{n} X_i$.

由推论可知,无论 $X_1, X_2, \cdots, X_n$ 是服从什么分布,其算术平均值 $\bar{X}$ 当 n 充分大时总是近似地服从正态分布.这一结果是数理统计中大样本理论的基础.

【例 5.5】 用机器包装味精,每袋净重为随机变量,期望值为 100 克,标准差为 10 克,一箱内装 200 袋味精,求一箱味精净重大于 20400 克的概率.

解 设箱中第 i 袋味精的净重为 X_i 克,$i=1,2,\cdots,200$,$X_1, X_2, \cdots, X_{200}$ 是 200 个相互独立同分布的随机变量,且 $E(X_i)=100$,$D(X_i)=100$,$k=1,2,\cdots,200$.

由定理 5.5

$$\sum_{i=1}^{200} X_i \overset{\text{近似}}{\sim} N(200 \times 100, 200 \times 100),$$

即

$$\sum_{i=1}^{200} X_i \overset{\text{近似}}{\sim} N(20000, 20000).$$

所以

$$\begin{aligned} P\left\{\sum_{i=1}^{200} X_i > 20400\right\} &= 1 - P\left\{\sum_{i=1}^{200} X_i \leqslant 20400\right\} \\ &= 1 - P\left\{\frac{\sum\limits_{i=1}^{200} X_i - 20000}{\sqrt{20000}} \leqslant \frac{20400 - 20000}{\sqrt{20000}}\right\} \approx 1 - \Phi(2.83) \\ &= 1 - 0.9977 = 0.0023. \end{aligned}$$

5.2.2 二项分布的正态近似

现在将定理 5.5 应用于服从 0-1 分布的随机变量,即设 $X_1, X_2, \cdots, X_n, \cdots$ 相互

独立，且都服从参数为 p 的 0-1 分布：

$$P\{X=k\}=p^k(1-p)^{1-k},\quad k=0,1.$$

此时，$E(X_i)=p$，$D(X_i)=p(1-p)(i=1,2,\cdots)$.

又记 $\eta_n=\sum_{i=1}^{n}X_i$，则 $\eta_n\sim B(n,p)$.那么定理 5.5 的结论可写成

$$\lim_{n\to\infty}P\left\{\frac{\eta_n-np}{\sqrt{n}\sqrt{p(1-p)}}\leqslant x\right\}=\int_{-\infty}^{x}\frac{1}{\sqrt{2\pi}}e^{-\frac{t^2}{2}}dt=\Phi(x).$$

于是，有下述定理.

定理 5.6（棣莫弗-拉普拉斯定理）　设 $\eta_n(n=1,2,\cdots)$ 服从参数为 $n,p(0<p<1)$ 的二项分布，则对于任意实数 x，有

$$\lim_{n\to\infty}P\left\{\frac{\eta_n-np}{\sqrt{np(1-p)}}\leqslant x\right\}=\int_{-\infty}^{x}\frac{1}{\sqrt{2\pi}}e^{-\frac{t^2}{2}}dt=\Phi(x).\tag{5.10}$$

定理 5.6 表明，当 n 充分大时，服从二项分布的随机变量 η_n 的标准化变量近似服从标准正态分布，即有

$$\frac{\eta_n-np}{\sqrt{np(1-p)}}\overset{\text{近似}}{\sim}N(0,1).$$

从而

$$\eta_n\overset{\text{近似}}{\sim}N(np,np(1-p)),$$

即当 n 充分大时，服从二项分布的随机变量 η_n 近似服从正态分布.

一般来说，当 n 较大时，二项分布的概率计算起来非常复杂，这时我们就可以用正态分布来近似二项分布，使概率计算得到简化，即对于任意正数 n_1 和 n_2，有

$$\begin{aligned}&\sum_{k=n_1}^{n_2}C_n^k p^k(1-p)^{n-k}\\&=P\{n_1\leqslant\eta_n\leqslant n_2\}\\&=P\left\{\frac{n_1-np}{\sqrt{np(1-p)}}\leqslant\frac{\eta_n-np}{\sqrt{np(1-p)}}\leqslant\frac{n_2-np}{\sqrt{np(1-p)}}\right\}\\&\approx\Phi\left(\frac{n_2-np}{\sqrt{np(1-p)}}\right)-\Phi\left(\frac{n_1-np}{\sqrt{np(1-p)}}\right).\end{aligned}\tag{5.11}$$

【例 5.6】　设电路供电网内有 10000 盏相同的灯，夜间每一盏灯开着的概率为 0.8，假设各灯的开关彼此独立，计算同时开着的灯数在 7800 与 8200 之间的概率.

解　记同时开着的灯数为 X，它服从二项分布 $B(10000,0.8)$，于是由式(5.11)，有

$$P\{7800\leqslant X\leqslant 8200\}\approx\Phi\left(\frac{8200-8000}{\sqrt{10000\times0.8\times0.2}}\right)-\Phi\left(\frac{7800-8000}{\sqrt{10000\times0.8\times0.2}}\right)$$

$$=2\Phi\left(\frac{2}{0.4}\right)-1=2\Phi(5)-1\approx 1.$$

【例 5.7】 某单位内部有 260 部电话分机，每个分机有 4%的时间要与外线通话，可以认为每个电话分机用不同的外线是相互独立的，问总机需备多少条外线才能以 95%的概率满足每个分机在用外线时不用等候？

解 设 X 表示同时使用外线的分机数，则 $X\sim B(260,p)$，其中 $p=0.04$.根据题意应确定最小的 x，使 $P\{X\leqslant x\}\geqslant 95\%$成立.由定理 5.6，有

$$P\{X\leqslant x\}=P\left\{\frac{X-260p}{\sqrt{260p(1-p)}}\leqslant\frac{x-260p}{\sqrt{260p(1-p)}}\right\}\approx\Phi\left(\frac{x-260p}{\sqrt{260p(1-p)}}\right).$$

令

$$\Phi\left(\frac{x-260p}{\sqrt{260p(1-p)}}\right)\geqslant 95\%,$$

查得 $\Phi(1.65)=0.9505>0.95$，故取 $\frac{x-260p}{\sqrt{260p(1-p)}}\geqslant 1.65$，于是

$$x\geqslant 1.65\times\sqrt{260p(1-p)}+260p=1.65\times\sqrt{260\times 0.04\times 0.96}+260\times 0.04$$
$$\approx 15.61.$$

也就是说，至少需要 16 条外线才能 95%满足每个分机在用外线时不用等候.

【实验 5.1】 用 Excel 验证二项分布逼近正态分布.

实验准备：

学习附录二中如下 Excel 函数：

(1) 对应数值之差平方和函数 SUMXMY2.

(2) 二项分布概率函数 BINOMDIST.

(3) 正态分布函数 NORMDIST.

实验步骤：

(1) 按图 5.1(a)所示，在 Excel 中做实验准备.

(2) 在单元格 C3 中输入公式：

=C1 * C2

(3) 在单元格 C4 中输入公式：

=C3 * (1-C2)

(4) 在单元格 B6 中输入二项分布概率函数：

=BINOMDIST(A6,C$1,C$2,FALSE)

并将其复制到单元格区域 B7:B12 中.

(5) 在单元格 C6 中输入正态分布概率密度函数：

=NORMDIST(A6,C$3,SQRT(C$4),FALSE)，

并将其复制到单元格区域 C7:C12 中.

（6）在单元格D6中输入计算两列数据的误差平方和公式：

=SUMXMY2(B6:B12,C6:C12)，

即得计算结果如图5.1(b)所示.

	A	B	C	D
1		$n=$	7	
2		$p=$	0.5	
3		$np=$		
4		$np(1-p)=$		
5	x	$b(n,p)$	$N(np,np(1-p))$	误差平方和
6	1			
7	2			
8	3			
9	4			
10	5			
11	6			
12	7			
13	8			

(a)

	A	B	C	D
1		$n=$	7	
2		$p=$	0.5	
3		$np=$	3.5	
4		$np(1-p)=$	1.75	
5	x	$b(n,p)$	$N(np,np(1-p))$	误差平方和
6	1	0.0546875	0.050566766	0.000204023
7	2	0.1640625	0.158562955	
8	3	0.2734375	0.280782481	
9	4	0.2734375	0.280782481	
10	5	0.1640625	0.158562955	
11	6	0.0546875	0.050566766	
12	7	0.0078125	0.009106686	
13	8			

(b)

图5.1　实验准备与计算结果

注意到其中的误差平方和为：0.000204023.

（7）用鼠标选中单元格区域B6:C12，做折线图如图5.2(a)所示.

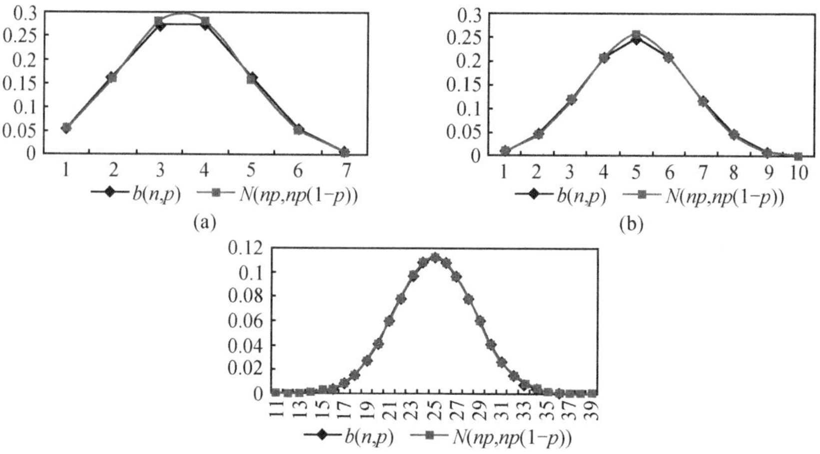

图5.2　$n=7,10,100$时二项分布的概率函数图和正态分布的概率密度图

（8）修改单元格C1中数据为10，并将单元格区域B6:C6中公式复制到区域B7:C15中.

（9）修改单元格D6中公式为：=SUMXMY2(B6:B15,C6:C15)，得到误差平方和为：0.000007757.做出的折线图如图5.2(b)所示.

（10）再次修改单元格C1中数据为100，与(8)和(9)相仿，可以依次得到误差平

方和 2.57984×10^{-7}，折线图如图 5.2(c)所示.

说明：随着 n 的增大，二项分布逐渐逼近正态分布.

【吸烟率调查问题解答】

某卫生组织为确定某城市成年男子的吸烟率 p，将被调查的成年男子中吸烟的频率作为 p 的估计，现在要保证有 90% 以上的把握，使得调查对象吸烟者的频率与该城市成年男子的吸烟率 p 之间的差异不大于 5%，问至少要调查多少对象？

解 设共调查 n 个成年男子，记

$$X_i=\begin{cases}1, & \text{第 } i \text{ 个成年男子吸烟},\\ 0, & \text{第 } i \text{ 个成年男子不吸烟},\end{cases}\quad i=1,2,\cdots,n,$$

则 X_i 独立同分布，且 $P\{X_i=1\}=p$，$P\{X_i=0\}=1-p$，$i=1,2,\cdots,n$. 又记 n 个调查对象中，吸烟的人数为 X，则有

$$X=\sum_{i=1}^{n}X_i\sim B(n,p).$$

由大数定理知，当 n 很大时，频率 X/n 与概率 p 很接近，可用频率作为 p 的估计.依题意

$$P\left\{\left|\frac{1}{n}\sum_{i=1}^{n}X_i-p\right|\leqslant 0.05\right\}\approx 2\Phi\left(0.05\sqrt{\frac{n}{p(1-p)}}\right)-1\geqslant 0.90,$$

即 $\Phi\left(0.05\sqrt{\frac{n}{p(1-p)}}\right)\geqslant 0.95$，查表得 $\Phi(1.645)=0.95$，所以 $0.05\sqrt{\frac{n}{p(1-p)}}\geqslant 1.645$，从而

$$n\geqslant p(1-p)\frac{1.645^2}{0.05^2}=p(1-p)\times 1082.41.$$

又因为 $p(1-p)\leqslant 0.25$，所以 $n\geqslant 270.6$，即至少要调查 271 个成年男子.

习 题 5

(A)

一、填空题

1. 设随机变量 X 的数学期望为 $E(X)=\mu$，方差为 $D(X)=\sigma^2$，则由切比雪夫不等式，有 $P\{|X-\mu|\geqslant 3\sigma\}\leqslant$________.

2. 设随机变量 X 的数学期望为 $E(X)=100$，方差为 $D(X)=10$，则由切比雪夫不等式，有 $P\{80<X<120\}\geqslant$________.

3. 设随机变量 X 的方差为 2，则根据切比雪夫不等式有估计 $P\{|X-E(X)|\geqslant 2\}\leqslant$________.

4. 设随机变量 X 和 Y 的数学期望都是 2，方差分别为 1 和 4，而相关系数为 0.5，则根据切比雪

夫不等式 $P\{|X-Y|\geqslant 6\}\leqslant$________.

5. 设 η_n 是 n 次独立重复试验中事件 A 出现的次数，p 为 A 在每次试验中出现的概率，则对任意给定的正数 ε，有 $\lim\limits_{n\to\infty}P\left\{\left|\dfrac{\eta_n}{n}-p\right|<\varepsilon\right\}=$________.

6. 若随机变量序列 $X_1, X_2, \cdots, X_n, \cdots$ 独立同分布，且 $E(X_n)=0$，则 $\lim\limits_{n\to\infty}P\left\{\left|\sum\limits_{i=1}^{n}X_i\right|<n\right\}=$________.

7. 将一枚硬币连抛 100 次，则出现正面次数大于 65 的概率为________.

二、单项选择题

1. 若随机变量 X 的方差 $D(X)$ 存在，a 为常数，则 $P\left\{\left|\dfrac{X-E(X)}{a}\right|\geqslant 1\right\}\leqslant$(　　).

(A) $D(X)$　　(B) 1　　(C) $\dfrac{D(X)}{a^2}$　　(D) $a^2D(X)$

2. 设 X 为一随机变量，$E(X^2)=1.1$，$D(X)=0.1$，$E(X)>0$，则一定有(　　).

(A) $P\{-1<X<1\}\geqslant 0.9$　　(B) $P\{0<X<2\}\geqslant 0.9$

(C) $P\{X+1\geqslant 1\}\leqslant 0.9$　　(D) $P\{|X|\geqslant 1\}\leqslant 0.1$

3. 设随机变量 $X_1, X_2, \cdots, X_n$ 相互独立，$S_n=X_1+X_2+\cdots+X_n$，则根据中心极限定理，当 n 充分大时，S_n 近似服从正态分布，只要 $X_1, X_2, \cdots, X_n$(　　).

(A) 有相同的数学期望　　(B) 有相同的方差

(C) 服从同一指数分布　　(D) 服从同一离散分布

4. 设 $X_1, X_2, \cdots, X_n, \cdots (n>2)$ 为独立同分布的随机变量列，且均服从参数为 $\theta(\theta>1)$ 的指数分布，记 $\Phi(x)$ 为标准正态分布函数，则(　　).

(A) $\lim\limits_{n\to\infty}P\left\{\dfrac{\sum\limits_{i=1}^{n}X_i-n\theta}{\theta\sqrt{n}}\leqslant x\right\}=\Phi(x)$　　(B) $\lim\limits_{n\to\infty}P\left\{\dfrac{\sum\limits_{i=1}^{n}X_i-n\theta}{\sqrt{n\theta}}\leqslant x\right\}=\Phi(x)$

(C) $\lim\limits_{n\to\infty}P\left\{\dfrac{\theta\sum\limits_{i=1}^{n}X_i-n}{\sqrt{n}}\leqslant x\right\}=\Phi(x)$　　(D) $\lim\limits_{n\to\infty}P\left\{\dfrac{\sum\limits_{i=1}^{n}X_i-\theta}{\sqrt{n\theta}}\leqslant x\right\}=\Phi(x)$

5. 设 $X_1, X_2, \cdots, X_n, \cdots (n>2)$ 为独立同分布的随机变量列，且均服从参数为 $\lambda(\lambda>0)$ 的泊松分布，当 n 充分大时，下列选项正确的是(　　).

(A) $\dfrac{\sum\limits_{i=1}^{n}X_i-n\lambda}{\sqrt{n\lambda}}\sim N(0,1)$　　(B) $\sum\limits_{i=1}^{n}X_i\sim N(\lambda, n\lambda)$

(C) $\sum\limits_{i=1}^{n}X_i\sim N(0,1)$　　(D) $P\left\{\sum\limits_{i=1}^{n}X_i\leqslant x\right\}=\Phi(x)$

6. 设随机变量 $X_i(i=1,2,\cdots)$ 相互独立，具有同一分布，$E(X_i)=0$，$D(X_i)=\sigma^2$，$i=1,2,\cdots$，则当 n 很大时，$\sum\limits_{i=1}^{n}X_i$ 的近似分布是(　　).

(A) $N(0, n\sigma^2)$　　(B) $N(0,\sigma^2)$　　(C) $N\left(0,\dfrac{\sigma^2}{n}\right)$　　(D) $N\left(0,\dfrac{\sigma^2}{n^2}\right)$

7. 设 $X_1, X_2, \cdots, X_n, \cdots (n>2)$ 为独立同分布的随机变量列，$E(X_i)=\mu$，$D(X_i)=\sigma^2\neq 0$，当

n 充分大时，下列选项不正确的是(　　).

(A) $\frac{1}{n}\sum_{i=1}^{n}X_i \sim N\left(\frac{\mu}{n},\frac{\sigma^2}{n}\right)$　　(B) $\frac{1}{n}\sum_{i=1}^{n}X_i \sim N\left(\mu,\frac{\sigma^2}{n}\right)$

(C) $\sum_{i=1}^{n}X_i \sim N(n\mu,n\sigma^2)$　　(D) $\lim_{n\to\infty}P\left\{\left|\frac{\sum_{i=1}^{n}X_i}{n}-\mu\right|<\varepsilon\right\}=1$

8. 设 $\eta_n \sim B(n,p)$，$p\in(0,1)$，当 n 充分大时，下列选项不正确的是(　　).

(A) $\frac{\eta_n}{n}$ 依概率收敛于 p　　(B) $\eta_n \sim N(np,np(1-p))$

(C) $\frac{\eta_n}{n}\sim N\left(p,\frac{p(1-p)}{n}\right)$　　(D) $\frac{\eta_n-np}{\sqrt{p(1-p)}}\sim N(0,1)$

三、解答题

1. 设随机变量 $X_1,X_2,\cdots,X_n$ 独立同分布，且 $X\sim P(\lambda)$，$\bar{X}=\frac{1}{n}\sum_{i=1}^{n}X_i$，试利用切比雪夫不等式估计 $P\{|\bar{X}-\lambda|<2\sqrt{\lambda}\}$ 的下界.

2. 设 $E(X)=-1$，$E(Y)=1$，$D(X)=1$，$D(Y)=9$，$\rho_{XY}=-0.5$，试根据切比雪夫不等式估计 $P\{|X+Y|\geqslant 3\}$ 的上界.

3. 据以往经验，某种电器元件的寿命服从均值为 100 小时的指数分布.现随机地取 16 只，设它们的寿命是相互独立的.求这 16 只元件的寿命的总和大于 1920 小时的概率.

4. 某商店负责供应某地区 1000 人商品，某种商品在一段时间内每人需要用一件的概率为 0.6，假定在这一时间段各人购买与否彼此无关，问商店应预备多少件这种商品，才能以 99.7%的概率保证不会脱销(假定该商品在某一时间段内每人最多可以买一件).

5. 某种难度很大的手术成功率为 0.9，现对 100 个患者进行这种手术，用 X 记手术成功的人数，求 $P\{84<X<95\}$.

6. 在一零售商店中，其结账柜台替顾客服务的时间(以分钟计)是相互独立的随机变量，均值为 1.5，方差为 1.求对 100 位顾客的总服务时间不多于 2 小时的概率.

7. 已知笔记本电脑中某种配件的合格率仅为 80%，某大型电脑厂商月生产笔记本电脑 10000 台，为了以 99.7%的把握保证出厂的电脑均能装上合格的配件，问：此生产厂商每月至少应购买该种配件多少件？

8. 已知一本 300 页的书中，每页的印刷错误的个数服从参数为 0.2 的泊松分布，试求整书中的印刷错误总数不多于 70 个的概率.

9. 设车间有 100 台机床，假定每台机床是否开工是独立的，每台机器平均开工率为 0.64，开工时需消耗电能 a 千瓦，问发电机只需供给该车间多少千瓦的电能就能以概率 0.99 保证车间正常生产？

10. 某保险公司的老年人寿保险有 1 万人参加，每人每年交 200 元.若老人在该年内死亡，公司付给家属 1 万元.设老年人死亡率为 0.017，试求保险公司在一年内的这项保险中亏本的概率.

四、应用题

1. 某餐厅每天接待 400 名顾客，设每位顾客的消费额(单位：元)服从区间(20，100)上的均匀分布，且顾客的消费额是相互独立的，求该餐厅的日营业额在其平均营业额±760 元内的概率.

2. 设某型号电子元件的寿命(单位：小时)服从指数分布，其平均寿命为 20 小时，具体使用时当一元件损坏后立即更换另一新元件，已知每个元件进价为 110 元，试问在年计划中应为此元件作多少元的预算，才可以有 95%的把握保证一年的供应(假定一年工作时间为 2000 小时).

3. 据调查某村庄中一对夫妻无孩子、有 1 个孩子、有 2 个孩子的概率分别为 0.05，0.8，0.15.若该村共有 400 对夫妻，试求：

(1) 400 对夫妻的孩子总数超过 450 的概率；

(2)只有 1 个孩子的夫妻数不多于 340 的概率.

(B)

1. 设随机变量 X 的概率密度为

$$f(x)=\begin{cases}\dfrac{x^m}{m!}e^{-x}, & x>0,\\ 0, & \text{其他}.\end{cases}$$

m 为正整数，证明：$P\{0<X<2(m+1)\}\geqslant\dfrac{m}{m+1}$.(提示：利用切比雪夫不等式.)

2. 设$\{X_n:n\geqslant1\}$为独立同分布的随机变量列，其共同的分布如下表所示，证明$\{X_n\}$服从切比雪夫大数定律.

X_n	$-\sqrt{2}$	0	$\sqrt{2}$
p_k	1/4	1/2	1/4

3. 设随机变量列$\{X_n:n\geqslant1\}$为独立同分布，$E(X_n)=0$，$D(X_n)=\sigma^2(0<\sigma^2<+\infty)$，又 $E(X_n^4)$存在$(n=1,2,\cdots)$，证明：$\dfrac{1}{n}\sum\limits_{i=1}^{n}X_i^2\xrightarrow{P}\sigma^2$(提示：利用切比雪夫大数定律).

第 6 章　数理统计基础

第 1 章～第 5 章我们学习了概率论的基本知识，从本章开始将学习数理统计的基本知识、理论和方法.数理统计是具有广泛应用领域且颇具特色的一门数学分支，它以概率论为基础，根据试验和观测得到的数据来研究随机现象，对研究对象的客观规律性作出种种合理的估计和推断.

数理统计研究的内容包括如何收集、处理、分析和研究随机数据的理论和方法.本书主要介绍分析和研究数据的基本理论和方法.

概率论和数理统计都是研究随机现象的，但其研究问题的方法非常不同.概率论中，往往是在已知随机变量分布的条件下，去研究它的性质、特点和规律性，如求随机变量取某些特定值的概率、求随机变量的数字特征、研究多个随机变量之间的关系等.在数理统计中，我们所研究的随机变量的分布往往是未知的，通过对随机变量进行多次独立重复的试验和观测，获取数据，利用实际观测数据研究随机变量的分布，对其分布函数、数字特征等进行估计和推断，从而对所考察的问题作出推断和预测，为进一步的决策和行动提供依据和建议.

本章作为数理统计基础，学习总体、样本、统计量与抽样分布等有关概念，以及有关正态总体的重要的抽样分布定理.

【数理统计简史】

相对于其他许多数学分支而言，数理统计是一个比较年轻的数学分支.多数人认为 20 世纪 40 年代瑞典著名概率论与数理统计学家克拉美(H.Carmer 1893—1985)的著作《统计学的数学方法》，使得 1945 年以前 25 年间英国、美国统计学家在统计学方面的工作与法、俄国数学家在概率论方面的工作结合起来，从而形成数理统计这门学科.数理统计有很多分支，但其基本内容为采集样本和统计推断两大部分.发展到今天的现代数理统计学，已经历了各种历史变迁.

1. 近代统计学时期

18 世纪末到 19 世纪，是近代统计学时期.这一时期的重大成就是大数定律和概率论被引入统计学.之后最小二乘法、误差理论和正态分布理论等相继成为统计学的重要内容.这一时期有两大学派：数理统计学派和社会统计学派.

数理统计学派始于 19 世纪中叶，代表人物是比利时的人口学家、数学家和天文学家凯特莱(A.Quetelet，1796—1874)，著有《概率论书简》《社会物理学》等，他主张用研究自然科学的方法研究社会现象，正式把概率论引入统计学，并最先用大数定律证明了社会生活中随机现象的规律性，提出了误差理论.凯特莱的贡献，使统计学的发展进入了一个新的阶段.

社会统计学派始于 19 世纪末，首创人物是德国社会统计学派的先驱克尼斯(K. G. A. Knies，1821—1898)，他认为统计学是一个社会科学，是研究社会现象变动原因和规律性的实质性科学.各国专家学者在社会经济统计指标的设定与计算、指数的编制、统计调查的组织和实施、经济社会发展评价和预测等方面取得了一系列的重要成果.德国统计学家恩格尔(C.L.E.Engel，1821—1896)提出的“恩格尔”系数，美国经济学家库兹涅茨和英国经济学家斯通等研究的国民收入和国内生产总值的核算方法等，都是伟大的贡献.

18 世纪到 19 世纪初期，德国伟大数学家、天文学家和物理学家高斯(C. F. Gauss，1777—1855)从描述天文观测的误差而引进正态分布，并使用最小二乘法作为估计方法，是近代数理统计学发展初期的重大事件，对社会发展有很大的影响.

用正态分布描述观测数据的应用是如此普遍，以致在 19 世纪相当长的时期内，包括英国生物统计学家高尔顿(Francis Galton，1822—1911)在内的一些学者，认为这个分布可用于描述几乎是一切常见的数据.直到现在，有关正态分布的统计方法，仍占据着常用统计方法中很重要的一部分.最小二乘法方面的工作，在 20 世纪初以来，经过一些学者的发展，如今成了数理统计学中的主要方法.

2. 现代统计学时期

从 19 世纪末到现在，是现代统计学时期.这一时期的显著特点是数理统计学由于同自然科学、工程技术科学紧密结合并被广泛应用于各个领域而获得迅速发展.各种新的统计理论和方法、尤其是推断统计理论与方法得以大量涌现，例如，英国统计学家卡尔·皮尔逊(K.Pearson，1857—1936)的 χ^2 分布理论，英国的统计学家戈赛特(W.S.Gosset，1876—1937)的小样本 t 分布理论，英国统计学家费希尔(R.A.Fisher，1890—1962)的 F 分布理论和试验设计方法，波兰统计学家奈曼(J.Neyman，1894—1981)和英国统计学家皮尔逊(E.S.Pearson，1895—1980)的置信区间理论和假设检验理论，以及非参数统计法、序贯抽样法、多元统计分析法、时间序列跟踪预测法都应运而生，并逐步成为现代统计学的主要内容.

现代统计学时期是数理统计发展的辉煌时期，数理统计不仅在理论上取得重大进展，其方法在生物、农业、医学、社会、经济、工业和科技等方面得到越来越广泛的应用.另外，计算机的应用对统计学的产生了巨大的影响，需要大量计算的统计方法，有了计算机，这一切都不成问题.

如今互联网技术的高度发达，数理统计又迎来了大数据时代，人们对海量数据进行收集、挖掘和应用，从中创造出不可估量的价值.数理统计发展将进入更加辉煌的时代.

【质量控制问题】

某食盐厂用包装机包装的食盐,每袋重量500g,通常在包装机正常的情况下,袋装食盐的重量 X 服从正态分布,均值为500g,标准差为25g.为进行生产质量控制,他们每天从当天的产品中随机抽出30袋进行严格称重,以检验包装机工作是否正常.某日,该厂随机抽取30袋盐的重量分别为

475	500	485	454	504	439	492	501	463	461
464	494	512	451	434	511	513	490	521	514
449	467	499	484	508	478	479	499	529	480

从这些数据看,包装机的工作正常吗?

6.1 总体和样本

本节学习数理统计中最基本的几个概念.

6.1.1 总体与个体

总体或**母体**指我们研究对象的全体构成的集合,**个体**指总体中包含的每个成员.例如,在研究某高校学生生活消费状况时,该校全体学生就是一个总体,其中每一个学生是一个个体;在人口普查中,总体是某地区的全体人口,个体就是该地区的每一个人.

我们研究总体时,所关心的往往是总体某方面的特性,这些特性又常常可以用一个或多个数量指标来反映.例如,在研究某高校学生生活消费状况时,关心的可能是学生每月的生活消费额,在研究某厂生产的灯泡的质量时,关心的可能是这些灯泡的寿命和光亮度等.这时总体指一个或多个数量指标,这些数量指标对我们来说是不了解或者说是未知的,我们可以用一个或多个随机变量来表示它们.因此,总体可以是一维随机变量,也可以是多维随机变量.例如,在研究某高校学生生活消费状况时,可以用一个随机变量 X 表示月生活消费额,在研究某厂生产的灯泡的质量时,可以用两个随机变量 Y 和 Z 分别表示灯泡的寿命和光亮度,那么,对上面两个问题的研究就转化为对总体 X 和总体 (Y,Z) 的研究了.

根据总体中包含个体的数量,可以将总体分为**有限总体**和**无限总体**,当总体中包含个体的数量很大时,我们可以把有限总体看成是无限总体.例如,某厂某天生产的灯泡可以看成是有限总体,而该厂生产的全部灯泡就可以看成为无限总体,因为它包含过去和将来生产的灯泡的全部.

6.1.2 样本与抽样

实际应用中,为了研究总体的特性,总是从总体中抽出部分个体进行观察或试验,根据观察或试验得到的数据推断总体的性质.我们把从总体中抽出的部分个体称为**样本**,把样本中包含个体的数量称为**样本容量**,把对样本的观察或试验的过程称为**抽样**,把观察或试验得到的数据称为样本观测值,或称样本值.例如,在灯泡寿命的研究中,随机抽出 n 个灯泡,测得其寿命分别为 $x_1,x_2,\cdots,x_n$,就称它们是灯泡寿命这个总体的样本观测值.在抽样前,不知道样本观测值究竟取何值,应该把它们看成为随机变量,记作 $X_1,X_2,\cdots,X_n$,称其为容量为 n 的样本.再例如,【质量控制问题】中抽出的容量为 30 的样本可以表示为 $X_1,X_2,\cdots,X_{30}$,表中给出的的 30 个数据就是样本观测值,可以用 $x_1,x_2,\cdots,x_{30}$表示(在不会混淆的情况下,有时我们也将样本观测值简称为样本,如【质量控制问题】中的 30 个数据我们也可以说成是一个容量为 30 的样本).

在应用中,我们从总体中抽出的个体必须具有代表性,样本中个体之间要具有相互独立性,为保证这两点,一般采用简单随机抽样的方法.

定义 6.1 一种抽样方法若满足下面两点,称其为**简单随机抽样**:

(1) 总体中每个个体被抽到的机会是均等的;

(2) 样本中的个体相互独立.

由简单随机抽样得到的样本称为**简单随机样本**.

设 $X_1,X_2,\cdots,X_n$ 是从总体 X 中抽出的简单随机样本,由定义可知,$X_1,X_2,\cdots,X_n$ 有下面两个特性.

(1) 代表性:$X_1,X_2,\cdots,X_n$ 均与 X 同分布,即若 $X\sim F(x)$,则对每一个 X_i 都有

$$X_i\sim F(x_i),\quad i=1,2,\cdots,n.$$

(2) 独立性:$X_1,X_2,\cdots,X_n$ 相互独立.

由这两个特性可知,若 X 的分布函数为 $F(x)$,则 $X_1,X_2,\cdots,X_n$ 的联合分布函数为

$$F(x_1,x_2,\cdots,x_n)=F(x_1)F(x_2)\cdots F(x_n).$$

若 X 具有概率密度为 $f(x)$,则 $X_1,X_2,\cdots,X_n$ 的联合概率密度为

$$f(x_1,x_2,\cdots,x_n)=f(x_1)\,f(x_2)\cdots f(x_n).$$

【例 6.1】 设总体 X 服从均值为 1/2 的指数分布,$X_1,X_2,\cdots,X_n$为来自总体 X 的简单随机样本,求 $X_1,X_2,\cdots,X_n$的联合概率密度和联合分布函数.

解 X 的概率密度为

$$f(x)=\begin{cases}2\mathrm{e}^{-2x}, & x>0,\\ 0, & x\leqslant 0,\end{cases}$$

其分布函数为

$$F(x)=\begin{cases}\int_0^x 2\mathrm{e}^{-2x}\mathrm{d}x, & x>0,\\ 0, & x\leqslant 0\end{cases}=\begin{cases}1-\mathrm{e}^{-2x}, & x>0,\\ 0, & x\leqslant 0,\end{cases}$$

则 $X_1,X_2,\cdots,X_n$ 的联合概率密度为

$$f(x_1,x_2,\cdots,x_n)=f(x_1)f(x_2)\cdots f(x_n)=\begin{cases}2^n\mathrm{e}^{-2\sum\limits_{i=1}^{n}x_i}, & x_i>0,i=1,2,\cdots,n,\\ 0, & \text{其他}.\end{cases}$$

$X_1,X_2,\cdots,X_n$ 的联合分布函数为

$$F(x_1,x_2,\cdots,x_n)=F(x_1)F(x_2)\cdots F(x_n)=\begin{cases}\prod\limits_{i=1}^{n}(1-\mathrm{e}^{-2x_i}) & x_i>0,i=1,2,\cdots,n,\\ 0, & \text{其他}.\end{cases}$$

【例 6.2】 已知总体 X 的分布为 $P\{X=i\}=1/4,i=0,1,2,3$，抽取 $n=36$ 的简单随机样本 $X_1,X_2,\cdots,X_{36}$，求 $Y=\sum\limits_{i=1}^{36}X_i$ 大于 50.4 小于 64.8 的概率.

解 总体 X 的均值和方差分别为

$$E(X)=\frac{1}{4}(0+1+2+3)=\frac{3}{2},$$

$$D(X)=E(X^2)-[E(X)]^2=\frac{1}{4}(0^2+1^2+2^2+3^2)-\left(\frac{3}{2}\right)^2=\frac{5}{4}.$$

由于 $X_1,X_2,\cdots,X_{36}$ 均与总体 X 同分布，且相互独立，所以，由均值和方差的性质知 Y 的均值和方差分别为

$$E(Y)=E\left(\sum_{i=1}^{36}X_i\right)=36E(X)=54,\quad D(Y)=D\left(\sum_{i=1}^{36}X_i\right)=36D(X)=36\times\frac{5}{4}=45.$$

又因为 $n=36$ 较大，依中心极限定理，$Y=\sum\limits_{i=1}^{36}X_i$ 近似服从正态分布 $N(54,45)$，所以

$$\begin{aligned}&P\{50.4<Y<64.8\}\\ &=P\left\{\frac{50.4-54}{\sqrt{45}}<\frac{Y-54}{\sqrt{45}}<\frac{64.8-54}{\sqrt{45}}\right\}\approx\Phi(1.61)-\Phi(-0.54)\\ &=0.9463-1+0.7054=0.6517.\end{aligned}$$

注意，如果没有特殊说明，以后所说样本均指简单随机样本.实际应用中，总体的分布往往是未知或不完全知道的，是需要通过样本来进行研究和推断的.

6.1.3 直方图与经验分布函数

如前所述，数理统计所研究的实际问题中总体的分布一般来说是未知的，需要通

过样本来推断.但如果对总体一无所知，那么，作出推断的可信度一般也极为有限.在很多情况下，我们往往可以通过具体的应用背景或以往的经验，再通过观察样本观测值的分布情况，对总体的分布形式有个大致了解.观察样本观测值的分布规律，了解总体 X 的概率密度和分布函数，常用直方图和经验分布函数.

1. 直方图

直方图是对一组数据 $x_1, x_2, \cdots, x_n$ 的分布情况的图形描述.将数据的取值范围分成若干区间(一般是等间隔的)，在等间隔的情况，每个区间的长度称为组距.考察这些数据落入每一个小区间的频数和频率，在每一个区间上画一个矩形，它的宽度是组距，高度可以是频数、频率或频率/组距，所得直方图分别称为**频数直方图、频率直方图**和**密度直方图**.

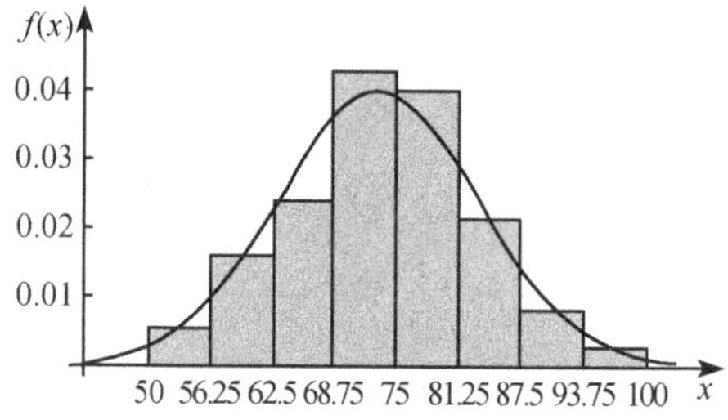

图 6.1 密度直方图

在密度直方图中，每一个矩形的面积恰好是数据落入对应小区间的频率，由于数据量 n 很大时频率接近于概率，如果数据 $x_1, x_2, \cdots, x_n$ 是来自连续总体 X 的样本观测值，这时小矩形的面积就接近 X 的概率密度曲线之下该小区间之上曲边梯形的面积，那么，这种密度直方图的外轮廓就接近 X 的概率密度曲线(图 6.1).也就是说，我们可以用样本观测值的密度直方图的顶部折线轮廓估计总体 X 的概率密度曲线，从而大致了解总体 X 的分布形式.

值得注意的是，组距对直方图的形态有很大的影响，组距太小或太大，直方图反映概率密度的形态就不够准确，一个合适的分组是希望密度直方图的形态接近总体的概率密度函数的形态.手工计算常取组数等于$\sqrt{n}$左右，一些统计软件会根据样本容量和样本的取值范围自动确定一个合适的分组方式，画出各种漂亮的直方图.

【实验 6.1】 从某高校一年学生的“高等数学”课程考试成绩中，随机抽取 60 名学生的成绩如下：

76	69	71	77	69	71	83	69	85	85
86	77	74	95	66	87	66	51	68	73
77	62	66	73	93	79	63	87	87	54
80	57	72	72	58	76	72	76	69	71
81	75	66	74	60	67	79	63	88	78
85	72	58	90	61	70	77	68	80	79

试利用 Excel 的“数据分析”功能作学生成绩的频数直方图，并通过直方图了解学生成绩的分布情况.

实验步骤:

(1) 确定分组个数:因为$\sqrt{60}\approx7.75$,取分组个数为8.数据的最小值为51,最大值为95,为分组方便起见,考虑范围从50到100,分为8个组,组距取$50/8=6.25$,分点分别为:50,56.25,62.5,68.75,75,81.25,87.5,93.75,100.整理学生成绩数据,在"组上限"栏中填入各组的上限值,如图6.2(a)所示.

	A	B	C	D	E	F	G
1			分数				组上限
2	76	80	86	81	77	85	56.25
3	69	57	77	75	62	72	62.5
4	71	72	74	66	66	58	68.75
5	77	72	95	74	73	90	75
6	69	58	66	60	93	61	81.25
7	71	76	87	67	79	70	87.5
8	83	72	66	79	63	77	93.75
9	69	76	51	63	87	68	100
10	85	69	68	88	87	80	
11	85	71	73	78	54	79	

(a)

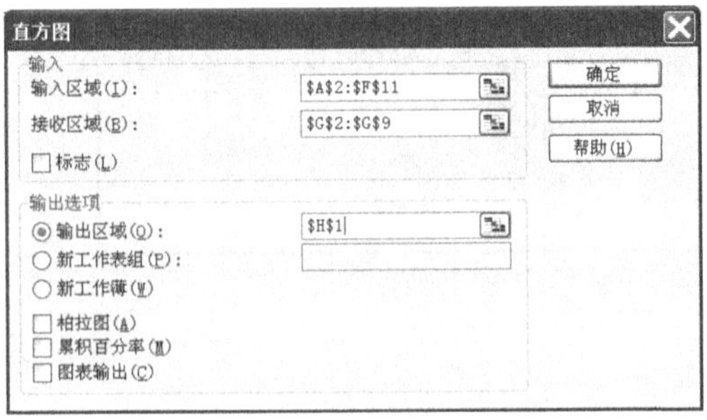

(b)

图 6.2 数据整理与"直方图"对话框

(2) 在Excel主菜单中选择"工具"→"数据分析",打开"数据分析"对话框,在"分析工具"列表中选择"直方图"选项,单击"确定"按钮.

(3) 在打开的"直方图"对话框中,依次输入(或用鼠标拖动选择)"输入区域""接收区域"和"输出区域",如图6.2(b)所示,勾选"图表输出"复选框后,单击"确定"按钮.

得到频数分布的结果如图6.3(a)①所示,同时得到频数直方图如图6.3(b)所示.

	A	B	C	D	E	F	G	H	I
1			分数				组上限	接收	频率
2	76	80	86	81	77	85	56.25	56.25	2
3	69	57	77	75	62	72	62.5	62.5	6
4	71	72	74	66	66	58	68.75	68.75	9
5	77	72	95	74	73	90	75	75	17
6	69	58	66	60	93	61	81.25	81.25	14
7	71	76	87	67	79	70	87.5	87.5	8
8	83	72	66	79	63	77	93.75	93.75	3
9	69	76	51	63	87	68	100	100	1
10	85	69	68	88	87	80		其他	0
11	85	71	73	78	54	79			

(a)

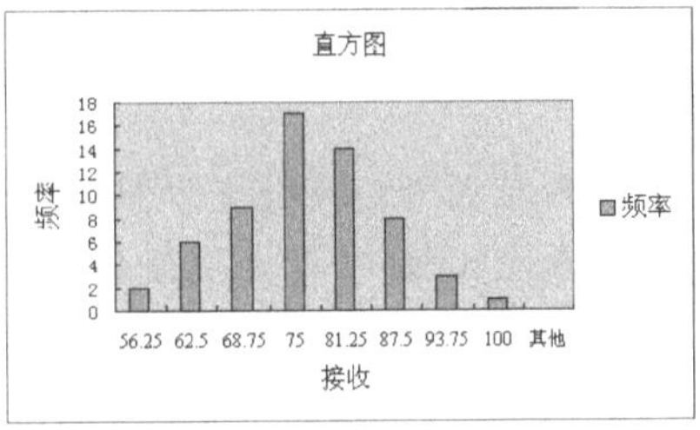

(b)

图 6.3 计算各组频数并画出频数直方图

(4) 修改图形.鼠标右键单击条形图,在快捷菜单中选择"数据系列格式",打开"数据系列格式"对话框,在"选项"中修改"分类间距"为0(图6.4).

① 实验6.1中所有图中出现的"频率"应为"频数",这是Excel的一点小错误!

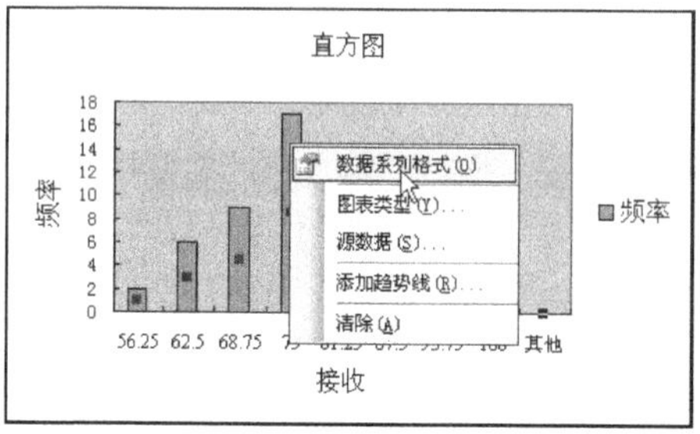

(a)

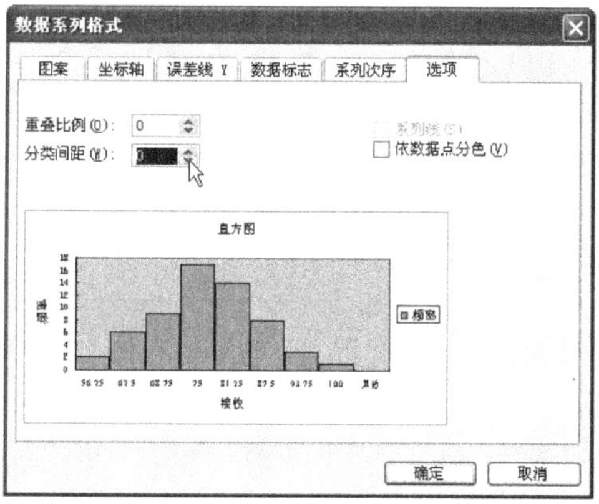

(b)

图 6.4　修改“分类间距”

单击“确定”按钮.即得频数直方图如图 6.5 所示.

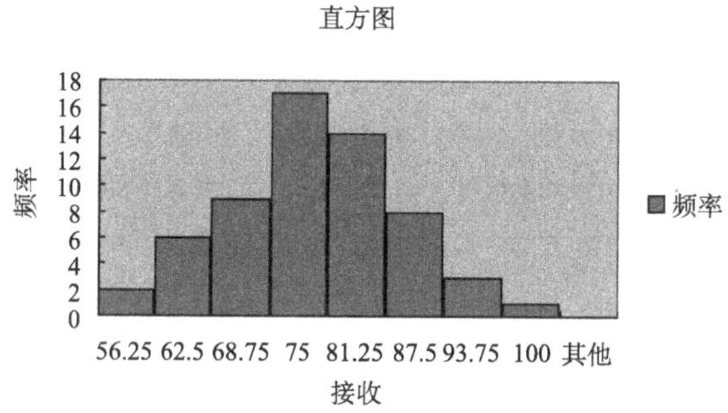

图 6.5　频数直方图

从学生成绩的频数直方图可以看到,学生成绩在平均分附近比较密集,较低或较高分数学生比较少,学生成绩的分布呈近似“钟形”对称,即成绩分布近似正态分布.

还可以画出学生成绩的频率直方图和密度直方图,由于三种直方图只是高度相差一定的倍数,所以在研究总体分布的形态时,三种直方图具有同样的作用.

2. 经验分布函数

为了解总体 X 的分布形式,我们还可以根据样本观测值 $x_1,x_2,\cdots,x_n$ 构造一个函数 $F_n(x)$来近似总体 X 的分布函数,函数 $F_n(x)$称为**经验分布函数**.它的构造方法是这样的,将样本观测值 $x_1,x_2,\cdots,x_n$ 按从小到大可排成 $x_{(1)}\leqslant x_{(2)}\leqslant\cdots\leqslant x_{(n)}$,定义

$$F_n(x)=\begin{cases}0, & x<x_{(1)},\\ \dfrac{k}{n}, & x_{(k)}\leqslant x<x_{(k+1)}, \quad k=1,2,\cdots,n-1,\\ 1, & x\geqslant x_{(n)}.\end{cases}$$

容易看出，对于给定的任意实数 x，$F_n(x)$为事件$\{X\leqslant x\}$在 n 次观测中出现的频率.

由伯努利大数定律：只要 n 相当大，$F_n(x)$依概率收敛于 $F(x)$.

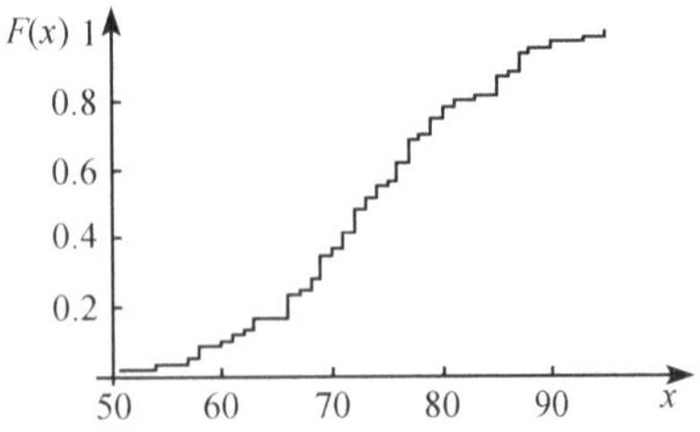

图 6.6 经验分布函数

实际上，当 $n\to\infty$时，$F_n(x)$还以概率 1 一致地收敛于分布函数 $F(x)$，苏联数学家格里汶科(Glivenko,1912—1995)在 1933 年证明了这一更深刻的结论，即

$$P\{\lim_{n\to\infty}\sup_{-\infty<x<\infty}|F_n(x)-F(x)|=0\}=1.$$

所以，当 n 充分大时经验分布函数 $F_n(x)$是总体分布函数 $F(x)$的一个良好的近似.

由实验 6.1 中数据得到的学生成绩的经验分布函数图形的轮廓如图 6.6 所示，它反映了分布函数的形态.

【例 6.3】 某食品厂生产听装饮料，现从生产线上随机抽取 5 听饮料，称得其净重为(单位：g)：351，347，355，344，351. 这是一个容量为 5 的样本，经排序可得有序样本：$x_{(1)}=344$，$x_{(2)}=347$，$x_{(3)}=351$，$x_{(4)}=351$，$x_{(5)}=355$. 其经验分布函数为

$$F_n(x)=\begin{cases}0, & x<344,\\ 0.2, & 344\leqslant x<347,\\ 0.4, & 347\leqslant x<351,\\ 0.8, & 351\leqslant x<355,\\ 1, & x\geqslant 355.\end{cases}$$

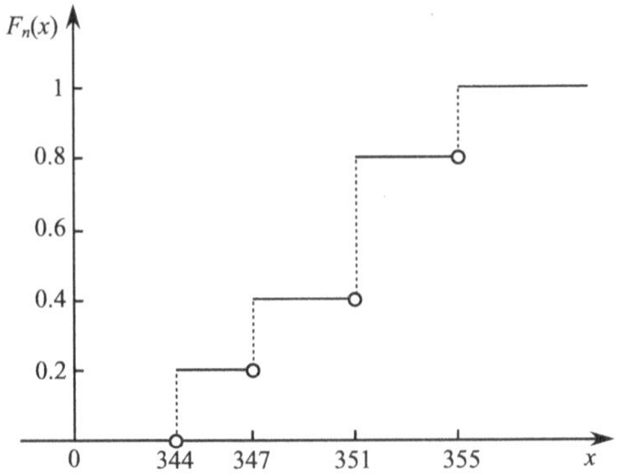

图 6.7 经验分布函数

该函数的图形如图 6.7 所示。

图 6.7 中经验分布函数 $F_n(x)$是一个阶梯形函数，当样本容量增大时，相邻两阶梯的跃度变低，阶梯宽度变窄，容易想象，这样的阶梯形折线几乎就是一条曲线，它非常接近总体的分布函数 $F(x)$.

6.2　统计量与抽样分布

在利用样本推断总体的性质时，往往需要对它进行一定的加工，这样才能有效地利用其中的信息，否则，样本只是呈现为一堆“杂乱无章”的数据.

【例 6.4】 从某地区随机抽取 50 户农民，调查其人均年收入情况，得到数据(单位：元)如下：

924	800	916	704	870	1040	824	690	574	490
972	988	1266	684	764	940	408	804	610	852
602	754	788	962	704	712	854	888	768	848
882	1192	820	878	614	846	746	828	792	872
696	644	926	808	1010	728	742	850	864	738

试对该地区农民收入的水平和贫富悬殊程度作大致分析.

解 显然，如果不进行加工，面对这一大堆大小参差不齐的数据，很难得出什么印象.但是可以对这些数据稍事加工，如记各农户的人均年收入分别为 $x_1, x_2, \cdots, x_{50}$，计算得到

$$\bar{x}=\frac{1}{50}\sum_{i=1}^{50}x_i=809.52,\quad s=\sqrt{\frac{1}{50-1}\sum_{i=1}^{50}(x_i-\bar{x})^2}=155.85.$$

这样，就可以了解到该地区农民的平均收入和该地区农民贫富悬殊的大致情况：农民的年人均平均收入约为 809.52 元，标准差约为 155.85 元，贫富悬殊不算很大.

由此可见对样本的加工是十分重要的.对样本加工，主要就是构造统计量.

6.2.1　统计量

定义 6.2 设 $X_1, X_2, \cdots, X_n$ 为来自总体 X 的样本，称不含未知参数的样本的函数 $g(X_1, X_2, \cdots, X_n)$ 为**统计量**.若 $x_1, x_2, \cdots, x_n$ 为样本观测值，则称 $g(x_1, x_2, \cdots, x_n)$ 为统计量 $g(X_1, X_2, \cdots, X_n)$ 的观测值.

统计量是处理、分析数据的主要工具.对统计量的一个最基本的要求就是可以将样本观测值代入进行计算，因而不能含有任何未知的参数.

例如，假设 $X_1, X_2, \cdots, X_n$ 是来自总体 X 的样本，$X\sim N(\mu, \sigma^2)$，其中 μ, σ^2 为未知参数，则 $X_1, \frac{1}{2}X_1+\frac{1}{3}X_2, \min(X_1, X_2, \cdots, X_n)$ 均为统计量，但诸如 $\frac{1}{n}\sum_{i=1}^{n}(X_i-\mu)^2$，$\frac{X_1}{\sigma}$ 等均不是统计量，因它含有未知参数 μ 或 σ.

下面介绍一些常用的统计量.

1. 有关一维总体的统计量

设 $X_1,X_2,\cdots,X_n$ 为总体 X 的样本，$x_1,x_2,\cdots,x_n$ 为样本观测值，下面给出五个常用的有关一维总体的统计量及其观测值：

(1) 样本均值

$$\bar{X}=\frac{1}{n}\sum_{i=1}^{n}X_i.$$

$\bar{X}$ 常用来作为总体期望(均值)的估计量，其观测值为

$$\bar{x}=\frac{1}{n}\sum_{i=1}^{n}x_i.$$

(2) 样本方差

$$S^2=\frac{1}{n-1}\sum_{i=1}^{n}(X_i-\bar{X})^2.$$

(3) 样本标准差

$$S=\sqrt{S^2}.$$

样本方差和样本标准差刻画了样本观测值的分散程度，常用来作为总体方差和标准差的估计量，它们的观测值分别记为

$$s^2=\frac{1}{n-1}\sum_{i=1}^{n}(x_i-\bar{x})^2,\quad s=\sqrt{s^2}=\sqrt{\frac{1}{n-1}\sum_{i=1}^{n}(x_i-\bar{x})^2}.$$

(4) 样本 k 阶原点矩(简称样本 k 阶矩)

$$A_k=\frac{1}{n}\sum_{i=1}^{n}X_i^k\quad(k=1,2,\cdots).$$

(5) 样本 k 阶中心矩

$$B_k=\frac{1}{n}\sum_{i=1}^{n}(X_i-\bar{X})^k\quad(k=2,3,\cdots).$$

显然

$$A_1=\bar{X},\quad B_2=\frac{1}{n}\sum_{i=1}^{n}(X_i-\bar{X})^2.$$

A_k 和 B_k 的观测值分别记为 $a_k=\frac{1}{n}\sum_{i=1}^{n}x_i^k$ 和 $b_k=\frac{1}{n}\sum_{i=1}^{n}(x_i-\bar{x})^k$.

定理 6.1　设总体 X 的期望 $E(X)=\mu$，方差 $D(X)=\sigma^2$，$X_1,X_2,\cdots,X_n$ 为总体 X 的样本，$\bar{X}$，S^2分别为样本均值和样本方差，则

$$E(\bar{X})=E(X)=\mu,$$

$$D(\bar{X})=\frac{D(X)}{n}=\frac{\sigma^2}{n},$$

$$E(S^2)=D(X)=\sigma^2.$$

前两个结果可以由期望和方差的性质直接计算得到,这里给出第三个结果的证明:

$$E(S^2)=E\left[\frac{1}{n-1}\sum_{i=1}^{n}(X_i-\bar{X})^2\right]=E\left[\frac{1}{n-1}\left(\sum_{i=1}^{n}X_i{}^2-n\bar{X}^2\right)\right]$$

$$=\frac{1}{n-1}\left[\sum_{i=1}^{n}E(X_i^2)-nE(\bar{X}^2)\right]$$

$$=\frac{1}{n-1}\left[\sum_{i=1}^{n}(\sigma^2+\mu^2)-n\left(\frac{\sigma^2}{n}+\mu^2\right)\right]=\sigma^2.$$

由辛钦大数定理和依概率收敛的性质可以证明下面定理.

定理 6.2　设总体 X 的 k 阶原点矩 $E(X^k)=\mu_k$ 存在($k=1,2,\cdots,m$),X_1,$X_2,\cdots,X_n$ 为总体 X 的样本,$g(t_1,t_2,\cdots,t_m)$是 m 元连续函数,则 $A_k=\frac{1}{n}\sum_{i=1}^{n}X_i^k$ 依概率收敛于 μ_k,$g(A_1,A_2,\cdots,A_n)$依概率收敛于 $g(\mu_1,\mu_2,\cdots,\mu_n)$,即

$$A_k=\frac{1}{n}\sum_{i=1}^{n}X_i^k\xrightarrow{P}E(X^k)=\mu_k(n\to\infty,k=1,2,\cdots,m),$$

$$g(A_1,A_2,\cdots,A_n)\xrightarrow{P}g(\mu_1,\mu_2,\cdots,\mu_n)\ (n\to\infty).$$

特别地,有

$$\bar{X}\xrightarrow{P}E(X),$$

$$B_2=\frac{1}{n}\sum_{i=1}^{n}(X_i-\bar{X})^2=\frac{1}{n}\left(\sum_{i=1}^{n}X_i^2-n\bar{X}^2\right)=A_2-A_1^2\xrightarrow{P}\mu_2-\mu_1^2=D(X).$$

定理 6.1 和定理 6.2 在后面的估计理论中将作为求总体参数矩估计量的依据.

2. 有关二维总体的统计量

设$(X_1,Y_1),(X_2,Y_2),\cdots,(X_n,Y_n)$为二维总体$(X,Y)$的样本,其观测值为$(x_1,y_1)$,$(x_2,y_2),\cdots,(x_n,y_n)$,则下列各量为统计量:

(1) 样本协方差

$$S_{XY}=\frac{1}{n-1}\sum_{i=1}^{n}(X_i-\bar{X})(Y_i-\bar{Y}).$$

(2) 样本相关系数

$$R_{XY}=\frac{S_{XY}}{S_XS_Y},$$

其中

$$S_X^2=\frac{1}{n-1}\sum_{i=1}^{n}(X_i-\bar{X})^2,\quad S_Y^2=\frac{1}{n-1}\sum_{i=1}^{n}(Y_i-\bar{Y})^2.$$

S_{XY}和R_{XY}常分别用来作为总体X和Y的协方差$\mathrm{Cov}(X,Y)$与相关系数ρ_{XY}的估计量.其观测值分别为

$$s_{xy}=\frac{1}{n-1}\sum_{i=1}^{n}(x_i-\bar{x})(y_i-\bar{y}),\quad r_{xy}=\frac{s_{xy}}{s_x s_y},$$

其中

$$s_x^2=\frac{1}{n-1}\sum_{i=1}^{n}(x_i-\bar{x})^2,\quad s_y^2=\frac{1}{n-1}\sum_{i=1}^{n}(y_i-\bar{y})^2.$$

【实验 6.2】 用 Excel 对例 6.4 中的数据计算统计量样本均值、样本方差和样本标准差的观测值.

实验准备：

学习附录二中如下 Excel 函数：

(1) 样本均值函数 AVERAGE.

(2) 样本方差函数 VAR.

(3) 样本标准差函数 STDEV.

实验步骤：

方法一：

(1) 输入数据及统计量名,如图 6.8(a)所示.

(2) 计算样本均值$\bar{x}$,在单元格 H2 中输入公式：

=AVERAGE(A2:E11)

(3) 计算样本方差s^2,在单元格 H3 中输入公式：

=VAR(A2:E11)

(4) 计算样本标准差s,在单元格 H4 中输入公式：

=STDEV(A2:E11)

计算结果:$\bar{x}=809.52$,$s^2=24288.91$,$s=155.85$,如图 6.8(b)所示.

方法二：

	A	B	C	D	E	F	G
1			年收入				统计量
2	924	972	602	882	696		样本均值 $\bar{x}$
3	800	988	754	1192	644		样本方差 s^2
4	916	1266	788	820	926		样本标准差 s
5	704	684	962	878	808		
6	870	764	704	614	1010		
7	1040	940	712	846	728		
8	824	408	854	746	742		
9	690	804	888	828	850		
10	574	610	768	792	864		
11	490	852	848	872	738		

(a)

	A	B	C	D	E	F	G	H
1			年收入				统计量	
2	924	972	602	882	696		样本均值 $\bar{x}$	809.52
3	800	988	754	1192	644		样本方差 s^2	24288.908
4	916	1266	788	820	926		样本标准差 s	155.84899
5	704	684	962	878	808			
6	870	764	704	614	1010			
7	1040	940	712	846	728			
8	824	408	854	746	742			
9	690	804	888	828	850			
10	574	610	768	792	864			
11	490	852	848	872	738			

(b)

图 6.8 计算统计量

(1) 输入整理数据，如图 6.9(a)所示.

(2) 在 Excel 主菜单中选择“工具”→“数据分析”，打开“数据分析”对话框，在“分析工具”列表中选择“描述统计”选项，单击“确定”按钮.

(3) 在打开的“描述统计”对话框中，依次输入“输入区域”和“输出区域”，选中“标志位于第一行”复选框以及“汇总统计”等复选框，如图 6.9(b)所示，单击“确定”按钮.

得到描述统计的结果如图 6.9(c)所示.

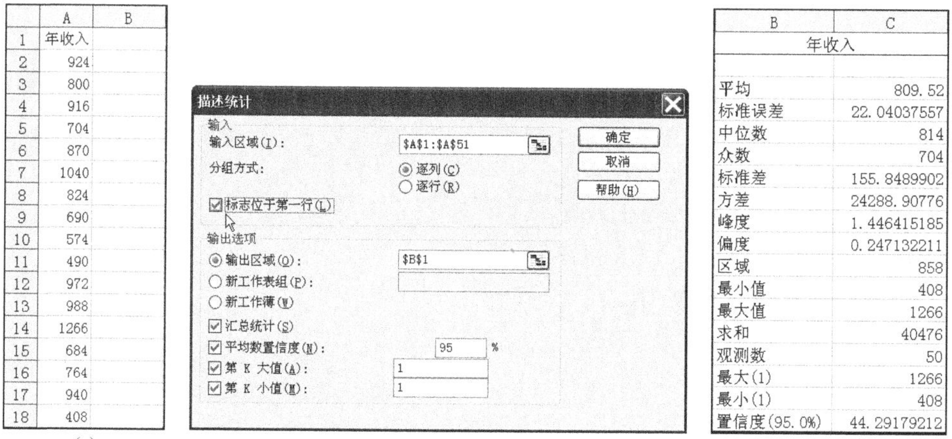

(a)　　(b)　　(c)

图 6.9　描述统计

6.2.2　抽样分布

在使用统计量进行统计推断时，常常需要知道它们的分布，我们把统计量的分布称为**抽样分布**.当总体的分布已知时，抽样分布是确定的，但要求出统计量的精确分布，一般是比较困难的.下面介绍来自正态总体的三个重要常用的统计量的分布.

1. χ^2分布

定义 6.3　设 $X_1, X_2, \cdots, X_n$ 为相互独立的随机变量，它们都服从标准正态 $N(0,1)$分布，则称随机变量

$$\chi^2 = \sum_{i=1}^{n} X_i^2$$

服从**自由度**为 n 的 χ^2 **分布**，记为 $\chi^2 \sim \chi^2(n)$.

此处自由度指 χ^2 中包含独立变量的个数.可以证明，$\chi^2(n)$的概率密度为

$$f_{\chi^2}(x)=\begin{cases}\dfrac{1}{2^{\frac{n}{2}}\Gamma\left(\dfrac{n}{2}\right)}x^{\frac{n}{2}-1}\mathrm{e}^{-\frac{x}{2}}, & x>0,\\ 0, & x\leqslant 0,\end{cases}$$

其中$\Gamma(\alpha)$称为伽马函数,定义为

$$\Gamma(\alpha)=\int_0^{+\infty}x^{\alpha-1}\mathrm{e}^{-x}\mathrm{d}x,\quad \alpha>0.$$

图 6.10 描绘了$\chi^2(n)$分布的概率密度在$n=1,4,10,20$时的图形.可以看出,随着n的增大,$f_{\chi^2}(x)$的图形趋于"平缓",其图形下区域的重心也逐渐往右下移动.

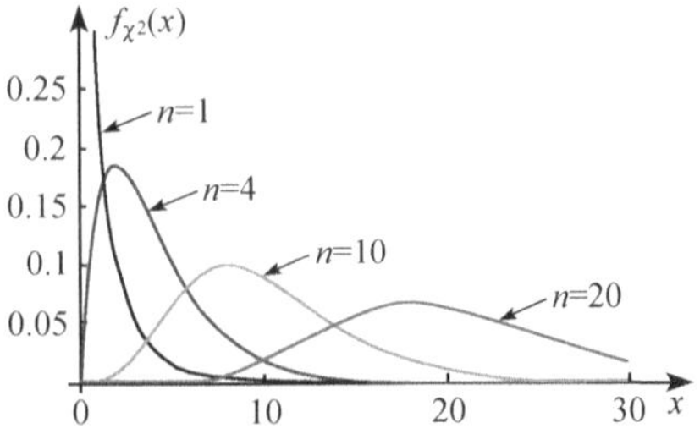

图 6.10 $\chi^2(n)$分布的概率密度曲线

χ^2分布具有下面性质:

(1)(可加性)设χ_1^2,χ_2^2是两个相互独立的随机变量,且$\chi_1^2\sim\chi^2(n_1),\chi_2^2\sim\chi^2(n_2)$,则

$$\chi_1^2+\chi_2^2\sim\chi^2(n_1+n_2).$$

(2)设$\chi^2\sim\chi^2(n)$,则$E(\chi^2)=n,D(\chi^2)=2n$.

证 (1)由χ^2分布的定义易得到证明.

(2)因为$\chi^2\sim\chi^2(n)$,存在相互独立、同分布于$N(0,1)$的随机变量$X_1,X_2,\cdots,X_n$,使

$$\chi^2=\sum_{i=1}^n X_i^2,$$

由于$E(X_i)=0,D(X_i)=1$,所以

$$E(\chi^2)=E\left(\sum_{i=1}^n X_i^2\right)=\sum_{i=1}^n E(X_i^2)=\sum_{i=1}^n D(X_i)=n.$$

再注意到$E(X_i^4)=3$,可得

$$D(\chi^2)=\sum_{i=1}^n D(X_i^2)=\sum_{i=1}^n\{E(X_i^4)-[E(X_i^2)]^2\}$$
$$=\sum_{i=1}^n\{E(X_i^4)-[D(X_i)]^2\}=\sum_{i=1}^n(3-1)=2n.$$

英国统计学家费希尔(R. A. Fisher,1890—1962)曾证明,当n较大时,$\sqrt{2\chi^2(n)}$近似服从$N(\sqrt{2n-1},1)$.

2. t 分布

定义 6.4 设$X\sim N(0,1),Y\sim\chi^2(n)$,$X$与$Y$独立,则称随机变量

$$T=\frac{X}{\sqrt{Y/n}}$$

服从自由度为 n 的 t **分布**，又称为学生氏分布(student distribution)，记为 $T\sim t(n)$.

英国统计学家戈赛特(W.S.Gosset，1876—1937)在 1908 年以笔名"Student"发表的一篇论文中最先提出了 t 分布的定义.

可以证明 $t(n)$的概率密度为

$$f_t(x)=\frac{\Gamma\left(\frac{n+1}{2}\right)}{\sqrt{n\pi}\,\Gamma\left(\frac{n}{2}\right)}\left(1+\frac{x^2}{n}\right)^{-\frac{n+1}{2}},\quad -\infty<x<+\infty.$$

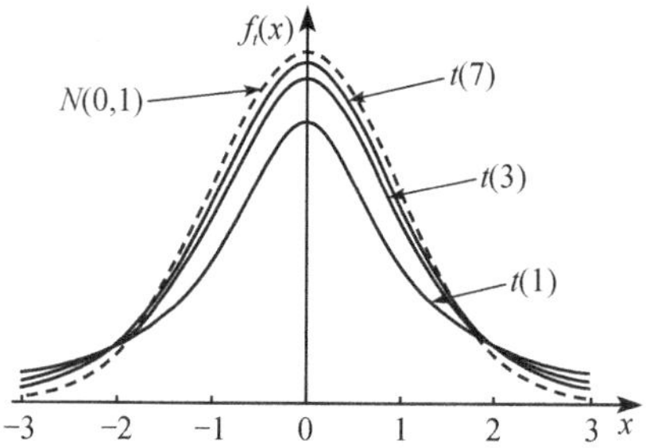

图 6.11 t 分布的概率密度曲线

显然它是 x 的偶函数，图 6.11 描绘了 $n=1$，3，7 时 $t(n)$的概率密度曲线.作为比较，还描绘了 $N(0,1)$的概率密度曲线.

从图形也可看出，随着 n 的增大，$t(n)$的概率密度曲线与 $N(0,1)$的概率密度曲线越来越接近.可以证明 t 分布具有下面性质：

$$f_t(x)\to\frac{1}{\sqrt{2\pi}}e^{-\frac{x^2}{2}},\quad n\to\infty,$$

即当 n 趋向无穷时，$t(n)$近似于标准正态分布 $N(0,1)$.

一般地，若 $n>30$，就可认为 $t(n)$基本与 $N(0,1)$相差无几了.

3. F 分布

定义 6.5 设 $X\sim\chi^2(n_1)$，$Y\sim\chi^2(n_2)$，且 X 与 Y 独立，则称随机变量

$$F=\frac{X/n_1}{Y/n_2}$$

服从自由度为(n_1,n_2)的 F **分布**，记为 $F\sim F(n_1,n_2)$.

可以证明 $F(n_1,n_2)$的概率密度函数为

$$f_F(x)=\begin{cases}\dfrac{\Gamma\left(\frac{n_1+n_2}{2}\right)\left(\frac{n_1}{n_2}\right)^{\frac{n1}{2}}x^{\frac{n1}{2}-1}}{\Gamma\left(\frac{n_1}{2}\right)\Gamma\left(\frac{n_2}{2}\right)\left(1+\frac{n_1}{n_2}x\right)^{\frac{n1+n2}{2}}}, & x>0,\\ 0, & x\leqslant 0.\end{cases}$$

图 6.12 描绘了两个 F 分布的概率密度曲线.

由 F 分布的定义容易看出，若 $F\sim F(n_1,n_2)$，则 $1/F\sim F(n_2,n_1)$.

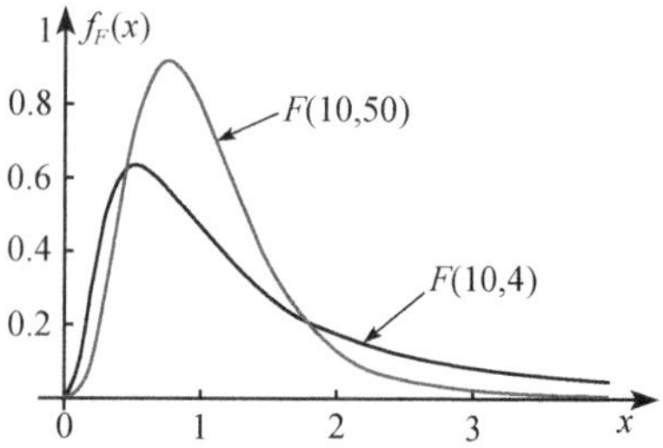

图 6.12 F 分布的概率密度曲线

4. 正态总体的抽样分布定理

在数理统计问题中，正态分布占据着十分重要的位置，一方面因为在应用中，许多随机变量的分布或者是正态分布，或者接近于正态分布；另一方面，正态分布有许多优良性质，便于进行较深入的理论研究.因此，我们着重讨论正态总体下的抽样分布，给出有关最重要的统计量样本均值 $\bar{X}$ 和样本方差 S^2 的抽样分布定理.

定理 6.3 设 $X_1, X_2, \cdots, X_n$ 为来自总体 $N(\mu, \sigma^2)$ 的样本，$\bar{X}$，S^2 分别为样本均值和样本方差，则有

(1) $\bar{X} \sim N\left(\mu, \dfrac{\sigma^2}{n}\right)$；

(2) $\dfrac{(n-1)S^2}{\sigma^2} \sim \chi^2(n-1)$；

(3) $\bar{X}$ 与 S^2 相互独立；

(4) $\dfrac{\bar{X}-\mu}{S/\sqrt{n}} \sim t(n-1)$.

证 由正态分布的性质容易得到(1)，略去(2)和(3)的证明，下面仅证明(4).

由(1)知 $\bar{X} \sim N\left(\mu, \dfrac{\sigma^2}{n}\right)$，从而 $\dfrac{\bar{X}-\mu}{\sigma/\sqrt{n}} \sim N(0,1)$.

由(2)知 $\dfrac{(n-1)S^2}{\sigma^2} \sim \chi^2(n-1)$ 且 $\bar{X}$ 与 S^2 独立，根据 t 分布的定义

$$\frac{\dfrac{\bar{X}-\mu}{\sigma/\sqrt{n}}}{\sqrt{\dfrac{(n-1)S^2}{\sigma^2}\Big/(n-1)}} = \frac{\bar{X}-\mu}{S/\sqrt{n}} \sim t(n-1).$$

【例 6.5】 某厂生产的灯泡寿命近似服从正态分布 $N(800, 40^2)$，抽取 16 个灯泡的样本，求平均寿命小于 775 小时的概率.

解 设灯泡寿命总体为 X，因为 $X \sim N(800, 40^2)$，$n=16$，所以样本均值 $\bar{X} \sim N\left(800, \dfrac{40^2}{16}\right)$，即 $\bar{X} \sim N(800, 100)$，故

$$P\{\bar{X} < 775\} = P\left\{\frac{\bar{X}-800}{10} < \frac{775-800}{10}\right\} = P\left\{\frac{\bar{X}-800}{10} < -2.5\right\} = \Phi(-2.5)$$
$$= 1 - \Phi(2.5) = 0.0062.$$

【例 6.6】 设总体 $X \sim N(\mu, 10^2)$，抽取容量为 n 的样本，样本均值记为 $\bar{X}$.欲使 $\bar{X}$ 与 μ 的偏差小于 5 的概率大于等于 0.95，样本容量 n 至少应该取多大?

解　依题意,令

$$P\{|\bar{X}-\mu|<5\}\geqslant 0.95, \quad 即\ P\{\mu-5<\bar{X}<\mu+5\}\geqslant 0.95,$$

因为总体 $X\sim N(\mu,10^2)$,从而 $\bar{X}\sim N\left(\mu,\dfrac{100}{n}\right)$,

$$\frac{\bar{X}-\mu}{10/\sqrt{n}}\sim N(0,1).$$

所以

$$P\left\{\frac{-5}{10/\sqrt{n}}<\frac{\bar{X}-\mu}{10/\sqrt{n}}<\frac{5}{10/\sqrt{n}}\right\}\geqslant 0.95,$$

即

$$\Phi\left(\frac{\sqrt{n}}{2}\right)-\Phi\left(-\frac{\sqrt{n}}{2}\right)\geqslant 0.95, \quad 2\Phi\left(\frac{\sqrt{n}}{2}\right)-1\geqslant 0.95, \quad \Phi\left(\frac{\sqrt{n}}{2}\right)\geqslant 0.975.$$

查表知 $\Phi(1.96)=0.975$,由于 $\Phi(x)$单调不减,应有

$$\frac{\sqrt{n}}{2}\geqslant 1.96, \quad n\geqslant 15.48.$$

故 n 至少应该取为 16.

【例 6.7】　设 $X_1,X_2,\cdots,X_n$ 为总体 $X\sim N(\mu,\sigma^2)$的样本,求样本方差

$$S^2=\frac{1}{n-1}\sum_{i=1}^{n}(X_i-\bar{X})^2$$

的均值和方差.

解　本题可以通过 χ^2 分布的均值和方差简单求出.由定理 6.3

$$\frac{(n-1)S^2}{\sigma^2}\sim\chi^2(n-1),$$

所以有

$$E\left[\frac{(n-1)S^2}{\sigma^2}\right]=n-1, \quad D\left[\frac{(n-1)S^2}{\sigma^2}\right]=2(n-1).$$

于是

$$E(S^2)=\sigma^2, \quad D(S^2)=\frac{2\sigma^4}{n-1}.$$

6.2.3　分位数

设 X 为一随机变量,对于给定的实数 x,$P\{X>x\}$表示事件$\{X>x\}$的概率.在统计中,我们常常需要对给定事件$\{X>x\}$的概率,确定 x 取什么值.由此确定的 x 是一个临界点,称为分位数(点),有如下定义.

定义 6.6 设 X 为随机变量，若对给定的 $\alpha \in (0,1)$，存在 x_α 满足

$$P\{X > x_\alpha\} = \alpha,$$

则称 x_α 为 X 的**上 α 分位数（点）**.

若 X 具有概率密度 $f(x)$，则分位数 x_α 右边的一块阴影面积（图 6.13）为 α，即 $\int_{x_\alpha}^{+\infty} f(t)\mathrm{d}t = \alpha$.

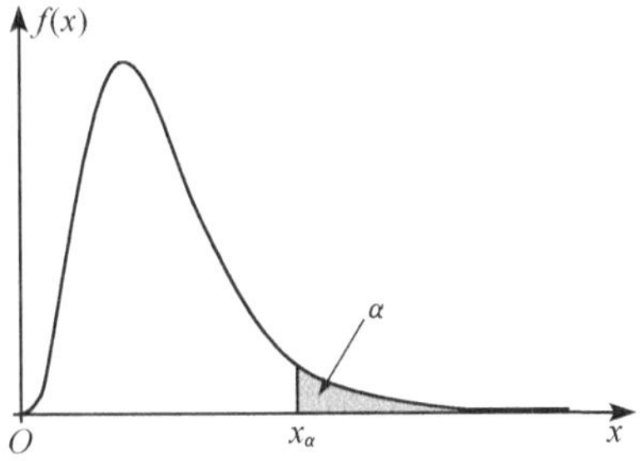

图 6.13 分位数 x_α

容易看出，X 的上 α 分位数 x_α 是关于 α 的减函数，即 α 增大时 x_α 减少.

下面给出几种常用分布的上 α 分位数的求法：

(1) 设 $Z \sim N(0,1)$，记 $N(0,1)$ 的上 α 分位数为 z_α，即有 $P\{Z > z_\alpha\} = \alpha$.

由于 $\Phi(z_\alpha) = P\{Z \leqslant z_\alpha\} = 1 - P\{Z > z_\alpha\} = 1 - \alpha$，由标准正态分布函数表（附录一中附表 2）反过来查，即可以得到 z_α 的值.

为使用方便，表 6.1 列出了标准正态分布的几个常用分位数 z_α 的值.

表 6.1 常用的标准正态分布的分位数

α	0.001	0.005	0.01	0.025	0.05	0.10
z_α	3.090	2.576	2.326	1.960	1.645	1.282

由 $N(0,1)$ 的概率密度的对称性（图 6.14）易知 $z_{1-\alpha} = -z_\alpha$.

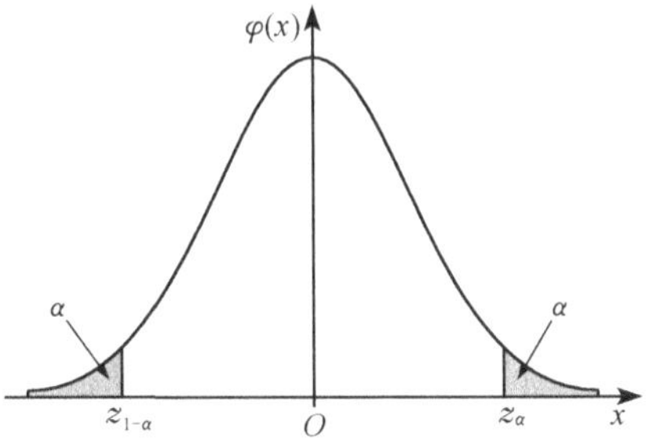

图 6.14 $z_{1-\alpha}$ 与 z_α

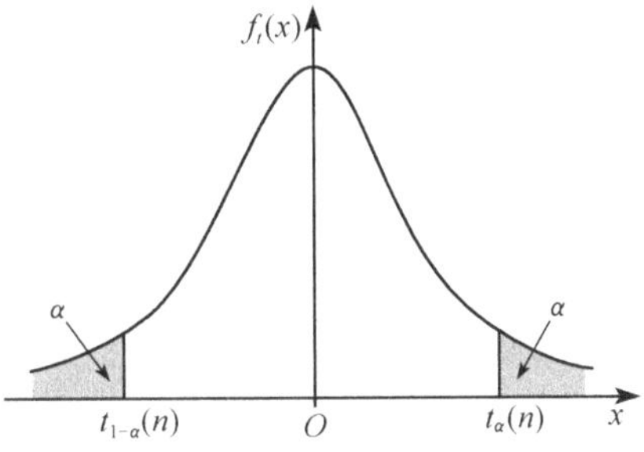

图 6.15 $t_{1-\alpha}(n)$ 与 $t_\alpha(n)$

(2) 设 $\chi^2 \sim \chi^2(n)$，记 $\chi^2(n)$ 的上 α 分位数为 $\chi^2_\alpha(n)$，即有 $P\{\chi^2 > \chi^2_\alpha(n)\} = \alpha$.

附录一中附表 3 给出了 $n \leqslant 40$ 时 $\chi^2_\alpha(n)$ 的值，当 $n > 40$ 时，由 $\chi^2(n)$ 的渐近性质，有

$$\chi^2_\alpha(n) \approx \frac{1}{2}\left(z_\alpha + \sqrt{2n-1}\right)^2.$$

(3) 设 $T \sim t(n)$，记 $t(n)$ 的上 α 分位数为 $t_\alpha(n)$，即有 $P\{T>t_\alpha(n)\}=\alpha$.

由 $t(n)$ 的概率密度的对称性(图 6.15)知

$$t_{1-\alpha}(n)=-t_\alpha(n).$$

附录一中附表 4 中给出了 $n\leqslant 40$ 时 $t_\alpha(n)$ 的值，当 $n>40$ 时，由于 $t(n)$ 近似 $N(0,1)$，所以

$$t_\alpha(n)\approx z_\alpha.$$

(4) 设 $F\sim F(n_1,n_2)$，记 $F(n_1,n_2)$ 的上 α 分位数为 $F_\alpha(n_1,n_2)$，即有 $P\{F>F_\alpha(n_1,n_2)\}=\alpha$.附录一中附表 5 给出部分 $F_\alpha(n_1,n_2)$ 的值.另外，由于 $F\sim F(n_1,n_2)$ 时，$1/F\sim F(n_2,n_1)$，所以

$$\begin{aligned}P\left\{F>\frac{1}{F_\alpha(n_2,n_1)}\right\}&=P\left\{\frac{1}{F}<F_\alpha(n_2,n_1)\right\}\\&=1-P\left\{\frac{1}{F}>F_\alpha(n_2,n_1)\right\}=1-\alpha,\end{aligned}$$

故

$$F_{1-\alpha}(n_1,n_2)=\frac{1}{F_\alpha(n_2,n_1)}.$$

【例 6.8】 求下列分位数：

(1) $z_{0.025}$，$\chi^2_{0.05}(20)$，$t_{0.1}(25)$，$F_{0.05}(10,15)$；

(2) $t_{0.975}(4)$；

(3) $t_{0.05}(55)$；

(4) $F_{0.9}(14,10)$；

(5) $\chi^2_{0.975}(200)$.

解 (1) 查表 6.1 知 $z_{0.025}=1.96$.也可由标准正态分布函数表(附录一中附表 2)，对函数值 $\Phi(z_{0.025})=1-0.025=0.975$ 反查表得 $z_{0.025}=1.96$.

分别查附录一中附表 3、附表 4、附表 5 得到得到 $\chi^2_{0.05}(20)=31.4104$，$t_{0.1}(25)=1.3164$，$F_{0.05}(10,15)=2.54$；

(2) 在附表 4 中没有 $\alpha=0.975$，可先查出 $t_{0.025}(4)=2.7764$，利用对称性得到 $t_{0.975}(4)=-t_{0.025}(4)=-2.7764$.

(3) 在附表 4 中查不到 $t_{0.05}(55)$，用近似公式 $t_{0.05}(55)\approx z_{0.05}=1.645$.

(4) 在附表 5 中，查不到 $F_{0.9}(14,10)$，但可查出 $F_{0.1}(10,14)=2.10$，故

$$F_{0.9}(14,10)=\frac{1}{F_{0.1}(10,14)}=\frac{1}{2.10}\approx 0.476.$$

(5) 在附表 3 表中查不到 $\chi^2_{0.975}(200)$，先查出 $z_{0.975}=-z_{0.025}=-1.96$，再作如下近似计算

$$\chi^2_{0.975}(200)\approx\frac{1}{2}\left(z_{0.975}+\sqrt{2\times 200-1}\right)^2=\frac{1}{2}\left(-1.96+\sqrt{2\times 200-1}\right)^2\approx 162.27.$$

【实验 6.3】 用 Excel 计算例 6.8 中的分位数：

(1) $z_{0.025}$；(2) $t_{0.975}(4)$；(3) $t_{0.05}(55)$；(4) $F_{0.9}(14,10)$；(5) $\chi^2_{0.975}(200)$.

实验准备：

学习附录二中如下 Excel 函数：

(1) 正态分布的分布函数的反函数 NORMSINV.

(2) t 分布的上分位数的函数 TINV.

(3) F 分布上分位数的函数 FINV.

(4) χ^2 分布上分位数的函数 CHIINV.

实验步骤：

(1) 计算 $z_{0.025}$，在单元格 B2 中输入公式：

=NORMSINV(0.975)

(2) 计算 $t_{0.975}(4)$，由于 $t_{0.975}(4)=-t_{0.025}(4)$，在单元格 B3 中输入公式：

=-TINV(2*0.025,4)

(3) 计算 $t_{0.05}(55)$，在单元格 B4 中输入公式：

=TINV(2*0.05,55)

(4) 计算 $F_{0.9}(14,10)$，在单元格 B5 中输入公式：

=FINV(0.9,14,10)

(5) 计算 $\chi^2_{0.975}(200)$，在单元格 B6 中输入公式：

=CHIINV(0.975,200)

计算结果如图 6.16 所示.

	A	B	C
1	分位数	值	
2	$Z_{0.025}$	1.95996398	
3	$t_{0.975}(4)$	-2.7764451	
4	$t_{0.05}(55)$	1.67303397	
5	$F_{0.9}(14，10)$	0.47723667	
6	$\chi^2_{0.975}(200)$	162.727985	

图 6.16 计算分位数

【例 6.9】 设 X_1,X_2 是总体 $X\sim N(1,2)$的样本，试求概率 $P\{(X_1-X_2)^2\leqslant 20.08\}$.

解 1 因为 $X\sim N(1,2)$，所以 $X_i\sim N(1,2),i=1,2$，从而 $X_1-X_2\sim N(0,4)$，

$$\frac{X_1-X_2}{2}\sim N(0,1),\quad \left(\frac{X_1-X_2}{2}\right)^2\sim \chi^2(1).$$

记 $\chi^2=\left(\frac{X_1-X_2}{2}\right)^2$，所以 $P\{(X_1-X_2)^2\leqslant 20.08\}=P\{\chi^2\leqslant 5.02\}=1-P\{\chi^2>5.02\}$.

查表知 $\chi^2_{0.025}(1)=5.02$，即 $P\{\chi^2>5.02\}=0.025$，所以

$$P\{(X_1-X_2)^2\leqslant 20.08\}=1-0.025=0.975.$$

解 2 因为 $X\sim N(1,2)$，所以

$$\frac{X_1-X_2}{2}\sim N(0,1),$$

从而

$$P\{(X_1-X_2)^2\leqslant 20.08\}=P\left\{\left|\frac{X_1-X_2}{2}\right|\leqslant\sqrt{5.02}\right\}=2\Phi(\sqrt{5.02})-1$$

$$=2\Phi(2.241)-1=2\times 0.9875-1=0.975.$$

由定理 6.3 容易证明下述有关两个总体的抽样分布定理.

定理 6.4　设 $X_1,X_2,\cdots,X_{n_1},Y_1,Y_2,\cdots,Y_{n_2}$ 分别为来自 $N(\mu_1,\sigma_1^2)$ 和 $N(\mu_2,\sigma_2^2)$ 的样本,且它们相互独立,设 $\bar{X},S_1^2,\bar{Y},S_2^2$,分别为相应样本的样本均值和样本方差,则

(1) $\dfrac{\bar{X}-\bar{Y}-(\mu_1-\mu_2)}{\sqrt{\dfrac{\sigma_1^2}{n_1}+\dfrac{\sigma_2^2}{n_2}}}\sim N(0,1)$;

(2) $\dfrac{S_1^2/\sigma_1^2}{S_2^2/\sigma_2^2}\sim F(n_1-1,n_2-1)$;

(3) 当 $\sigma_1^2=\sigma_2^2=\sigma^2$ 时,$\dfrac{(\bar{X}-\bar{Y})-(\mu_1-\mu_2)}{S_w\sqrt{\dfrac{1}{n_1}+\dfrac{1}{n_2}}}\sim t(n_1+n_2-2)$,其中

$$S_w^2=\frac{(n_1-1)S_1^2+(n_2-1)S_2^2}{n_1+n_2-2},\quad S_w=\sqrt{S_w^2}.$$

证　(1) 由定理 6.3(1)知,$\bar{X}\sim N(\mu_1,\sigma_1^2/n_1)$,$\bar{Y}\sim N(\mu_2,\sigma_2^2/n_2)$,又 $\bar{X}$ 与 $\bar{Y}$ 独立,故由正态分布的性质知

$$\bar{X}-\bar{Y}\sim N\left(\mu_1-\mu_2,\frac{\sigma_1^2}{n_1}+\frac{\sigma_2^2}{n_2}\right),$$

所以

$$\frac{\bar{X}-\bar{Y}-(\mu_1-\mu_2)}{\sqrt{\dfrac{\sigma_1^2}{n_1}+\dfrac{\sigma_2^2}{n_2}}}\sim N(0,1).$$

(2) 由定理 6.3(2)知,$\dfrac{(n_1-1)S_1^2}{\sigma_1^2}\sim\chi^2(n_1-1)$,$\dfrac{(n_2-1)S_2^2}{\sigma_2^2}\sim\chi^2(n_2-1)$,且来自两个总体的样本是独立的,即有 S_1^2 和 S_2^2 独立,由 F 分布的定义知

$$\frac{\dfrac{(n_1-1)S_1^2/\sigma_1^2}{n_1-1}}{\dfrac{(n_2-1)S_2^2/\sigma_2^2}{n_2-1}}=\frac{S_1^2/\sigma_1^2}{S_2^2/\sigma_2^2}\sim F(n_1-1,n_2-1).$$

(3) 由于 $\bar{X}-\bar{Y}\sim N\left(\mu_1-\mu_2,\dfrac{\sigma^2}{n_1}+\dfrac{\sigma^2}{n_2}\right)$,所以

$$U=\frac{(\bar{X}-\bar{Y})-(\mu_1-\mu_2)}{\sigma\sqrt{\dfrac{1}{n_1}+\dfrac{1}{n_2}}}\sim N(0,1).$$

根据定理 6.3(2)

$$\frac{(n_1-1)S_1^2}{\sigma^2}\sim\chi^2(n_1-1),\quad \frac{(n_2-1)S_2^2}{\sigma^2}\sim\chi^2(n_2-1),$$

由 χ^2 分布的性质

$$V=\frac{(n_1-1)S_1^2}{\sigma^2}+\frac{(n_2-1)S_2^2}{\sigma^2}\sim\chi^2(n_1+n_2-2).$$

由于 U 与 V 相互独立,按 t 分布的定义

$$\frac{U}{\sqrt{V/(n_1+n_2-2)}}=\frac{(\bar{X}-\bar{Y})-(\mu_1-\mu_2)}{\sqrt{\dfrac{(n_1-1)S_1^2+(n_2-1)S_2^2}{n_1+n_2-2}}\sqrt{\dfrac{1}{n_1}+\dfrac{1}{n_2}}}\sim t(n_1+n_2-2).$$

设 $S_w^2=\dfrac{(n_1-1)S_1^2+(n_2-1)S_2^2}{n_1+n_2-2}$,则

$$\frac{(\bar{X}-\bar{Y})-(\mu_1-\mu_2)}{S_w\sqrt{\dfrac{1}{n_1}+\dfrac{1}{n_2}}}\sim t(n_1+n_2-2).$$

【例 6.10】 设 $X_1,X_2,\cdots,X_{25},Y_1,Y_2,\cdots,Y_{25}$ 分别为来自两个独立总体 $N(0,16)$ 和 $N(1,9)$ 的样本,$\bar{X}$ 和与 $\bar{Y}$ 分别表示相应的样本均值,求 $P\{\bar{X}>\bar{Y}\}$.

解 因为 $\bar{X}\sim N\left(0,\dfrac{16}{25}\right)$,$\bar{Y}\sim N\left(1,\dfrac{9}{25}\right)$,且相互独立,所以

$$\bar{X}-\bar{Y}\sim N\left(-1,\frac{16}{25}+\frac{9}{25}\right)=N(-1,1),$$

故

$$\begin{aligned}P\{\bar{X}>\bar{Y}\}&=P\{\bar{X}-\bar{Y}>0\}=1-P\{\bar{X}-\bar{Y}\leqslant 0\}\\&=1-P\left\{\frac{\bar{X}-\bar{Y}-(-1)}{1}\leqslant 1\right\}=1-\Phi(1)\\&=1-0.8413=0.1587.\end{aligned}$$

【例 6.11】 若从方差相等的两个正态总体中分别抽出 $n_1=8$ 和 $n_2=12$ 的独立样本,样本方差分别为 S_1^2 和 S_2^2,求 $P\{S_1^2/S_2^2<4.89\}$.

解 由于 $\sigma_1^2=\sigma_2^2$,$n_1=8$,$n_2=12$,且 $F=\dfrac{S_1^2/\sigma_1^2}{S_2^2/\sigma_2^2}\sim F(7,11)$,所以

$$\frac{S_1^2}{S_2^2}\sim F(7,11).$$

因此

$$P\left\{\frac{S_1^2}{S_2^2}<4.89\right\}=P\{F<4.89\}=1-P\{F>4.89\}.$$

查表知 $F_{0.01}(7,11)=4.89$，即 $P\{F>4.89\}=0.01$，故

$$P\left\{\frac{S_1^2}{S_2^2}<4.89\right\}=1-0.01=0.99.$$

【质量控制问题解答】

某食盐厂用包装机包装的食盐，每袋重量 500g，通常在包装机正常的情况下，袋装食盐的重量 X 服从正态分布，均值为 500g，标准差为 25g. 为进行生产质量控制，他们每天从当天的产品中随机抽出 30 袋进行严格称重，以检验包装机工作是否正常. 某日，该厂随机抽取 30 袋盐的重量分别为

475	500	485	454	504	439	492	501	463	461
464	494	512	451	434	511	513	490	521	514
449	467	499	484	508	478	479	499	529	480

从这些数据看，包装机的工作正常吗？

解　设 $X_1,X_2,\cdots,X_{30}$ 为来自袋装盐重量总体 $X\sim N(500,25^2)$ 的样本. 由样本观测值得到

$$\bar{x}=\frac{1}{30}\sum_{i=1}^{30}x_i=485,\quad |\bar{x}-500|=15.$$

下面考察在包装机工作正常的情况下事件 $\{|\bar{X}-500|\geqslant 15\}$ 出现的概率：由于 $X\sim N(500,25^2)$，由定理 6.3 知 $\bar{X}\sim N\left(500,\frac{25^2}{30}\right)$，于是

$$\begin{aligned}P\{|\bar{X}-500|\geqslant 15\}&=1-P\{485<\bar{X}<515\}\\&=1-\left[\Phi\left(\frac{515-500}{25/\sqrt{30}}\right)-\Phi\left(\frac{485-500}{25/\sqrt{30}}\right)\right]\\&=2-2\Phi(3.28)\approx 2-2\times 0.9995=0.0010.\end{aligned}$$

这说明，如果包装机工作正常，$\{|\bar{X}-500|\geqslant 15\}$ 是一个小概率事件，但在本次抽样中却出现了 $|\bar{x}-500|=15$，因此可以推断包装机出了故障，应该立即停产检修.

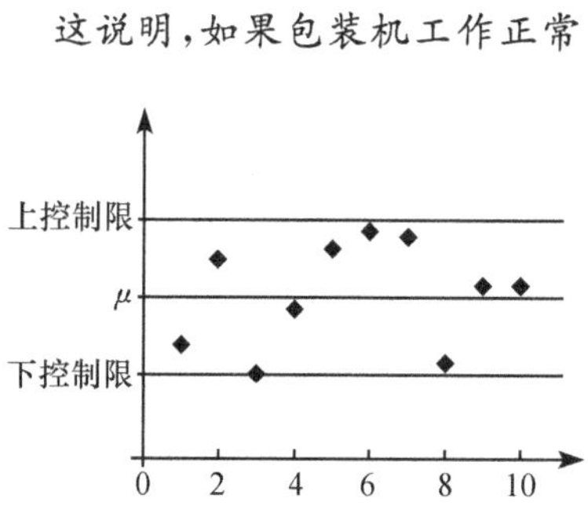

图 6.17　质量控制图

在实际生产中，如果产品质量指标 $X\sim N(\mu,\sigma^2)$，人们常用质量控制图来控制产品质量. 通常的做法是将产品质量的特征绘制在控制图上，然后观察这些值随时间如何波动.

例如，可以把不同时间的样本均值 $\bar{x}$ 绘制在图 6.17 上，图中的两条平行线分别为上控制

限和下控制限,他们距中间的总体均值线(过程均值线)均相距$\frac{3\sigma}{\sqrt{n}}$,如果$\bar{x}$落在上、下控制限的外面,则有充分的理由说明目前的生产线工作不正常,即生产过程失控,应停产检修生产设备.

事实上,由于总体 $X\sim N(\mu,\sigma^2)$,则有$\frac{\bar{X}-\mu}{\sigma/\sqrt{n}}\sim N(0,1)$,从而

$$P\left\{|\bar{X}-\mu|\geqslant\frac{3\sigma}{\sqrt{n}}\right\}=P\left\{\left|\frac{\bar{X}-\mu}{\sigma/\sqrt{n}}\right|\geqslant 3\right\}=1-P\left\{\left|\frac{\bar{X}-\mu}{\sigma/\sqrt{n}}\right|<3\right\}$$
$$=1-[\Phi(3)-\Phi(-3)]=2-2\Phi(3)=0.0027,$$

即若生产线工作正常,$\bar{x}$落在上、下控制限的外面的概率是一个小概率事件,如果$\bar{x}$落在上、下控制限的外面,就有理由认为生产线失控,应该检修调整.

上例中$\frac{3\sigma}{\sqrt{n}}=13.69$,两条控制限分别为$\bar{\mu}=513.69$和$\underline{\mu}=486.31$,而实际抽样的结果为$\bar{x}=485$,跑出了控制限,所以可以推断包装机出了故障.

习 题 6

(A)

一、填空题

1. 设 $X_1,X_2,\cdots,X_n$ 是来自总体 X 的简单随机样本,则样本均值 $\bar{X}=$________;样本方差 $S^2=$________;样本的 k 阶(原点)矩 $A_k=$________;样本的 k 阶中心矩 $B_k=$________.

2. 设 $X_1,X_2,\cdots,X_n$ 相互独立,且都服从标准正态分布 $N(0,1)$,则 $\sum_{i=1}^{n}X_i^2$ 服从自由度为________的________分布.

3. 设总体 X 服从正态分布 $N(\mu,\sigma^2)$,$X_1,X_2,\cdots,X_n$ 是来自总体 X 的样本,则$\frac{\bar{X}-\mu}{\sigma/\sqrt{n}}$服从________分布;$\frac{\bar{X}-\mu}{S/\sqrt{n}}$服从________分布;$\frac{(n-1)S^2}{\sigma^2}$服从________分布;$\frac{\sum_{i=1}^{n}(X_i-\mu)^2}{\sigma^2}$服从________分布.

4. 设 $X_1,X_2,\cdots,X_n,X_{n+1},\cdots,X_{n+m}$ 是来自正态总体 $N(0,\sigma^2)$ 的容量为 $n+m$ 的样本,则统计量$\frac{m\sum_{i=1}^{n}X_i^2}{n\sum_{i=n+1}^{n+m}X_i^2}$服从的分布是________.

5. 设 $X\sim N(0,1)$,$Y\sim\chi^2(n)$,X 与 Y 独立,则随机变量 $T=\frac{X}{\sqrt{Y/n}}$服从自由度为________的________分布.

6. 设总体 $X\sim N(\mu,\sigma^2)$，$X_1,X_2,\cdots,X_n$ 是来自总体 X 的样本，则 $E(\bar{X})=$________；$D(\bar{X})=$________.

7. 设总体 $X\sim P(\lambda)$，$X_1,X_2,\cdots,X_n$ 是 X 的一个样本，$\bar{X}$，S^2 分别是样本均值及样本方差，则 $E(\bar{X})=$________；$E(S^2)=$________.

8. 设总体 X 的概率密度为 $f(x)=\begin{cases}\frac{1}{2}e^{-\frac{1}{2}x}, & x>0\\ 0, & x\leqslant 0\end{cases}$，$X_1,X_2,\cdots,X_n$ 为总体 X 的简单随机样本，其样本方差为 S^2，则 $E(\bar{X})=$________；$E(S^2)=$________.

9. $z_{0.015}=$________；$z_{0.95}=$________；$t_{0.1}(10)=$________；$\chi^2_{0.025}(25)=$________；$t_{0.025}(50)=$________；$F_{0.05}(12,10)=$________；$F_{0.95}(14,16)=$________.

10. 设总体 X 服从正态分布 $X\sim N(\mu_1,\sigma^2)$，总体 Y 服从正态分布 $N(\mu_2,\sigma^2)$，$X_1,X_2,\cdots,X_{n1}$ 和 $Y_1,Y_2,\cdots,X_{n2}$ 分别是来自总体 X 和 Y 的简单随机样本，则 $E\left[\dfrac{\sum\limits_{i=1}^{n1}(X_i-\bar{X})^2+\sum\limits_{i=1}^{n2}(Y_i-\bar{Y})^2}{n_1+n_2-2}\right]=$________.

二、单项选择题

1. 设 $X_1,X_2,\cdots,X_n$ 是来自总体 $N(\mu,\sigma^2)$ 的样本，其中 μ 已知，σ^2 未知，则下列表达式不是统计量的是(　　).

(A) $\frac{1}{n}\sum\limits_{i=1}^{n}X_i$　　(B) $\frac{1}{n}\sum\limits_{i=1}^{n}(X_i-\mu)^2$　(C) $\max\limits_{1\leqslant i\leqslant n}(X_i)$　　(D) $\frac{1}{\sigma^2}\sum\limits_{i=1}^{n}(X_i-\mu)^2$

2. 设 $X_1,X_2,\cdots,X_n$ 是来自总体 $N(\mu,\sigma^2)$ 的样本，令 $Y=\frac{1}{\sigma^2}\sum\limits_{i=1}^{n}(X_i-\bar{X})^2$，则 $Y\sim$(　　).

(A) $\chi^2(n)$　　(B) $N(\mu,\sigma^2)$　　(C) $\chi^2(n-1)$　　(D) $N(\mu,\sigma^2/n)$

3. 设 $X_1,X_2,\cdots,X_n$ 是来自总体 $N(0,1)$ 的样本 $(n>1)$，$\bar{X}$ 与 S^2 分别是样本均值和样本方差，则有(　　).

(A) $\bar{X}\sim N(0,1)$　　(B) $n\bar{X}\sim N(0,1)$

(C) $\sum\limits_{i=1}^{n}X_i^2\sim\chi^2(n)$　　(D) $\frac{\bar{X}}{S}\sim t(n-1)$

4. 设 $X_1,X_2,\cdots,X_{16}$ 是来自总体 $N(2,\sigma^2)$ 的样本，则 $\frac{4\bar{X}-8}{\sigma}\sim$(　　).

(A) $t(15)$　　(B) $t(16)$　　(C) $\chi^2(15)$　　(D) $N(0,1)$

5. 设 $X_1,X_2,\cdots,X_{10}$ 是来自总体 $X\sim N(0,\sigma^2)$ 的样本，$Y^2=\frac{1}{9}\sum\limits_{i=2}^{10}X_i^2$，则(　　).

(A) $X^2\sim\chi^2(1)$　　(B) $\frac{X_1^2}{Y^2}\sim F(1,10)$　　(C) $\frac{X}{Y}\sim t(10)$　　(D) $\frac{X_1^2}{Y^2}\sim F(1,9)$

6. 设随机变量 X 和 Y 都服从标准正态分布，则(　　).

(A) $X+Y$ 服从正态分布　　(B) X^2+Y^2 服从 χ^2 分布

(C) X^2 和 Y^2 都服从 χ^2 分布　　(D) X^2/Y^2 服从 F 分布

7. 设随机变量 $X\sim t(n)(n>1)$，$Y=\frac{1}{X^2}$，则(　　).

(A) $Y \sim \chi^2(n)$　(B) $Y \sim \chi^2(n-1)$　(C) $Y \sim F(n,1)$　(D) $Y \sim F(1,n)$

8. 设 $X_1, X_2, \cdots, X_n (n \geqslant 2)$是来自总体 $N(0,1)$的简单随机样本，$\bar{X}$ 是样本均值，S^2 是样本方差，则(　　).

(A) $n\bar{X} \sim N(0,1)$　(B) $nS^2 \sim \chi^2(n)$

(C) $\dfrac{(n-1)\bar{X}}{S} \sim t(n-1)$　(D) $\dfrac{(n-1)X_1^2}{\sum\limits_{i=2}^{n} X_i^2} \sim F(1, n-1)$

三、解答题

1. 已知总体 $X \sim B(1,p)$，$X_1, X_2, \cdots, X_n$ 是 X 的一个样本，求

(1) $X_1, X_2, \cdots, X_n$ 的联合分布律；

(2) $\sum\limits_{i=1}^{n} X_i$ 的分布律；

(3) $E(\bar{X}), D(\bar{X}), E(S^2)$.

2. 从总体 $N(52, 6.3^2)$中随机抽取一个容量为 36 的样本，计算样本均值 $\bar{X}$ 落在 50.8 到 53.8 之间的概率.

3. 某种灯管寿命 X(以小时计)服从正态分布 $X \sim N(\mu, \sigma^2)$，$\bar{X}$ 为来自总体 X 的样本均值.

(1) 求 $\bar{X}$ 与 μ 的偏差大于$\dfrac{2\sigma}{\sqrt{n}}$的概率.

(2) 若 μ 未知，$\sigma^2 = 100$，现随机取 100 只这种灯管，求 $\bar{X}$ 与 μ 的偏差小于 1 的概率.

4. 在天平上反复称量重量为 w 的物体，每次称量结果独立同服从 $N(w, 0.04)$，若以 $\bar{X}$ 表示 n 次称重的算术平均，则为使 $P\{|\bar{X} - w| < 0.1\} > 0.95$，$n$ 至少应该是多少？

5. 从正态总体 $N(\mu, 0.5^2)$中抽取样本 $X_1, X_2, \cdots, X_{10}$

(1) 已知 $\mu = 0$，求 $P\left\{\sum\limits_{i=1}^{10} X_i^2 \geqslant 4\right\}$；

(2) μ 未知，求 $P\left\{\sum\limits_{i=1}^{10} (X_i - \bar{X})^2 \geqslant 0.675\right\}$.

6. 已知 $X \sim t(n)$，求证 $X^2 \sim F(1,n)$.

四、应用题

1. 以下是某工厂通过抽样调查得到的 10 名工人一周内生产的产品数

149	156	160	138	149	153	153	169	156	156

试由这批数据构造经验分布函数并作图.

2. 假若某地区 30 名 2000 年某专业毕业生实习期满后的月薪数据如下

909	1086	1120	999	1320	1091	1071	738	808	1224
1081	1130	1336	967	1572	825	914	866	1044	871
992	1232	950	775	1203	1025	1096	967	1164	971

试求出这批数据的均值、方差,画出密度直方图,简述其分布特征.

(B)

1. 设 $X_1,X_2,\cdots,X_9$ 是来自正态总体 X 的样本,$Y_1=\frac{1}{6}\sum_{i=1}^{6}X_i$,$Y_2=\frac{1}{3}(X_7+X_8+X_9)$,$S^2=\frac{1}{2}\sum_{i=7}^{9}(X_i-Y_2)^2$,$T=\frac{\sqrt{2}(Y_1-Y_2)}{S}$,证明统计量 T 服从 $t(2)$分布.

2. 设 $X_1,X_2,\cdots,X_n$ 是来自正态总体 X 的样本,对任意的常数 a,c,记 $Y_i=\frac{X_i-a}{c}$,$i=1,2,\cdots,n$.$\bar{X},\bar{Y},S_x^2,S_y^2$ 分别为对应的样本均值和样本方差.证明 $\bar{X}=c\bar{Y}+a$;$S_x^2=c^2S_y^2$.

3. 设 $X_1,X_2,\cdots,X_{n_1},Y_1,Y_2,\cdots,Y_{n_2}$ 分别为来自 $N(\mu_1,\sigma^2)$和 $N(\mu_2,\sigma^2)$的样本,它们相互独立,对任意不为 0 的常数 a,c,证明

$$t=\frac{a(\bar{X}-\mu_1)+c(\bar{Y}-\mu_2)}{S_w\sqrt{\frac{a^2}{n_1}+\frac{c^2}{n_2}}}\sim t(n_1+n_2-2),$$

其中 $\bar{X},\bar{Y},S_1^2,S_2^2$ 分别为两个样本的样本均值和样本方差,$S_w^2=\frac{(n_1-1)S_1^2+(n_2-1)S_2^2}{n_1+n_2-2}$.

4. 已知离散均匀总体 X,$P\{X=i\}=1/3$,$i=2,4,6$.抽取 $n=54$ 的简单随机样本,求样本均值介于区间(4.1,4.4)内的概率(利用中心极限定理近似).

5.设 $X_1,X_2,\cdots,X_n(n>2)$是独立同分布的随机变量,且均服从 $N(0,1)$,记 $\bar{X}=\frac{1}{n}\sum_{i=1}^{n}X_i$,记 $Y_i=X_i-\bar{X}$,$i=1,2,\cdots,n$.

(1) 求 Y_i 的方差 $D(Y_i)$,$i=1,2,\cdots,n$;

(2) 求 Y_1 与 Y_n 的协方差 $\mathrm{Cov}(Y_1,Y_n)$;

(3) $P\{Y_1+Y_n\leqslant 0\}$.

第7章 参数估计

统计推断是根据样本所提供的信息对总体的特性作出种种推断，参数估计是统计推断的重要内容之一，它通常是在总体的分布类型已知时，利用观测数据对总体分布中的未知参数进行估计.本章学习总体参数的两种估计方法，点估计和区间估计.

【装配线的平衡问题】

使装配线达到平衡是一项重要的经营管理活动，主要目标是确保不同操作台的操作耗用近似相同的时间.如果装配线不平衡，操作员就会出现有时无事可做，有时忙不过来的现象.结果，产品堆积在费时的操作台上，影响整个装配线的效率.建立装配线，经常要使用各种管理科学工具，常常需要估计各个操作台的平均装配时间，以对装配线进行合理的调整.下面随机记录了某装配线两个操作台各30次的装配时间(单位：分钟)，如何估计操作台的平均装配时间？它们的平均装配时间有无显著差异？

X	2.27	1.87	1.93	2.25	1.21	1.66	1.64	1.73	2.41	1.95	2.12	1.82	2.09	1.05	2.04
	2.27	2.32	2.57	1.95	2.07	1.36	2.18	1.86	2.61	1.24	2.05	1.76	2.11	2.04	1.74
Y	2.96	2.6	3.23	3.86	3.82	3.89	3.54	3.21	2.76	3.44	2.96	3.34	2.67	4.12	4.38
	2.75	2.45	3.28	3.7	3.47	3.31	3.39	3.35	3.26	3.6	3.54	2.75	3.91	3.19	3.1

7.1 参数的点估计

所谓参数点估计，就是用来自总体 X 的观测数据，计算出一个数值(点)来估计总体分布中的未知参数的值.

7.1.1 点估计的概念

定义 7.1 设总体 X 的分布函数 $F(x;\theta_1,\theta_2,\cdots,\theta_m)$ 的形式已知，但其中含有一个或多个未知参数：$\theta_1,\theta_2,\ldots,\theta_m$，又设 $X_1,X_2,\cdots,X_n$ 为总体的一个样本，$x_1,x_2,\cdots,x_n$ 是样本观测值，构造 m 个统计量：

$$\hat{\theta}_i(X_1,X_2,\cdots,X_n),\quad i=1,2,\cdots,m,$$

用 $\hat{\theta}_i(X_1,X_2,\cdots,X_n)$ 的观测值 $\hat{\theta}_i(x_1,x_2,\cdots,x_n)$ 作为未知参数 θ_i 的近似值的方法

称为**点估计法**.称 $\hat{\theta}_i(X_1,X_2,\cdots,X_n)$ 为未知参数 θ_i 的**估计量**,称 $\hat{\theta}_i(x_1,x_2,\cdots,x_n)$ 为未知参数 θ_i 的**估计值**.在不会混淆的情况下,$\hat{\theta}_i(X_1,X_2,\cdots,X_n)$ 和 $\hat{\theta}_i(x_1,x_2,\cdots,x_n)$ 均可称为 θ_i 的**点估计**.

例如,在"装配线的平衡问题"中,若以 $X_1,X_2,\cdots,X_{30}$ 表示一个操作台的 30 次装配时间,可以选用 $\bar{X}=\frac{1}{30}\sum_{i=1}^{n}X_i$ 作为一个操作台装配时间总体均值 $\mu=E(X)$ 的估计量,这时 μ 的估计值是 $\hat{\mu}=\bar{x}=\frac{1}{30}\sum_{i=1}^{n}x_i$.

由于估计量是样本的函数,对相同的样本观测值,用不同的估计量得到的参数的估计值往往不同,因此,如何选取估计量是关键问题.常用的估计方法有矩估计法和最大似然估计法.

7.1.2 矩估计

前面讲到可以用 $\bar{X}=\frac{1}{n}\sum_{i=1}^{n}X_i$ 的观测值来估计总体均值 $\mu=E(X)$ 的值,其实就是用样本的一阶矩来估计总体的一阶矩,由辛钦大数定理,易见其合理性.事实上,根据定理 6.2,若总体 X 的 $k(k=1,2,\cdots)$ 阶矩存在(原点矩或中心矩),可用样本 k 阶原点矩 $A_k=\frac{1}{n}\sum_{i=1}^{n}X_i^k$ 来近似总体 k 阶矩 $E(X^k)$,或用样本 k 阶中心矩 $B_k=\frac{1}{n}\sum_{i=1}^{n}(X_i-\bar{X})^k$ 来近似总体 k 阶中心矩 $E[(X_i-\bar{X})^k]$,这种用样本矩去替代总体相应矩的方法,即是所谓的**矩估计法**.矩估计法是英国统计学家卡尔·皮尔逊首先提出的.

一般地,若总体 X 的分布有 m 个参数 $\theta_1,\theta_2,\cdots,\theta_m$,显然,如果总体的 k 阶原点矩 $\mu_k=E(X^k)$ 存在,必依赖这些参数,即

$$\begin{cases}\mu_1=\mu_1(\theta_1,\theta_2,\cdots,\theta_m),\\ \qquad\cdots\cdots\\ \mu_m=\mu_m(\theta_1,\theta_2,\cdots,\theta_m).\end{cases}$$

若上述关于 $\theta_1,\theta_2,\cdots,\theta_m$ 的方程组有解,记为 $\theta_i=\theta_i(\mu_1,\mu_2,\cdots,\mu_m),i=1,2,\cdots,m$.按照用样本矩近似总体相应矩的原则,便可得到 θ_i 的估计量

$$\hat{\theta}_i=\theta_i(A_1,A_2,\cdots,A_m),\quad i=1,2,\cdots,m.$$

由于 $A_1,A_2,\cdots,A_m$ 均为样本 $X_1,X_2,\cdots,X_n$ 的函数,不妨将上式记为

$$\hat{\theta}_i=\hat{\theta}_i(X_1,X_2,\cdots,X_n),\quad i=1,2,\cdots,m,$$

称 $\hat{\theta}_i(X_1,X_2,\cdots,X_n)$ 是 θ_i 的**矩估计量**,如果样本观测值为 $x_1,x_2,\cdots,x_n$,称观测值 $\hat{\theta}_i(x_1,x_2,\cdots,x_n)$ 为 θ_i 的**矩估计值**.这里实际上给出了求参数的矩估计的具体做法.

【例 7.1】 设总体 X 的概率密度为

$$f(x;\theta)=\begin{cases}(\theta+1)x^{\theta}, & 0<x<1,\\ 0, & \text{其他},\end{cases}$$

其中 $\theta(\theta>-1)$ 为待估参数，$X_1,X_2,\cdots,X_n$ 为总体的一个样本，求 θ 的矩估计量.若抽样得到样本观测值为 0.8,0.6,0.4,0.5,0.5,0.6,0.6,0.8，求 θ 的矩估计值.

解 由于只有一个待估参数，只需写出总体的一阶矩

$$\mu_1=E(X)=\int_0^1 x(\theta+1)x^{\theta}\mathrm{d}x=\frac{\theta+1}{\theta+2},$$

解得

$$\theta=\frac{1-2\mu_1}{\mu_1-1},$$

用 A_1 代替 μ_1，得 θ 的矩估计量为

$$\hat{\theta}=\frac{1-2A_1}{A_1-1}=\frac{1-2\bar{X}}{\bar{X}-1}.$$

由样本观测值计算得到 $\bar{x}=\frac{1}{8}(0.8+0.6+0.4+0.5+0.5+0.6+0.6+0.8)=0.6$，所以，$\theta$ 的矩估计值为 $\hat{\theta}==\frac{1-2\bar{x}}{\bar{x}-1}=\frac{1-2\times0.6}{0.6-1}=0.5$.

【例 7.2】 设总体 X 的均值 μ 和方差 σ^2 都存在，但 μ 和 σ^2 均未知，求 μ 和 σ^2 的矩估计量.

解 设 $X_1,X_2,\cdots,X_n$ 为总体 X 的一个样本，总体 X 的一阶、二阶矩分别为

$$\mu_1=E(X)=\mu,$$

$$\mu_2=E(X^2)=D(X)+[E(X)]^2=\sigma^2+\mu^2,$$

由上面两个方程解出待估参数 μ 和 σ^2

$$\mu=\mu_1,\quad \sigma^2=\mu_2-\mu_1^2.$$

用样本的的一阶、二阶矩 A_1 和 A_2 分别代替总体的一阶、二阶矩 μ_1 和 μ_2，得到 μ 和 σ^2 的矩估计量分别为

$$\hat{\mu}=A_1=\frac{1}{n}\sum_{i=1}^{n}X_i=\bar{X},$$

$$\hat{\sigma}^2=A_2-A_1^2=\frac{1}{n}\sum_{i=1}^{n}X_i^2-\bar{X}^2=\frac{1}{n}\sum_{i=1}^{n}(X_i-\bar{X})^2=B_2.$$

本例说明 $\bar{X}$ 和 B_2 分别为任意总体 X 的均值和方差的矩估计量，即对任意总体 X 有

$$\widehat{E(X)}=\bar{X}=\frac{1}{n}\sum_{i=1}^{n}X_i,$$

$$\widehat{D(X)}=B_2=\frac{1}{n}\sum_{i=1}^{n}(X_i-\bar{X})^2.$$

于是，容易得到下面五个常用分布中参数的矩估计：

(1) $X\sim N(\mu,\sigma^2)$，由于 $\mu=E(X)$，$\sigma^2=D(X)$，所以 μ 和 σ^2 的矩估计量分别为 $\hat{\mu}=\bar{X}$ 和 $\hat{\sigma^2}=B_2$.

(2) $X\sim \text{Exp}(\theta)$，由于 $\theta=E(X)$，所以 $\hat{\theta}=\bar{X}$.

(3) $X\sim P(\lambda)$，由于 $\lambda=E(X)$，所以 $\hat{\lambda}=\bar{X}$.

(4) $X\sim U(0,b)$，由于 $\frac{b}{2}=E(X)$，所以 $\hat{b}=2\bar{X}$.

(5) $X\sim B(n,p)$，其中 n 已知，由于 $np=E(X)$，所以 p 的矩估计量为 $\hat{p}=\bar{X}/n$.

【例 7.3】 设一大批产品的合格率是 p，每次从中抽出 10 件进行检验，共抽 15 次，每次抽出的 10 件中合格品的个数记录如下，求合格率 p 的矩估计值.

8	8	7	9	7	9	7	8	9	8	8	8	7	9	8

解 用 X_i 表示第 i 次抽出的 10 件中合格品的个数，$i=1,2,\cdots,15$.则可以认为 $X_1,X_2,\cdots,X_{15}$ 独立同分布，是来自二项分布总体 $X\sim B(10,p)$ 的样本.

由于 $\bar{X}$ 为 $E(X)=10p$ 的矩估计量，所以 $\hat{p}=\bar{X}/10$ 为 p 的矩估计量，p 的矩估计值为

$$\hat{p}=\bar{x}/10=\frac{x_1+x_2+\cdots+x_{15}}{15}/10=\frac{120}{15}/10=0.8.$$

注意：根据定理 6.2，使用矩估计法时，用样本的矩去替换总体相应的矩，这里的矩可以是原点矩也可以是中心矩，还可以用样本矩的函数去替代相应的总体矩的函数.

7.1.3 最大似然估计

首先我们通过一个简单的例子了解一下最大似然估计法的思想.有两个外形相同的箱子，各装 100 个球：

第一箱	99 个白球	1 个红球
第二箱	1 个白球	99 个红球

现从两箱中任取一箱，并从箱中任取一球，结果所取得的球是白球，试估计所取到的球来自哪一箱？

答案是第一箱.因为第一箱更有利于白球的出现.这种思考问题的方法，称为最大似然思想.

那么，若 $X_1,X_2,\cdots,X_n$ 为总体 X 的一个样本，当样本观测值 $x_1,x_2,\cdots,x_n$ 出

现时,若要估计总体 X 中的未知参数 θ,自然要选取使 $x_1, x_2, \cdots, x_n$ 出现的"概率"达到最大的 $\hat{\theta}$ 作为 θ 的估计值了.

若 X 是离散型总体,其分布律为 $P\{X=x\}=p(x;\theta)$,$x_1, x_2, \cdots, x_n$ 出现的概率是

$$L(\theta)=L(x_1,x_2,\cdots,x_n;\theta)=\prod_{i=1}^{n}p(x_i;\theta). \tag{7.1}$$

于是,θ 的估计值 $\hat{\theta}$ 应为 $L(\theta)$最大值点,即

$$L(\hat{\theta})=\max_{\theta\in\Theta}L(x_1,x_2,\cdots,x_n;\theta)=\max_{\theta\in\Theta}\prod_{i=1}^{n}p(x_i;\theta),$$

其中 Θ 为 θ 的取值范围.称这样得到的 $\hat{\theta}=\hat{\theta}(x_1, x_2,\cdots, x_n)$为 θ 的**最大似然估计值**,$\hat{\theta}(X_1, X_2,\cdots, X_n)$称为 θ 的**最大似然估计量**.

若 X 是连续型总体,其概率密度为 $f(x;\theta)$,由于

$$L(\theta)=L(x_1,x_2,\cdots,x_n;\theta)=\prod_{i=1}^{n}f(x_i;\theta) \tag{7.2}$$

越大,$X_1,X_2,\cdots,X_n$ 在 $x_1,x_2,\cdots,x_n$ 附近小邻域内取值的概率越大,于是 θ 的估计值 $\hat{\theta}$ 也应为 $L(\theta)$最大值点,即

$$L(\hat{\theta})=\max_{\theta\in\Theta}L(x_1,x_2,\cdots,x_n;\theta)=\max_{\theta\in\Theta}\prod_{i=1}^{n}f(x_i;\theta),$$

其中 Θ 为 θ 的取值范围.称此 $\hat{\theta}=\hat{\theta}(x_1, x_2,\cdots, x_n)$为 θ 的**最大似然估计值**,称 $\hat{\theta}(X_1,X_2,\cdots,X_n)$为 θ 的**最大似然估计量**.称式(7.1)和式(7.2)是基于 $x_1,x_2,\cdots,x_n$ 的**似然函数**.

可见,求总体参数 θ 的最大似然估计,实际上就是求似然函数 $L(\theta)=L(x_1, x_2,\cdots, x_n;\theta)$的最大值点 $\hat{\theta}(x_1, x_2,\cdots, x_n)$的问题了,由于 $\ln L(\theta)=\ln L(x_1, x_2,\cdots, x_n;\theta)$与 $L(\theta)=L(x_1, x_2,\cdots, x_n;\theta)$有相同的最大值点,为计算方便,我们常常通过求 $\ln L(\theta)=\ln L(x_1, x_2,\cdots, x_n;\theta)$的最大值点来得到 $\hat{\theta}(x_1, x_2,\cdots, x_n)$.

求 $L(\theta)=L(x_1,x_2,\cdots,x_n;\theta)$或 $\ln L(\theta)=\ln L(x_1,x_2,\cdots,x_n;\theta)$的最大值点时,常需要先求出它们的极值点,再进一步说明极值点为极大值点和最大值点.这时往往需要解方程

$$\frac{\mathrm{d}L(\theta)}{\mathrm{d}\theta}=\frac{\mathrm{d}L(x_1,x_2,\cdots,x_n;\theta)}{\mathrm{d}\theta}=0 \tag{7.3}$$

或

$$\frac{\mathrm{d}\ln L(\theta)}{\mathrm{d}\theta}=\frac{\mathrm{d}\ln L(x_1,x_2,\cdots,x_n;\theta)}{\mathrm{d}\theta}=0, \tag{7.4}$$

方程(7.3)和方程(7.4)分别称为**似然方程**和**对数似然方程**.

上述方法同样适用于总体分布中含有多个为知参数 $\theta_1,\theta_2,\cdots,\theta_m$ 的情形.此时,只需要求出似然函数

$$L(\theta_1,\theta_2,\cdots,\theta_m)=L(x_1,x_2,\cdots,x_n;\theta_1,\theta_2,\cdots,\theta_m)$$

或者对数似然函数

$$\ln L(\theta_1,\theta_2,\cdots,\theta_m)=\ln L(x_1,x_2,\cdots,x_n;\theta_1,\theta_2,\cdots,\theta_m)$$

的最大值点$(\hat{\theta}_1,\hat{\theta}_2,\cdots,\hat{\theta}_m)$就可以了.

【例 7.4】 总体 X 服从参数为λ 的泊松分布,$\lambda(\lambda>0)$未知,求参数 λ 的最大似然估计量.

解 设 $X_1,X_2,\cdots,X_n$ 是来自 X 的样本,$x_1,x_2,\cdots,x_n$ 是样本观测值.由于 X 的分布律为

$$P\{X=x\}=p(x;\lambda)=\frac{\lambda^x}{x!}\mathrm{e}^{-\lambda},\quad x=0,1,2,\cdots,$$

故基于 $x_1,x_2,\cdots,x_n$ 的似然函数为

$$L(\lambda)=L(x_1,x_2,\cdots,x_n;\lambda)=\prod_{i=1}^{n}\frac{\lambda^{x_i}}{x_i!}\mathrm{e}^{-\lambda}=\mathrm{e}^{-n\lambda}\frac{\lambda^{\sum\limits_{i=1}^{n}x_i}}{\prod\limits_{i=1}^{n}x_i!}.$$

对数似然函数为

$$\ln L(\lambda)=-n\lambda+\sum_{i=1}^{n}x_i\ln\lambda-\sum_{i=1}^{n}\ln x_i!,$$

对数似然方程为

$$\frac{\mathrm{d}}{\mathrm{d}\lambda}\ln L(\lambda)=-n+\frac{1}{\lambda}\sum_{i=1}^{n}x_i=0,$$

解之得

$$\lambda=\frac{1}{n}\sum_{i=1}^{n}x_i=\bar{x}.$$

考虑到

$$\frac{\mathrm{d}^2}{\mathrm{d}\lambda^2}\ln L(\lambda)=-\frac{1}{\lambda^2}\sum_{i=1}^{n}x_i<0,$$

所以,λ 的最大似然估计值为

$$\hat{\lambda}=\frac{1}{n}\sum_{i=1}^{n}x_i=\bar{x},$$

λ 的最大似然估计量为 $\hat{\lambda}=\dfrac{1}{n}\sum\limits_{i=1}^{n}X_i=\bar{X}$.

【例 7.5】 设总体 X 的概率密度为

$$f(x;\theta)=\begin{cases}(\theta+1)x^{\theta}, & 0<x<1,\\ 0, & \text{其他},\end{cases}$$

其中 $\theta(\theta>-1)$为待估参数,求 θ 的最大似然估计量.

解 设 $X_1,X_2,\cdots,X_n$ 为总体 X 的一个样本,$x_1,x_2,\cdots,x_n$ 是样本观测值.基于 $x_1,x_2,\cdots,x_n$ 的似然函数为

$$\begin{aligned}L(\theta)=L(x_1,x_2,\cdots,x_n;\theta)&=\prod_{i=1}^{n}f(x_i;\theta)\\&=\begin{cases}(\theta+1)^n\ (x_1x_2\cdots x_n)^{\theta}, & 0<x_1,x_2,\cdots,x_n<1,\\ 0, & \text{其他}.\end{cases}\end{aligned}$$

当 $0<x_1,x_2,\cdots,x_n<1$ 时,$\ln L(\theta)=n\ln(\theta+1)+\theta\sum\limits_{i=1}^{n}\ln x_i$,

令

$$\frac{\mathrm{d}}{\mathrm{d}\theta}\ln L(\theta)=\frac{n}{\theta+1}+\sum_{i=1}^{n}\ln x_i=0,$$

解得

$$\theta=-1-\frac{n}{\sum\limits_{i=1}^{n}\ln x_i}.$$

考虑到

$$\frac{\mathrm{d}^2}{\mathrm{d}\theta^2}\ln L(\theta)=-\frac{n}{(\theta+1)^2}<0,$$

所以,θ 的最大似然估计值为

$$\hat{\theta}=-1-\frac{n}{\sum\limits_{i=1}^{n}\ln x_i},$$

θ 的最大似然估计量为

$$\hat{\theta}=-1-\frac{n}{\sum\limits_{i=1}^{n}\ln X_i}.$$

由例 7.1 和例 7.5 可以看出,同一个总体同一参数的最大似然估计与矩估计可能是不相同的.

【例 7.6】 设 $X_1,X_2,\cdots,X_n$ 是 $N(\mu,\sigma^2)$的样本,求 μ 与 σ^2 的的最大似然估计量.

解 设 $x_1,x_2,\cdots,x_n$ 是总体 X 的样本观测值.由于 X 的概率密度为

$$f(x;\mu,\sigma^2)=\frac{1}{\sqrt{2\pi}\sigma}\exp\left\{-\frac{(x-\mu)^2}{2\sigma^2}\right\},$$

故有似然函数

$$L(\mu,\sigma^2)=\prod_{i=1}^{n}\frac{1}{\sqrt{2\pi}\sigma}\exp\left\{-\frac{(x_i-\mu)^2}{2\sigma^2}\right\}=\frac{1}{(2\pi)^{\frac{n}{2}}(\sigma^2)^{\frac{n}{2}}}\exp\left\{-\frac{\sum_{i=1}^{n}(x_i-\mu)^2}{2\sigma^2}\right\},$$

对数似然函数

$$\ln L(\mu,\sigma^2)=-\frac{n}{2}\ln(2\pi)-\frac{n}{2}\ln\sigma^2-\frac{\sum_{i=1}^{n}(x_i-\mu)^2}{2\sigma^2},$$

对数似然方程组

$$\begin{cases}\dfrac{\partial\ln L(\mu,\sigma^2)}{\partial\mu}=\dfrac{1}{\sigma^2}\sum_{i=1}^{n}(x_i-\mu)=0,\\[2ex]\dfrac{\partial\ln L(\mu,\sigma^2)}{\partial\sigma^2}=-\dfrac{n}{2\sigma^2}+\dfrac{1}{2\sigma^4}\sum_{i=1}^{n}(x_i-\mu)^2=0,\end{cases}$$

解对数似然方程组，即得

$$\hat{\mu}=\frac{1}{n}\sum_{i=1}^{n}x_i,\quad \hat{\sigma}^2=\frac{1}{n}\sum_{i=1}^{n}(x_i-\bar{x})^2.$$

可以验证，当 $\mu=\hat{\mu},\sigma^2=\hat{\sigma^2}$ 时 $\ln L(\mu,\sigma^2)$ 达到最大值. μ 和 σ^2 的最大似然估计量分别为

$$\hat{\mu}=\frac{1}{n}\sum_{i=1}^{n}X_i,\quad \hat{\sigma^2}=\frac{1}{n}\sum_{i=1}^{n}(X_i-\bar{X})^2.$$

所以，对正态分布总体来说，μ 和 σ^2 的最大似然估计与矩估计是相同的.

在求参数的最大似然估计时，有时似然方程或对数似然方程无解，则不需要建立似然方程或对数似然方程，可以采用其他方法，如直接观察似然函数发现其最大值点，从而得到参数的最大似然估计.

【例 7.7】 求均匀分布 $X\sim U[a,b]$ 中参数 a,b 的最大似然估计量.

解 设 $X_1,X_2,\cdots,X_n$ 为总体 X 的一个样本，$x_1,x_2,\cdots,x_n$ 是样本观测值.由于 X 的概率密度是

$$f(x;a,b)=\begin{cases}\dfrac{1}{b-a}, & a\leqslant x\leqslant b,\\[1ex] 0, & \text{其他},\end{cases}$$

基于 $x_1,x_2,\cdots,x_n$ 的似然函数为

$$L(a,b)=\begin{cases}\left(\dfrac{1}{b-a}\right)^n, & a\leqslant x_1,x_2,\cdots,x_n\leqslant b,\\[1ex] 0, & \text{其他}.\end{cases}\tag{7.5}$$

根据最大似然估计的定义，$\hat{a}$ 和 $\hat{b}$ 应使 $L(a,b)$ 达到最大值.由式(7.5)知，欲使 $L(a,b)$ 最大，只有使 $b-a$ 最小，因此 $\hat{b}$ 要尽可能小，$\hat{a}$ 要尽可能大，但在 $a \leqslant x_1, x_2, \cdots, x_n \leqslant b$ 的约束下，只能取

$$\hat{a}=\min(x_1,x_2,\cdots,x_n), \quad \hat{b}=\max(x_1,x_2,\cdots,x_n),$$

所以，参数 a,b 的最大似然估计量为

$$\hat{a}=\min(X_1,X_2,\cdots,X_n), \quad \hat{b}=\max(X_1,X_2,\cdots,X_n).$$

7.1.4 估计量的评价标准

从上面的内容我们已经看到，同一参数的估计量不是唯一的，不同的估计方法求出的估计量可能不一样.例如，例 7.1 与例 7.5 中 θ 的矩估计与极大似然估计是不一样的.有时甚至用同一方法也可能得到不同的估计量.例如，设总体 X 服从参数为 λ 的泊松分布，即

$$P\{X=k\}=\frac{\lambda^k}{k!}e^{-\lambda}, \quad k=0,1,2,\cdots.$$

由于 $\bar{X}$ 和 B_2 分别是 $E(X)=\lambda$ 和 $D(X)=\lambda$ 的矩估计量，于是得到 λ 的两个不同的矩估计量 $\bar{X}$ 和 B_2.

既然估计量不是唯一的，那么，究竟孰优孰劣就要有一个评价标准.评价估计量的好坏一般从以下三个方面考虑：有无系统误差；波动性的大小；当样本容量增大时估计值是否越来越精确.这些方面涉及估计量的无偏性、有效性和相合性三个概念.

1.无偏性

设 $\hat{\theta}=\hat{\theta}(X_1,X_2,\cdots,X_n)$ 是 θ 的一个估计量，一般地，将 $|E(\hat{\theta})-\theta|$ 称为用 $\hat{\theta}$ 估计 θ 的系统误差.显然，系统误差较小的估计量应该是较理想的.当 $E(\hat{\theta})-\theta=0$ 时，没有系统误差.我们有下面的定义.

定义 7.2 设 $\hat{\theta}=\hat{\theta}(X_1,X_2,\cdots,X_n)$ 是参数 θ 的一个估计量，若 $E(\hat{\theta})=\theta$，则称 $\hat{\theta}$ 是 θ 的**无偏估计量**.

无偏性反映了对于不同的样本观测值，虽然估计量 $\hat{\theta}$ 的取值在真值 θ 周围摆动，但其平均值是真值 θ.因此，我们希望一个估计量要具有无偏性.

根据定理 6.1，对任意总体 X，有 $E(\bar{X})=E(X)$，$E(S^2)=D(X)$.所以，$\bar{X}=\frac{1}{n}\sum_{i=1}^{n}X_i$ 和 $S^2=\frac{1}{n-1}\sum_{i=1}^{n}(X_i-\bar{X})^2$ 分别是总体 X 的均值 $E(X)$ 和方差 $D(X)$ 的无偏估计.而由于

$$B_2=\frac{1}{n}\sum_{i=1}^{n}(X_i-\bar{X})^2=\frac{n-1}{n}S^2,$$

$$E(B_2)=\frac{n-1}{n}E(S^2)=\frac{n-1}{n}D(X)\neq D(X).$$

所以，B_2 不是总体方差 $D(X)$ 的无偏估计，尽管 B_2 是 $D(X)$ 的矩估计量.

我们可以把 $S^2=\frac{1}{n-1}\sum_{i=1}^{n}(X_i-\bar{X})^2=\frac{n}{n-1}B_2$ 看成对 B_2 的修正.由于它具有无偏性，在实际应用中常被采用.

【例 7.8】 设总体 X 的 k 阶矩 $\mu_k=E(X^k)(k=1,2,\cdots,n)$ 存在，又设 $X_1,X_2,\cdots,X_n$ 是 X 的一个样本.试证明不论总体服从什么分布，样本的 k 阶矩 $A_k=\frac{1}{n}\sum_{i=1}^{n}X_i^k$ 是总体的 k 阶矩 μ_k 的无偏估计量.

证　由于 $E(X_i^k)=E(X^k)=\mu_k,k=1,2,\cdots,n.$

$$E(A_k)=E\left(\frac{1}{n}\sum_{i=1}^{n}X_i^k\right)=\frac{1}{n}\sum_{i=1}^{n}E(X_i^k)=\frac{1}{n}\sum_{i=1}^{n}\mu_k=\mu_k.$$

所以，样本的 k 阶矩 A_k 是总体的 k 阶矩 μ_k 的无偏估计量.

2. 有效性

同一个参数的无偏估计可以有很多，哪一个较好一些呢？设 $\hat{\theta}$ 是参数 θ 的无偏估计量，对不同的样本观察值，估计量 $\hat{\theta}$ 的取值在参数 θ 的真值周围摆动，显然，这种摆动范围越小越好，而 $\hat{\theta}$ 的方差

$$D(\hat{\theta})=E\{[\hat{\theta}-E(\hat{\theta})]^2\}=E[(\hat{\theta}-\theta)^2]$$

反映了这种摆动的范围.因此，同一个参数的多个无偏估计量中方差小者较好.于是有下面定义

定义 7.3　设 $\hat{\theta}_1=\hat{\theta}_1(X_1,X_2,\cdots,X_n)$ 和 $\hat{\theta}_2=\hat{\theta}_2(X_1,X_2,\cdots,X_n)$ 都是参数 θ 的无偏估计，若

$$D(\hat{\theta}_1)<D(\hat{\theta}_2),$$

则称无偏估计 $\hat{\theta}_1$ 比 $\hat{\theta}_2$ 有效.

例如，设总体 X 的方差存在，$X_1,X_2,\cdots,X_n(n>2)$ 为总体 X 的一个样本，易知 $\bar{X},\frac{1}{2}(X_1+X_n),X_1$ 均为 μ 的无偏估计，又有

$$D(\bar{X})=\frac{\sigma^2}{n}<D\left(\frac{1}{2}(X_1+X_n)\right)=\frac{\sigma^2}{2}<D(X_1)=\sigma^2.$$

所以，当 $n>2$ 时，上面三个 μ 的无偏估计量中，$\bar{X}$ 最有效，$\frac{1}{2}(X_1+X_n)$ 较 X_1 有效.

【例 7.9】 设总体 X 服从参数为 θ 的指数分布，概率密度为

$$f(x;\theta)=\begin{cases}\dfrac{1}{\theta}\mathrm{e}^{-\frac{x}{\theta}}, & x>0,\\ 0, & x\leqslant 0,\end{cases}$$

其中 $\theta>0$ 为未知，$X_1,X_2,\cdots,X_n$ 为总体 X 的一个样本，试证 $\bar{X}$ 和 $n\min(X_1,X_2,\cdots,X_n)$ 都是 θ 的无偏估计，并比较谁更有效.

解 因为 $E(X)=\theta$，而 $E(\bar{X})=E(X)$，所以 $E(\bar{X})=\theta$，故 $\bar{X}$ 是 θ 的无偏估计. 设 $Z=\min(X_1,X_2,\cdots,X_n)$，根据式(3.22)，$Z$ 的概率密度为

$$f_Z(x;\theta)=\begin{cases}\dfrac{n}{\theta}\mathrm{e}^{-\frac{nx}{\theta}}, & x>0,\\ 0, & x\leqslant 0.\end{cases}$$

这是参数为 $\dfrac{\theta}{n}$ 的指数分布，故知

$$E(Z)=\frac{\theta}{n},\quad E(nZ)=nE(Z)=\theta.$$

所以 $nZ=n\min(X_1,X_2,\cdots,X_n)$ 也是 θ 的无偏估计. 由于 $D(X)=\theta^2$，故有 $D(\bar{X})=\dfrac{\theta^2}{n}$，又由于 $D(Z)=\left(\dfrac{\theta}{n}\right)^2$，所以 $D(nZ)=n^2D(Z)=\theta^2$. 当 $n>1$ 时，$D(nZ)>D(\bar{X})$，故作为 θ 的无偏估计 $\bar{X}$ 较 nZ 有效.

3. 相合性

总体参数 θ 的估计量 $\hat{\theta}(X_1,X_2,\cdots,X_n)$ 是样本的函数，随着样本容量的增加，$\hat{\theta}(X_1,X_2,\cdots,X_n)$ 的值应该越来越接近真值 θ，于是有如下定义.

定义 7.4 设 $\hat{\theta}=\hat{\theta}(X_1,X_2,\cdots,X_n)$ 是参数 θ 的一个估计量，若 $\hat{\theta}$ 依概率收敛于 θ，即对任意的 $\varepsilon>0$，有

$$\lim_{n\to\infty}P\{|\hat{\theta}-\theta|<\varepsilon\}=1,$$

则称 $\hat{\theta}$ 是参数 θ 的**相合估计量**，或者**一致估计量**.

由定理 6.2，样本矩依概率收敛于总体对应的矩，因而矩估计量均为相合估计量. 相合性只有在样本容量相当大时，才能显示其优越性，而在实际应用中，往往很难达到，因此实际应用中，关于估计量的选择问题，要视具体问题综合考虑各种评价而确定.

7.2 参数的区间估计

与点估计不同的是，区间估计不是给出的参数的一个具体的近似值，而是给出覆

盖参数的一个区间.为什么要引入区间估计呢？这是因为在使用点估计时，仅仅是给出未知参数的一个近似值，既没有反映出这个近似值的误差范围，也没有给出估计值的可信程度，使用起来感觉把握不大.在某些应用问题中，给出估计的误差范围和可信度是人们所感兴趣的，例如，某工厂欲对出厂的一批电子元件的平均寿命进行估计，强调以一定的可信程度(如 95%)估计平均寿命的范围，这里可信程度是很重要的，它涉及使用这些电子元件的可靠性.应该如何进行估值呢？显然，仅采用点估计是不能达到目的，这就需要引入区间估计.

7.2.1　区间估计的概念

简单地说，区间估计是用两个统计量 $\hat{\theta}_1=\hat{\theta}_1(X_1,X_2,\cdots,X_n)$ 和 $\hat{\theta}_2=\hat{\theta}_2(X_1,X_2,\cdots,X_n)$ 所确定的区间 $(\hat{\theta}_1,\hat{\theta}_2)$ 作为参数 θ 取值范围的估计.显然，这个估计必须有一定的精度，即 $\hat{\theta}_2-\hat{\theta}_1$ 不能太大，太大不能说明任何问题；另外，这个估计必须有一定的可靠性，即 $\hat{\theta}_2-\hat{\theta}_1$ 又不能太小，太小难以保证可靠性要求.比如用区间 (1,100) 去估计某人的年龄，虽然很可信，却不能带来任何有用的信息；反之，若用区间 (30,31) 去估计某人的岁数，虽然提供了关于此人年龄的信息，却很难使人相信这一结果的可靠性.我们希望既能得到较高的精度，又能得到较高的可靠性.但在获得的信息一定(如样本容量固定)的情况下，这两者一般不可能同时达到最理想的状态.通常是将可靠性固定在某一需要的水平上，求得精度尽可能高的估计区间.这种估计方法称为区间估计，这样求得的估计区间称为置信区间，这个概念是由美籍波兰统计学家奈曼于 1934 年提出的.下面给出置信区间的严格定义.

定义 7.5　设 $X_1,X_2,\cdots,X_n$ 为总体 X 的一个样本，θ 为总体 X 的未知参数，对给定的 $\alpha\in(0,1)$，如果有两个统计量 $\hat{\theta}_1=\hat{\theta}_1(X_1,X_2,\cdots,X_n)$ 和 $\hat{\theta}_2=\hat{\theta}_2(X_1,X_2,\cdots,X_n)$，满足

$$P\{\hat{\theta}_1<\theta<\hat{\theta}_2\}=1-\alpha, \tag{7.6}$$

则称区间 $(\hat{\theta}_1,\hat{\theta}_2)$ 是 θ 的一个**置信区间**，$\hat{\theta}_1,\hat{\theta}_2$ 分别称为**置信下限**、**置信上限**，$1-\alpha$ 称为**置信水平**或**置信度**.

说明：(1) $(\hat{\theta}_1,\hat{\theta}_2)$ 是和样本有关的随机区间，$P\{\hat{\theta}_1<\theta<\hat{\theta}_2\}=1-\alpha$ 是说随机区间 $(\hat{\theta}_1,\hat{\theta}_2)$ 以 $1-\alpha$ 的概率覆盖了未知参数 θ 的真值(因为 θ 是未知的常数，不能说 θ 落入 $(\hat{\theta}_1,\hat{\theta}_2)$ 的概率为 $1-\alpha$).

(2) 区间长度 $\hat{\theta}_2-\hat{\theta}_1$ 描述了估计的精度，置信水平 $1-\alpha$ 是描述了估计的可靠性.一般而言，区间长度 $\hat{\theta}_2-\hat{\theta}_1$ 越小，估计的精度越高；置信水平 $1-\alpha$ 越大，估计的可靠性越高.

在实际应用上，可以这样来理解置信水平 $1-\alpha$：因为 $(\hat{\theta}_1,\hat{\theta}_2)$ 是和样本有关的随机区间，若取 100 个容量为 n 的样本，用相同方法就会得到 100 个置信区间：$[\hat{\theta}_1^{(k)}$,

$\hat{\theta}_2^{(k)}]$, $k=1,2,\cdots,100$.如果 $1-\alpha=95\%$,那么,其中约有 95 个区间包含了真参数 θ,有 5 个区间不包含真参数 θ.因此,当我们实际上取一个样本进行区间估计时,有理由认为所得置信区间包含了真参数,但这样判断可能会犯错误,犯错误的概率只有 5%.

另外,当总体 X 为离散型随机变量时,不一定能找到$(\hat{\theta}_1,\hat{\theta}_2)$使得 $P\{\hat{\theta}_1<\theta<\hat{\theta}_2\}$恰好等于 $1-\alpha$,这时我们去找$(\hat{\theta}_1,\hat{\theta}_2)$,使 $P\{\hat{\theta}_1<\theta<\hat{\theta}_2\}$大于 $1-\alpha$ 且尽可能接近 $1-\alpha$.所以,有些教材上把式(7.6)写成

$$P\{\hat{\theta}_1<\theta<\hat{\theta}_2\}\geqslant 1-\alpha$$

的形式.

下面给出求置信区间的一般步骤.

设 $X_1,X_2,\cdots,X_n$ 为总体 X 的一个样本,θ 为总体 X 的未知参数.

(1) 选择一个包含样本和待估参数 θ(不能包含其他未知参数),且分布为已知的函数 $g=g(X_1,X_2,\cdots,X_n;\theta)$(该函数称为**枢轴量**);

(2) 对给定的置信水平 $1-\alpha$,确定常数 a,b 使得

$$P\{a<g(X_1,X_2,\cdots,X_n;\theta)<b\}=1-\alpha;$$

(3) 将上式改写为

$$P\{\hat{\theta}_1(X_1,X_2,\cdots,X_n)<\theta<\hat{\theta}_2(X_1,X_2,\cdots,X_n)\}=1-\alpha.$$

于是得到 θ 的置信水平为 $1-\alpha$ 的置信区间$(\hat{\theta}_1(X_1,X_2,\cdots,X_n),\hat{\theta}_2(X_1,X_2,\cdots,X_n))$.如果已获得样本观测值 $x_1,x_2,\cdots,x_n$,通过计算可以得到 θ 的置信水平为 $1-\alpha$的具体的置信区间$(\hat{\theta}_1(x_1,x_2,\cdots,x_n),\hat{\theta}_2(x_1,x_2,\cdots,x_n))$.

求置信区间的核心在于求枢轴量,一般分布的枢轴量是比较难确定的,因此我们主要考虑总体为正态分布时参数的区间估计.

7.2.2 正态总体均值的区间估计

设 $X_1,X_2,\cdots,X_n$ 为 $X\sim N(\mu,\sigma^2)$的样本,对给定的置信水平 $1-\alpha$,$0<\alpha<1$,我们来求参数 μ 的置信区间.

1. σ^2 已知时,μ 的置信区间

由于 $\bar{X}$ 是 μ 的无偏估计,且有

$$\frac{\bar{X}-\mu}{\sigma/\sqrt{n}}\sim N(0,1),$$

容易想到将 $Z=\dfrac{\bar{X}-\mu}{\sigma/\sqrt{n}}$作为求 μ 的置信区间的枢轴量.对给定的置信水平 $1-\alpha$,根据标准正态分布上 α 分位点的定义,由图 7.1 易知

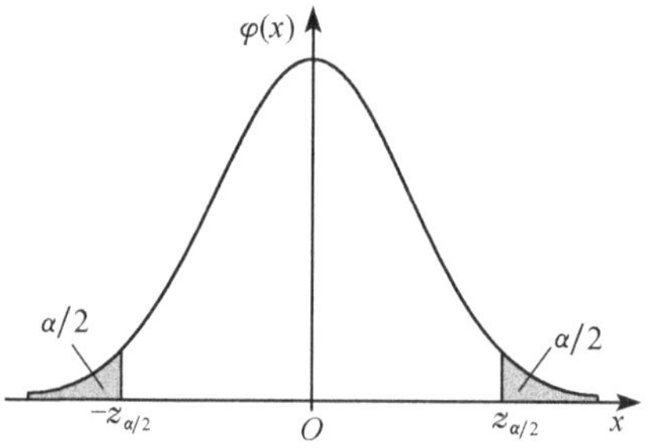

图 7.1

$$P\left\{-z_{\alpha/2}<\frac{\bar{X}-\mu}{\sigma/\sqrt{n}}<z_{\alpha/2}\right\}=1-\alpha, \tag{7.7}$$

即

$$P\left\{\bar{X}-\frac{\sigma}{\sqrt{n}}z_{\alpha/2}<\mu<\bar{X}+\frac{\sigma}{\sqrt{n}}z_{\alpha/2}\right\}=1-\alpha.$$

根据定义 7.5，得到 μ 的一个置信水平为 $1-\alpha$ 的置信区间

$$\left(\bar{X}-\frac{\sigma}{\sqrt{n}}z_{\alpha/2},\bar{X}+\frac{\sigma}{\sqrt{n}}z_{\alpha/2}\right).$$

常将该对称区间写成较短的形式：

$$\left(\bar{X}\pm\frac{\sigma}{\sqrt{n}}z_{\alpha/2}\right).$$

当然，式(7.7)中的不等式不是唯一的，取两个对称的分位点 $-z_{\alpha/2}$ 和 $z_{\alpha/2}$ 是为了使两点之间的长度最小，从而保证了所得置信区间的精度最大.

2. σ^2 未知时，μ 的置信区间

σ^2 未知时，不能再用 $Z=\dfrac{\bar{X}-\mu}{\sigma/\sqrt{n}}$ 作为求 μ 的置信区间的枢轴量，因为其中含有另一个未知参数 σ^2. 考虑到 S^2 是 σ^2 的无偏估计，可以用 S^2 代替 σ^2，且由定理 6.3 知 $\dfrac{\bar{X}-\mu}{S/\sqrt{n}}\sim t(n-1)$，所以，可以选用 $T=\dfrac{\bar{X}-\mu}{S/\sqrt{n}}$ 作为枢轴量.

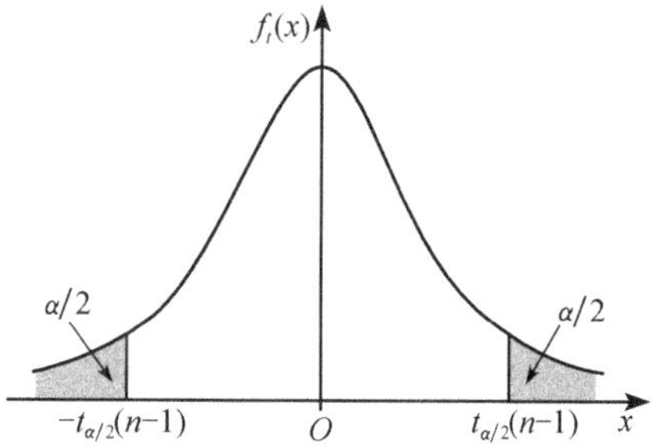

图 7.2

由图 7.2，类似上面的过程，可以得到 μ 的一个置信水平为 $1-\alpha$ 的置信区间

$$\left(\bar{X}\pm\frac{S}{\sqrt{n}}t_{\alpha/2}(n-1)\right).$$

【例 7.10】 某饮料自动售货机的杯装饮料灌装量近似服从正态分布，标准差为 15ml，若随机抽查的 36 杯饮料的平均灌装量为 225ml，求自动售货机杯装饮料平均灌装量的置信水平为 95%的置信区间.

解 用 X 表示该自动售货机的杯装饮料灌装量，设 $X\sim N(\mu,\sigma^2)$. 由于 $\sigma=15$ 已知，所以，μ 的置信水平为 $1-\alpha$ 的置信区间可由

$$\left(\bar{X}-\frac{\sigma}{\sqrt{n}}z_{\alpha/2},\bar{X}+\frac{\sigma}{\sqrt{n}}z_{\alpha/2}\right)$$

求出,其中 $\sigma=15,\bar{x}=225,n=36,\alpha=0.05$,查表得 $z_{0.05/2}=z_{0.025}=1.96$.代入上面置信区间的公式,$\left(225-\frac{15}{\sqrt{36}}\times1.96,225+\frac{15}{\sqrt{36}}\times1.96\right)=(220.1,229.9)$,即 μ 的置信水平为 95%的置信区间为(220.1,229.9).

【例 7.11】 已知某种灯泡的寿命服从正态分布,现从一批灯泡中抽取 16 只,测得其寿命(单位:小时)如下所示:

1510	1450	1480	1460	1520	1480	1490	1460
1480	1510	1530	1470	1500	1520	1510	1470

求该灯泡平均使用寿命的置信水平为 90%,95%及 99%的置信区间,并指出置信区间长度与置信水平的关系.

解 用 X 表示灯泡的寿命,设 $X\sim N(\mu,\sigma^2)$,由于 σ^2 未知,应用 $\left(\bar{X}\pm\frac{S}{\sqrt{n}}t_{\alpha/2}(n-1)\right)$计算 μ 的置信区间.其中

$$n=16,\quad \bar{x}=\frac{1}{16}\sum_{i=1}^{16}x_i=1490,\quad s^2=\frac{1}{16-1}\sum_{i=1}^{16}(x_i-\bar{x})^2=613.33,$$

分别取 $\alpha=0.1,\alpha=0.05,\alpha=0.01$,查表得 $t_{0.05}(15)=1.7531,t_{0.025}(15)=2.1315,t_{0.005}(15)=2.9467$.分别代入$\left(\bar{x}\pm\frac{S}{\sqrt{n}}t_{\alpha/2}(n-1)\right)$,计算得到灯泡平均使用寿命 μ 的 90%,95%及 99%的置信区间分别为(1479.15,1500.85),(1476.80,1503.20)和(1471.76,1508.24),其长度分别为 21.7,26.4 和 36.48.可以看出置信水平越高,置信区间的长度越长.

【实验 7.1】 用 Excel 计算例 7.11 中的置信区间.

实验准备:

学习附录二中如下 Excel 函数:

(1) 数字个数统计函数 COUNT.

(2) 样本均值函数 AVERAGE.

(3) 样本方差函数 VAR.

(4) t 分布的上分位数函数 TINV.

(5) 平方根函数 SQRT.

实验步骤:

(1) 输入数据及项目名,如图 7.3(a)所示.

(2) 计算观测数 n,在单元格 E1 中输入公式:

=COUNT(A2:B9)

	A	B	C	D	E
1	x		观测数	$n=$	
2	1510	1480	样本均值	$\bar{x}=$	
3	1450	1510	样本方差	$s^2=$	
4	1480	1530	置信水平	$1-\alpha=$	
5	1460	1470		$t_{\alpha/2}(n-1)=$	
6	1520	1500			
7	1480	1520	置信区间		
8	1490	1510			
9	1460	1470			
10					

(a)

	A	B	C	D	E
1	x		观测数	$n=$	16
2	1510	1480	样本均值	$\bar{x}=$	1490
3	1450	1510	样本方差	$s^2=$	613.33333
4	1480	1530	置信水平	$1-\alpha=$	0.95
5	1460	1470		$t_{\alpha/2}(n-1)=$	2.1314495
6	1520	1500			
7	1480	1520	置信区间	1476.80	1503.20
8	1490	1510			
9	1460	1470			
10					

(b)

图 7.3　置信水平为 95%的置信区间

(3) 计算样本均值 $\bar{x}$，在单元格 E2 中输入公式：

=AVERAGE(A2:B9)

(4) 计算样本方差 s^2，在单元格 E3 中输入公式：

=VAR(A2:B9)

(5) 在单元格 E4 中输入置信水平 $1-\alpha$ 的值：0.95.

(6) 计算分位数 $t_{\alpha/2}(n-1)$，在单元格 E5 中输入公式：

=TINV(1−E4,E1−1)

(7) 计算置信下限 $\bar{x}-\frac{s}{\sqrt{n}}t_{\alpha/2}(n-1)$，在单元格 D7 中输入公式：

=E2−SQRT(E3/E1) * E5

(8) 计算置信上限 $\bar{x}+\frac{s}{\sqrt{n}}t_{\alpha/2}(n-1)$，在单元格 E7 中输入公式：

=E2+SQRT(E3/E1) * E5

计算结果如图 7.3(b)所示.置信水平为 95%的置信区间为(1476.80,1503.20).

(9) 修改单元格 E4 中置信水平为：0.90，0.99，可以得到置信水平为 90%及 99%的置信区间分别为(1479.15,1500.85)和(1471.76,1508.24)，如图 7.4 所示.

	A	B	C	D	E
1	x		观测数	$n=$	16
2	1510	1480	样本均值	$\bar{x}=$	1490
3	1450	1510	样本方差	$s^2=$	613.33333
4	1480	1530	置信水平	$1-\alpha=$	0.9
5	1460	1470		$t_{\alpha/2}(n-1)=$	1.7530503
6	1520	1500			
7	1480	1520	置信区间	1479.15	1500.85
8	1490	1510			
9	1460	1470			

(a)

	A	B	C	D	E
1	x		观测数	$n=$	16
2	1510	1480	样本均值	$\bar{x}=$	1490
3	1450	1510	样本方差	$s^2=$	613.33333
4	1480	1530	置信水平	$1-\alpha=$	0.99
5	1460	1470		$t_{\alpha/2}(n-1)=$	2.9467129
6	1520	1500			
7	1480	1520	置信区间	1471.76	1508.24
8	1490	1510			
9	1460	1470			

(b)

图 7.4　置信水平为 90%及 99%的置信区间

7.2.3 正态总体方差的区间估计

设 $X_1, X_2, \cdots, X_n$ 为来自 $X \sim N(\mu, \sigma^2)$ 的样本，对给定的置信水平 $1-\alpha$，$0<\alpha<1$，我们来求参数 σ^2 的置信区间.

1. μ 已知时，σ^2 的置信区间

由于 $X \sim N(\mu, \sigma^2)$，所以 $\sum\limits_{i=1}^{n}\left(\dfrac{X_i-\mu}{\sigma}\right)^2 \sim \chi^2(n)$，取枢轴量

$$\chi^2=\sum_{i=1}^{n}\left(\frac{X_i-\mu}{\sigma}\right)^2=\frac{1}{\sigma^2}\sum_{i=1}^{n}(X_i-\mu)^2.$$

由于 χ^2 的概率密度函数不是对称的，对给定的置信水平 $1-\alpha$，不容易找到最短的置信区间(图 7.5)，习惯上仍取对称形式的分位点 $\chi^2_{1-\alpha/2}(n)$ 和 $\chi^2_{\alpha/2}(n)$ 使

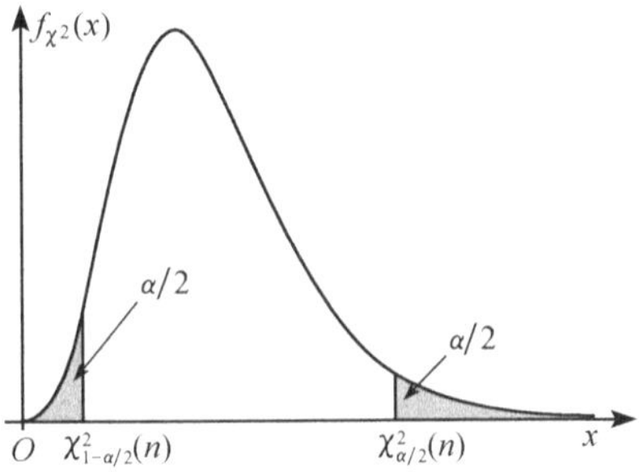

图 7.5

$$P\left\{\chi^2_{1-\alpha/2}(n)<\frac{1}{\sigma^2}\sum_{i=1}^{n}(X_i-\mu)^2<\chi^2_{\alpha/2}(n)\right\}=1-\alpha,$$

即

$$P\left\{\frac{\sum\limits_{i=1}^{n}(X_i-\mu)^2}{\chi^2_{\alpha/2}(n)}<\sigma^2<\frac{\sum\limits_{i=1}^{n}(X_i-\mu)^2}{\chi^2_{1-\alpha/2}(n)}\right\}=1-\alpha.$$

根据定义 7.5，得到 σ^2 的一个置信水平为 $1-\alpha$ 的置信区间

$$\left(\frac{\sum\limits_{i=1}^{n}(X_i-\mu)^2}{\chi^2_{\alpha/2}(n)}, \frac{\sum\limits_{i=1}^{n}(X_i-\mu)^2}{\chi^2_{1-\alpha/2}(n)}\right),$$

σ 的一个置信水平为 $1-\alpha$ 的置信区间：

$$\left(\sqrt{\frac{\sum\limits_{i=1}^{n}(X_i-\mu)^2}{\chi^2_{\alpha/2}(n)}}, \sqrt{\frac{\sum\limits_{i=1}^{n}(X_i-\mu)^2}{\chi^2_{1-\alpha/2}(n)}}\right).$$

2. μ 未知时，σ^2 的置信区间

由于 μ 未知，不能再用 $\sum\limits_{i=1}^{n}\left(\dfrac{X_i-\mu}{\sigma}\right)^2$ 作为枢轴量，考虑用 $\bar{X}$ 代换 μ，由定理 6.3知

$$\sum_{i=1}^{n}\left(\frac{X_i-\bar{X}}{\sigma}\right)^2=\frac{(n-1)S^2}{\sigma^2}\sim\chi^2(n-1),$$

所以,可以取 $\chi^2=\sum_{i=1}^{n}\left(\frac{X_i-\bar{X}}{\sigma}\right)^2$ 作为枢轴量.类似 μ 已知的情形,容易得到 σ^2 的一个置信水平为 $1-\alpha$ 的置信区间为

$$\left(\frac{\sum_{i=1}^{n}(X_i-\bar{X})^2}{\chi^2_{\alpha/2}(n-1)},\frac{\sum_{i=1}^{n}(X_i-\bar{X})^2}{\chi^2_{1-\alpha/2}(n-1)}\right),$$

即

$$\left(\frac{(n-1)S^2}{\chi^2_{\alpha/2}(n-1)},\frac{(n-1)S^2}{\chi^2_{1-\alpha/2}(n-1)}\right),$$

σ 的一个置信水平为 $1-\alpha$ 的置信区间为

$$\left(\frac{\sqrt{(n-1)}S}{\sqrt{\chi^2_{\alpha/2}(n-1)}},\frac{\sqrt{(n-1)}S}{\sqrt{\chi^2_{1-\alpha/2}(n-1)}}\right).$$

正态总体均值和方差的置信区间与后面讲到的单侧置信限一并放入表 7.1 中.

表 7.1　正态总体均值和方差的置信区间与单侧置信限

被估参数	条件	枢轴量及其分布	参数的置信区间	单侧置信限
μ	σ^2已知	$Z=\frac{\bar{X}-\mu}{\sigma/\sqrt{n}}\sim N(0,1)$	$\left(\bar{X}\pm Z_{\alpha/2}\frac{\sigma}{\sqrt{n}}\right)$	$\overline{\mu}=\bar{X}+z_\alpha\frac{\sigma}{\sqrt{n}}$ $\underline{\mu}=\bar{X}-z_\alpha\frac{\sigma}{\sqrt{n}}$
	σ^2未知	$T=\frac{\bar{X}-\mu}{S/\sqrt{n}}\sim t(n-1)$	$\left(\bar{X}\pm t_{\alpha/2}(n-1)\frac{S}{\sqrt{n}})\right)$	$\overline{\mu}=\bar{X}+t_\alpha(n-1)\frac{S}{\sqrt{n}}$ $\underline{\mu}=\bar{X}-t_\alpha(n-1)\frac{S}{\sqrt{n}}$
σ^2	μ 已知	$\chi^2=\sum_{i=1}^{n}\left(\frac{X_i-\mu}{\sigma}\right)^2\sim\chi^2(n)$	$\left(\frac{\sum_{i=1}^{n}(X_i-\mu)^2}{\chi^2_{\alpha/2}(n)},\frac{\sum_{i=1}^{n}(X_i-\mu)^2}{\chi^2_{1-\alpha/2}(n)}\right)$	$\overline{\sigma^2}=\frac{\sum_{i=1}^{n}(X_i-\mu)^2}{\chi^2_{1-\alpha}(n)}$ $\underline{\sigma^2}=\frac{\sum_{i=1}^{n}(X_i-\mu)^2}{\chi^2_{\alpha}(n)}$
	μ 未知	$\chi^2=\frac{(n-1)S^2}{\sigma^2}=\sum_{i=1}^{n}\left(\frac{X_i-\bar{X}}{\sigma}\right)^2\sim\chi^2(n-1)$	$\left(\frac{\sum_{i=1}^{n}(X_i-\bar{X})^2}{\chi^2_{\alpha/2}(n-1)},\frac{\sum_{i=1}^{n}(X_i-\bar{X})^2}{\chi^2_{1-\alpha/2}(n-1)}\right)$	$\overline{\sigma^2}=\frac{\sum_{i=1}^{n}(X_i-\bar{X})^2}{\chi^2_{1-\alpha}(n-1)}$ $\underline{\sigma^2}=\frac{\sum_{i=1}^{n}(X_i-\bar{X})^2}{\chi^2_{\alpha}(n-1)}$

【例 7.12】 根据例 7.11 中灯泡使用寿命的观测数据,求该种灯泡使用寿命的方差的置信水平为 95%的置信区间.

解 用 X 表示灯泡的寿命,设 $X \sim N(\mu,\sigma^2)$.由于 μ 未知,应用公式

$$\left(\frac{(n-1)S^2}{\chi^2_{\alpha/2}(n-1)},\frac{(n-1)S^2}{\chi^2_{1-\alpha/2}(n-1)}\right),$$

计算 σ^2 的置信区间.其中

$$n=16,\quad \bar{x}=\frac{1}{16}\sum_{i=1}^{16}x_i=1490,\quad s^2=\frac{1}{16-1}\sum_{i=1}^{16}(x_i-\bar{x})^2=613.33.$$

取 $\alpha=0.05$,查表得 $\chi^2_{\alpha/2}(n-1)=\chi^2_{0.025}(15)=27.4884$,$\chi^2_{1-\alpha/2}(n-1)=\chi^2_{0.975}(15)=6.2621$

代入公式,计算得到灯泡使用寿命方差的置信水平为 95%的置信区间为(334.69,1469.15).

【实验 7.2】 用 Excel 计算例 7.12 中 σ^2 的置信区间.

实验准备:

学习附录二中如下 Excel 函数:

(1) 数字个数统计函数 COUNT.

(2) 样本均值函数 AVERAGE.

(3) 样本方差函数 VAR.

(4) χ^2 分布的上分位数函数 CHIINV.

实验步骤:

(1) 输入数据及项目名,如图 7.6 所示.

	A	B	C	D	E
1	x		观测数	$n=$	
2	1510	1480	样本均值	$\bar{x}=$	
3	1450	1510	样本方差	$s^2=$	
4	1480	1530		$\alpha=$	
5	1460	1470		$\chi^2_{\alpha/2}(n-1)=$	
6	1520	1500		$\chi^2_{1-\alpha/2}(n-1)=$	
7	1480	1520			
8	1490	1510	置信区间		
9	1460	1470			
10					

图 7.6 整理数据

(2) 计算观测数 n,在单元格 E1 中输入公式:

=COUNT(A2:B9)

(3) 计算样本均值 $\bar{x}$,在单元格 E2 中输入公式:

=AVERAGE(A2:B9)

(4) 计算样本方差 s^2，在单元格 E3 中输入公式：

=VAR(A2:B9)

(5) 在单元格 E4 中输入 α 的值：0.05.

(6) 计算分位数 $\chi^2_{\alpha/2}(n-1)$，在单元格 E5 中输入公式：

=CHIINV(E4/2,E1−1)

(7) 计算分位数 $\chi^2_{1-\alpha/2}(n-1)$，在单元格 E6 中输入公式：

=CHIINV(1−E4/2,E1−1)

(8) 计算置信下限 $\frac{(n-1)s^2}{\chi^2_{\alpha/2}(n-1)}$，在单元格 D8 中输入公式：

=(E1−1) * E3/E5

(9) 计算置信上限 $\frac{(n-1)s^2}{\chi^2_{1-\alpha/2}(n-1)}$，在单元格 E8 中输入公式：

=(E1−1) * E3/E6

计算结果如图 7.7 所示.

	A	B	C	D	E
1	x		观测数	n =	16
2	1510	1480	样本均值	$\bar{x}$ =	1490
3	1450	1510	样本方差	s^2 =	613.33333
4	1480	1530		α =	0.05
5	1460	1470		$\chi^2_{\alpha/2}(n-1)$ =	27.488393
6	1520	1500		$\chi^2_{1-\alpha/2}(n-1)$ =	6.2621378
7	1480	1520			
8	1490	1510	置信区间	334.69	1469.15
9	1460	1470			

图 7.7 计算结果

7.2.4 两正态总体均值差的区间估计

设 $X_1,X_2,\cdots,X_{n_1}$ 为来自总体 $X\sim N(\mu_1,\sigma_1^2)$ 的样本，$Y_1,Y_2,\cdots,Y_{n_2}$ 为来自总体 $Y\sim N(\mu_2,\sigma_2^2)$ 的样本，且两样本相互独立，其样本均值分别记为 $\bar{X}$ 和 $\bar{Y}$，其样本方差分别记为 S_1^2 和 S_2^2.对给定的置信水平 $1-\alpha$，$0<\alpha<1$，我们来求参数 $\mu_1-\mu_2$ 的置信区间.

1. σ_1^2 和 σ_2^2 已知时，$\mu_1-\mu_2$ 的置信区间

由定理 6.4 知

$$\frac{\bar{X}-\bar{Y}-(\mu_1-\mu_2)}{\sqrt{\frac{\sigma_1^2}{n_1}+\frac{\sigma_2^2}{n_2}}}\sim N(0,1),$$

取枢轴量

$$Z=\frac{\bar{X}-\bar{Y}-(\mu_1-\mu_2)}{\sqrt{\frac{\sigma_1^2}{n_1}+\frac{\sigma_2^2}{n_2}}},$$

对给定的置信水平 $1-\alpha$，由标准正态分布上 α 分位点的定义，易知

$$P\left\{-z_{\alpha/2}<\frac{\bar{X}-\bar{Y}-(\mu_1-\mu_2)}{\sqrt{\frac{\sigma_1^2}{n_1}+\frac{\sigma_2^2}{n_2}}}<z_{\alpha/2}\right\}=1-\alpha,$$

即

$$P\left\{\bar{X}-\bar{Y}-z_{\alpha/2}\sqrt{\frac{\sigma_1^2}{n_1}+\frac{\sigma_2^2}{n_2}}<\mu_1-\mu_2<\bar{X}-\bar{Y}+z_{\alpha/2}\sqrt{\frac{\sigma_1^2}{n_1}+\frac{\sigma_2^2}{n_2}}\right\}=1-\alpha.$$

于是，我们得到 $\mu_1-\mu_2$ 的一个置信水平为 $1-\alpha$ 的置信区间 $\left(\bar{X}-\bar{Y}\pm z_{\alpha/2}\sqrt{\frac{\sigma_1^2}{n_1}+\frac{\sigma_2^2}{n_2}}\right)$.

值得一提的是，实际应用中两个总体方差的信息往往是未知的，在两个样本容量都比较大的情况下($n_1,n_2\geqslant 30$)，一般采用两个样本方差 S_1^2 和 S_2^2 近似代替 σ_1^2 和 σ_2^2，于是，$\mu_1-\mu_2$ 的一个置信水平为 $1-\alpha$ 的置信区间可以由 $\left(\bar{X}-\bar{Y}\pm z_{\alpha/2}\sqrt{\frac{S_1^2}{n_1}+\frac{S_2^2}{n_2}}\right)$ 近似得到.

2. σ_1^2 和 σ_2^2 未知，但知 $\sigma_1^2=\sigma_2^2=\sigma^2$ 时，$\mu_1-\mu_2$ 的置信区间

由定理 6.4，当 $\sigma_1^2=\sigma_2^2=\sigma^2$ 时，

$$\frac{(\bar{X}-\bar{Y})-(\mu_1-\mu_2)}{S_w\sqrt{\frac{1}{n_1}+\frac{1}{n_2}}}\sim t(n_1+n_2-2),$$

其中

$$S_w^2=\frac{(n_1-1)S_1^2+(n_2-1)S_2^2}{n_1+n_2-2},\quad S_w=\sqrt{S_w^2}.$$

取枢轴量

$$T=\frac{(\bar{X}-\bar{Y})-(\mu_1-\mu_2)}{S_w\sqrt{\frac{1}{n_1}+\frac{1}{n_2}}},$$

类似上面步骤容易得到，$\mu_1-\mu_2$ 的一个置信水平为 $1-\alpha$ 的置信区间为

$$\left(\bar{X}-\bar{Y}\pm t_{\alpha/2}(n_1+n_2-2)S_w\sqrt{\frac{1}{n_1}+\frac{1}{n_2}}\right).$$

【例 7.13】　一个消费者团体想要弄清楚使用普通无铅汽油和高级无铅汽油的汽车在行驶里程数上的差异.该团体将同一品牌的汽车分成数量相同的两组,并以一箱汽油为准对每辆汽车进行检验.50 辆汽车注入普通无铅汽油,50 辆汽车注入高级无铅汽油.普通无铅汽油组的样本均值是 21.45 英里,样本标准差是 3.46 英里.高级无铅汽油组的样本均值是 24.6 英里,样本标准差是 2.99 英里.假设汽车行驶里程数服从正态分布.构造一个 95%的置信区间来估计使用普通无铅汽油和使用高级无铅汽油的汽车在平均行驶里程数上的差异.

解　设 X,Y 分别表示使用普通无铅汽油和高级无铅汽油的汽车行驶里程数,且

$$X \sim N(\mu_1,\sigma_1^2),\quad Y \sim N(\mu_2,\sigma_2^2).$$

由于 n_1,n_2 比较大,故采用 $\left(\bar{X}-\bar{Y}\pm z_{\alpha/2}\sqrt{\dfrac{S_1^2}{n_1}+\dfrac{S_2^2}{n_2}}\right)$ 近似计算 $\mu_1-\mu_2$ 的置信区间.由题设知 $n_1=50,\bar{x}=21.45,s_1=3.46,n_2=50,\bar{y}=24.6,s_2=2.99,\alpha=0.05$,查表知 $z_{\alpha/2}=z_{0.025}=1.96$.

将已知数据代入计算得到 $\mu_1-\mu_2$ 的置信水平为 95% 的置信区间为 $(-4.42,-1.88)$.

由于 $\mu_1-\mu_2$ 的置信上限为负数,这意味着使用普通无铅汽油比使用高级无铅汽油的汽车行驶的平均里程数要少.

【例 7.14】　为了比较甲、乙两类试验田的收获量,随机抽取甲类试验田 8 块,乙类试验田 10 块,测得收获量如下(单位:kg).

甲类	12.6	10.2	11.7	12.3	11.1	10.5	10.6	12.2		
乙类	8.6	7.9	9.3	10.7	11.2	11.4	9.8	9.5	10.1	8.5

假定两类试验田的收获量都服从正态分布且方差相等,求均值之差 $\mu_1-\mu_2$ 的置信水平为 0.95 的置信区间.

解　由于总体方差相等但未知,可采用

$$\left(\bar{X}-\bar{Y}\pm t_{\alpha/2}(n_1+n_2-2)S_w\sqrt{\frac{1}{n_1}+\frac{1}{n_2}}\right),$$

计算 $\mu_1-\mu_2$ 的置信区间.其中,由两类试验的观测数据计算得

$$n_1=8,\quad \bar{x}=11.4,\quad s_1^2=0.851,$$

$$n_2=10,\quad \bar{y}=9.7,\quad s_2^2=1.378,$$

$$s_w=\sqrt{\frac{(n_1-1)s_1^2+(n_2-1)s_2^2}{n_1+n_2-2}}=\sqrt{\frac{7\times 0.851+9\times 1.378}{8+10-2}}=1.071,$$

$$s_w\sqrt{\frac{1}{n_1}+\frac{1}{n_2}}=1.071\sqrt{\frac{1}{8}+\frac{1}{10}}=0.508.$$

查 t 分布分位数表知 $t_{\alpha/2}(n_1+n_2-2)=t_{0.025}(16)=2.1199$.故得 $\mu_1-\mu_2$ 的置信水平

为 0.95 的置信区间为$(11.4-9.7\pm2.1199\times0.508)=(0.62,2.78)$.

【实验 7.3】 用 Excel 计算例 7.14 中均值差 $\mu_1-\mu_2$ 的置信区间.

学习附录二中如下 Excel 函数:

(1) 数字个数统计函数 COUNT.

(2) 样本均值函数 AVERAGE.

(3) 样本方差函数 VAR.

(4) t 分布的上分位数函数 TINV.

(5) 平方根函数 SQRT.

实验步骤:

(1) 输入数据及项目名,如图 7.8(a)所示.

(2) 计算观测数 n_1,n_2.

在单元格 E1 中输入公式:

=COUNT(A2:A9)

在单元格 F1 中输入公式:

=COUNT(B2:B11)

(3) 计算样本均值 $\bar{x},\bar{y}$.

在单元格 E2 中输入公式:

=AVERAGE(A2:A9)

在单元格 F2 中输入公式:

=AVERAGE(B2:B11)

(4) 计算样本方差 s_1^2,s_2^2.

在单元格 E3 中输入公式:

=VAR(A2:A9)

在单元格 F3 中输入公式:

=VAR(B2:B11)

	A	B	C	D
1	x	y	观测数	$n=$
2	12.6	8.6	样本均值	$\bar{x}=$
3	10.2	7.9	样本方差	$s^2=$
4	11.7	9.3		$\alpha=$
5	12.3	10.7		$t_{\alpha/2}(n_1+n_2-2)=$
6	11.1	11.2		$S_w=$
7	10.5	11.4		
8	10.6	9.8		方差的置信区间
9	12.2	9.5		
10		10.1		
11		8.5		

(a)

	A	B	C	D	E	F
1	x	y	观测数	$n=$	8	10
2	12.6	8.6	样本均值	$\bar{x}=$	11.4	9.7
3	10.2	7.9	样本方差	$s^2=$	0.851428571	1.377777778
4	11.7	9.3		$\alpha=$	0.05	
5	12.3	10.7		$t_{\alpha/2}(n_1+n_2-2)=$	2.119905285	
6	11.1	11.2		$S_w=$	1.071214264	
7	10.5	11.4				
8	10.6	9.8		方差的置信区间	0.62	2.78
9	12.2	9.5				
10		10.1				
11		8.5				

(b)

图 7.8 计算均值差 $\mu_1-\mu_2$ 的置信区间

(5) 在单元格 E4 中输入 α 的值:0.05.

(6) 计算 $t_{\alpha/2}(n_1+n_2-2)$,在单元格 E5 中输入公式:

=TINV(E4,E1+F1-2)

(7) 计算 $s_w=\sqrt{\dfrac{(n_1-1)s_1^2+(n_2-1)s_2^2}{n_1+n_2-2}}$,在单元格 E6 中输入公式:

=SQRT(((E1-1) * E3+(F1-1) * F3)/(E1+F1-2))

(8) 计算置信区间 $\left(\bar{x}-\bar{y}\pm t_{\alpha/2}(n_1+n_2-2)s_w\sqrt{\dfrac{1}{n_1}+\dfrac{1}{n_2}}\right)$.

在单元格 E8 中输入公式:=(E2-F2-E5 * E6 * SQRT(1/E1+1/F1))

在单元格 F8 中输入公式:=(E2-F2+E5 * E6 * SQRT(1/E1+1/F1))

计算结果如图 7.8(b)所示.

7.2.5 两正态总体方差比的区间估计

设 $X_1,X_2,\cdots,X_{n_1}$ 为来自总体 $X\sim N(\mu_1,\sigma_1^2)$ 的样本,$Y_1,Y_2,\cdots,Y_{n_2}$ 为来自总体 $Y\sim N(\mu_2,\sigma_2^2)$ 的样本,两个样本相互独立,又设 $\bar{X}$ 和 $\bar{Y}$ 分别为两个样本的样本均值,S_1^2 和 S_2^2 分别为两个样本的样本方差.对给定的置信水平 $1-\alpha$,$0<\alpha<1$,我们来求参数 σ_1^2/σ_2^2 的置信区间.

仅对 μ_1,μ_2 未知的情况,求 σ_1^2/σ_2^2 的置信区间.

由定理 6.4 知

$$\frac{S_1^2/\sigma_1^2}{S_2^2/\sigma_2^2}\sim F(n_1-1,n_2-1),$$

取枢轴量

$$F=\frac{S_1^2/\sigma_1^2}{S_2^2/\sigma_2^2},$$

对给定的置信水平 $1-\alpha$,由 F 分布上 α 分位点的定义,易知

$$P\left\{F_{1-\alpha/2}(n_1-1,n_2-1)<\frac{S_1^2/\sigma_1^2}{S_2^2/\sigma_2^2}<F_{\alpha/2}(n_1-1,n_2-1)\right\}=1-\alpha,$$

即

$$P\left\{\frac{S_1^2}{S_2^2}\frac{1}{F_{\alpha/2}(n_1-1,n_2-1)}<\frac{\sigma_1^2}{\sigma_2^2}<\frac{S_1^2}{S_2^2}\frac{1}{F_{1-\alpha/2}(n_1-1,n_2-1)}\right\}=1-\alpha,$$

于是,我们就得到 σ_1^2/σ_2^2 的一个置信水平为 $1-\alpha$ 的置信区间

$$\left(\frac{S_1^2}{S_2^2}\frac{1}{F_{\alpha/2}(n_1-1,n_2-1)},\frac{S_1^2}{S_2^2}\frac{1}{F_{1-\alpha/2}(n_1-1,n_2-1)}\right).$$

【例 7.15】 设以 X,Y 分别表示有过滤嘴和无过滤嘴的香烟的焦油含量(单位:mg),且 $X\sim N(\mu_1,\sigma_1^2)$,$Y\sim N(\mu_2,\sigma_2^2)$,$\mu_1,\mu_2,\sigma_1,\sigma_2$ 均未知,下面是两个独立的

样本：

X	0.9	1.1	0.1	0.7	0.3	0.9	0.8	1.0	0.4		
Y	1.5	0.9	1.6	0.5	1.4	1.9	1.0	1.2	1.3	1.6	2.1

求 σ_1^2/σ_2^2 的置信水平为 95%的置信区间.

解 由于 μ_1 和 μ_2 未知，可采用 $\left(\dfrac{S_1^2}{S_2^2}\dfrac{1}{F_{\alpha/2}(n_1-1,n_2-1)},\dfrac{S_1^2}{S_2^2}\dfrac{1}{F_{1-\alpha/2}(n_1-1,n_2-1)}\right)$ 计算 σ_1^2/σ_2^2 的置信区间.

由两样本观测值得 $n_1=9, s_1^2=0.1186, n_2=11, s_2^2=0.2085, \alpha=0.05$，查 F 分布的分位数表知

$$F_{0.025}(8,10)=3.85,\quad F_{0.975}(8,10)=\frac{1}{F_{0.025}(10,8)}=\frac{1}{4.30}=0.23,$$

故得 σ_1^2/σ_2^2 的置信水平为 0.95 的置信区间为

$$\left(\frac{0.1186}{0.2085}\times\frac{1}{3.85},\ \frac{0.1186}{0.2085}\times\frac{1}{0.23}\right)=(0.1475,\ 2.4429).$$

7.2.6 单侧置信区间

上述置信区间中置信限都是双侧的，但对于有些实际问题，人们关心的只是参数在一个方向的界限.例如，购买化学药品时，我们所关心的是化学药品中杂质含量平均值最多是多少，即“上限”；而购买电子产品时更关心的是它们的平均使用寿命至少是多少，即“下限”. 这就引出了单侧置信区间的概念.

定义 7.6 设 $X_1,X_2,\cdots,X_n$ 为总体 X 的一个样本，θ 是总体 X 的未知参数，对于给定的 $\alpha\in(0,1)$，

(1) 如果有统计量 $\bar{\theta}=\bar{\theta}(X_1,X_2,\cdots,X_n)$，满足

$$P\{\theta<\bar{\theta}\}=1-\alpha,$$

则称区间 $(-\infty,\bar{\theta})$ 是 θ 的一个置信水平为 $1-\alpha$ 的单侧置信区间，称 $\bar{\theta}$ 为**单侧置信上限.**

(2) 如果有统计量 $\underline{\theta}=\underline{\theta}(X_1,X_2,\cdots,X_n)$，满足

$$P\{\theta>\underline{\theta}\}=1-\alpha,$$

则称区间 $(\underline{\theta},+\infty)$ 是 θ 的一个置信水平为 $1-\alpha$ 的单侧置信区间，称 $\underline{\theta}$ 为**单侧置信下限.**

单侧置信区间的求法与双侧置信区间的求法类似，下面仅给出求正态总体均值和方差的单侧置信区间的部分过程，其他各种情况只将结果列入表 7.1.

设 $X_1,X_2,\cdots,X_n$ 为 $X\sim N(\mu,\sigma^2)$ 的样本，对给定的置信水平 $1-\alpha$，$0<\alpha<1$，我们来分别求参数 μ,σ^2 的单侧置信区间.

1) σ^2未知时,μ 的单侧置信区间

由于枢轴量

$$T=\frac{\bar{X}-\mu}{S/\sqrt{n}}\sim t(n-1),$$

对给定的置信水平 $1-\alpha$,如图 7.9 所示有

$$P\left\{\frac{\bar{X}-\mu}{S/\sqrt{n}}>-t_\alpha(n-1)\right\}=1-\alpha,$$

即

$$P\left\{\mu<\bar{X}+\frac{S}{\sqrt{n}}t_\alpha(n-1)\right\}=1-\alpha.$$

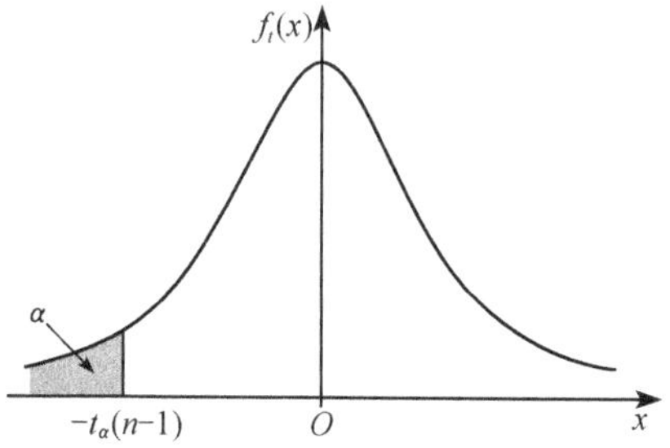

图 7.9

根据定义 7.6,我们就得到了 μ 的一个置信水平为 $1-\alpha$ 的单侧置信区间

$$\left(-\infty,\bar{X}+\frac{S}{\sqrt{n}}t_\alpha(n-1)\right).$$

μ 的置信水平为 $1-\alpha$ 的单侧置信上限为

$$\bar{\mu}=\bar{X}+\frac{S}{\sqrt{n}}t_\alpha(n-1).$$

考虑 $P\left\{\frac{\bar{X}-\mu}{S/\sqrt{n}}<t_\alpha(n-1)\right\}=1-\alpha$,如图 7.10 所示,易知,$\mu$ 的另一个置信水平为 $1-\alpha$ 的单侧置信区间为

$$\left(\bar{X}-\frac{S}{\sqrt{n}}t_\alpha(n-1),+\infty\right),$$

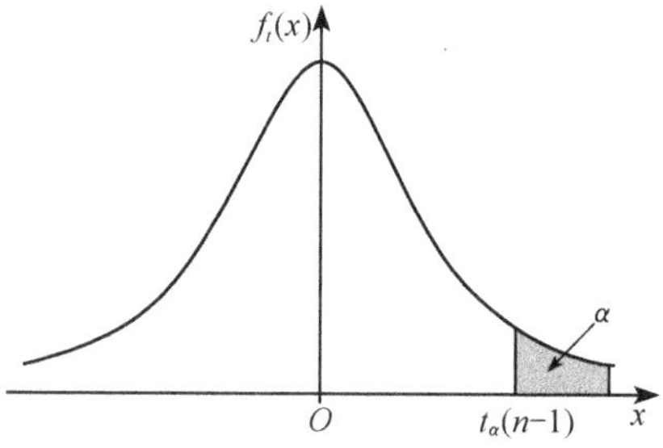

图 7.10

μ 的置信水平为 $1-\alpha$ 的单侧置信下限为

$$\underline{\mu}=\bar{X}-\frac{S}{\sqrt{n}}t_\alpha(n-1).$$

2) μ 未知时,σ^2的单侧置信区间

由于枢轴量

$$\chi^2=\sum_{i=1}^{n}\left(\frac{X_i-\bar{X}}{\sigma}\right)^2\sim\chi^2(n-1),$$

对给定的置信水平 $1-\alpha$,如图 7. 11 所示有

$$P\left\{\frac{1}{\sigma^2}\sum_{i=1}^{n}(X_i-\bar{X})^2>\chi^2_{1-\alpha}(n-1)\right\}=1-\alpha,$$

即

$$P\left\{\sigma^2 < \frac{\sum_{i=1}^{n}(X_i - \bar{X})^2}{\chi^2_{1-\alpha}(n-1)}\right\} = 1-\alpha.$$

于是,得到了 σ^2 的一个置信水平为 $1-\alpha$ 的单侧置信区间

$$\left(0, \frac{\sum_{i=1}^{n}(X_i - \bar{X})^2}{\chi^2_{1-\alpha}(n-1)}\right),$$

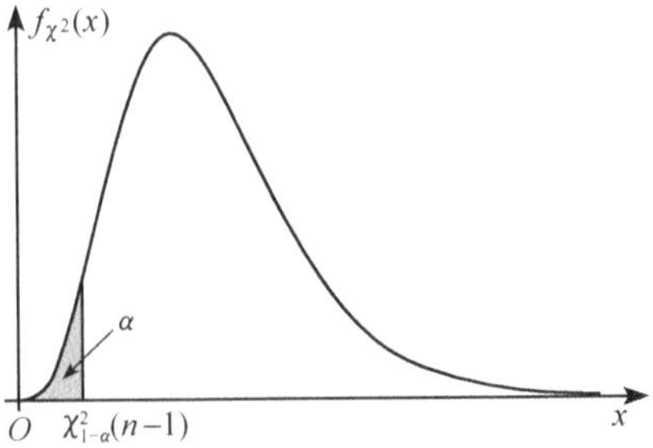

图 7.11

即

$$\left(0, \frac{(n-1)S^2}{\chi^2_{1-\alpha}(n-1)}\right).$$

σ^2 的一个置信水平为 $1-\alpha$ 的单侧置信上限为

$$\overline{\sigma^2} = \frac{(n-1)S^2}{\chi^2_{1-\alpha}(n-1)}.$$

考虑 $P\left\{\frac{1}{\sigma^2}\sum_{i=1}^{n}(X_i - \bar{X})^2 < \chi^2_{\alpha}(n-1)\right\} = 1-\alpha$,如图 7.12 所示,易知,σ^2 的另一个置信水平为 $1-\alpha$的单侧置信区间为

$$\left(\frac{\sum_{i=1}^{n}(X_i - \bar{X})^2}{\chi^2_{\alpha}(n-1)}, +\infty\right),$$

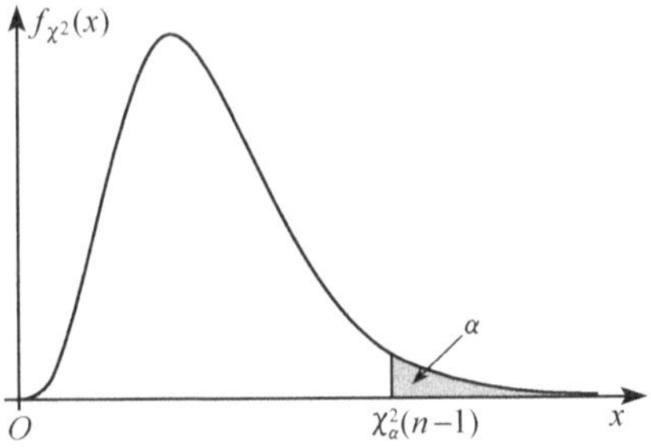

图 7.12

即

$$\left(\frac{(n-1)S^2}{\chi^2_{\alpha}(n-1)}, +\infty\right),$$

σ^2 的一个置信水平为 $1-\alpha$ 的单侧置信下限为

$$\underline{\sigma^2} = \frac{(n-1)S^2}{\chi^2_{\alpha}(n-1)}.$$

【例 7.16】 从一批汽车轮胎中随机地取 16 只做磨损试验,记录其磨坏时所行驶路程(单位:km),算得样本均值 $\bar{x}=41116$,样本标准差 $s=6346$.设此样本来自正态总体 $X \sim N(\mu, \sigma^2)$,μ, σ^2 均未知,问该种轮胎平均行驶路程至少是多少(置信水平 95%)?

解 由于 $X \sim N(\mu, \sigma^2)$ 且 μ, σ^2 均未知,轮胎平均行驶路程的单侧置信下限可由下面公式计算得到

$$\underline{\mu} = \bar{X} - \frac{S}{\sqrt{n}} t_{\alpha}(n-1),$$

其中 $\bar{x}=41116, s=6346, n=16, \alpha=0.05, t_\alpha(n-1)=t_{0.05}(15)=1.753$，即得置信水平为 95%的单侧置信下限：

$$\underline{\mu}=41116-\frac{6346}{\sqrt{16}}\times 1.753=38334.87.$$

故该种轮胎平均行驶路程不少于 38334.87 公里，其置信水平为 95%.

两正态总体均值差和方差比的置信区间与单侧置信限一并放入表 7.2 中.

表 7.2 两正态总体均值差与方差比的置信区间与单侧置信限

参 数	条 件	枢轴量及其分布	参数的置信区间	单侧置信限
$\mu_1-\mu_2$	两样本独立，σ_1^2,σ_2^2 已知	$Z=\dfrac{\bar{X}-\bar{Y}-(\mu_1-\mu_2)}{\sqrt{\dfrac{\sigma_1^2}{n_1}+\dfrac{\sigma_2^2}{n_2}}}$ $\sim N(0,1)$	$\left(\bar{X}-\bar{Y}\pm z_{\alpha/2}\sqrt{\dfrac{\sigma_1^2}{n_1}+\dfrac{\sigma_2^2}{n_2}}\right)$	$\overline{\mu_1-\mu_2}=\bar{X}-\bar{Y}+z_\alpha\sqrt{\dfrac{\sigma_1^2}{n_1}+\dfrac{\sigma_2^2}{n_2}}$ $\underline{\mu_1-\mu_2}=\bar{X}-\bar{Y}-z_\alpha\sqrt{\dfrac{\sigma_1^2}{n_1}+\dfrac{\sigma_2^2}{n_2}}$
$\mu_1-\mu_2$	两样本独立，$\sigma_1^2=\sigma_2^2=\sigma^2$ 未知	$T=\dfrac{\bar{X}-\bar{Y}-(\mu_1-\mu_2)}{S_w\sqrt{\dfrac{1}{n_1}+\dfrac{1}{n_2}}}$ $\sim t(n_1+n_2-2)$ 其中 $S_w=\sqrt{\dfrac{(n_1-1)S_1^2+(n_2-1)S_2^2}{n_1+n_2-2}}$	$\left(\bar{X}-\bar{Y}\pm t_{\alpha/2}(n_1+n_2-2)\cdot S_w\sqrt{\dfrac{1}{n_1}+\dfrac{1}{n_2}}\right)$	$\overline{\mu_1-\mu_2}=\bar{X}-\bar{Y}+t_\alpha(n_1+n_2-2)\cdot S_w\sqrt{\dfrac{1}{n_1}+\dfrac{1}{n_2}}$ $\underline{\mu_1-\mu_2}=\bar{X}-\bar{Y}-t_\alpha(n_1+n_2-2)\cdot S_w\sqrt{\dfrac{1}{n_1}+\dfrac{1}{n_2}}$
$\dfrac{\sigma_1^2}{\sigma_2^2}$	两样本独立，μ_1,μ_2 未知	$F=\dfrac{S_1^2/\sigma_1^2}{S_2^2/\sigma_2^2}$ $\sim F(n_1-1,n_2-1)$	$\left(\dfrac{S_1^2}{S_2^2}\dfrac{1}{F_{\alpha/2}(n_1-1,n_2-1)},\right.$ $\left.\dfrac{S_1^2}{S_2^2}\dfrac{1}{F_{1-\alpha/2}(n_1-1,n_2-1)}\right)$	$\overline{\left(\dfrac{\sigma_1^2}{\sigma_2^2}\right)}=\dfrac{S_1^2}{S_2^2}\dfrac{1}{F_{1-\alpha}(n_1-1,n_2-1)}$ $\underline{\left(\dfrac{\sigma_1^2}{\sigma_2^2}\right)}=\dfrac{S_1^2}{S_2^2}\dfrac{1}{F_\alpha(n_1-1,n_2-1)}$

【装配线的平衡问题解答】

使装配线达到平衡是一项重要的经营管理活动，主要目标是确保不同操作台的操作耗用近似相同的时间.如果装配线不平衡，操作员就会出现有时无事可做，有时忙不过来的现象.结果，产品堆积在费时的操作态上，影响整个装配线的效率.建立装配线，经常要使用各种管理科学工具，常常需要估计各个操作台的平均装配时间，以对装配线进行合理的调整.下面随机记录了某装配线两个操作台各 30 次的装配时间(单位：分钟)，如何估计操作台的平均装配时间？它们的平均装配时间有无显著差异？

X	2.27	1.87	1.93	2.25	1.21	1.66	1.64	1.73	2.41	1.95	2.12	1.82	2.09	1.05	2.04
	2.27	2.32	2.57	1.95	2.07	1.36	2.18	1.86	2.61	1.24	2.05	1.76	2.11	2.04	1.74
Y	2.96	2.6	3.23	3.86	3.82	3.89	3.54	3.21	2.76	3.44	2.96	3.34	2.67	4.12	4.38
	2.75	2.45	3.28	3.7	3.47	3.31	3.39	3.35	3.26	3.6	3.54	2.75	3.91	3.19	3.1

解 设 X,Y 分别表示两个操作台的装配时间，根据经验，装配时间近似服从正态分布

$$X\sim N(\mu_1,\sigma_1^2),\quad Y\sim N(\mu_2,\sigma_2^2).$$

两个操作台平均装配时间的点估计

$$\hat{\mu}_1=\bar{x}=\frac{1}{30}\sum_{i=1}^{30}x_i=1.939,\quad \hat{\mu}_2=\bar{y}=\frac{1}{30}\sum_{i=1}^{30}y_i=3.3277.$$

两个操作台装配时间的样本方差分别为

$$s_1^2=\frac{1}{30-1}\sum_{i=1}^{30}(x_i-\bar{x})^2=0.3795,\quad s_2^2=\frac{1}{30-1}\sum_{i=1}^{30}(y_i-\bar{y})^2=0.4680.$$

两个操作台平均装配时间的置信水平为95%的置信区间分别为

$$\left(\bar{x}-\frac{s_1}{\sqrt{30}}t_{0.025}(29),\bar{x}+\frac{s_1}{\sqrt{30}}t_{0.025}(29)\right)=(1.7973,2.0801),$$

$$\left(\bar{y}-\frac{s_2}{\sqrt{30}}t_{0.025}(29),\bar{y}+\frac{s_2}{\sqrt{30}}t_{0.025}(29)\right)=(3.1529,3.5024).$$

在大样本的情况下，两个操作台平均装配时间之差 $\mu_1-\mu_2$ 的置信区间可用 $\left(\bar{X}-\bar{Y}\pm z_{\alpha/2}\sqrt{\frac{S_1^2}{n_1}+\frac{S_2^2}{n_2}}\right)$ 计算.两个操作台平均装配时间之差 $\mu_1-\mu_2$ 的置信水平为95%的置信区间为(−1.60,−1.17).

综上可见，两个操作台平均装配时间的点估计1.939和3.328有明显的差异，两个操作台平均装配时间的区间估计(1.7973,2.0801)和(3.1529,3.5024)不相交，两个操作台平均装配时间之差的置信水平为95%的置信区间为(−1.60,−1.17)中间不包括零，这些都说明两个操作台的平均装配时间有显著差异，进行调整后才能提高生产效率.

习 题 7

(A)

一、填空题

1. 总体参数的常用点估计方法有________和________；

2. 若一个样本观测值是0,1,0,1,0,1，则总体均值的矩估计值是________，总体方差的矩估计值是________.

3. 若0,2,2,3,2,3是均匀分布总体 $U(0,\theta)$ 的观测值，则 θ 的矩估计值是________.

4. 设总体 X 的概率密度为 $f(x;\theta)=\begin{cases}e^{-(x-\theta)}, & x\geqslant\theta,\\ 0, & x<\theta,\end{cases}$ 而 $X_1,X_2,\cdots,X_n$ 为来自 X 的简单随机样本，则未知参数 θ 的矩估计量为________.

5. 若 X 是离散型随机变量，其分布律是 $P\{X=x\}=p(x;\theta)$（θ 是待估计参数），则基于样本观测值 $x_1,x_2,\cdots,x_n$ 似然函数是________，若 X 是连续型随机变量，其概率密度是 $f(x;\theta)$，则基于样本观测值 $x_1,x_2,\cdots,x_n$ 似然函数是________.

6. 若未知参数 θ 的估计量是 $\hat{\theta}=\hat{\theta}(X_1,X_2,\cdots,X_n)$，若________，称 $\hat{\theta}$ 是 θ 的无偏估计量.设 $\hat{\theta}_1,\hat{\theta}_2$ 是未知参数 θ 的两个无偏估计量，若________，则称 $\hat{\theta}_1$ 较 $\hat{\theta}_2$ 有效，若 $\forall\varepsilon>0$，有________成立，则 $\hat{\theta}$ 称为 θ 的一致估计量.

7. 对任意分布的总体 X 样本均值 $\bar{X}$ 是________的无偏估计量，样本方差 S^2 是________的无偏估计量

8. 设总体 $X\sim P(\lambda)$，其中 $\lambda>0$ 是未知参数，$X_1,\cdots,X_n$ 是 X 的一个样本，则 λ 的无偏矩估计量为________，极大似然估计为________.

9. 设总体 $X\sim N(\mu,\sigma^2)$，$X_1,\cdots,X_n$ 是 X 的一个样本，则当 σ^2 已知时，求 μ 的置信区间所使用的枢轴量 $Z=$________；Z 服从________分布；当 σ^2 未知时，求 μ 的置信区间所使用的枢轴量 $T=$________，T 服从________分布.

10. 设总体 $X\sim N(\mu,\sigma^2)$，$X_1,\cdots,X_n$ 是 X 的一个样本，μ 未知时，求 σ^2 的置信区间所使用的枢轴量为 $\chi^2=$________；χ^2 服从________分布.

11. 设 $X_1,X_2,\cdots,X_{n_1}$ 是总体 $N(\mu_1,\sigma_1^2)$ 的一个样本，$\bar{X},S_1^2$ 分别是样本均值和样本方差；$Y_1,Y_2,\cdots,Y_{n_2}$ 是总体 $N(\mu_2,\sigma_2^2)$ 的一个样本，$\bar{Y},S_2^2$ 分别是样本均值和样本方差，这两个样本相互独立，则 $\dfrac{S_1^2/S_2^2}{\sigma_1^2/\sigma_2^2}$ 服从________.

12. 设由来自总体 $X\sim N(\mu,\sigma^2)$ 容量为 9 的简单随机样本，得样本均值 $\bar{x}=5$，标准差 $s=3$ 则未知参数 μ 的置信水平为 95% 的置信区间是________.

13. 已知一批零件的长度 X（单位：cm）服从正态分布 $N(\mu,1)$，从中随机抽取 16 个零件，得到长度的平均值为 40(cm)，则 μ 的置信水平为 90% 的置信区间为________.

二、单项选择题

1.若 θ 是 X 的未知参数，$\hat{\theta}$ 是 θ 的估计量，则（　　）.

(A) $\hat{\theta}$ 是一个数，且近似等于 θ　　(B) $\hat{\theta}$ 是一个随机变量

(C) $\hat{\theta}$ 是一个统计量且 $E(\hat{\theta})=\theta$　　(D) 当 n 很大时，$\hat{\theta}$ 的值可以任意接近 θ

2. 设总体 $X\sim N(\mu,\sigma^2)$，μ 和 σ^2 均未知，则 $\dfrac{1}{n}\sum\limits_{i=1}^{n}(X_i-\bar{X})^2$ 是（　　）.

(A) μ 的无偏估计　　(B) σ^2 的无偏估计

(C) μ 的矩估计　　(D) σ^2 的矩估计

3. 设 4,3,4,3,5,4,4,5 是来自总体 $N(\mu,2)$ 的一个样本观测值，则 μ 的矩估计值是（　　）.

(A) 4　　(B) 3　　(C) 4.5　　(D) 5

4. 矩估计必然是（　　）.

(A) 无偏估计　　(B) 总体矩的函数

(C) 样本矩的函数　　(D) 最大似然函数

5. $X_1,\cdots,X_n$ 是总体 X 的一个样本，$D(X)$未知，则(　　)是 $D(X)$的无偏估计量.

(A) $\frac{1}{n}\sum_{i=1}^{n-1}(X_i-\bar{X})^2$　　(B) $\frac{1}{n-1}\sum_{i=1}^{n-1}(X_i-\bar{X})^2$

(C) $\frac{1}{n-1}\sum_{i=1}^{n}(X_i-\bar{X})^2$　　(D) $\frac{1}{n}\sum_{i=1}^{n}(X_i-\bar{X})^2$

6. 设总体 $X\sim N(\mu,\sigma^2)$，其中 σ^2 已知，对给定的样本观测值，总体均值 μ 的置信区间长度 l，与置信水平 $1-\alpha$ 的关系是(　　).

(A) 当 $1-\alpha$ 变小时，l 变大　　(B) 当 $1-\alpha$ 变小时，l 变小

(C) 当 $1-\alpha$ 变小时，l 不变　　(D) $1-\alpha$ 与 l 的关系不能确定

7. 设一批零件的长度服从正态分布 $N(\mu,\sigma^2)$，现从中随机抽取 16 个零件，测样本均值为 $\bar{x}=20$(cm)，样本标准差 $s=1$(cm)，则 μ 的置信水平为 90%的双侧置信区间是(　　).

(A) $\left(20-\frac{1}{4}t_{0.05}(16),\ 20+\frac{1}{4}t_{0.05}(16)\right)$　　(B) $\left(20-\frac{1}{4}t_{0.1}(16),\ 20+\frac{1}{4}t_{0.1}(16)\right)$

(C) $\left(20-\frac{1}{4}t_{0.05}(15),\ 20+\frac{1}{4}t_{0.05}(15)\right)$　　(D) $\left(20-\frac{1}{4}t_{0.1}(15),\ 20+\frac{1}{4}t_{0.1}(15)\right)$

8. 设一自动包装机包装食品的重量服从正态分布 $N(\mu,\sigma^2)$，现从中随机抽取 20 包食品，称重并计算出样本标准差 2 克，则 σ^2 的置信水平为 95%的置信区间是(　　).

(A) $\left(\frac{76}{\chi^2_{0.025}(19)},\frac{76}{\chi^2_{0.975}(19)}\right)$　　(B) $\left(\frac{76}{\chi^2_{0.05}(19)},\frac{76}{\chi^2_{0.95}(19)}\right)$

(C) $\left(\frac{38}{\chi^2_{0.025}(19)},\frac{38}{\chi^2_{0.975}(19)}\right)$　　(D) $\left(\frac{76}{\chi^2_{0.025}(20)},\frac{76}{\chi^2_{0.975}(20)}\right)$

三、解答题

1. 设总体 X 的分布律为

X	1	2	3
p_i	θ^2	$2\theta(1-\theta)$	$(1-\theta)^2$

其中 $\theta(0<\theta<1)$为未知参数，现有一个样本观测值 $x_1=1,x_2=2,x_3=1$，求 θ 的矩估计值.

2. 设总体 X 服从几何分布，分布律为 $P\{X=k\}=(1-p)^{k-1}p,k=1,2,\cdots(0<p<1)$，求 p 的矩估计量.

3. 设总体 X 的概率密度为

$$f(x;\theta)=\frac{1}{2}\mathrm{e}^{-|x-\theta|},\quad -\infty<x<\infty,$$

$X_1,\cdots,X_n$ 是来自 X 的简单随机样本，求参数 θ 的矩估计量.现有一个样本观测值 $x_1=6,x_2=9,x_3=5,x_4=7,x_5=9,x_6=6$，求 θ 的矩估计值.

4. 求均匀分布 $X\sim U(a,b)$中参数 a,b 的矩估计量.

5. 设总体 X 的概率密度为 $f(x;\theta)=\begin{cases}\frac{1}{\theta}\mathrm{e}^{-(x-\mu)/\theta}, & x\geqslant\mu,\\ 0, & \text{其他},\end{cases}$ 其中 $\theta(\theta>0),\mu$ 是未知参数，$X_1,\cdots,X_n$ 是来自 X 的简单随机样本，求 θ 和 μ 的矩估计量.

6. 设 $X\sim B(m,p)$，m 已知，$0<p<1$ 未知，$X_1,\cdots,X_n$ 是来自 X 的简单随机样本，求 p 的最大似然估计量.若 $m=10$，且有一样本观测值 $x_1=6,x_2=7,x_3=6,x_4=5,x_5=6,x_6=6$，求 p 的最大似然估计值.

7. 设总体 X 的概率密度为 $f(x;\theta)=\begin{cases}\theta e^{-\theta x}, & x\geqslant 0,\\ 0, & x<0,\end{cases}$ 今从 X 中抽取10个个体，得数据如下：

1050	1100	1080	1200	1300
1250	1340	1060	1150	1150

试用最大似然估计法估计 θ.

8. 设某电子元件的使用寿命 X 的概率密度为

$$f(x;\theta)=\begin{cases}2e^{-2(x-\theta)}, & x>\theta,\\ 0, & x\leqslant\theta,\end{cases}$$

$\theta>0$ 为未知参数，$x_1,x_2,\cdots,x_n$ 是 X 的一组样本观测值，求 θ 的最大似然估计值.

9. 设 X_1,X_2 是取自总体 $N(\mu,1)$ 的一个样本，试证下面三个估计量均为 μ 的无偏估计量，并确定最有效的一个.

$$\frac{2}{3}X_1+\frac{1}{3}X_2,\quad \frac{1}{4}X_1+\frac{3}{4}X_2,\quad \frac{1}{2}(X_1+X_2).$$

10. 设总体 X 的数学期望为 μ，$X_1,\cdots,X_n$ 是来自 X 的简单随机样本. $a_1,a_2,\cdots,a_n$ 是任意常数，证明 $\sum\limits_{i=1}^{n}a_iX_i\Big/\sum\limits_{i=1}^{n}a_i\left(\sum\limits_{i=1}^{n}a_i\neq 0\right)$ 是 μ 的无偏估计量.

11. 设总体 $X\sim N(\mu,\sigma^2)$，$X_1,\cdots,X_n$ 是来自 X 的一个样本.

(1) 试确定常数 c，使 $c\sum\limits_{i=1}^{n-1}(X_{i+1}-X_i)^2$ 为 σ^2 的无偏估计；

(2) 试确定常数 c，使 $(\bar{X}^2-cS^2)$ 为 μ^2 的无偏估计.

12. 设某种清漆的9个样品，其干燥时间(以小时计)分别为

6.0，　5.7，　5.8，　6.5，　7.0，　6.3，　5.6，　6.1，　5.0.

设干燥时间总体服从 $N(\mu,\sigma^2)$；在下面两种情况下，求 μ 的置信水平为95%的置信区间.

(1) 由以往的经验知 $\sigma=0.6$ (小时)；

(2) σ 未知.

13. 某机器生产圆筒状的金属品，抽出9个样品，测得其直径分别为1.01,0.97,1.03,1.04,0.99,0.98,0.99,1.01,1.03公分，求此机器所生产的产品，平均直径的置信水平为99%的置信区间. 假设产品直径近似服从正态分布.

14. 某灯泡厂从当天生产的灯泡中随机抽取9只进行寿命测试，取得数据如下(单位:小时)：1050,1100,1080,1120,1250,1040,1130,1300,1200. 设灯泡寿命服从正态分布，试求当天生产的全部灯泡的平均寿命的置信水平为95%的置信区间.

15. 假设某种香烟的尼古丁含量服从正态分布，现随机抽取此种香烟8支为一样本，测得其尼古丁平均含量为18.6毫克，样本标准差 $s=2.4$ 毫克，试求此种香烟尼古丁含量方差的置信水平为99%的置信区间.

16. 从某汽车电池制造厂生产的电池中随机抽取5个，测得其寿命分别为1.9,2.4,3.0,3.5,4.2，求电池寿命方差的置信水平为95%的置信区间，假设电池寿命近似服从正态分布.

17. 设使用两种治疗严重膀胱疾病的药物，其治疗所需时间(以天计)均服从正态分布. 试验数据如下：

使用第一种药物 $n_1=14, \bar{x}_1=17, s_1^2=1.5$；

使用第二种药物 $n_2=16, \bar{x}_2=19, s_2^2=1.8$.

假设两正态总体的方差相等，求使用两种药物平均治疗时间之差的置信水平为 99%的置信区间.

18. 测得两个民族中各 8 位成年人的身高(单位:cm)如下

A 民族:162.6 170.2 172.7 165.1 157.5 158.4 160.2 162.2

B 民族:175.3 177.8 167.6 180.3 182.9 180.5 178.4 180.4

假设两正态总体的方差相等，求两个民族平均身高之差的置信水平为 90%的置信区间.

19. 某钢铁公司的管理人员比较新旧两个电炉的温度状况，它们抽取了新电炉的 31 个温度数据以及旧电炉的 25 个温度数据，并计算得样本方差分别为 $s_1^2=75, s_1^2=100$，假设新旧电炉的温度都服从正态分布，试求新旧电炉温度的方差比的 95%的置信区间.

20. 工人和机器人独立操作在钢部件上钻孔，钻孔深度分别服从 $N(\mu_1,\sigma_1^2)$ 和 $N(\mu_2,\sigma_2^2)$，μ_1，μ_2，σ_1^2，σ_2^2 均未知，今测得部分钻孔深度(单位:cm)如下

工人操作： 4.02 3.94 4.03 4.02 3.95 4.06 4.00

机器人操作:4.01 4.03 4.02 4.01 4.00 3.99 4.02 4.00

试求 σ_1^2/σ_2^2 的置信水平为 90%的置信区间.

21. 求 13 中 μ 的置信水平为 0.95 的单侧置信区间下限.

22. 求 15 中香烟尼古丁含量方差的置信水平为 99%的单侧置信区间置信上限.

23. 设总体 $X\sim N(\mu,\sigma^2)$，已知 $\sigma=\sigma_0$，要使总体均值 μ 的置信水平为 $1-\alpha$ 的置信区间长度不大于 L，问应抽取多大容量的样本？

四、应用题

1. 从某大学总数为 500 名学生的数学课程的考试成绩中，随机地抽取 60 名学生的考试成绩如下：

81	68	71	85	57	85	92	74	61	80	68	77	75	57	46	80	69	63	67	92
88	75	89	75	59	72	85	77	100	73	58	69	68	68	59	89	70	72	89	94
78	45	92	93	69	70	99	79	80	69	82	67	74	73	72	70	83	70	76	60

根据这组数据，我们能对这次数学考试的总体情况得到什么信息？

2. 设元件无故障工作时间 $X\sim \mathrm{Exp}(\theta)$，取 10000 个元件工作时间的记录数据，经分组后得到它的频数分布为

组中值 x_i	5	15	25	35	45	55	65
聘数 v_i	365	245	150	100	70	45	25

如果各组中数据都取中值，试用极大似然估计法求参数 θ 的点估计.

3.为检验某种自来水消毒设备的效果，现从消毒后的水中取 50L，化验每升水中大肠杆菌的个数(假设 1L 水中大肠杆菌的个数服从泊松分布)，其化验结果如下：

大肠杆菌数/L	0	1	2	3	4	5	6
升数 l_i	17	20	10	2	1	0	0

试问平均每升水中大肠杆菌的个数为多少时，才能使上述情况出现的概率为最大.

4.(产品的质量标准与质量控制)一般产品质量都有国家标准，企业生产的产品必须符合国家标准才准销售，但某些新产品没有国家标准，企业必须制定企业标准，并予以发布.对企业来说，标准高了生产成本高，但可以有较强的市场竞争力；标准低了生产成本低，但影响产品的市场竞争力.

如某材料厂生产的某种新型材料的抗压力服从正态分布(没有国家标准)，现测试 20 个样品，测得其抗压力(单位：$10^3\,N/cm^3$)分别为

45.7	44.7	46.2	47.3	47.2	47.7	43.8	45.8	47.1	44.9
45.3	44.3	44.2	45	45.2	43.9	45.4	45.6	46.1	45.6

此时，该厂应如何设定该材料的企业标准(抗压力的均值)？另一方面，从工厂的管理来看，希望产品质量比较稳定，即希望该材料的抗压力变化不应该太大，应该如何进行质量控制？

(B)

1. 设总体 X 的概率密度为

$$f(x;\theta)=\begin{cases}\dfrac{1}{2\theta}, & 0<x<\theta,\\ \dfrac{1}{2(1-\theta)}, & \theta\leqslant x<1,\\ 0, & \text{其他},\end{cases}$$

其中参数 $\theta\,(0<\theta<1)$ 未知，$X_1,X_2,\cdots,X_n$ 为来自总体 X 的简单随机样本，$\bar{X}$ 是样本均值.

(1) 求 θ 的矩估计量 $\hat{\theta}$；

(2) 判断 $4\bar{X}^2$ 是否为 θ^2 的无偏估计量，并说明理由.

2. 设总体 X 的分布律为

X	0	1	2	3
P	θ^2	$2\theta(1-\theta)$	θ^2	$1-2\theta$

其中 $\theta\left(0<\theta<\dfrac{1}{2}\right)$ 是未知参数，利用总体 X 的如下样本观测值 3,1,3,0,3,1,2,3，求 θ 的矩估计值和最大似然估计值.

3. 设总体 X 的分布函数 $F(x;\beta)=\begin{cases}1-\dfrac{1}{x^\beta}, & x>1,\\ 0, & x\leqslant 1,\end{cases}$ 其中未知参数 $\beta>1$，$X_1,X_2,\cdots,X_n$ 为来自 X 的简单随机样本，求(1) β 的矩估计量；(2) β 的最大似然估计量.

4. 设总体 X 的概率密度为

$$f(x;\theta)=\begin{cases}\theta, & 0<x<1,\\ 1-\theta, & 1\leqslant x<2,\\ 0, & \text{其他},\end{cases}$$

其中 θ 是未知参数 $(0<\theta<1)$. $X_1,X_2,\cdots,X_n$ 为来自 X 的简单随机样本，记 N 为样本值 $x_1,x_2,\cdots,x_n$ 中小于 1 的个数，求 θ 的最大似然估计.

5. 设 $X_1,X_2,\cdots,X_n$ 为来自总体 $N(\mu,\sigma^2)$ 的简单随机样本.记 $\bar{X}=\dfrac{1}{n}\sum\limits_{i=1}^{n}X_i$，

$S^2=\dfrac{1}{n-1}\sum_{i=1}^{n}(X_i-\bar{X})^2, T=\bar{X}^2-\dfrac{1}{n}S^2.$

(1) 证明 T 是 μ^2 的无偏估计量；

(2) 当 $\mu=0,\sigma=1$ 时，求 $D(T)$.

6. 设 $X_1,X_2,\cdots,X_n(n>2)$是来自总体 $N(0,\sigma^2)$的简单随机样本，其样本均值为 $\bar{X}$，记 $Y_i=X_i-\bar{X},i=1,2,\cdots,n$.

(1) 求 Y_i 的方差 $D(Y_i),i=1,2,\cdots,n$；

(2) 求 Y_i 与 Y_n 的协方差 $\mathrm{Cov}(Y_i,Y_n)$；

(3) 若 $c\,(Y_1+Y_n)^2$ 是 σ^2 的无偏估计量，求常数 c.

7. 设总体 X 的概率密度为 $f(x)=\begin{cases}2\mathrm{e}^{-2(x-\theta)}, & x>\theta,\\ 0, & x\leqslant\theta,\end{cases}$其中 $\theta>0$ 是未知参数，从 X 中抽取简单随机样本 $X_1,X_2,\cdots,X_n$，记 $\hat{\theta}=\min(X_1,X_2,\cdots,X_n)$.

(1) 求总体 X 的分布函数 $F(x)$；

(2) 求统计量 $\hat{\theta}$ 的分布函数 $F_{\hat{\theta}}(x)$；

(3) 如果 $\hat{\theta}$ 作为 θ 的估计量，讨论它是否具有无偏性.

8. 设总体 X 的分布函数为 $F(x)=\begin{cases}1-\mathrm{e}^{-\frac{x2}{\theta}}, & x\geqslant 0,\\ 0, & x<\theta,\end{cases}$其中 $\theta>0$ 是未知参数，$X_1,X_2,\cdots,X_n$ 为来自 X 的简单随机样本.

(1) 求 $E(X),E(X^2)$；

(2) 求 θ 的最大似然估计量 $\hat{\theta}_n$；

(3) 是否存在实数 a，使得对任何 $\varepsilon>0$，都有 $\lim\limits_{n\to\infty}P\{|\hat{\theta}_n-a|\geqslant\varepsilon\}=0$.

9. 设总体 X 的概率密度为 $f(x;\theta)=\begin{cases}\dfrac{\theta^2}{x^3}\mathrm{e}^{-\frac{\theta}{x}} & x>0\\ 0, & 其他,\end{cases}$，其中 $\theta>0$ 是未知参数，$X_1,X_2,\cdots,X_n$ 为来自 X 的简单随机样本.

(1) 求 θ 的矩估计量；

(2) 求 θ 的最大似然估计量.

10. 设随机变量 X 与 Y 相互独立且分别服从正态分布 $N(\mu,\sigma^2)$与 $N(\mu,2\sigma^2)$，其中 $\sigma>0$ 是未知参数且.设 $Z=X-Y$.

(1) 求 Z 的概率密度 $f_Z(z)$；

(2)设 $Z_1,Z_2,\cdots,Z_n$ 为来自总体 Z 的简单随机样本，求 σ^2 的最大似然估计量 $\hat{\sigma}^2$；

(3) 证明 $\hat{\sigma}^2$ 是 σ^2 的无偏估计量.

11. 设 $X_1,X_2,\cdots,X_n$ 为来自正态总体 $N(\mu_0,\sigma^2)$的简单随机样本，其中 μ_0 已知，$\sigma^2>0$ 未知. $\bar{X},S^2$ 分别表示样本均值和样本方差.

(1) 求 σ^2 的最大似然估计 $\hat{\sigma}^2$；

(2) 计算 $E(\hat{\sigma}^2)$和 $D(\hat{\sigma}^2)$.

第 8 章 假设检验

假设检验是另一大类统计推断问题，是一种利用样本信息对总体的的某种假设进行推断的方法.它分为参数假设检验和非参数假设检验.当总体分布类型已知，对总体分布中未知参数的检验称为参数假设检验；当总体分布类型未知，对总体分布类型或分布性质的检验称为非参数假设检验.本章主要学习参数的假设检验，最后简单介绍非参数检验中总体分布类型的检验方法.

第 7 章讲了对总体参数的估计问题，它是对样本进行适当的加工，以推断出总体参数的值或置信区间，这种方法常用在人们对总体参数的真值一无所知时.在实际应用中，对总体参数的真值预先可能有所了解，或根据经验可以对总体参数的真值提出假设，这时常常需要通过样本带给我们的信息，对假设进行验证，这就是本章将要介绍的参数的假设检验问题.

【质量检验问题】

国家规定某种药品所含杂质的含量不得超过 0.19 毫克/克，某药厂对其生产的该种药品的杂质含量，进行了两次抽样检验，各测得 10 个数据(单位：毫克/克)如下表所示：

第一次	0.183	0.186	0.188	0.191	0.189	0.196	0.196	0.197	0.209	0.215
第二次	0.182	0.183	0.187	0.187	0.193	0.198	0.198	0.199	0.211	0.212

该厂两次自检的结果均为合格，厂家很有信心，认为一定能通过药检局的质量检验.但药检局用其报送的 20 的数据重新进行一次检验，结果却是不合格，这是为什么(显著水平为 $\alpha=0.05$)？最终应该采纳谁的结果呢？

8.1 假设检验的基本概念

假设检验方法所依据的一个重要原理是“小概率原理”或称为“实际推断原理”，即“小概率事件在一次试验中几乎是不会发生的”.下面首先介绍依据这个原理的假设检验的基本思想.

8.1.1 假设检验的基本思想

先看一个简单的问题.

【例 8.1】 某厂家向一家百货商店长期供应某种货物，双方根据厂家的传统生产水平,定出质量标准,即若次品率超过3%,则百货商店拒收该批货物.今有一批货物,随机抽50件检验,发现有次品4件,问应如何处理这批货物?

如果双方商定用点估计方法作为验收方法,即将样本的次品率4/50作为这批货物的次品率,由于 $4/50 > 3\%$,这批货物是要被拒收的.但是厂家可能反对用这种方法验收.他们认为,由于抽样是随机的,在这次抽样中,次品的频率超过3%,不等于说这批产品的次品率 p(概率)真的超过了3%.就如同说掷一枚硬币,正反两面出现的概率各为1/2,但若掷两次硬币,不见得正、反面正好各出现一次一样.如果百货商店也希望在维护自己利益的前提下,不轻易地失去一个货源,也会同意采用别的更合理的方法.事实上,对于这类问题,通常就是采用假设检验的方法.具体来说就是先假设次品率 $p\leqslant 3\%$,然后根据抽样的结果来说明 $p\leqslant 3\%$ 这一假设是否合理.注意,这里用的是"合理"一词,而不是"正确",粗略地说就是"认为 $p\leqslant 3\%$"能否说得过去.

假设 $p\leqslant 3\%$,用 X 表示随机抽取 n 件产品中所包含的次品数,则 $X\sim B(n,p)$.随机抽50件检验,发现有次品4件的概率

$$P\{X=4\}=C_{50}^{4}p^{4}(1-p)^{46}\leqslant C_{50}^{4}0.03^{4}(1-0.03)^{46}\approx 0.046.$$

这说明,"随机抽50件检验,发现有次品4件"是一个小概率事件,根据"小概率原理",在一次试验中它是不应该发生的,而现在它却发生了,原因是 $p\leqslant 3\%$ 的假设出了问题,应该否定(或拒绝) $p\leqslant 3\%$ 的假设,即有理由认为这批货物的次品率超过3%,百货商店可以拒收该批货物.

根据例8.1可以看到假设检验的基本思想是:当我们对具体问题提出假设后,由样本提供的信息决定是接受或拒绝这个假设,如果在假设成立的条件下,样本观测值的出现意味着一个小概率事件发生了,根据"**小概率原理**",这是不合理的,就应该拒绝这个假设,而与这个假设相反的结论就应该被接受.

再考察下面的例子.

【例8.2】 一台包装机包装洗衣粉,额定标准重量为500g,根据以往经验,包装机的实际装袋重量服从正态 $N(\mu,\sigma^2)$,其中 $\sigma=15$g 通常不会变化,为检验包装机工作是否正常,随机抽取9袋,称得洗衣粉净重数据如下(单位:g):

497 506 518 524 488 517 510 515 516

问这台包装机工作是否正常?

所谓包装机工作正常,即包装机包装洗衣粉的重量的均值应为额定重量500g,多装了厂家要亏损,少装了损害消费者利益.因此要检验包装机工作是否正常,就是要检验总体均值 $\mu=500$ 是否成立.具体思路是

首先提出两个对立的假设:

$$H_0:\mu=500,\quad H_1:\mu\neq 500,$$

然后,根据对样本观测值的加工计算,对两个假设的正确与否作出推断.

一般地,可将类似问题表述如下.

设 $X\sim N(\mu,\sigma^2)$,σ^2 已知,$X_1,X_2,\cdots,X_n$ 为来自 X 的样本,$x_1,x_2,\cdots,x_n$ 为样

本观测值,首先提出两个对立的假设

$$H_0:\mu=\mu_0,\quad H_1:\mu\neq\mu_0$$

然后,根据对样本观测值的加工计算,对两个假设作出判断,拒绝两个假设中的一个,就意味着接受另一个.称 H_0 为**原假设**(**零假设**),称 H_1 为**备选假设**(**备择假设**).

样本观测值 $x_1,x_2,\cdots,x_n$ 可以看成是抽样样本空间中的一个点 $(x_1,x_2,\cdots,x_n)$,假设检验的实质是将样本空间划分成两个不相交的集合 R_0 和 $\bar{R}_0$,其中 R_0 表示原假设 H_0 的**拒绝域**,$\bar{R}_0$ 表示 H_0 的**接受域**,当 $(x_1,x_2,\cdots,x_n)\in R_0$ 拒绝原假设 H_0,接受备择假设 H_1;否则接受原假设 H_0,拒绝备择假设 H_1.那么,如何来确定 H_0 的拒绝域 R_0 呢?

由于观测值 $x_1,x_2,\cdots,x_n$ 的随机性,当 $(x_1,x_2,\cdots,x_n)\in R_0$ 时,作出拒绝 H_0 的推断,虽然合理,也会犯错误,但我们可以控制犯这种错误的概率,事实上,我们正是通过控制犯这种错误的概率的方法来确定 H_0 的拒绝域 R_0 的.具体方法是给定一个小概率 α,使 H_0 成立时 $(X_1,X_2,\cdots,X_n)\in R_0$ 的概率不超过小概率 α,即

$$P\{(X_1,X_2,\cdots,X_n)\in R_0\,|\,H_0\text{ 成立}\}\leqslant\alpha,\tag{8.1}$$

这样确定 R_0 后,当实际抽到样本观测值 $(x_1,x_2,\cdots,x_n)\in R_0$ 时,说明一次抽样小概率事件就发生了,违背了小概率原理,导致这种情况发生的原因是原假设不合理,所以,应该拒绝原假设 H_0,接受备择假设 H_1,此时犯错误的概率不会超过 α.

一般地,我们可以先根据原假设 H_0 确定其拒绝域的形式,然后通过式(8.1)来具体确定 H_0 的拒绝域 R_0.

根据式(8.1)确定的拒绝域 R_0 的范围和小概率 α 的值有密切的关系,称 α 为检验的**显著水平**,一般 α 常取 0.05,0.01,0.1 等.

对于例 8.2,先来确定 H_0 的拒绝域的形式.

由于 $\bar{X}$ 是 μ 的无偏估计,当 H_0 为真时 $\bar{x}$ 和 μ_0 应该很接近,即 $|\bar{x}-\mu_0|$ 不能太大,当 $|\bar{x}-\mu_0|$ 太大时,我们就怀疑 H_0 的正确性而拒绝 H_0,考虑到当 H_0 为真时 $X\sim N(\mu_0,\sigma^2)$,$\dfrac{\bar{X}-\mu_0}{\sigma/\sqrt{n}}\sim N(0,1)$,而衡量 $|\bar{x}-\mu_0|$ 的大小可以归结为衡量 $\left|\dfrac{\bar{x}-\mu_0}{\sigma/\sqrt{n}}\right|$ 的大小,因此,H_0 的拒绝域的形式可以表示为 $R_0=\left\{\left|\dfrac{\bar{x}-\mu_0}{\sigma/\sqrt{n}}\right|\geqslant c\right\}$,其中 c 为一正实数.由于拒绝域和统计量 $Z=\dfrac{\bar{X}-\mu_0}{\sigma/\sqrt{n}}$ 有关,也就是说检验的最终结论由 $Z=\dfrac{\bar{X}-\mu_0}{\sigma/\sqrt{n}}$ 的观测值决定,所以我们称 $Z=\dfrac{\bar{X}-\mu_0}{\sigma/\sqrt{n}}$ 为**检验统计量**.

下面通过控制在 H_0 成立时 $(X_1,X_2,\cdots,X_n)\in R_0$ 的概率来确定 c 的值,即对于

给定的小概率 α，通过 $P\left\{\left|\frac{\bar{X}-\mu_0}{\sigma/\sqrt{n}}\right|\geqslant c \,\middle|\, H_0 \text{ 成立}\right\}\leqslant\alpha$ 确定 c 的值.

由于 H_0 成立时 $Z=\frac{\bar{X}-\mu_0}{\sigma/\sqrt{n}}\sim N(0,1)$，由图 8.1 易知

$$P\left\{\left|\frac{\bar{X}-\mu_0}{\sigma/\sqrt{n}}\right|\geqslant z_{\alpha/2}\right\}=\alpha.$$

因此，我们可以取 $c=z_{\alpha/2}$，把 $\left\{\left|\frac{\bar{x}-\mu_0}{\sigma/\sqrt{n}}\right|\geqslant z_{\alpha/2}\right\}$，即 $\{|z|\geqslant z_{\alpha/2}\}$ 作为 H_0 的**拒绝域**，它对应抽样样本空间的一个区域，也对应实数轴 z 轴上的区间，称 $-z_{\alpha/2}$ 和 $z_{\alpha/2}$ 为 H_0 的**拒绝域的临界点(值)**.由于拒绝域 $\{|z|\geqslant z_{\alpha/2}\}$ 在数轴的两端(图 8.1)，称这种检验为**双边检验**.

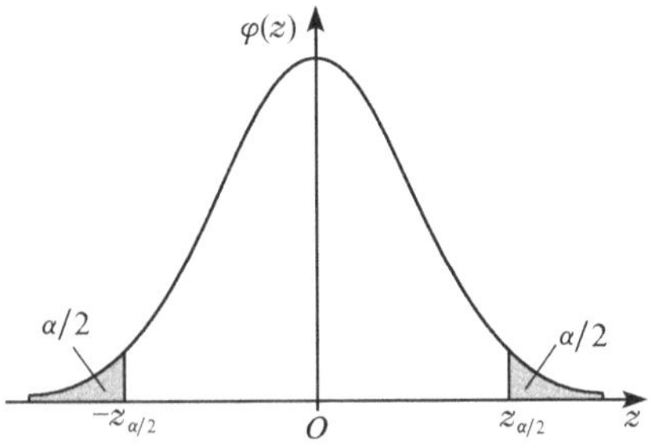

图 8.1 双边检验的拒绝域

例 8.2 中，若取显著水平 $\alpha=0.05$，则 H_0 的拒绝域

$$\left\{|z|=\left|\frac{\bar{x}-\mu_0}{\sigma/\sqrt{n}}\right|\geqslant z_{\alpha/2}\right\}=\{|z|\geqslant z_{0.025}\}=\{|z|\geqslant 1.96\}.$$

由样本观测值计算得到

$$z=\frac{\bar{x}-\mu_0}{\sigma/\sqrt{n}}$$

$$=\frac{(497+506+518+524+488+517+510+515+516)/9-500}{15/\sqrt{9}}=2.02.$$

$z=2.02$ 落入了 H_0 的拒绝域，因此，在 $\alpha=0.05$ 的显著水平下，应拒绝 H_0，认为 $\mu_0\neq 500$，即包装机工作不正常.

根据上例可以总结出假设检验的步骤：

(1) 提出一对对立假设，原假设 H_0 和备择假设 H_1；

(2) 判断 H_0 的拒绝域 R_0 的形式，并由此确定检验统计量 $W=W(X_1,X_2,\cdots,X_n)$，其分布应该是已知的.

(3) 在给定显著水平 α 下，通过 $P\{W(X_1,X_2,\cdots,X_n)\in R_0 \mid H_0\text{成立}\}\leqslant\alpha$ 确定拒绝域 R_0；

(4) 根据样本观测值计算出检验统计量的观测值 $w=W(x_1,x_2,\cdots,x_n)$，如果 $w\in R_0$，则拒绝 H_0，接受 H_1；否则，接受 H_0，拒绝 H_1.

继续上面的问题，如果想进一步判断当天包装机包装的洗衣粉的平均重量和 500g 相比，哪个更大一些，可以作下面两种类型的检验：

右边检验：$H_0:\mu\leqslant\mu_0,\quad H_1:\mu>\mu_0$，

或者

$$\textbf{左边检验}: H_0:\mu \geqslant \mu_0,\quad H_1:\mu<\mu_0.$$

右边检验和左边检验统称为**单边检验**.下面分别推出这两种检验的拒绝域.

(1) **右边检验**：$H_0:\mu\leqslant\mu_0$， $H_1:\mu>\mu_0$.

由于 $\bar{X}$ 是 μ 的无偏估计，当 H_0 为真时 $\bar{x}$ 应该不大于 μ_0，当 $\bar{x}-\mu_0$ 偏大时，或者说 $\dfrac{\bar{x}-\mu_0}{\sigma/\sqrt{n}}$ 偏大时我们就怀疑 H_0 的正确性而拒绝 H_0，因此，H_0 的拒绝域的形式可以表示为 $R_0=\left\{\dfrac{\bar{x}-\mu_0}{\sigma/\sqrt{n}}\geqslant c\right\}$，其中 c 为一正实数，由此确定 $Z=\dfrac{\bar{X}-\mu_0}{\sigma/\sqrt{n}}$ 作为检验统计量.对于给定的小概率 α，下面通过 $P\left\{\dfrac{\bar{X}-\mu_0}{\sigma/\sqrt{n}}\geqslant c\,\middle|\,H_0\text{ 成立}\right\}\leqslant\alpha$ 确定临界点 c 的值.由于 $X\sim N(\mu,\sigma^2)$，所以 $Z=\dfrac{\bar{X}-\mu}{\sigma/\sqrt{n}}\sim N(0,1)$，由图 8.2 易知

$$P\left\{\frac{\bar{X}-\mu}{\sigma/\sqrt{n}}\geqslant z_\alpha\right\}=\alpha,$$

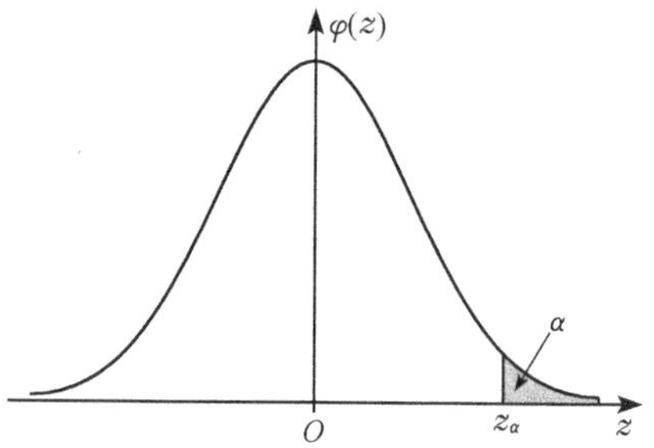

图 8.2 右边检验的拒绝域

当原假设成立时，由于 $\dfrac{\bar{X}-\mu}{\sigma/\sqrt{n}}\geqslant\dfrac{\bar{X}-\mu_0}{\sigma/\sqrt{n}}$，所以 $P\left\{\dfrac{\bar{X}-\mu_0}{\sigma/\sqrt{n}}\geqslant z_\alpha\right\}\leqslant\alpha$，因此，可以选择 $c=z_\alpha$，得到 H_0 的拒绝域为

$$\left\{z=\frac{\bar{x}-\mu_0}{\sigma/\sqrt{n}}\geqslant z_\alpha\right\}.$$

由于拒绝域在数轴的右端，故称此检验为右边检验.

(2) **左边检验**：$H_0:\mu\geqslant\mu_0$， $H_1:\mu<\mu_0$.

由于 $\bar{X}$ 是 μ 的无偏估计，当 H_0 为真时 $\bar{x}$ 应该不小于 μ_0，当 $\bar{x}-\mu_0$ 偏小时，或者说 $\dfrac{\bar{x}-\mu_0}{\sigma/\sqrt{n}}$ 偏小时我们就怀疑 H_0 的正确性而拒绝 H_0，所以 H_0 的拒绝域的形式应为 $R_0=\left\{\dfrac{\bar{x}-\mu_0}{\sigma/\sqrt{n}}\leqslant c\right\}$，$c$ 为一负实数，仍可以确定 $Z=\dfrac{\bar{X}-\mu_0}{\sigma/\sqrt{n}}$ 作为检验统计量.

对于给定的小概率 α，下面通过 $P\left\{\dfrac{\bar{X}-\mu_0}{\sigma/\sqrt{n}}\leqslant c\,\middle|\,H_0\text{ 成立}\right\}\leqslant\alpha$ 确定 c 的值.

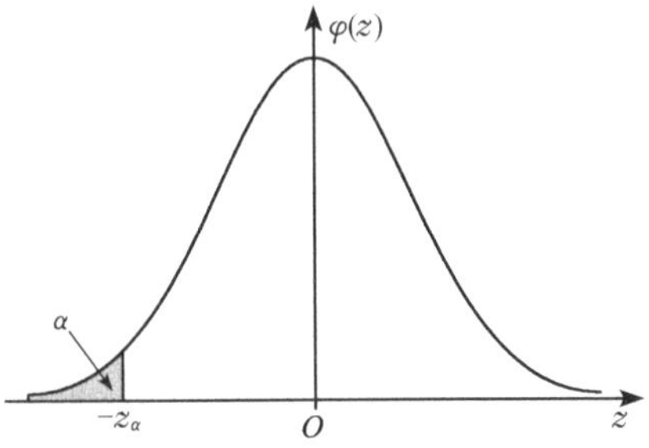

图 8.3 左边检验的拒绝域

由于 $X \sim N(\mu,\sigma^2)$，所以 $Z=\dfrac{\bar{X}-\mu}{\sigma/\sqrt{n}} \sim N(0,1)$，由图 8.3 易知

$$P\left\{\frac{\bar{X}-\mu}{\sigma/\sqrt{n}} \leqslant -z_\alpha\right\}=\alpha.$$

当原假设成立时，由于 $\dfrac{\bar{X}-\mu}{\sigma/\sqrt{n}} \leqslant \dfrac{\bar{X}-\mu_0}{\sigma/\sqrt{n}}$，所以 $P\left\{\dfrac{\bar{X}-\mu_0}{\sigma/\sqrt{n}} \leqslant -z_\alpha\right\} \leqslant \alpha$，因此，可以确定选择临界值 $c=-z_\alpha$，得到 H_0 的拒绝域为：$\left\{z=\dfrac{\bar{x}-\mu_0}{\sigma/\sqrt{n}} \leqslant -z_\alpha\right\}$.

由于拒绝域在数轴的左端，故称此检验为左边检验.

现在我们回到包装机包装洗衣粉的问题上，在显著水平 $\alpha=0.05$ 下进一步作右边检验：

$$H_0: \mu \leqslant 500, \quad H_1: \mu > 500.$$

由于 H_0 拒绝域为 $\left\{z=\dfrac{\bar{x}-\mu_0}{\sigma/\sqrt{n}} \geqslant z_{0.05}\right\}$ 即 $\{z \geqslant 1.645\}$，而检验统计量的观测值 $z=2.02$ 落入了拒绝域，因此，在 $\alpha=0.05$ 的显著水平下，应拒绝 H_0，作出 $\mu>500$ 的推断.

8.1.2 假设检验的两类错误

假设检验依据"小概率原理"决定是接受 H_0 或拒绝 H_0.但是这一原理只是在概率意义下成立，并不是严格成立的，即不能说小概率事件在一次试验中绝对不可能发生.因此，假设检验问题可能会犯如下两类错误.

一是实际情况是 H_0 成立，而检验的结果是拒绝了 H_0，这时称该检验犯了**第一类错误**，或"**弃真**"的错误；二是实际情况是 H_0 不成立，而检验的结果是接受了 H_0，这时称该检验犯了**第二类错误**，或称"**存伪**"的错误.犯两类错误的概率可以分别表示如下.

犯第一类错误的概率：

$P\{$弃真$\}=P\{$拒绝 $H_0 \mid H_0$ 为真$\}=P\{$检验统计量的观测值落入拒绝域$\mid H_0$ 为真$\}$；

犯第二类错误的概率：

$P\{$存伪$\}=P\{$接受 $H_0 \mid H_0$ 为假$\}=P\{$检验统计量的观测值未落入拒绝域$\mid H_0$ 为假$\}$.

进行一个检验，最理想的当然是犯两类错误的概率都尽可能小，但是一般来说，

在样本容量 n 一定的情况下，要使两者都达到最小是不可能的，减少犯某一类错误的概率，往往导致犯另一类错误的概率增大.要想使犯两类错误的概率都减小，只有靠增加样本容量才能做到.

根据前面的讲述我们容易知道，H_0的拒绝域实际上是通过控制犯第一类错误的概率而得到的，所以，如果检验的显著水平为 α，则

$P\{$弃真$\}=P\{$拒绝 $H_0|H_0$ 为真$\}=P\{$检验统计量的观测值落入拒绝域$|H_0$ 为真$\}\leqslant\alpha$.

在假设检验中，不拒绝原假设时，犯第二类错误的概率不容易计算，也不容易控制.但拒绝原假设时犯第一类错误的概率小于等于显著水平 α，由于显著水平 α 是我们事先取定的，因此，我们拒绝原假设时犯错误的概率是可以控制的.所以，假设检验时拒绝原假设具有实际意义，其结果应受到充分的重视；不能拒绝原假设时，必须根据其他信息才能作出较为准确的判断.

实际应用中，常将以往的经验性结论作为原假设，与其相反的结论作为备选假设.这样，原假设不会被轻易拒绝，一旦结果为拒绝原假设，其结果也是可以信赖的，而且我们还知道此时犯第一类错误的概率不超过 α；如果结果为不能拒绝原假设，考虑到原假设为以往的经验，作出接受原假设的推断也是比较合理的.

8.2　正态总体的参数检验

正态总体 $N(\mu,\sigma^2)$有两个重要参数是均值 μ 和方差 σ^2，在实际应用中常会用到单正态总体均值与方差的检验，以及两个正态总体均值与方差的比较问题.

8.2.1　单正态总体均值与方差的检验

1. 单正态总体均值的检验

设 $X\sim N(\mu,\sigma^2)$，$X_1,X_2,\cdots,X_n$ 为来自 X 的样本，$x_1,x_2,\cdots,x_n$ 为样本观测值，对均值 μ 的检验一般有下面三种形式

(1) 双边检验　　$H_0:\mu=\mu_0$，　$H_1:\mu\neq\mu_0$，

(2) 右边检验　　$H_0:\mu\leqslant\mu_0$，　$H_1:\mu>\mu_0$，

(3) 左边检验　　$H_0:\mu\geqslant\mu_0$，　$H_1:\mu<\mu_0$，

其中 μ_0 为已知常数.

下面分两种情况给出 H_0的拒绝域：

1) σ^2 为已知的情况

在 8.1.1 节中已经知道，当 σ^2 已知时，上面三种检验的检验统计量均可采用 $Z=\dfrac{\bar{X}-\mu_0}{\sigma/\sqrt{n}}$，在显著水平 α 下，H_0的拒绝域分别为

$$\left\{|z|=\left|\frac{\bar{x}-\mu_0}{\sigma/\sqrt{n}}\right|\geqslant z_{\alpha/2}\right\},\quad \left\{z=\frac{\bar{x}-\mu_0}{\sigma/\sqrt{n}}\geqslant z_\alpha\right\},$$

$$\left\{z=\frac{\bar{x}-\mu_0}{\sigma/\sqrt{n}}\leqslant -z_\alpha\right\}.$$

这三种检验称为均值的 Z **检验**.

2) σ^2 为未知的情况

当 σ^2 未知时,由于 $Z=\dfrac{\bar{X}-\mu_0}{\sigma/\sqrt{n}}$ 中含有未知的 σ,不能再作为检验统计量.考虑到样本方差 S^2 是 σ^2 的无偏估计,且由定理 6.3 知 $T=\dfrac{\bar{X}-\mu_0}{S/\sqrt{n}}\sim t(n-1)$.所以,改用 $T=\dfrac{\bar{X}-\mu_0}{S/\sqrt{n}}$ 作为检验统计量,其观测值为 $t=\dfrac{\bar{x}-\mu_0}{s/\sqrt{n}}$,类似 σ^2 已知的情形,不难得到当 σ^2 未知时,在显著水平 α 下,上面三种检验的拒绝域分别为

$$\left\{|t|=\left|\frac{\bar{x}-\mu_0}{s/\sqrt{n}}\right|\geqslant t_{\alpha/2}(n-1)\right\},\quad \left\{t=\frac{\bar{x}-\mu_0}{s/\sqrt{n}}\geqslant t_\alpha(n-1)\right\},$$

$$\left\{t=\frac{\bar{x}-\mu_0}{s/\sqrt{n}}\leqslant -t_\alpha(n-1)\right\}.$$

这三种检验称为均值的 t **检验**.

【例 8.3】 某车间生产铜丝,其主要质量指标是折断力的大小.用 X 表示该车间生产的铜丝的折断力.根据过去的资料看,可以认为 $X\sim N(285,4^2)$.为提高折断力,今换一种原材料,估计方差不会有多大变化.现抽取 10 个样品,测得折断力(单位:kg)为

289, 286, 285, 284, 286, 285, 285, 286, 298, 292.

在 0.05 的显著水平下,检验折断力是否显著变大?

解 按题意已知方差 $\sigma^2=16$,需检验

$$H_0:\mu\leqslant 285,\quad H_1:\mu>285,$$

此为右边检验.由于方差已知,应选用 Z 检验,在显著水平 $\alpha=0.05$ 下,H_0 的拒绝域为

$$\left\{z=\frac{\bar{x}-\mu_0}{\sigma/\sqrt{n}}\geqslant z_\alpha\right\}=\{z\geqslant z_{0.05}\}=\{z\geqslant 1.645\},$$

其中 $\mu_0=285$,由样本观测值计算得到

$$\bar{x}=\frac{1}{n}\sum_{i=1}^{n}x_i=287.6,\quad z=\frac{\bar{x}-\mu_0}{\sigma/\sqrt{n}}=\frac{287.6-285}{4/\sqrt{10}}=2.05>1.645.$$

由于 $z=2.05$ 落入拒绝域中,故在 0.05 的显著水平下应拒绝 H_0,认为折断力显著

变大.

【实验8.1】 在Excel中做例8.3中的均值检验.

实验准备:

学习附录二中如下Excel函数:

(1) 数字个数统计函数COUNT.

(2) 样本均值函数AVERAGE.

(3) 平方根函数SQRT.

(4) 标准正态分布的分布函数的反函数NORMSINV.

(5) 执行真假值判断的逻辑函数IF.

实验步骤:

(1) 输入数据及项目名,如图8.4(a)所示.

	A	B	C
1	x		$\mu_0=$
2	289	标准差	$\sigma=$
3	286	观测数	$n=$
4	285	样本均值	$\bar{x}=$
5	284	显著水平	$\alpha=$
6	286	检验统计量	$z=$
7	285	临界点	$z_\alpha=$
8	285		
9	286		
10	298		
11	292		

(a)

	A	B	C	D
1	x		$\mu_0=$	285
2	289	标准差	$\sigma=$	4
3	286	观测数	$n=$	10
4	285	样本均值	$\bar{x}=$	287.6
5	284	显著水平	$\alpha=$	0.05
6	286	检验统计量	$z=$	2.0554805
7	285	临界点	$z_\alpha=$	1.6448536
8	285			拒绝H0
9	286			
10	298			
11	292			

(b)

图8.4　均值z检验

(2) 在单元格D1中输入μ_0:285.

(3) 在单元格D2中输入标准差σ:4.

(4) 在单元格D3中输入公式计算观测数n:

=COUNT(A2:A11)

(5) 在单元格D4中输入公式计算样本均值$\bar{x}$:

=AVERAGE(A2:A11)

(6) 在单元格D5中输入显著水平α:0.05.

(7) 计算检验统计量的观测值$z=\dfrac{\bar{x}-\mu_0}{\sigma/\sqrt{n}}$,在单元格D6中输入公式:

=(D4-D1)/(D2/SQRT(D3))

(8) 计算临界点z_α,在单元格D7中输入公式:

=NORMSINV(1-D5)

(9) 判断,在单元格D8中输入公式:

=IF(D6>=D7,"拒绝 H0","不能拒绝 H0")

结果：由于 $z=2.05548>z_{0.05}=1.64485$，落入拒绝域中，如图 8.4(b)所示.故在 0.05 的显著水平下应拒绝 H_0，认为折断力显著变大.

【例 8.4】 某种元件，要求其使用寿命不得低于 1000(小时)，现从一批这种元件中随机抽取 25 件，测得其寿命样本均值为 950，样本标准差为 100.已知该种元件的寿命服从正态分布，试问在 0.05 的显著水平下是否可以认为这批元件合格？

解 按题意需检验

$$H_0:\mu\geqslant 1000,\quad H_1:\mu<1000,$$

此为左边检验.由于方差未知，应选用 t 检验，在显著水平 $\alpha=0.05$ 下，H_0的拒绝域为

$$\left\{t=\frac{\bar{x}-\mu_0}{s/\sqrt{n}}\leqslant -t_\alpha(n-1)\right\}=\{t\leqslant -t_{0.05}(25-1)\}=\{t\leqslant -1.711\}.$$

现由 $n=25,\bar{x}=950,s=100,\mu_0=1000$ 计算得到

$$t=\frac{\bar{x}-\mu_0}{s/\sqrt{n}}=\frac{950-1000}{100/\sqrt{25}}=-2.5<-1.711$$

可知，t 落入拒绝域中，故在 0.05 的显著水平下应拒绝 H_0，认为这批元件不合格.

【例 8.5】 某地区 100 个登记死亡人的样本中，其平均寿命为 71.8 年，标准差为 8.9，假设人的寿命服从正态分布.试问这是否暗示现在这个地区人的平均寿命不低于 70 岁($\alpha=0.05$)？

解 按题意需检验

$$H_0:\mu\geqslant 70,\quad H_1:\mu<70,$$

此为左边检验.由于方差未知，应选用 t 检验，在显著水平 $\alpha=0.05$ 下，H_0的拒绝域为

$$\left\{t=\frac{\bar{x}-\mu_0}{s/\sqrt{n}}\leqslant -t_\alpha(n-1)\right\}=\{t\leqslant -t_{0.05}(100-1)\}=\{t\leqslant -t_{0.05}(99)\},$$

由于 $t_{0.05}(99)\approx z_{0.05}=1.645$，所以，$H_0$的拒绝域为$\{t\leqslant -1.645\}$.现由 $n=100,\bar{x}=71.8,s=8.6$ 计算得到

$$t=\frac{\bar{x}-\mu_0}{s/\sqrt{n}}=\frac{71.8-70}{8.9/\sqrt{100}}=2.02>-1.645.$$

可知，t 未落入拒绝域中，故在 0.05 的显著水平下，没有足够理由拒绝 H_0，可以认为这个地区人的平均寿命不低于 70 岁.

2. 单正态总体方差的检验

设 $X\sim N(\mu,\sigma^2)$，$X_1,X_2,\cdots,X_n$ 为来自 X 的样本，$x_1,x_2,\cdots,x_n$ 为样本观测值，对方差 σ^2的检验一般有下面三种形式：

(1) 双边检验　$H_0:\sigma^2=\sigma_0^2$，　$H_1:\sigma^2\neq\sigma_0^2$，

(2) 右边检验　$H_0:\sigma^2\leqslant\sigma_0^2$，　$H_1:\sigma^2>\sigma_0^2$，

(3) 左边检验　$H_0:\sigma^2\geqslant\sigma_0^2$，　$H_1:\sigma^2<\sigma_0^2$，

其中 σ_0^2 为已知常数.

下面仅对 μ 未知的情形讨论上面三种检验，这种情况较为多用，μ 已知情形的有关结果汇总在表 8.1 中.

先看双边检验 $H_0:\sigma^2=\sigma_0^2$，　$H_1:\sigma^2\neq\sigma_0^2$.

首先分析判断 H_0 的拒绝域的形式，由于 $S^2=\dfrac{1}{n-1}\sum\limits_{i=1}^{n}(X_i-\bar{X})^2$ 是 σ^2 的无偏估计，当原假设成立时，$\dfrac{s^2}{\sigma_0^2}$ 不能太大也不能太小，因此可以选择两个临界值 c_1，c_2 得到如下形式的拒绝域：

$$R_0=\left\{\frac{s^2}{\sigma_0^2}\leqslant c_1\right\}\cup\left\{\frac{s^2}{\sigma_0^2}\geqslant c_2\right\},\quad c_1<c_2,$$

考虑到 H_0 成立时 $\dfrac{(n-1)S^2}{\sigma_0^2}\sim\chi^2(n-1)$（定理 6.3），衡量 $\dfrac{s^2}{\sigma_0^2}$ 的大小可以改为衡量 $\dfrac{(n-1)s^2}{\sigma_0^2}$ 的大小，因而，H_0 的拒绝域的形式也可以写成 $R_0=\left\{\dfrac{(n-1)s^2}{\sigma_0^2}\leqslant c_1'\right\}\cup\left\{\dfrac{(n-1)s^2}{\sigma_0^2}\geqslant c_2'\right\}$，并由此确定取 $\chi^2=\dfrac{(n-1)S^2}{\sigma_0^2}$ 作为检验统计量.

对给定的小概率 α，下面由 $P\left\{\left\{\dfrac{(n-1)S^2}{\sigma_0^2}\leqslant c_1'\right\}\cup\left\{\dfrac{(n-1)S^2}{\sigma_0^2}\geqslant c_2'\right\}\Big| H_0\text{ 成立}\right\}\leqslant\alpha$ 确定拒绝域的临界点 c_1'，c_2' 的值.

由于 H_0 于成立时，$\chi^2=\dfrac{(n-1)S^2}{\sigma_0^2}\sim\chi^2(n-1)$，由图 8.5 易知

$$P\left\{\left\{\frac{(n-1)S^2}{\sigma_0^2}\leqslant\chi^2_{1-\alpha/2}(n-1)\right\}\cup\left\{\frac{(n-1)S^2}{\sigma_0^2}\geqslant\chi^2_{\alpha/2}(n-1)\right\}\right\}=\alpha,$$

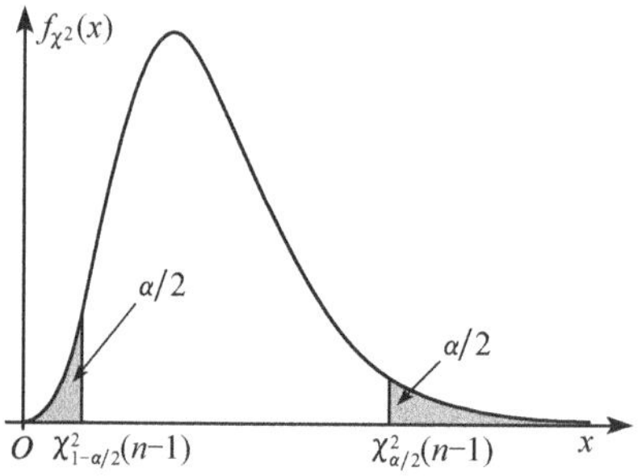

图 8.5　单正态总体方差的双边检验

所以，可取 H_0 的拒绝域的临界点：

$$c_1'=\chi^2_{1-\alpha/2}(n-1),\quad c_2'=\chi^2_{\alpha/2}(n-1).$$

在显著水平 α 下，H_0 的拒绝域为

$$R_0=\{\chi^2\leqslant\chi^2_{1-\alpha/2}(n-1)\}\cup\{\chi^2\geqslant\chi^2_{\alpha/2}(n-1)\}.$$

再看右边检验

$$H_0:\sigma^2\leqslant\sigma_0^2,\quad H_1:\sigma^2>\sigma_0^2,$$

当原假设成立时，$\dfrac{s^2}{\sigma_0^2}$ 不能太大，因此可以

选择一个临界点 c 得到如下形式的拒绝域 $R_0=\left\{\dfrac{s^2}{\sigma_0^2}\geqslant c\right\}$，或写成 $R_0=\left\{\dfrac{(n-1)s^2}{\sigma_0^2}\geqslant c'\right\}$，并由此确定取 $\chi^2=\dfrac{(n-1)S^2}{\sigma_0^2}$ 作为检验统计量.

对给定的小概率 α，下面由 $P\left\{\dfrac{(n-1)S^2}{\sigma_0^2}\geqslant c' \,\middle|\, H_0 \text{ 成立}\right\}\leqslant\alpha$ 确定拒绝域的临界点 c' 的值.

由于 $X\sim N(\mu,\sigma^2)$，$\dfrac{(n-1)S^2}{\sigma^2}\sim\chi^2(n-1)$，由图 8.6 易知

$$P\left\{\frac{(n-1)S^2}{\sigma^2}\geqslant\chi_\alpha^2(n-1)\right\}=\alpha.$$

当原假设成立时，由于 $\dfrac{(n-1)S^2}{\sigma^2}\geqslant\dfrac{(n-1)S^2}{\sigma_0^2}$，所以 $P\left\{\dfrac{(n-1)S^2}{\sigma_0^2}\geqslant\chi_\alpha^2(n-1)\right\}\leqslant\alpha$，因此，可取 $\{c'=\chi_\alpha^2(n-1)\}$，即 H_0 的拒绝域为：$\left\{\chi^2=\dfrac{(n-1)s^2}{\sigma_0^2}\geqslant\chi_\alpha^2(n-1)\right\}$.

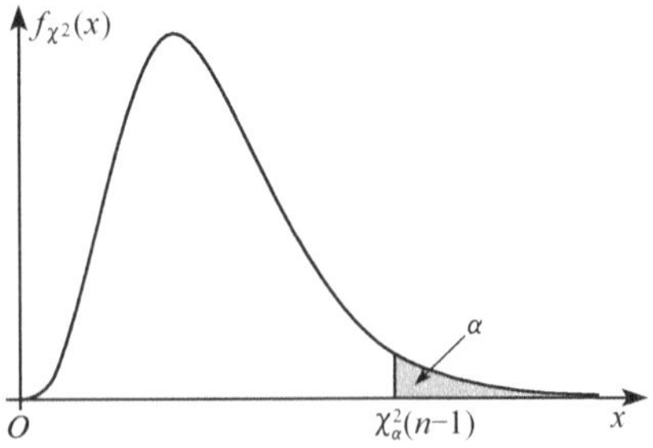

图 8.6 单正态总体方差的右边检验

同样的思路，可知左边检验仍可以选用 $\chi^2=\dfrac{(n-1)S^2}{\sigma_0^2}$ 作为检验统计量，并且容易推出在显著水平 α 下，左边检验的 H_0 的拒绝域为：$\left\{\chi^2=\dfrac{(n-1)s^2}{\sigma_0^2}\leqslant\chi_{1-\alpha}^2(n-1)\right\}$，请读者自己动手试试.

上述三种检验称为方差的 χ^2 **检验**.

单正态总体 $N(\mu,\sigma^2)$ 均值 μ 和方差 σ^2 的检验方法汇总于表 8.1.

表 8.1 单正态总体 $N(\mu,\sigma^2)$ 均值 μ 和方差 σ^2 的检验

检验名称	条 件	检验类别	H_0	H_1	检验统计量	分 布	拒绝域
Z 检验	σ^2 已知	双边检验	$\mu=\mu_0$	$\mu\neq\mu_0$	$Z=\dfrac{\bar{X}-\mu_0}{\sigma/\sqrt{n}}$	$N(0,1)$	$\{\lvert z\rvert\geqslant z_{\alpha/2}\}$
		左边检验	$\mu\geqslant\mu_0$	$\mu<\mu_0$			$\{z\leqslant -z_\alpha\}$
		右边检验	$\mu\leqslant\mu_0$	$\mu>\mu_0$			$\{z\geqslant z_\alpha\}$
t 检验	σ^2 未知	双边检验	$\mu=\mu_0$	$\mu\neq\mu_0$	$T=\dfrac{\bar{X}-\mu_0}{S/\sqrt{n}}$	$t(n-1)$	$\{\lvert t\rvert\geqslant t_{\alpha/2}(n-1)\}$
		左边检验	$\mu\geqslant\mu_0$	$\mu<\mu_0$			$\{t\leqslant -t_\alpha(n-1)\}$
		右边检验	$\mu\leqslant\mu_0$	$\mu>\mu_0$			$\{t\geqslant t_\alpha(n-1)\}$
χ^2 检验	μ 已知	双边检验	$\sigma^2=\sigma_0^2$	$\sigma^2\neq\sigma_0^2$	$\chi^2=\sum\limits_{i=1}^{n}\left(\dfrac{X_i-\mu}{\sigma_0}\right)^2$	$\chi^2(n)$	$\{\chi^2\leqslant\chi_{1-\alpha/2}^2(n)\}\cup\{\chi^2\geqslant\chi_{\alpha/2}^2(n)\}$
		左边检验	$\sigma^2\geqslant\sigma_0^2$	$\sigma^2<\sigma_0^2$			$\{\chi^2\leqslant\chi_{1-\alpha}^2(n)\}$
		右边检验	$\sigma^2\leqslant\sigma_0^2$	$\sigma^2>\sigma_0^2$			$\{\chi^2\geqslant\chi_\alpha^2(n)\}$

续表

检验名称	条　件	检验类别	H_0	H_1	检验统计量	分　布	拒绝域
χ^2 检验	μ 未知	双边检验	$\sigma^2=\sigma_0^2$	$\sigma^2\neq\sigma_0^2$	$\chi^2=\dfrac{(n-1)S^2}{\sigma_0^2}=\sum\limits_{i=1}^{n}\left(\dfrac{X_i-\bar{X}}{\sigma_0}\right)^2$	$\chi^2(n-1)$	$\{\chi^2\leqslant\chi^2_{1-\alpha/2}(n-1)\}\cup\{\chi^2\geqslant\chi^2_{\alpha/2}(n-1)\}$
		左边检验	$\sigma^2\geqslant\sigma_0^2$	$\sigma^2<\sigma_0^2$			$\{\chi^2\leqslant\chi^2_{1-\alpha}(n-1)\}$
		右边检验	$\sigma^2\leqslant\sigma_0^2$	$\sigma^2>\sigma_0^2$			$\{\chi^2\geqslant\chi^2_{\alpha}(n-1)\}$

【例 8.6】 某厂生产某种型号的电池，长期以来寿命 $X\sim N(\mu,5000)$，现有一批这种电池，从它的情况看寿命的波动性有所改变，随机抽取 26 只电池，测出其寿命的样本方差为 9000(小时^2).试在 0.05 的显著水平下，检验这批电池寿命的波动性较以往是否有显著变化.

解 按题意，需检验

$$H_0:\sigma^2=5000,\qquad H_1:\sigma^2\neq 5000,$$

取检验统计量 $\chi^2=\dfrac{(n-1)S^2}{\sigma_0^2}$，在显著水平 $\alpha=0.05$ 下，H_0 的拒绝域为

$$\{\chi^2\leqslant\chi^2_{1-\alpha/2}(n-1)\}\cup\{\chi^2\geqslant\chi^2_{\alpha/2}(n-1)\},$$

即

$$\{\chi^2\leqslant\chi^2_{0.975}(25)\}\cup\{\chi^2\geqslant\chi^2_{0.025}(25)\},$$

查表得

$$\chi^2_{0.975}(25)=13.120,\quad \chi^2_{0.025}(25)=40.646,$$

而 $\chi^2=\dfrac{(n-1)s^2}{\sigma_0^2}=\dfrac{25\times 9000}{5000}=45>40.646$ 落入了 H_0 的拒绝域，应拒绝 H_0，即认为这批电池寿命的波动性较以往有显著变化.

【例 8.7】 根据例 8.6，由于电池寿命的样本方差比正常情况下总体的方差大得多，容易怀疑电池寿命的波动性较以往变大了，试检验这种猜想，并且控制犯错误的概率为 0.01.

解 由于拒绝原假设的结论比较可靠，并且可以控制犯错误的概率不超过显著水平 $\alpha=0.01$，所以，应按如下方式提出原假设和备择假设：

$$H_0:\sigma^2\leqslant 5000,\quad H_1:\sigma^2>5000,$$

取检验统计量 $\chi^2=\dfrac{(n-1)S^2}{\sigma_0^2}$，在显著水平 $\alpha=0.01$ 下，H_0 的拒绝域为：$\{\chi^2\geqslant\chi^2_{\alpha}(n-1)\}$，即 $\{\chi^2\geqslant\chi^2_{0.01}(25)\}$.查表得

$$\chi^2_{0.01}(25)=44.314.$$

在例 8.6 中已计算出 $\chi^2=\dfrac{(n-1)s^2}{\sigma_0^2}=45>44.314$，落入了 H_0 的拒绝域，应拒绝 H_0，即可以认为这批电池寿命的波动性较比以往变大了.

【实验 8.2】 在 Excel 中做例 8.6、例 8.7 中的方差检验.

实验准备:

学习附录二中如下 Excel 函数:

(1) χ^2分布上分位数的函数 CHIINV.

(2) 执行真假值判断的逻辑函数 IF.

实验步骤:

(1) 输入项目名,如图 8.7(a)所示.

	A	B	C
1		$\sigma_0^2=$	
2	样本方差	$s^2=$	
3	观测数	$n=$	
4	显著水平	$\alpha=$	
5	检验统计量	$\chi^2=$	
6	临界点	$\chi^2_{1-\alpha/2}(n-1)=$	
7		$\chi^2_{\alpha/2}(n-1)=$	
8	结论		

(a)

	A	B	C
1		$\sigma_0^2=$	5000
2	样本方差	$s^2=$	9000
3	观测数	$n=$	26
4	显著水平	$\alpha=$	0.05
5	检验统计量	$\chi^2=$	45
6	临界点	$\chi^2_{1-\alpha/2}(n-1)=$	13.1197201
7		$\chi^2_{\alpha/2}(n-1)=$	40.6464692
8	结论		拒绝H0

(b)

图 8.7 方差检验——双边卡方检验

(2) 在单元格 C1 中输入 $\sigma_0{}^2$:5000.

(3) 在单元格 C2 中输入样本方差 s^2:9000.

(4) 在单元格 C3 中输入观测数 n:26.

(5) 在单元格 C4 中输入显著水平 α:0.05.

(6) 计算检验统计量 $\chi^2=\dfrac{(n-1)s^2}{\sigma_0^2}$,在单元格 C5 中输入公式:

=(C3−1) * C2/C1

(7) 计算临界点 $\chi^2_{1-\alpha/2}(n-1)$,在单元格 C6 中输入公式:

=CHIINV(1−C4/2,C3−1)

(8) 计算临界点 $\chi^2_{\alpha/2}(n\text{-}1)$,在单元格 C7 中输入公式:

=CHIINV(C4/2,C3−1)

(9) 判断,在单元格 C8 中输入公式:

=IF(OR(C5<=C6, C5>=C7),"拒绝 H0","不能拒绝 H0").

结果:由于 C5=$\chi^2=45>$ C7=$\chi^2_{0.025}(25)=40.6464692$,落入拒绝域中,如图 8.7(b)所示.故在 0.05 的显著水平下应拒绝 H_0,电池寿命的波动性较以往有显著变化.

考虑例 8.7,做单边检验:

(10) 在单元格 C4 中修改显著水平 α:0.01.

(11) 修改临界点 $\chi^2_{\alpha}(n-1)$,在单元格 C7 中输入公式:

=CHIINV(C4,C3−1)

(12) 修改单元格 C8 公式：=IF(C4>=C7，"拒绝 H0"，"不能拒绝 H0")。

结果：由于 $C5=\chi^2=45>C7=\chi^2_{0.01}(25)=44.3141049$，落入拒绝域中，如图 8.8 所示。故在 0.01 的显著水平下拒绝 H_0，电池寿命的波动性比以往变大了。

	A	B	C
1		$\sigma_0^2=$	5000
2	样本方差	$s^2=$	9000
3	样本数	$n=$	26
4	显著水平	$\alpha=$	0.01
5	检验统计量	$\chi^2=$	45
6	临界点		
7		$\chi^2_\alpha(n-1)=$	44.3141049
8	结论		拒绝H0

图 8.8　方差检验——单边卡方检验

8.2.2　两正态总体均值与方差的比较

1. 两独立正态总体均值的比较

设 $X_1,X_2,\cdots,X_{n_1}$ 为来自总体 $X\sim N(\mu_1,\sigma_1^2)$ 的样本，$Y_1,Y_2,\cdots,Y_{n_2}$ 为来自总体 $Y\sim N(\mu_2,\sigma_2^2)$ 的样本，且两样本相互独立，其样本均值分别记为 $\bar{X}$ 和 $\bar{Y}$，其样本方差分别记为 S_1^2 和 S_2^2。两总体均值的比较有下面三种形式：

(1) 双边检验：$H_0:\mu_1=\mu_2$，　$H_1:\mu_1\neq\mu_2$，

(2) 右边检验：$H_0:\mu_1\leqslant\mu_2$，　$H_1:\mu_1>\mu_2$，

(3) 左边检验：$H_0:\mu_1\geqslant\mu_2$，　$H_1:\mu_1<\mu_2$。

下面分两种情况给出 H_0 的拒绝域。

1) σ_1^2,σ_2^2 已知的情况

当原假设 H_0 中的"="成立时，由定理 6.4 知

$$Z=\frac{\bar{X}-\bar{Y}}{\sqrt{\dfrac{\sigma_1^2}{n_1}+\dfrac{\sigma_2^2}{n_2}}}\sim N(0,1).$$

将 $Z=\dfrac{\bar{X}-\bar{Y}}{\sqrt{\dfrac{\sigma_1^2}{n_1}+\dfrac{\sigma_2^2}{n_2}}}$ 作为检验统计量，其观测值记为 $z=\dfrac{\bar{x}-\bar{y}}{\sqrt{\dfrac{\sigma_1^2}{n_1}+\dfrac{\sigma_2^2}{n_2}}}$，类似 8.2.1 节中单正态总体均值的 Z 检验，不难得到，在显著水平 α 下，上面三种 Z 检验的拒绝域分别为

$$\{|z|\geqslant z_{\alpha/2}\},\quad \{z\geqslant z_\alpha\},\quad \{z\leqslant -z_\alpha\}.$$

2) σ_1^2,σ_2^2 未知,但知 $\sigma_1^2=\sigma_2^2=\sigma^2$ 的情况

当原假设 H_0中的"="成立时,由定理 6.4 知

$$T=\frac{\bar{X}-\bar{Y}}{S_w\sqrt{\dfrac{1}{n_1}+\dfrac{1}{n_2}}}\sim t(n_1+n_2-2),$$

其中 $S_w^2=\dfrac{(n_1-1)S_1^2+(n_2-1)S_2^2}{n_1+n_2-2}$,$S_w=\sqrt{S_w^2}$.将 $T=\dfrac{\bar{X}-\bar{Y}}{S_w\sqrt{\dfrac{1}{n_1}+\dfrac{1}{n_2}}}$作为检验统计量,其观测值为 $t=\dfrac{\bar{x}-\bar{y}}{s_w\sqrt{\dfrac{1}{n_1}+\dfrac{1}{n_2}}}$,类似 8.2.1 节中单正态总体均值的 t 检验,不难得到,在显著水平 α 下,上面三种 t 检验的拒绝域分别为

$$\{|t|\geqslant t_{\alpha/2}(n_1+n_2-2)\},\quad \{t\geqslant t_\alpha(n_1+n_2-2)\},\quad \{t\leqslant -t_\alpha(n_1+n_2-2)\}.$$

【例 8.8】 为估计两种方法组装产品所需时间的差异,对两种不同的组装方法分别进行多次操作试验,组装一件产品所需的时间(单位:分钟)如下所示.

方法一	28.3	30.1	29.0	37.6	32.1	28.8	36.0	37.2	38.5	34.4	28.0	30.0
方法二	27.6	22.2	31.0	33.8	20.0	30.2	31.7	26.0	32.0	31.2		

假设用两种方法组装一件产品所需时间均服从正态分布,且方差相同,试以 0.05 的显著水平,推断两种方法组装产品所需平均时间有无显著差异.

解 这是两独立正态总体的均值比较问题,若设第一种方法组装一件产品所需的时间 $X\sim N(\mu_1,\sigma^2)$,第二种方法组装一件产品所需的时间 $Y\sim N(\mu_2,\sigma^2)$,则需要检验的是

$$H_0:\mu_1=\mu_2,\quad H_1:\mu_1\neq\mu_2.$$

选 $T=\dfrac{\bar{X}-\bar{Y}}{S_w\sqrt{\dfrac{1}{n_1}+\dfrac{1}{n_2}}}$为检验统计量,在显著水平 $\alpha=0.05$ 下,H_0的拒绝域为

$$\{|t|\geqslant t_{\alpha/2}(n_1+n_2-2)\}=\{|t|\geqslant t_{0.025}(20)\},$$

查表得 $t_{0.025}(20)=2.086$,现由 $n_1=12,n_2=10,\bar{x}=\dfrac{1}{n_1}\sum\limits_{i=1}^{n_1}x_i=32.5,\bar{y}=\dfrac{1}{n_2}\sum\limits_{i=1}^{n_2}y_i=28.57$,

$$s_1^2=\frac{1}{n_1-1}\sum_{i=1}^{n_1}(x_i-\bar{x})^2=15.996,\quad s_2^2=\frac{1}{n_2-1}\sum_{i=1}^{n_2}(y_i-\bar{y})^2=20.662,$$

$$s_w=\sqrt{\frac{(n_1-1)s_1^2+(n_2-1)s_2^2}{n_1+n_2-2}}=\sqrt{\frac{(12-1)\times 15.996+(10-1)\times 20.662}{12+10-2}}=4.254.$$

计算得到

$$t=\frac{\bar{x}-\bar{y}}{s_w\sqrt{\frac{1}{n_1}+\frac{1}{n_2}}}=\frac{32.5-28.57}{4.254\times\sqrt{\frac{1}{12}+\frac{1}{10}}}=2.158>2.086.$$

可知，t 落入拒绝域中，故在 0.05 的显著水平下应拒绝 H_0，可以认为两种方法组装一件产品所需平均时间有显著差异.

【例 8.9】 根据例 8.8 中数据，试在 0.05 的显著水平下，检验是否可以认为第一种方法组装一件产品所需的时间比第二种方法长？在 0.01 的显著水平下又会怎么样呢？

解 根据题意提出以下检验：

$$H_0:\mu_1\leqslant\mu_2,\quad H_1:\mu_1>\mu_2.$$

选 $T=\dfrac{\bar{X}-\bar{Y}}{S_w\sqrt{\frac{1}{n_1}+\frac{1}{n_2}}}$ 为检验统计量，在显著水平 $\alpha=0.05$ 下，H_0 的拒绝域为：$\{t\geqslant t_{0.05}(20)\}=\{t\geqslant 1.725\}$，在例 8.8 中已计算出 $t=2.158$，可见 t 落入了 H_0 的拒绝域中，故在 0.05 的显著水平下应拒绝 H_0，可以认为第一种方法组装一件产品所需平均时间比第二种方法长.

在显著水平 $\alpha=0.01$ 下，H_0 的拒绝域为：$\{t\geqslant t_{0.01}(20)\}=\{t\geqslant 2.528\}$，由于 $t=2.158<2.528$，t 未落入 H_0 的拒绝域中，不能拒绝 H_0，即在 $\alpha=0.01$ 显著水平下拒绝 H_0 的理由不够充分.也就是说没有足够的理由说明第一种方法组装一件产品所需平均时间比第二种方法长.

可见，不同的显著水平会得到不同的检验结果，实际应用一定要慎重选取.

另外，应用中，当检验统计量的观察值未落入 H_0 的拒绝域时，我们一般要说没有充分的理由拒绝 H_0，最好不要说成“接受 H_0”，因为接受 H_0 会冒“存伪”的风险，而且这种风险的大小是不容易估算得到.

【实验 8.3】 在 Excel 中做例 8.8、例 8.9 中两个独立正态总体均值的比较.

实验准备：

学习附录二中如下 Excel 函数：

(1) 数字个数统计函数 COUNT.

(2) 样本均值函数 AVERAGE.

(3) 样本方差函数 VAR.

(4) 平方根函数 SQRT.

(5) 执行真假值判断的逻辑函数 IF.

(6) t 分布的上分位数函数 TINV.

实验方法一：

(1) 输入数据及项目名，如图 8.9(a)所示.

(2) 计算观测数 n_1,n_2.

在单元格 D2 中输入公式：=COUNT(A2:A13)

在单元格 E2 中输入公式：=COUNT(B2:B11)

(3) 计算样本均值 $\bar{x},\bar{y}$.

在单元格 D3 中输入公式：=AVERAGE(A2:A13)

在单元格 E3 中输入公式：=AVERAGE(B2:B11)

(4) 计算样本方差 s_1^2,s_2^2.

在单元格 D4 中输入公式：=VAR(A2:A13)

在单元格 E4 中输入公式：=VAR(B2:B11)

	A	B	C	D	E
1	方法一	方法二		方法一	方法二
2	28.3	27.6	观测数 =		
3	30.1	22.2	样本均值 =		
4	29	31	样本方差 =		
5	37.6	33.8	s_w =		
6	32.1	20	α =		
7	28.8	30.2	检验统计量 t =		
8	36	31.7	$t_{\alpha/2}(n_1+n_2-2)$=		
9	37.2	26			
10	38.5	32	结论:		
11	34.4	31.2			
12	28				
13	30				

(a)

	A	B	C	D	E
1	方法一	方法二		方法一	方法二
2	28.3	27.6	观测数 =	12	10
3	30.1	22.2	样本均值 =	32.5	28.57
4	29	31	样本方差 =	15.99636	20.66233
5	37.6	33.8	s_w =	4.253945	
6	32.1	20	α =	0.05	
7	28.8	30.2	检验统计量 t =	2.157645	
8	36	31.7	$t_{\alpha/2}(n_1+n_2-2)$=	2.085963	
9	37.2	26			
10	38.5	32	结论:	拒绝H0	
11	34.4	31.2			
12	28				
13	30				

(b)

图 8.9　两个独立正态总体均值的比较

(5) 计算 $s_w=\sqrt{\dfrac{(n_1-1)s_1^2+(n_2-1)s_2^2}{n_1+n_2-2}}$.

在单元格 D5 中输入：=SQRT(((D2−1) * D4+(E2−1) * E4)/(D2+E2−2))

(6) 在单元格 D6 中输入显著水平 α:0.05.

(7) 计算检验统计量的观测值 $t=\dfrac{\bar{x}-\bar{y}}{s_w\sqrt{\dfrac{1}{n_1}+\dfrac{1}{n_2}}}$，在单元格 D7 中输入公式：

=(D3−E3)/(D5 * SQRT(1/D2+1/E2))

(8) 计算临界点 $t_{\alpha/2}(n_1+n_2-2)$，在单元格 D8 中输入公式：

=TINV(D6,D2+E2−2)

(9) 判断，在单元格 D10 中输入公式：=IF(ABS(D7)>D8,"拒绝 H0","不能拒绝 H0").

结果：由于 ABS(D7)=$|t|$=2.157645 >D8=$t_{0.025}(20)$=2.085963，落入拒绝域中，如图 8.9(b)所示.故在 0.05 的显著水平下应拒绝 H_0，可以认为两种方法组装一件产品所需平均时间有显著差异.

考虑例 8.9：

(10) 修改临界点 $t_\alpha(n_1+n_2-2)$，在单元格 D8 中输入公式：

$$=\text{TINV}(D6*2,D2+E2-2)$$

(11) 判断，修改单元格 D10 中的公式：

=IF(D7)>D8,"拒绝 H0","不能拒绝 H0").

结果：由于 D7 $=t=2.157645>$ D8 $=t_{0.05}(20)=1.724718$，落入拒绝域中，如图 8.10(a)所示. 故在 0.05 的显著水平下应拒绝 H_0.

(12) 在单元格 D6 中修改显著水平 α：0.01，计算结果如图 8.10(b)所示.

结果：由于 D7 $=t=2.157645<$ D8 $=t_{0.01}(20)=2.527977$，故在 0.01 的显著水平下不能拒绝 H_0.

	A	B	C	D	E
1	方法一	方法二		方法一	方法二
2	28.3	27.6	观测数 =	12	10
3	30.1	22.2	样本均值 =	32.5	28.57
4	29	31	样本方差 =	15.99636	20.66233
5	37.6	33.8	s_w =	4.253945	
6	32.1	20	α =	0.05	
7	28.8	30.2	检验统计量 t =	2.157645	
8	36	31.7	$t_\alpha(n_1+n_2-2)$ =	1.724718	
9	37.2	26			
10	38.5	32	结论：	拒绝H0	
11	34.4	31.2			
12	28				
13	30				

(a)

	A	B	C	D	E
1	方法一	方法二		方法一	方法二
2	28.3	27.6	观测数 =	12	10
3	30.1	22.2	样本均值 =	32.5	28.57
4	29	31	样本方差 =	15.99636	20.66233
5	37.6	33.8	s_w =	4.253945	
6	32.1	20	α =	0.01	
7	28.8	30.2	检验统计量 t =	2.157645	
8	36	31.7	$t_\alpha(n_1+n_2-2)$ =	2.527977	
9	37.2	26			
10	38.5	32	结论：	不能拒绝H0	
11	34.4	31.2			
12	28				
13	30				

(b)

图 8.10　两个独立正态总体均值比较的单边 t 检验

实验方法二：(调用 Excel 的数据分析功能)

(1) 输入数据与图 8.9(a)相仿.

(2) 在 Excel 主菜单中选择"工具"→"数据分析"，打开"数据分析"对话框，在"分析工具"列表中选择"t-检验：双样本等方差假设"选项，单击"确定"按钮.

(3) 在打开的"t-检验：双样本等方差假设"对话框中，依次输入"变量 1 的区域""变量 2 的区域"和"输出区域"，选中"标志"复选框、"假设平均差"取 0，如图 8.11 所示，单击"确定"按钮.

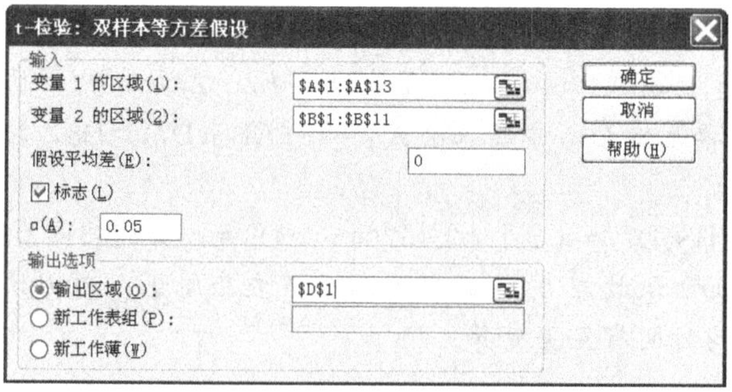

图 8.11　"t-检验：双样本等方差假设"对话框

得到检验结果如图 8.12 所示.

图 8.12 中显示，t 检验的双尾临界值为 2.085963，即双边检验的拒绝域为$\{|t|\geqslant 2.085963\}$，$t$ 检验的单尾临界值为 1.724718，即右边检验的拒绝域为$\{t\geqslant 1.724718\}$，而 t 的观测值为 2.157645，可见，在显著水平 $\alpha=0.05$下，双边检验和右边检验的原假设均应被拒绝.

重复步骤(2)和(3)，并将图 8.11 中 α 的值改为 0.01，可以得到在显著水平 $\alpha=0.01$下的检验结果(略).

	A	B	C	D	E	F
1	方法一	方法二		t-检验：双样本等方差假设		
2	28.3	27.6				
3	30.1	22.2			方法一	方法二
4	29	31		平均	32.5	28.57
5	37.6	33.8		方差	15.99636	20.66233
6	32.1	20		观测值	12	10
7	28.8	30.2		合并方差	18.09605	
8	36	31.7		假设平均差	0	
9	37.2	26		df	20	
10	38.5	32		t Stat	2.157645	
11	34.4	31.2		P(T<=t) 单尾	0.021648	
12	28			t 单尾临界	1.724718	
13	30			P(T<=t) 双尾	0.043296	
14				t 双尾临界	2.085963	

图 8.12 两个独立正态总体均值比较的 t 检验：双样本等方差假设

2. 两独立正态总体方差的比较

设 $X_1,X_2,\cdots,X_{n_1}$ 为来自总体 $X\sim N(\mu_1,\sigma_1^2)$的样本，$Y_1,Y_2,\cdots,Y_{n_2}$ 为来自总体 $Y\sim N(\mu_2,\sigma_2^2)$的样本，且两样本相互独立，其样本均值分别记为 $\bar{X}$ 和 $\bar{Y}$，其样本方差分别记为 S_1^2 和 S_2^2.两总体方差的比法较有下面三种形式：

(1) 双边检验：$H_0:\sigma_1^2=\sigma_2^2$，　　$H_1:\sigma_1^2\neq\sigma_2^2$，

(2) 右边检验：$H_0:\sigma_1^2\leqslant\sigma_2^2$，　　$H_1:\sigma_1^2>\sigma_2^2$，

(3) 左边检验：$H_0:\sigma_1^2\geqslant\sigma_2^2$，　　$H_1:\sigma_1^2<\sigma_2^2$.

下面分两种情况给出 H_0 的拒绝域.

1) μ_1,μ_2 已知的情况

当 μ_1,μ_2 已知时，由于

$$\frac{\sum_{i=1}^{n_1}(X_i-\mu_1)^2}{\sigma_1^2}\sim\chi^2(n_1),\quad \frac{\sum_{i=1}^{n_2}(Y_i-\mu_2)^2}{\sigma_2^2}\sim\chi^2(n_2),$$

所以

$$\frac{\sum_{i=1}^{n_1}(X_i-\mu_1)^2\Big/\sigma_1^2\Big/n_1}{\sum_{i=1}^{n_2}(Y_i-\mu_2)^2\Big/\sigma_2^2\Big/n_2}\sim F(n_1,n_2).$$

当原假设 H_0 中的"="成立时，$\dfrac{\sum_{i=1}^{n_1}(X_i-\mu_1)^2\Big/n_1}{\sum_{i=1}^{n_2}(Y_i-\mu_2)^2\Big/n_2}\sim F(n_1,n_2)$.

选取检验统计量 $F=\dfrac{\sum_{i=1}^{n_1}(X_i-\mu_1)^2\Big/n_1}{\sum_{i=1}^{n_2}(Y_i-\mu_2)^2\Big/n_2}$，习惯上 F 统计量的观测值仍以大写的 F 表示，即 F 的观测值记为 $F=\dfrac{\sum_{i=1}^{n_1}(x_i-\mu_1)^2/n_1}{\sum_{i=1}^{n_2}(y_i-\mu_2)^2/n_2}$.不难得到，在显著水平 α 下，上面三种 F 检验的拒绝域分别为：$\{F\leqslant F_{1-\alpha/2}(n_1,n_2)\}\cup\{F\geqslant F_{\alpha/2}(n_1,n_2)\}$，$\{F\geqslant F_\alpha(n_1,n_2)\}$，$\{F\leqslant F_{1-\alpha}(n_1,n_2)\}$.

2）μ_1,μ_2 未知的情况

当 μ_1,μ_2 未知时，由定理 6.4 知

$$\frac{S_1^2/\sigma_1^2}{S_2^2/\sigma_2^2}\sim F(n_1-1,n_2-1),$$

当原假设 H_0 中的"="成立时，$S_1^2/S_2^2\sim F(n_1-1,\ n_2-1)$. 选取检验统计量 $F=S_1^2/S_2^2$，不难得到，在显著水平 α 下，上面三种 F 检验的拒绝分别为

$$\{F\leqslant F_{1-\alpha/2}(n_1-1,n_2-1)\}\cup\{F\geqslant F_{\alpha/2}(n_1-1,n_2-1)\},$$
$$\{F\geqslant F_\alpha(n_1-1,n_2-1)\},\quad \{F\leqslant F_{1-\alpha}(n_1-1,n_2-1)\}.$$

两独立正态总体均值的比较与方差的比较方法汇总于表 8.2 中.

表 8.2　两独立正态总体均值的比较与方差的比较

名称	条件	类别	H_0	H_1	检验统计量	分布	拒绝域
Z 检验	两样本独立，σ_1^2,σ_2^2 已知	双边检验	$\mu_1=\mu_2$	$\mu_1\neq\mu_2$	$Z=\dfrac{\bar{X}-\bar{Y}}{\sqrt{\dfrac{\sigma_1^2}{n_1}+\dfrac{\sigma_2^2}{n_2}}}$	$N(0,1)$	$\{\lvert z\rvert\geqslant z_{\alpha/2}\}$
		左边检验	$\mu_1\geqslant\mu_2$	$\mu_1<\mu_2$			$\{z\leqslant -z_\alpha\}$
		右边检验	$\mu_1\leqslant\mu_2$	$\mu_1>\mu_2$			$\{z\geqslant z_\alpha\}$

续表

名称	条件	类别	H_0	H_1	检验统计量	分布	拒绝域
t检验	两样本独立，$\sigma_1^2=\sigma_2^2=\sigma^2$ 未知	双边检验	$\mu_1=\mu_2$	$\mu_1\neq\mu_2$	$T=\dfrac{\bar{X}-\bar{Y}}{S_w\sqrt{1/n_1+1/n_2}}$ 其中 $S_w=\sqrt{\dfrac{(n_1-1)S_1^2+(n_2-1)S_2^2}{n_1+n_2-2}}$	$t(n_1+n_2-2)$	$\{\lvert t\rvert\geqslant t_{\alpha/2}(n_1+n_2-2)\}$
		左边检验	$\mu_1\geqslant\mu_2$	$\mu_1<\mu_2$			$\{t\leqslant -t_\alpha(n_1+n_2-2)\}$
		右边检验	$\mu_1\leqslant\mu_2$	$\mu_1>\mu_2$			$\{t\geqslant t_\alpha(n_1+n_2-2)\}$
F检验	两样本独立，μ_1,μ_2 已知	双边检验	$\sigma_1^2=\sigma_2^2$	$\sigma_1^2\neq\sigma_2^2$	$F=\dfrac{\sum\limits_{i=1}^{n}(X_i-\mu_1)^2\Big/n_1}{\sum\limits_{i=1}^{n}(X_i-\mu_2)^2\Big/n_2}$	$F(n_1,n_2)$	$\{F\leqslant F_{1-\alpha/2}(n_1,n_2)\}\cup\{F\geqslant F_{\alpha/2}(n_1,n_2)\}$
		左边检验	$\sigma_1^2\geqslant\sigma_2^2$	$\sigma_1^2<\sigma_2^2$			$\{F\leqslant F_{1-\alpha}(n_1,n_2)\}$
		右边检验	$\sigma_1^2\leqslant\sigma_2^2$	$\sigma_1^2>\sigma_2^2$			$\{F\geqslant F_\alpha(n_1,n_2)\}$
	两样本独立，μ_1,μ_2 未知	双边检验	$\sigma_1^2=\sigma_2^2$	$\sigma_1^2\neq\sigma_2^2$	$F=S_1^2/S_2^2$	$F(n_1-1,n_2-1)$	$\{F\leqslant F_{1-\alpha/2}(n_1-1,n_2-1)\}\cup\{F\geqslant F_{\alpha/2}(n_1-1,n_2-1)\}$
		左边检验	$\sigma_1^2\geqslant\sigma_2^2$	$\sigma_1^2<\sigma_2^2$			$\{F\leqslant F_{1-\alpha}(n_1-1,n_2-1)\}$
		右边检验	$\sigma_1^2\leqslant\sigma_2^2$	$\sigma_1^2>\sigma_2^2$			$\{F\geqslant F_\alpha(n_1-1,n_2-1)\}$

【例 8.10】 为比较不同季节出生的女婴体重的方差，从某年 12 月和 6 月出生的女婴中分别随机地各取 10 名，测得体重(单位：g)如下所示：

12 月	3520	2203	2560	2960	3260	4010	3404	3506	3971	2198
6 月	3220	3220	3760	3000	2920	3740	3060	3080	2940	3060

假定冬季、夏季女婴的体重分别服从正态分布 $N(\mu_1,\sigma_1^2)$，$N(\mu_2,\sigma_2^2)$，试在显著水平 $\alpha=0.05$ 下检验冬季、夏季节出生的女婴体重的方差是否有显著差异，哪个更大一些？

解 这是两独立正态总体方差的比较问题，首先进行双边检验

$$H_0:\sigma_1^2=\sigma_2^2,\quad H_1:\sigma_1^2\neq\sigma_2^2.$$

由于 μ_1,μ_2 未知，选取检验统计量 $F=S_1^2/S_2^2$，在显著水平 $\alpha=0.05$ 下，H_0 拒绝域为

$$\begin{aligned}&\{F\leqslant F_{1-\alpha/2}(n_1-1,n_2-1)\}\cup\{F\geqslant F_{\alpha/2}(n_1-1,n_2-1)\}\\=&\{F\leqslant F_{0.975}(9,9)\}\cup\{F\geqslant F_{0.025}(9,9)\}.\end{aligned}$$

查表得

$$F_{0.975}(9,9)=\frac{1}{F_{0.025}(9,9)}=\frac{1}{4.03}=0.248,\quad F_{0.025}(9,9)=4.03.$$

由样本观测值计算得到 $s_1^2=437817.7$，$s_2^2=93955.6$，$F=\frac{s_1^2}{s_2^2}=\frac{437817.7}{93955.6}=4.66$.落入拒绝域中，在 0.05 的显著水平下应拒绝 H_0，可以认为冬、夏季出生的女婴体重的方差有显著的差异.

由于 $s_1^2=437817.7$ 比 $s_2^2=93955.6$ 大得多，我们猜想 $\sigma_1^2>\sigma_2^2$，为了验证我们的猜想，并使我们犯错误的概率可以控制，进一步作下面的右边检验

$$H_0:\sigma_1^2\leqslant\sigma_2^2,\quad H_1:\sigma_1^2>\sigma_2^2,$$

仍然选取检验统计量 $F=S_1^2/S_2^2$，在显著水平 $\alpha=0.05$ 下，H_0 拒绝域为

$$\{F\geqslant F_\alpha(n_1-1,n_2-1)\}=\{F\geqslant F_{0.05}(9,9)\}=\{F\geqslant 3.179\},$$

而 $F=4.66$ 落入了拒绝域中，所以，在 0.05 的显著水平下应拒绝 H_0，接受 H_1，即可以认为冬季出生的女婴比夏季出生的女婴体重的方差更大一些.

【实验 8.4】 在 Excel 中做例 8.10 中两个正态总体方差的比较.

实验准备：

学习附录二中如下 Excel 函数：

(1) 数字个数统计函数 COUNT.

(2) 样本均值函数 AVERAGE.

(3) 样本方差函数 VAR.

(4) F 分布的上分位数函数 FINV.

(5) 执行真假值判断的逻辑函数 IF.

实验方法一：

(1) 输入数据及项目名，如图 8.13(a)所示.

(2) 计算观测数 n_1,n_2.

在单元格 D2 中输入公式：=COUNT(A2:A11)

在单元格 E2 中输入公式：=COUNT(B2:B11)

(3)计算样本均值 $\bar{x},\bar{y}$.

在单元格 D3 中输入公式：=AVERAGE(A2:A11)

在单元格 E3 中输入公式：=AVERAGE(B2:B11)

(4) 计算样本方差 s_1^2,s_2^2.

在单元格 D4 中输入公式：=VAR(A2:A11)

在单元格 E4 中输入公式：=VAR(B2:B11)

(5) 在单元格 D5 中输入显著水平 α:0.05.

(6) 计算检验统计量的观测值 $F=s_1^2/s_2^2$，在单元格 D6 中输入公式：=D4/E4.

(7) 计算临界点 $F_{1-\alpha/2}(n_1-1,n_2-1)$，在单元格 D7 中输入公式：

=FINV(1−D5/2,D2−1,E2−1)

(8) 计算临界点 $F_{\alpha/2}(n_1-1,n_2-1)$，在单元格 D8 中输入公式：

=FINV(D5/2,D2−1,E2−1)

	A	B	C	D	E
1	12月	6月			
2	3520	3220	观测数 =		
3	2203	3220	样本均值 =		
4	2560	3760	样本方差 =		
5	2960	3000	α =		
6	3260	2920	F =		
7	4010	3740	$F_{1-\alpha/2}(n_1-1,\ n_2-1)$=		
8	3404	3060	$F_{\alpha/2}(n_1-1,\ n_2-1)$=		
9	3506	3080			
10	3971	2940			
11	2198	3060			

(a)

	A	B	C	D	E
1	12月	6月			
2	3520	3220	观测数 =	10	10
3	2203	3220	样本均值 =	3159.2	3200
4	2560	3760	样本方差 =	437817.73	93955.556
5	2960	3000	α =	0.05	
6	3260	2920	F =	4.6598387	
7	4010	3740	$F_{1-\alpha/2}(n_1-1,\ n_2-1)$=	0.2483859	
8	3404	3060	$F_{\alpha/2}(n_1-1,\ n_2-1)$=	4.0259942	
9	3506	3080			
10	3971	2940		拒绝H0	
11	2198	3060			

(b)

图 8.13 两个独立正态总体方差比较的双边检验

(9) 判断,在单元格 D10 中输入公式:

=IF(OR(D6<=D7,D6>=D8),“拒绝 H0”,“不能拒绝 H0”)

结果:由于 $F=4.6598>F_{0.025}(9,9)=4.026$,落入拒绝域中,如图 8.13(b)所示.故在 0.05 的显著水平下拒绝 H_0,可以认为冬、夏季出生的女婴体重的方差有显著的差异.

(10) 为了检验

$$H_0:\sigma_1^2\leqslant\sigma_2^2,\quad H_1:\sigma_1^2>\sigma_2^2.$$

(11) 计算临界点 $F_\alpha(n_1-1,n_2-1)$,在单元格 D12 输入公式:

=FINV(D5,D2-1,E2-1)

(12) 判断,在单元格 D13 输入公式:

=IF(D6>=D12,“拒绝 H0”,“不能拒绝 H0”).

结果:由于 $F=4.6598>F_{0.05}(9,9)=3.17889$,落入拒绝域中,如图 8.14 所示.故拒绝原假设 H_0.

	A	B	C	D	E
1	12月	6月			
2	3520	3220	观测数 =	10	10
3	2203	3220	样本均值 =	3159.2	3200
4	2560	3760	样本方差 =	437817.73	93955.556
5	2960	3000	α =	0.05	
6	3260	2920	F =	4.6598387	
7	4010	3740	$F_{1-\alpha/2}(n_1-1,\ n_2-1)$=	0.2483859	
8	3404	3060	$F_{\alpha/2}(n_1-1,\ n_2-1)$=	4.0259942	
9	3506	3080			
10	3971	2940		拒绝H0	
11	2198	3060			
12			$F_\alpha(n_1-1,\ n_2-1)$=	3.1788931	
13				拒绝H0	

图 8.14 两个独立正态总体方差的比较

实验方法二:

(1) 输入数据与图 8.13(a)相仿.

(2) 为了检验

$$H_0:\sigma_1^2 \leqslant \sigma_2^2,\quad H_1:\sigma_1^2 > \sigma_2^2,$$

在 Excel 主菜单中选择“工具”→“数据分析”，打开“数据分析”对话框，在“分析工具”列表中选择“F-检验：双样本方差”选项，单击“确定”按钮.

(3) 在打开的“F-检验：双样本方差”对话框中，依次输入“变量 1 的区域”“变量 2 的区域”和“输出区域”，选中“标志”复选框，如图 8.15 所示，单击“确定”按钮.

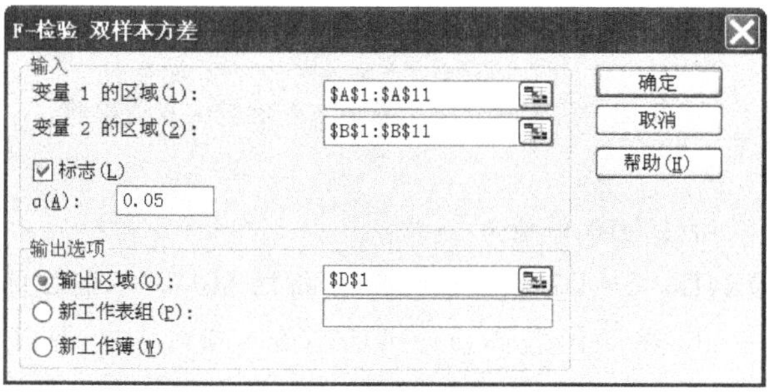

图 8.15　“F-检验：双样本方差”对话框

得到检验结果如图 8.16 所示.

	A	B	C	D	E	F
1	12月	6月		F-检验 双样本方差分析		
2	3520	3220				
3	2203	3220			12月	6月
4	2560	3760		平均	3159.2	3200
5	2960	3000		方差	437817.7	93955.56
6	3260	2920		观测值	10	10
7	4010	3740		df	9	9
8	3404	3060		F	4.659839	
9	3506	3080		P(F<=f) 单尾	0.015774	
10	3971	2940		F 单尾临界	3.178893	
11	2198	3060				

图 8.16　F 检验：双样本方差分析

图 8.16 中显示，F 检验的单尾临界值(右边检验拒绝域的临界值)为 3.178993，即拒绝域为 $\{F \geqslant 3.178993\}$，F 检验统计量的观测值为 4.659839 落入了拒绝域，因此，应拒绝原假设.

【例 8.11】 两台车床生产同一种滚珠(滚珠直径服从正态分布)，从中分别抽取 8 个和 7 个成品，比较两台车床生产的滚珠直径是否有显著差异($\alpha=0.05$).

T_1:	85.6	85.9	85.7	85.8	85.7	86.0	85.5	85.4
T_2:	86.7	85.7	86.5	85.7	85.8	86.3	86.0	

解 设第一台车床生产的滚珠直径 $X \sim N(\mu_1, \sigma_1^2)$，第二台车床生产的滚珠直径 $Y \sim N(\mu_2, \sigma_2^2)$. 根据题意，需进行两总体的均值比较，由于两总体方差未知，需要首先进行方差的齐性检验，即检验 σ_1^2 和 σ_2^2 是否有显著差异，然后再检验 μ_1 和 μ_2 是否有显著差异.

(1) 检验假设

$$H_0: \sigma_1^2 = \sigma_2^2, \quad H_1: \sigma_1^2 \neq \sigma_2^2.$$

由于 μ_1, μ_2 未知，选取统计量 $F = S_1^2/S_2^2$，在显著水平 $\alpha = 0.05$ 下，拒绝域为 $\{F \leqslant F_{1-\alpha/2}(n_1-1, n_2-1)\} \cup \{F \geqslant F_{\alpha/2}(n_1-1, n_2-1)\} = \{F \leqslant F_{0.975}(7,6)\} \cup \{F \geqslant F_{0.025}(7,6)\}$.

查表得

$$F_{0.975}(7,6) = \frac{1}{F_{0.025}(6,7)} = \frac{1}{5.12} = 0.195, \quad F_{0.025}(7,6) = 5.70,$$

H_0 的拒绝域为 $\{F \leqslant 0.195\} \cup \{F \geqslant 5.70\}$. 由观测数据得到 $n_1 = 8, n_2 = 7$, $\bar{x} = \frac{1}{n_1}\sum_{i=1}^{n_1} x = 85.7$, $\bar{y} = \frac{1}{n_2}\sum_{i=1}^{n_2} y = 86.1$, $s_1^2 = \frac{1}{n_1 - 1}\sum_{i=1}^{n_2}(x - \bar{x})^2 = 0.04$, $s_2^2 = \frac{1}{n_2 - 1}\sum_{i=1}^{n_2}(y - \bar{y})^2 = 0.163$, $F = \frac{S_1^2}{S_2^2} = \frac{0.04}{0.163} = 0.245$ 未落入 H_0 的拒绝域，不能拒绝 H_0，在 0.05 的显著水平下，可以认为两台车床生产的滚珠直径的方差无显著差异.

(2)根据(1)的结论，可以在 $\sigma_1^2 = \sigma_2^2$ 的条件下检验假设

$$H_0: \mu_1 = \mu_2, \quad H_1: \mu_1 \neq \mu_2.$$

选 $T = \dfrac{\bar{X} - \bar{Y}}{S_w\sqrt{\dfrac{1}{n_1} + \dfrac{1}{n_2}}}$ 为检验统计量，其观测值为 $t = \dfrac{\bar{x} - \bar{y}}{s_w\sqrt{\dfrac{1}{n_1} + \dfrac{1}{n_2}}}$，在显著水平 $\alpha = 0.05$ 下，H_0 的拒绝域为：$\{|t| \geqslant t_{\alpha/2}(n_1 + n_2 - 2)\} = \{|t| \geqslant t_{0.025}(13)\} = \{|t| \geqslant 2.160\}$.

计算得

$$s_w = \sqrt{\frac{(n_1 - 1)s_1^2 + (n_2 - 1)s_2^2}{n_1 + n_2 - 2}} = \sqrt{\frac{(8-1) \times 0.04 + (7-1) \times 0.163}{8 + 7 - 2}} = 0.311,$$

$$t = \frac{(\bar{x} - \bar{y})}{s_w\sqrt{\dfrac{1}{n_1} + \dfrac{1}{n_2}}} = \frac{85.7 - 86.1}{0.311 \times \sqrt{\dfrac{1}{8} + \dfrac{1}{7}}} = -2.48.$$

可见，t 落入了 H_0 的拒绝域中，故在 0.05 的显著水平下应拒绝 H_0，认为两台车床生产的滚珠直径有显著差异.

8.2.3　成对数据的假设检验

有时为了比较两种产品或两种仪器、两种方法等的差异，常在相同的条件下作对比试验，得到一批成对的观测数据，然后分析观测数据，对两种仪器、两种方法的差异作出推断.这种问题，不同于两个正态总体均值与方差的比较，常常转化为单总体均值与方差的检验问题.

【例 8.12】　有两台光谱仪 A，B 用来测量材料中某种金属的含量，为鉴定它们的测量结果有无显著差异，制备了 9 件试块(它们的成分、金属含量、均匀性等各不相同)，现在分别用这两台机器对每一试块测量一次，得到 9 对观测值如下：

x	0.20	0.30	0.40	0.50	0.60	0.70	0.80	0.90	1.00
y	0.10	0.21	0.52	0.32	0.78	0.59	0.68	0.77	0.89
$d=x-y$	0.10	0.09	−0.12	0.18	−0.18	0.11	0.12	0.13	0.11

问能否认为这两台仪器的测量结果有显著的差异？($\alpha=0.01$)

分析　本题中的数据是成对的，即对同一试块测出一对数据，我们看到一对与另一对之间的差异是由各种因素，如材料成分、金属含量、均匀性等因素引起的，这表明不能将光谱仪 A 对 9 个试块的测量结果(即表中第一行)看成是同一随机变量(总体)的观测值，因此表中的第一行不能看成是一个样本，同样也不能将表中第二行看成一个样本.再者，对每一对数据而言，它们是同一试块用不同仪器测得的结果，因此它们不是两个独立总体的观察结果.综上所述，不能用两独立总体均值比较的 t 检验法作检验.

由于同一对中两个数据之差异可看成是仅由这两台仪器性能的差异所引起的.所以，要判断两台仪器的测量结果有无显著的差异，只需要判断两对数据之差，即第三行数据是否为来自零均值总体的样本.

一般地，设有 n 对相互独立的观测结果：(X_1,Y_1)，(X_2,Y_2)，…，(X_n,Y_n).记 $D_1=X_1-Y_1$，$D_2=X_2-Y_2$，…，$D_n=X_n-Y_n$，则 $D_1,D_2,\cdots,D_n$ 相互独立.若 $D_i\sim N(\mu_D,\sigma_D^2)$，$i=1,2,\cdots,n$，即 $D_1,D_2,\cdots,D_n$ 是正态总体 $N(\mu_D,\sigma_D^2)$的样本，我们可以进行下面的检验：

(1) 双边检验　$H_0:\mu_D=0,H_1:\mu_D\neq 0$，

(2) 右边检验　$H_0:\mu_D\leqslant 0,H_1:\mu_D>0$，

(3) 左边检验　$H_0:\mu_D\geqslant 0,H_1:\mu_D<0$.

一般来说 σ_D^2 是未知的.由于原假设中等号成立时，$\dfrac{\bar{D}}{S_D/\sqrt{n}}\sim t(n-1)$，所以，选用 $T=\dfrac{\bar{D}}{S_D/\sqrt{n}}$作检验统计量，其观测值为 $t=\dfrac{\bar{d}}{s_d/\sqrt{n}}$，其中 $\bar{D}$ 和 S_D 分别为 $D_1,D_2,\cdots,D_n$ 的样本均值和标准差，$\bar{d}$ 和 s_d 分别为它们的观测值.三种检验的拒绝域分别

为$\{|t|\geqslant t_{\alpha/2}(n-1)\}$，　$\{t\geqslant t_{\alpha}(n-1)\}$，　$\{t\leqslant -t_{\alpha}(n-1)\}$.

解　若两台仪器无显著差异，则各对数据的差异 $D_1, D_2, \cdots, D_n$ 属随机误差，随机误差可以认为服从正态分布 $N(\mu_D, \sigma_D^2)$，均值 μ_D 应为零.于是，要检验两台仪器有无显著差异的问题转化为利用样本观测值 $d_1, d_2, \cdots, d_n$ 检验假设

$$H_0: \mu_D = 0, \quad H_1: \mu_D \neq 0.$$

H_0拒绝域为

$$\{|t| \geqslant t_{\alpha/2}(n-1)\} = \{|t| \geqslant t_{0.005}(8)\} = \{|t| \geqslant 3.355\}.$$

由 $n=9$，$\bar{d}=0.06$，$s_d=0.1227$，计算得$|t|=\left|\dfrac{\bar{d}}{s_d/\sqrt{n}}\right|=1.467<3.355$，所以不能拒绝原假设，没有足够理由说明这两台仪器的测量结果有显著的差异.

英国统计学家哥塞特在 1908 年以笔名“student”发表的一篇论文中曾给出下面例题.

【例 8.13】　为比较两种安眠药 A 和 B 的疗效，以 10 个失眠患者为实验对象.以 x 表示使用A 后延长的睡眠时间，y 表示使用B 后延长的睡眠时间.每个患者各服用 A，B 两种药一次，其延长的睡眠时间(单位：h)如下表所示：

患者	1	2	3	4	5	6	7	8	9	10
x	1.9	0.8	1.1	0.1	−0.1	4.4	5.5	1.6	1.6	4.6
y	0.7	−1.6	−0.2	−1.2	−0.1	3.4	3.7	0.8	0.8	0
$d=x-y$	1.2	2.4	1.3	1.3	0	1.0	1.8	0.8	0.8	4.6

现在考察这两种药的疗效有无显著差异(显著水平 $\alpha=0.01$).

解　本例中的数据是成对的，即同一患者先后服用安眠药 A 和 B 之后得到一对延长睡眠时间的数据.表中各数据之间的差异既是由患者服用不同的药引起的，又是由患者失眠轻重的差异引起的.

鉴于这种情况，我们转而考虑各对数据的差 $d_1=x_1-y_1, d_2=x_2-y_2, \cdots, d_n=x_n-y_n$，$d_1, d_2, \cdots, d_n$ 是由患者服用不同的药引起的差异，若两种药的疗效无显著差异，$d_1, d_2, \cdots, d_n$ 应该为来自 $N(\mu, \sigma^2)$ 的样本，且 $\mu=0$，问题归结为在水平 $\alpha=0.01$之下检验：

$$H_0: \mu=0, \quad H_1: \mu\neq 0.$$

由于σ^2未知，应采用 t 检验.H_0的拒绝域为

$$\{|t| \geqslant t_{\alpha/2}(n-1)\} = \{|t| \geqslant t_{0.005}(9)\} = \{|t| \geqslant 3.249\}.$$

由 $n=10$，$\bar{d}=1.52$，$s_d=1.254$，计算得$|t|=\left|\dfrac{\bar{d}}{s_d/\sqrt{n}}\right|=\dfrac{1.52}{1.254/\sqrt{10}}=3.83$ 落入了 H_0 的拒绝域，所以在水平 $\alpha=0.01$ 之下拒绝原假设，即认为 A，B 这两种药的疗效有显著差异.

【实验 8.5】 在 Excel 中做例 8.13 中成对样本均值的比较.

实验准备：

学习附录二中如下 Excel 函数：

(1) 数字个数统计函数 COUNT.

(2) 样本均值函数 AVERAGE.

(3) 样本标准差函数 STDEV.

(4) 平方根函数 SQRT.

(5) t 分布的上分位数的函数 TINV.

(6) 执行真假值判断的逻辑函数 IF.

实验方法一：

(1) 输入数据及项目名如图 8.17(a)所示，其中 $d=x-y$.

(2) 计算观测数 n，在单元格 E2 中输入公式：

=COUNT(C2:C11)

	A	B	C	D	E
1	x	y	d		
2	1.9	0.7	1.2	观测数 =	
3	0.8	−1.6	2.4	样本均值 =	
4	1.1	−0.2	1.3	样本标准差 =	
5	0.1	−1.2	1.3		
6	−0.1	−0.1	0	$\alpha=$	
7	4.4	3.4	1	检验统计量 t =	
8	5.5	3.7	1.8	$t_{\alpha/2}(n-1)$ =	
9	1.6	0.8	0.8		
10	1.6	0.8	0.8	结论：	
11	4.6	0	4.6		

(a)

	A	B	C	D	E
1	x	y	d		
2	1.9	0.7	1.2	观测数 =	10
3	0.8	−1.6	2.4	样本均值 =	1.52
4	1.1	−0.2	1.3	样本标准差 =	1.254149
5	0.1	−1.2	1.3		
6	−0.1	−0.1	0	$\alpha=$	0.01
7	4.4	3.4	1	检验统计量 t =	3.832609
8	5.5	3.7	1.8	$t_{\alpha/2}(n-1)$ =	3.249836
9	1.6	0.8	0.8		
10	1.6	0.8	0.8	结论：	拒绝H0
11	4.6	0	4.6		

(b)

图 8.17　成对数据总体均值的比较

(3) 计算样本均值 $\bar{d}$，在单元格 E3 中输入公式：

=AVERAGE(C2:C11)

(4) 计算样本标准差 S_d，在单元格 E4 中输入公式：

=STDEV(C2:C11)

(5) 在单元格 E6 中输入显著水平 α:0.01.

(6) 计算检验统计量的观测值 $t=\dfrac{\bar{d}}{s_d/\sqrt{n}}$，在单元格 E7 中输入公式：

=E3/(E4/SQRT(E2))

(7) 计算临界点 $t_{\alpha/2}(n-1)$，在单元格 E8 中输入公式：

=TINV(E6,E2−1)

(8) 判断，在单元格 E10 中输入公式：=IF(ABS(E7)>=E8,"拒绝 H0","不能拒绝 H0").

结果：由于$|t|=3.832609>t_{0.005}(9)=3.249836$，落入拒绝域中，如图 8.17(b)所示.故在 0.01 的显著水平下应拒绝 H_0，即认为 A，B 这两种药的疗效有显著差异.

实验方法二：

(1) 输入数据与图 8.17(a)相仿.

(2) 在 Excel 主菜单中选择“工具”→“数据分析”，打开“数据分析”对话框，在“分析工具”列表中选择“t-检验：平均值的成对二样本分析”选项，单击“确定”按钮.

(3) 在打开的“t-检验：平均值的成对二样本分析”对话框中，依次输入“变量 1 的区域”“变量 2 的区域”“假设平均差”和“输出区域”，选中“标志”复选框，显著水平 α 改为 0.01，如图 8.18 所示，单击“确定”按钮.得到检验结果如图 8.19 所示.

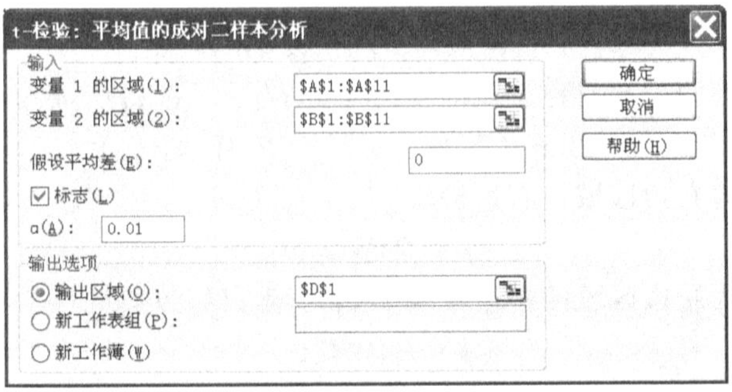

图 8.18 “t-检验：平均值的成对二样本分析”对话框

	A	B	C	D	E	F
1	x	y		t-检验：成对双样本均值分析		
2	1.9	0.7				
3	0.8	−1.6			x	y
4	1.1	−0.2		平均	2.15	0.63
5	0.1	−1.2		方差	3.905	3.011222
6	−0.1	−0.1		观测值	10	10
7	4.4	3.4		泊松相关系数	0.779113	
8	5.5	3.7		假设平均差	0	
9	1.6	0.8		df	9	
10	1.6	0.8		t Stat	3.832609	
11	4.6	0		$P(T<=t)$ 单尾	0.002006	
12				t 单尾临界	2.821438	
13				$P(T<=t)$ 双尾	0.004012	
14				t 双尾临界	3.249836	

图 8.19 t-检验：成对双样本均值分析

图中显示，双尾检验（双边检验：$H_0:\mu_1=\mu_2$，$H_1:\mu_1\neq\mu_2$）拒绝域的临界值为 3.249836，即拒绝域为(−3.249836，3.249836)，t 检验统计量的值为 3.832609 落入了拒绝域，故拒绝原假设，即认为 A，B 这两种药的疗效有显著差异.

8.2.4　假设检验的 p 值检验法

前述假设检验的方法和很多经典的概率统计教科书一样，根据检验统计量的观测值是否落入拒绝域来做出是否拒绝原假设的推断.而现代统计软件中，多采用计算 p 值的方法进行推断.

p **值**是当原假设成立时得到样本观测值和更极端结果的概率.也就是将样本观测值（或检验统计量的观测值）作为拒绝域的临界点时犯第一类错误的概率，若 W 为检验统计量，w 为 W 的观测值，对于前面讲过的各种检验，p 值通常由下面公式计算而得到.

（1）拒绝域为两边对称区域的双边检验 $H_0:\theta=\theta_0;H_1:\theta\neq\theta_0$，

$$p=P\{|W|\geqslant|w|\}=2P\{W\geqslant|w|\}.$$

（2）拒绝域为两边非对称区域的双边检验 $H_0:\theta=\theta_0;H_1:\theta\neq\theta_0$.

$$p=2\min(P\{W\geqslant w\}\ ,\quad P\{W\leqslant w\}).$$

（3）拒绝域为右边区域的右边检验 $H_0:\theta\leqslant\theta_0;H_1:\theta>\theta_0$.

$$p=P\{W\geqslant w\}.$$

（4）拒绝域为左边区域的左边检验 $H_0:\theta\geqslant\theta_0;H_1:\theta<\theta_0$.

$$p=P\{W\leqslant w\}.$$

根据 p 值的定义，当 p 值很小时，说明样本观测值的出现是一个小概率事件，应当拒绝原假设，显然，p 值越小，拒绝原假设越不易犯错误，即越有理由拒绝原假设.通常我们根据实际问题选定显著水平 α（一般取 0.05），检验时由样本观测值计算出 p 值，然后通过比较 p 值和 α 的大小作判断：当 $p<\alpha$，拒绝原假设 H_0，此时，称检验是显著的；当 $p>\alpha$，不能拒绝原假设 H_0，此时，称检验是不显著的.

借助于统计软件，采用 p 值法进行假设检验方便且明了，如实验 8.3 的图 8.12 中两个 p 值均小于 0.05（分别为 0.021648 和 0.043296），说明相应的两个检验均应拒绝原假设 H_0；实验 8.4 的图 8.16 中 p 值为 0.015774，说明应拒绝原假设 H_0，即检验是显著的.

【例 8.14】　采用 p 值检验法解答例 8.3.

某车间生产铜丝，其主要质量指标是折断力的大小.用 X 表示该车间生产的铜丝的折断力.根据过去的资料看，可以认为 $X\sim N(285,4^2)$.为提高折断力，今换一种原材料，估计方差不会有多大变化.现抽取 10 个样品，测得折断力（单位：kg）为

289，　286，　285，　284，　286，　285，　285，　286，　298，　292.

在 0.05 的显著水平下，检验折断力是否显著变大？

解　按题意已知方差 $\sigma^2=16$，需检验

$$H_0:\mu\leqslant285,\quad H_1:\mu>285.$$

此为右边检验.由于方差已知，检验统计量为 $z=\dfrac{\bar{X}-\mu_0}{\sigma/\sqrt{n}}$，其中 $\mu_0=285,\sigma=4$，

$n=10$ 计算得到

$$\bar{x}=\frac{1}{n}\sum_{i=1}^{n}x_i=287.6,\quad z=\frac{\bar{x}-\mu_0}{\sigma/\sqrt{n}}=\frac{287.6-285}{4/\sqrt{10}}=2.05,$$

$$p=P\{Z\geqslant z\}=P\{Z\geqslant 2.05\}=1-\Phi(2.05)=0.0199163<0.05.$$

故在 0.05 的显著水平下应拒绝 H_0，认为折断力显著变大.

【实验 8.6】 在 Excel 中使用 p 值检验法做例 8.3 中的均值检验.

实验准备：

学习附录二中如下 Excel 函数：

(1)标准正态分布的分布函数 NORMSDIST.

(2)执行真假值判断的逻辑函数 IF.

实验步骤：

(1) 输入数据及项目名，如图 8.20(a)所示.

(2) 在单元格 D1 中输入 μ_0：285.

(3) 在单元格 D2 中输入标准差 σ：4.

(4) 在单元格 D3 中输入公式计算观测数 n：

=COUNT(A2:A11)

(5) 在单元格 D4 中输入公式计算样本均值 $\bar{x}$：

=AVERAGE(A2:A11)

(6) 在单元格 D5 中输入显著水平 α：0.05.

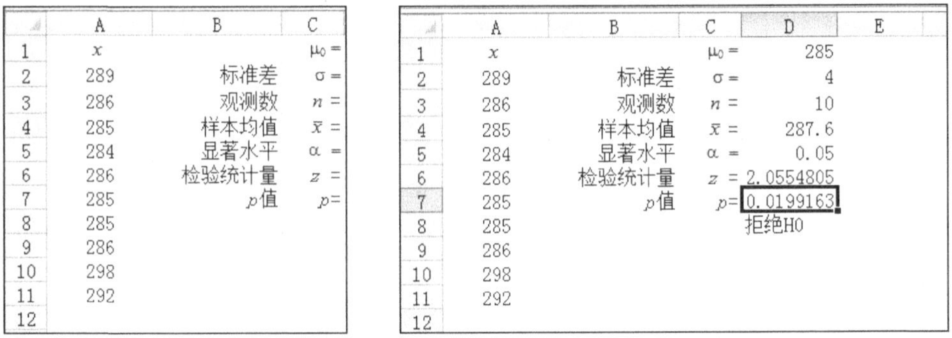

	A	B	C
1	x		μ0 =
2	289	标准差	σ =
3	286	观测数	n =
4	285	样本均值	x̄ =
5	284	显著水平	α =
6	286	检验统计量	z =
7	285	p值	p=
8	285		
9	286		
10	298		
11	292		
12			

(a)

	A	B	C	D	E
1	x		μ0 =	285	
2	289	标准差	σ =	4	
3	286	观测数	n =	10	
4	285	样本均值	x̄ =	287.6	
5	284	显著水平	α =	0.05	
6	286	检验统计量	z =	2.0554805	
7	285	p值	p=	0.0199163	
8	285			拒绝H0	
9	286				
10	298				
11	292				
12					

(b)

图 8.20 均值 z 检验

(7) 计算检验统计量的观测值 $z=\dfrac{\bar{x}-\mu_0}{\sigma/\sqrt{n}}$，在单元格 D6 中输入公式：

=(D4−D1)/(D2/SQRT(D3))

(8) 计算 p 值，$p=P\{Z\geqslant z\}=1-\Phi(z)$，在单元格 D7 中输入公式：

=1−NORMSDIST(D6)

(9) 判断，在单元格D8中输入公式：

=IF(D7<D5,"拒绝H0","不能拒绝H0")

结果：由于 $p=0.0199163<\alpha=0.05$，故在0.05的显著水平下应拒绝 H_0，认为折断力显著变大．如图8.20(b)所示．

【实验8.7】 在Excel中使用 p 值检验法检验例8.10中冬、夏季出生女婴体重的方差哪个更大些．

实验准备：

学习附录二中如下Excel函数：

(1) 数字个数统计函数COUNT.

(2) 样本均值函数AVERAGE.

(3) 样本方差函数VAR.

(4) F 分布尾部概率函数FDIST.

(5) 执行真假值判断的逻辑函数IF.

实验步骤：

(1) 输入数据及项目名，如图8.21所示．

	A	B	C	D	E
1	12月	6月			
2	3520	3220	观测数 =	10	10
3	2203	3220	样本均值 =	3159.2	3200
4	2560	3760	样本方差 =	437817.73	93955.556
5	2960	3000	α =	0.05	
6	3260	2920	f =	4.6598387	
7	4010	3740			
8	3404	3060			
9	3506	3080	P=	0.0157743	
10	3971	2940			
11	2198	3060			

图8.21　两个正态总体方差比较的 p 值检验法

(2) 计算观测数 n_1, n_2.

在单元格D2中输入公式：=COUNT(A2:A11)

在单元格E2中输入公式：=COUNT(B2:B11)

(3) 计算样本均值 $\bar{x}, \bar{y}$.

在单元格D3中输入公式：=AVERAGE(A2:A11)

在单元格E3中输入公式：=AVERAGE(B2:B11)

(4) 计算样本方差 s_1^2, s_2^2.

在单元格D4中输入公式：=VAR(A2:A11)

在单元格E4中输入公式：=VAR(B2:B11)

(5) 在单元格D5中输入显著水平 α：0.05.

(6) 计算检验统计量的观测值 $f=s_1^2/s_2^2$，在单元格 D6 中输入公式：=D4/E4.

(7) 计算 p 值，由于该检验是拒绝域为右边区域的右边检验，所以 $p=P\{F\geqslant f\}$.在单元格 D9 中输入公式：=FDIST(D6,D2−1,E2−1)，即可得到：$p=0.01577<\alpha=0.05$，如图 8.21 所示.故在 0.05 的显著水平下拒绝 H_0，即可以认为冬季出生女婴比夏季出生女婴体重的方差更大些.

【实验 8.8】 在 Excel 中使用 p 值检验法做例 8.13 中的检验.

实验准备：

学习附录二中如下 Excel 函数：

(1) 数字个数统计函数 COUNT.

(2) 样本均值函数 AVERAGE.

(3) 样本标准差函数 STDEV.

(4) 平方根函数 SQRT.

(5) t 分布的尾部概率函数 TDIST.

(6) 执行真假值判断的逻辑函数 IF.

实验步骤：

(1) 输入数据及项目名如图 8.22 所示，其中 $d=x-y$.

	A	B	C	D	E
1	x	y	d		
2	1.9	0.7	1.2	观测数 =	10
3	0.8	−1.6	2.4	样本均值 =	1.52
4	1.1	−0.2	1.3	样本标准差 =	1.2541487
5	0.1	−1.2	1.3		
6	−0.1	−0.1	0	α =	0.01
7	4.4	3.4	1	检验统计量 t =	3.8326094
8	5.5	3.7	1.8		
9	1.6	0.8	0.8	P=	0.0040117
10	1.6	0.8	0.8		
11	4.6	0	4.6		

图 8.22 成对数据总体均值比较的 p 值检验法

(2) 计算观测数 n，在单元格 E2 中输入公式：

=COUNT(C2:C11)

(3) 计算样本均值 $\bar{d}$，在单元格 E3 中输入公式：

=AVERAGE(C2:C11)

(4) 计算样本标准差 S_d，在单元格 E4 中输入公式：

=STDEV(C2:C11)

(5) 在单元格 E6 中输入显著水平 α：0.01.

(6) 计算检验统计量的观测值 $t=\dfrac{\bar{d}}{s_d/\sqrt{n}}$，在单元格 E7 中输入公式：

=E3/(E4/SQRT(E2))

(7) 计算 p 值，由于该检验是拒绝域为两边对称区域的双边检验，所以 $p=P\{|T|\geqslant|t|\}=2P\{T\geqslant|t|\}$. 在单元格 E9 中输入公式：=2 * TDIST(E7,E2−1,1)或=TDIST(E7,E2−1,2)，即可得到：$p=0.0040117<0.01$，如图 8.22 所示. 故在 $\alpha=0.01$ 的显著水平下应拒绝 H_0，即认为 A,B 这两种药的疗效有显著差异.

8.3 总体分布的假设检验

前面讨论的参数估计和假设检验主要是对正态分布总体进行的，但在实际应用中，总体的分布往往是未知的. 因此，在实际应用中首先要对总体的分布类型进行推断. 如何对总体的分布类型进行推断？通常可以根据样本观测值画出直方图或求出经验分布函数，得到一个关于总体分布的直观印象，然后对总体分布的类型作出假设，通过检验对总体的分布类型作出推断.

本节介绍英国统计学家卡尔·皮尔逊(K.Pearson，1857—1936)提出的总体分布类型检验法—— χ^2 分布拟和检验.

问题的一般提法　设总体 $X\sim F(x)$，$F(x)$ 未知，$X_1,X_2,\cdots,X_n$ 为来自 X 的样本. 我们要检验假设：

$$H_0: F(x)=F_0(x),\quad H_1: F(x)\neq F_0(x).$$

对 H_0 的显著性检验，称为**总体分布的拟合检验**(注意也可用分布律或概率密度代替 $F(x)$，有时备择假设可以省略不写出来).

其中 $F_0(x)$ 可以是完全已知的分布函数，也可以是已知函数的形式，但其中含有若干个未知参数的分布函数 $F_0(x;\theta_1,\theta_2,\cdots,\theta_m)$，这时一般先用最大似然估计法得到 $\theta_1,\theta_2,\cdots,\theta_m$ 的估计值 $\hat{\theta}_1,\hat{\theta}_2,\cdots,\hat{\theta}_m$，然后用 $F_0(x;\hat{\theta}_1,\hat{\theta}_2,\cdots,\hat{\theta}_m)$ 代替 $F_0(x)$ 进行检验就行了.

我们将 X 的取值范围划分成 k 个互不相交的集合 $A_1,A_2,\cdots,A_k$.

样本观测值 $x_1,x_2,\cdots,x_n$ 落入集合 A_i 的频数记为 f_i，那么，$x_1,x_2,\cdots,x_n$ 落入集合 A_i 的频率为 $\dfrac{f_i}{n}$，$i=1,2,\cdots,k$.

计算 H_0 真时 X 落入集合 A_i 的概率 $p_i=P\{X\in A_i\}$，所以，当 n 很大时，p_i 应和 $\dfrac{f_i}{n}$ 差别不大，即 np_i 与 f_i 差别不大. 根据这种思想，英国统计学家皮尔逊构造出了检验统计量

$$\chi^2=\sum_{i=1}^{k}\frac{(f_i-np_i)^2}{np_i},\tag{8.2}$$

并证明了若 $n \geqslant 50$，在 H_0 真时，χ^2 的渐近分布是自由度为 $k-m-1$ 的 χ^2 分布，其中 m 是分布函数中被估参数的个数.由式(8.2)知，H_0 真时 χ^2 不应该太大，χ^2 过分大就应该拒绝 H_0，所以 H_0 拒绝域的形式为 $\{\chi^2 \geqslant c\}$，c 为正数.

由于 H_0 真时，对于给定的很小的正数 α 有

$$P\left\{\sum_{i=1}^{k} \frac{(f_i - np_i)^2}{np_i} \geqslant \chi_\alpha^{\ 2}(k-m-1)\right\} = \alpha,$$

所以，在显著水平 α 下，H_0 的拒绝域为 $\left\{\chi^2 = \sum\limits_{i=1}^{k} \frac{(f_i - np_i)^2}{np_i} \geqslant \chi_\alpha^{\ 2}(k-m-1)\right\}$，对给定的样本观测值，若 $\chi^2 = \sum\limits_{i=1}^{k} \frac{(f_i - np_i)^2}{np_i} \geqslant \chi_\alpha^2(k-m-1)$，则在显著水平 α 下拒绝 H_0，否则，不能拒绝 H_0.

注意，分组时每个区间所含的样本观测值的个数应不少于 5 个；当总体分布中含有估计的参数时，检验统计量也可表示成 $\chi^2 = \sum\limits_{i=1}^{k} \frac{(f_i - n\hat{p}_i)^2}{n\hat{p}_i}$.

【例 8.15】 生物学家孟德尔(Mendel)在豌豆培养试验中观察了把黄色圆型种子豌豆与绿色皱纹型种子豌豆杂交得到的不同种类的种子.这种杂交的可能子代种类是：黄圆、黄皱、绿圆、绿皱.孟德尔根据遗传学的理论指出，这四类豌豆个数之比为 9∶3∶3∶1，他在 $n=556$ 个豌豆中观察到这四类豌豆的个数分别为 315，101，108，32.现在要在水平 $\alpha=0.05$ 之下检验孟德尔理论的正确性.

解 用随机变量 X 表示杂交后的豌豆的类型，对可能的四种类型黄圆、黄皱、绿圆和绿皱，X 的取值分别 1，2，3 和 4.四种类型豌豆的数量分别记为 $f_i(i=1,2,3,4)$，则 $f_1=315$，$f_2=101$，$f_3=108$，$f_4=32$.又记 $p_i=P\{X=i\}(i=1,2,3,4)$，根据孟德尔的理论应有

$$p_1=9/16, \quad p_2=3/16, \quad p_3=3/16, \quad p_4=1/16,$$

要检验孟德尔理论的正确性，就是要检验上式就是 X 的分布律，于是提出假设

$$H_0: p_1=9/16, \quad p_2=3/16, \quad p_3=3/16, \quad p_4=1/16.$$

由于 $n=556$ 很大，可采用分布拟合 χ^2 检验.检验统计量

$$\chi^2 = \sum_{i=1}^{4} \frac{(f_i - np_i)^2}{np_i} \sim \chi^2(3),$$

H_0 的拒绝域为 $\{\chi^2 \geqslant \chi_{0.05}^2(3)\} = \{\chi^2 \geqslant 7.81\}$，由于观察值 $\chi^2=0.47$ 未落入拒绝域，所以，在显著水平 $\alpha=0.05$ 下不能拒绝原假设 H_0，即不能拒绝孟德尔的理论.可见实际数据与孟德尔理论是比较吻合的.

【例 8.16】 从某高校 2014 级本科生中随机抽取 60 名学生，其数学成绩见下表，试问该年级的数学成绩是否服从正态分布？($\alpha=0.1$)

93	75	83	93	91	85	84	82	77	76	77	95	94	89	91
88	86	83	96	81	79	97	78	75	67	69	68	83	84	81
75	66	85	70	94	84	83	82	80	78	74	73	76	70	86
76	90	89	71	66	86	73	80	94	79	78	77	63	53	55

解　设 X 表示 2014 级任一本科生的成绩.

假设

$$H_0:X\sim N(\mu,\sigma^2),\quad H_1:X\text{ 不服从正态分布.}$$

可采用分布拟合 χ^2 检验,选择 $\chi^2=\sum\limits_{i=1}^{k}\dfrac{(f_i-n\hat{p}_i)^2}{n\hat{p}_i}$ 作为检验统计量.

将 X 的取值划分成若干个小区间,通常按等级分为不及格(60 分下)、及格(60～70)、中(70～80)、良(80～90)、优(90 以上),由于每个区间所含的样本观测值的个数应不少于 5 个,而不及格人数为 2,故将不及格与及格人数合并,最后得到 $k=4$ 个事件:$A_1=\{X<70\}$,$A_2=\{70\leqslant X<80\}$,$A_3=\{80\leqslant X<90\}$,$A_4=\{X\geqslant 90\}$.

在 H_0 成立的条件下,计算参数 μ,σ^2 的极大似然估计 $\hat{\mu},\hat{\sigma}^2$,通过计算得 $\hat{\mu}=\bar{x}=80$,$\hat{\sigma}^2=B_2=9.6^2$.

在 H_0 成立的条件下,$A_i(i=1,2,3,4)$ 的概率理论估计值为

$$\hat{p}_1=P\{X<70\}=\Phi\left(\frac{70-80}{9.6}\right)=\Phi(-1.04)=0.1492,$$

$$\hat{p}_2=P\{70\leqslant X<80\}=\Phi\left(\frac{80-80}{9.6}\right)-\Phi\left(\frac{70-80}{9.6}\right)=\Phi(0)-\Phi(-1.04)=0.3508,$$

$$\hat{p}_3=P\{80\leqslant X<90\}=\Phi\left(\frac{90-80}{9.6}\right)-\Phi\left(\frac{80-80}{9.6}\right)=\Phi(1.04)-\Phi(0)=0.3508,$$

$$\hat{p}_4=P\{X\geqslant 90\}=1-P\{X<90\}=1-\Phi\left(\frac{90-80}{9.6}\right)=1-\Phi(1.04)=0.1492.$$

由于数据分 4 组,且总体中有的 2 个参数是估计得到的,所以检验统计量 χ^2 分布的自由度为 $4-2-1=1$.H_0 的拒绝域为 $\{\chi^2\geqslant\chi^2_{0.1}(1)=2.71\}$.

根据下表计算 χ^2 的观测值:

i	A_i	f_i	$\hat{p}_i$	$n\hat{p}_i$	$(f_i-n\hat{p}_i)^2/n\hat{p}_i$
1	$\{X<70\}$	8	0.1492	8.952	0.1012
2	$\{70\leqslant X<80\}$	20	0.3508	21.048	0.0522
3	$\{80\leqslant X<90\}$	21	0.3508	21.048	0.0001
4	$\{X\geqslant 90\}$	11	0.1492	8.952	0.4685
$\sum$		60	1.0000	60	0.6220

由于 $\chi^2=0.622$ 没有落入 H_0 的拒绝域,因而,接受 H_0,认为该年级学生的数学

成绩服从正态分布.

【例 8.17】 研究混凝土抗压强度的分布.200 件混凝土制件的抗压强度以分组形式列出在下表中,试在显著水平 $\alpha=0.05$ 下检验抗压强度是否服从正态分布.

压强区间(×98kPa)	频数 f_i	压强区间(×98kPa)	频数 f_i
190—200	10	220—230	64
200—210	26	230—240	30
210—220	56	240—250	14

解 用 X 混凝土抗压强度.

假设

$$H_0:X\sim N(\mu,\sigma^2),\quad H_1:X \text{ 不服从正态分布}.$$

可采用分布拟合 χ^2 检验.检验统计量为 $\chi^2=\sum_{i=1}^{4}\dfrac{(f_i-n\hat{p}_i)^2}{n\hat{p}_i}$.

在 H_0 成立的条件下,计算参数 μ,σ^2 的极大似然估计 $\hat{\mu},\hat{\sigma}^2$,设 x_i^* 为第 i 组中的值,则有

$$\hat{\mu}=\bar{x}=\frac{1}{n}\sum_i x_i^*=\frac{195\times10+205\times26+\cdots+245\times14}{200}=221,$$

$$\hat{\sigma}^2=B_2=\frac{1}{n}\sum_i(x_i^*-\bar{x})^2f_i$$

$$=\frac{1}{200}[(-26)^2\times10+(-16)^2\times26+\cdots+24^2\times14]=152,$$

$$\hat{\sigma}=12.33.$$

原假设可以改为 $X\sim N(221,12.33^2)$.

计算 X 落入每个区间的理论概率值,并计算出检验统计量的值

$$\hat{p}_i=P\{a_{i-1}\leqslant X<a_i\}=\Phi\left(\frac{a_i-\bar{\mu}}{\hat{\sigma}}\right)-\Phi\left(\frac{a_{i-1}-\bar{\mu}}{\hat{\sigma}}\right),$$

有关计算列表如下:

压强区间 X	频数 f_i	$\hat{p}_i$	$n\hat{p}_i$	$(f_i-n\hat{p}_i)^2$	$(f_i-n\hat{p}_i)^2/n\hat{p}^i$
190—200	10	0.045	9	1	0.11
200—210	26	0.142	28.4	5.76	0.20
210—220	56	0.281	56.2	0.04	0.00
220—230	64	0.229	59.8	17.64	0.29
230—240	30	0.171	34.2	17.64	0.52
240—250	14	0.062	12.4	2.56	0.23
$\sum$	200	1.000	200		1.35

从上面的计算得到 $\chi^2=\sum_{i=1}^{k}\frac{(f_i-n\hat{p}_i)^2}{n\hat{p}_i}=1.35.$

由于数据分6组，且总体中有的2个参数是估计得到的，所以检验统计量卡方分布的自由度为 $6-2-1=3$. H_0 的拒绝域为 $\{\chi^2\geqslant\chi_{0.05}{}^2(3)=7.815\}$.

因为 $\chi^2=1.35<7.815$，不能拒绝原假设，所以认为抗压强度服从正态分布 $X\sim N(221,12.33^2)$.

【质量检验问题解答】

国家规定某种药品所含杂质的含量不得超过0.19毫克/克，某药厂对其生产的该种药品的杂质含量，进行了两次抽样检验，各测得10个数据(单位：毫克/克)如下表所示：

第一次	0.183	0.186	0.188	0.191	0.189	0.196	0.196	0.197	0.209	0.215
第二次	0.182	0.183	0.187	0.187	0.193	0.198	0.198	0.199	0.211	0.212

该厂两次自检的结果均为合格，厂家很有信心，认为一定能通过药检局的质量检验.但药检局用其报送的20个数据重新进行一次检验，结果却是不合格，这是为什么(显著水平为 $\alpha=0.05$)？最终应该采纳谁的结果呢？

解　用 X 表示该药品杂质的含量，其均值为 μ，国家规定杂质含量的上限 $\mu=0.19$，根据经验，一般认为 X 服从正态分布(也可以用样本观测数据检验 X 的正态性，这里略去此步)，质量检验的假设为

$$H_0:\mu\leqslant 0.19,\quad H_1:\mu>0.19,$$

检验统计量为

$$T=\frac{\bar{X}-0.19}{S/\sqrt{n}}\sim t(n-1).$$

在0.05的显著水平下，H_0 的拒绝域为 $\left\{t=\frac{\bar{x}-0.19}{s/\sqrt{n}}\geqslant t_{0.05}(n-1)\right\}$.

厂家第一次检验时，$n=10,\bar{x}=0.195,s=0.01015,t=\frac{\bar{x}-0.19}{s/\sqrt{n}}=1.557.$

检验统计量 t 未落入拒绝域 $\{t\geqslant t_{0.05}(9)\}=\{t\geqslant 1.8331\}$.

因而，在0.05的显著水平下不能拒绝原假设，厂家作出了该药品合格的结论；

厂家第二次检验时，$n=10,\bar{x}=0.195,s=0.01067,t=\frac{\bar{x}-0.19}{s/\sqrt{n}}=1.482$.检验统计量 t 未落入拒绝域 $\{t\geqslant t_{0.05}(9)\}=\{t\geqslant 1.8331\}$.

因而，在0.05的显著水平下不能拒绝原假设，厂家又一次做出了该药品合格的结论.

药检局检验时，$n=20,\bar{x}=0.195,s=0.01014,t=\frac{\bar{x}-0.19}{s/\sqrt{n}}=2.206$.这时 H_0 的拒

绝域为$\{t \geqslant t_{0.05}(19)\}=\{t \geqslant 1.7291\}$，检验统计量 t 落入了拒绝域.

因而，在 0.05 的显著水平下拒绝原假设，药检局作出了该药品不合格的结论.

药检局拒绝原假设的结论可能会犯一类错误，但其犯一类错误的概率不会超过 0.05，而厂家不拒绝原假设犯二类错误的概率是不容易控制的，因此，应该采纳药检局的结论，即认为该药品不合格.

由此可见，不拒绝原假设的结论有时是不可靠的，当样本容量增大时，可能就得出了相反的结论，在实际应用中，在各种条件许可的情况下，要尽量增大样本容量.

注 在原假设成立时，前两次厂家检验的检验统计量为 $T=\dfrac{\bar{X}-0.19}{S/\sqrt{10}} \sim t(9)$，分别计算前两次检验的 p 值得到

$$p=P\{T \geqslant t\}=P\{T \geqslant 1.557\}=0.0769>0.05,$$
$$p=P\{T \geqslant t\}=P\{T \geqslant 1.482\}=0.0862>0.05,$$

第三次药监局的检验统计量为 $T=\dfrac{\bar{X}-0.19}{S/\sqrt{20}} \sim t(19)$，

$$p=P\{T \geqslant t\}=P\{T \geqslant 2.206\}=0.0199<0.05.$$

采用 p 值检验法同样得到在 0.05 的显著水平下前两次都是拒绝原假设的，第三次是不能拒绝原假设的.

习 题 8

一、填空题

1. 设总体 $X \sim N(\mu, \sigma^2)$，$X_1, X_2, \cdots, X_n$ 是来自总体的样本，检验假设 $H_0: \mu=\mu_0$，当 σ^2 为已知时检验统计量是________；H_0 为真时它服从________分布；当 σ^2 未知时检验统计量是________；H_0 为真时它服从________分布.

2. 设两个正态总体 X 和 Y 分别服从分布 $N(\mu_1, \sigma^2)$ 和 $N(\mu_2, \sigma^2)$，其中 σ^2, μ_1, μ_2 都未知，检验假设 $H_0: \mu_1=\mu_2$ 所使用的统计量是________，H_0 为真时它服从________分布.

3. 设 $X \sim N(\mu, \sigma^2)$，μ, σ^2 均未知，$X_1, X_2, \cdots, X_n$ 是来自 X 的样本，检验假设 $H_0: \sigma^2=\sigma_0^2$ 所使用的统计量是________.若给定显著性水平 α，则拒绝域为________.

4. 在检验 H_0 的过程中，若检验结果是接受 H_0，则可能犯第________类错误；若检验结果是拒绝 H_0，则可能犯第________类错误.

5. 在假设检验的 p 值检验法中，p 值的定义为________.

6. 设总体 $X \sim N(\mu, \sigma^2)$，$X_1, X_2, \cdots, X_n$ 是来自总体的样本，检验假设 $H_0: \mu=100$，当 σ^2 为已知时检验统计量是________；在显著水平 α 下，拒绝域为________；若样本观测值为 $x_1, x_2, \cdots, x_n$，p 值的计算公式为________.

7. 设总体 $X \sim N(\mu, \sigma^2)$，$X_1, X_2, \cdots, X_n$ 是来自总体的样本，检验假设 $H_0: \mu \leqslant 100$，当 σ^2 未知时检验统计量是________，在显著水平 α 下，拒绝域为________；若样本观测值为 $x_1, x_2, \cdots, x_n$，p 值的计算公式为________.

二、单项选择题

1. 设 $X\sim N(\mu,\sigma^2)$，当 σ^2 未知时，检验 $H_0:\mu=\mu_0,H_1:\mu\neq\mu_0$，在显著水平 α 下，t 检验的拒绝域为(　　).

(A) $\left\{|t|=\left|\dfrac{\bar{x}-\mu_0}{s/\sqrt{n}}\right|\geqslant t_{\alpha/2}(n-1)\right\}$　　(B) $\left\{|t|=\left|\dfrac{\bar{x}-\mu_0}{s/\sqrt{n}}\right|\geqslant t_{\alpha}(n-1)\right\}$

(C) $\left\{|t|=\left|\dfrac{\bar{x}-\mu_0}{s/\sqrt{n}}\right|\geqslant t_{\alpha/2}(n)\right\}$　　(D) $\left\{|t|=\left|\dfrac{\bar{x}-\mu_0}{s/\sqrt{n}}\right|\geqslant t_{\alpha}(n)\right\}$

2. 设 $X\sim N(\mu,\sigma^2)$，当 σ^2 未知时，检验 $H_0:\mu\leqslant 1,H_1:\mu>1$，取显著水平 $\alpha=0.05$ 下，则 t 检验的拒绝域为(　　).

(A) $|\bar{x}-1|\geqslant z_{0.05}$　　(B) $\bar{x}\geqslant 1+t_{0.05}(n-1)\dfrac{s}{\sqrt{n}}$

(C) $|\bar{x}-1|\geqslant z_{0.05}\dfrac{s}{\sqrt{n}}$　　(D) $\bar{x}\leqslant 1-t_{0.05}(n-1)\dfrac{s}{\sqrt{n}}$

3. 设 $X\sim N(\mu,\sigma^2)$，当 μ 未知时，检验 $H_0:\sigma^2=\sigma_0^2$，　$H_1:\sigma^2\neq\sigma_0^2$，应选择统计量(　　).

(A) $\chi^2=\dfrac{(n-1)S^2}{\sigma}$　　(B) $\chi^2=\dfrac{(n-1)S^2}{\sigma_0^2}$

(C) $Z=\dfrac{\bar{X}-\mu}{S/\sqrt{n}}$　　(D) $T=\dfrac{\bar{X}-\mu}{\sigma_0/\sqrt{n}}$

4. 在显著性水平 α 下的检验结果犯第一类错误的概率为(　　).

(A) $\geqslant\alpha$　　(B) $1-\alpha$　　(C) $>\alpha$　　(D) $\leqslant\alpha$

5. 在假设检验中，如果 H_0 的拒绝域为 K，那么样本观测值 $x_1,x_2,\cdots,x_n$ 的以下情况中，拒绝 H_0 且不犯错误的是(　　).

(A) H_0 成立，$(x_1,x_2,\cdots,x_n)\in K$　　(B) H_0 成立，$(x_1,x_2,\cdots,x_n)\notin K$

(C) H_0 不成立，$(x_1,x_2,\cdots,x_n)\in K$　　(D) H_0 不成立，$(x_1,x_2,\cdots,x_n)\notin K$

6. 在双边检验中，如果在显著性水平 0.01 下拒绝 H_0，那么在显著性水平 0.05 下，下面结论正确的是(　　).

(A) 必拒绝 H_0　　(B) 可能拒绝，也可能不拒绝 H_0

(C) 必不能拒绝 H_0　　(D) 不接受，也不拒绝 H_0

7. 检验假设 $H_0:\mu=\mu_0,H_1:\mu\neq\mu_0$ 下列说法中正确的是(　　).

(A) 若观测值未落入拒绝域，则 μ 一定等于 μ_0

(B) 若观测值落入拒绝域，则 μ 一定不等于 μ_0

(C) 若观测值未落入拒绝域，则接受 H_0 的决策不一定是正确的

(D) 若观测值落入拒绝域，则拒绝 H_0 的决策一定是正确的

8. 在假设检验的 p 值检验法中，p 值越小，拒绝原假设犯一类错误的概率(　　).

(A) 越小　　(B) 越大　　(C) 不变　　(D) 以上都不对

三、解答题

1. 某种零件的长度服从正态分布，方差 $\sigma^2=1.21$，随机抽取 6 件，记录其长度(毫米)分别为

32.46，　31.54，　30.10，　29.76，　31.67，　31.23，

在显著性水平 $\alpha=0.01$ 下，能否认为这批零件的平均长度为 32.50 毫米？

2. 正常人的脉搏平均每分钟 72 次，某医生测得 10 例“四乙基铅中毒”患者的脉搏数如下：

54，67，68，78，70，66，67，65，69，70，

已知人的脉搏次数服从正态分布，问在显著水平 $\alpha=0.05$ 下，"四乙基铅中毒"患者的脉搏和正常人的脉搏有无显著差异？

3. 从某种试验物中取出 24 个样品，测量其发热量，算得平均值 $\bar{x}=11958$，样本标准差 $s=316$. 设发热量服从正态分布，在显著性水平 $\alpha=0.05$ 下，是否可认为该试验物发热量的平均值不大于 12100？

4. 某种电子元件的寿命（以小时记）服从正态分布.现测得 16 只元件的寿命如下所示：

159	280	101	212	224	379	179	264
222	362	168	250	149	260	485	170

问在显著性水平 $\alpha=0.05$ 下，是否可以认为元件的平均寿命显著不小于 225 小时？

5. 设某次考试的学生成绩服从正态分布，从中随机地抽取 36 位考生的成绩，算得平均成绩为 66.5 分，标准差为 15 分.

(1) 问在显著水平 $\alpha=0.05$ 下，是否可以认为这次考试全体考生的平均成绩为 70 分？

(2) 问在显著水平 $\alpha=0.05$ 下，是否可以认为这次考试考生的成绩的方差为 16^2？

6. 某自动车床生产的产品尺寸服从正态分布，按规定产品尺寸的方差 σ^2 不得超过 0.1，为检验该自动车床的工作精度，随机的取 25 件产品，测得样本方差 $S^2=0.1975$，$\bar{x}=3.86$.问该车床生产的产品是否达到所要求的精度（显著性水平 $\alpha=0.05$）？

7. 在漂白工艺中，要考察温度对某种针织品断裂强力的影响，在 70℃ 和 80℃ 下分别重复了 8 次试验测得断裂数据如下表

70℃	20.5	18.5	19.5	20.9	21.5	19.5	21.0	21.2
80℃	17.7	20.3	20.0	18.8	19.0	20.1	20.2	19.1

试问在这两种温度下，断裂强度的方差有无显著差异（显著性水平 $\alpha=0.10$）？假定断裂强力服从正态分布.

8. 对 7 岁儿童作身高调查结果如下表所示，设身高服从正态分布，能否说明性别对 7 岁儿童的身高有显著影响（显著性水平 $\alpha=0.05$）？（提示：先作方差齐性检验，再作均值检验）

性别	人数(n)	平均身高($\bar{x}$)	标准(S)
男	384	118.64	4.53
女	377	117.86	4.86

9. 一台机床大修前曾加工一批零件，共 $n_1=10$ 件，加工尺寸的样本方差为 $s_1^2=25(\text{mm}^2)$.大修后加工一批零件，共 $n_2=12$ 件，加工尺寸的样本方差为 $s_2^2=4(\text{mm}^2)$.设加工尺寸服从正态分布，问此机床大修后，精度有无明显提高（显著性水平 $\alpha=0.05$）？

10. 由 10 名学生组成一个随机样本，让他们分别采用 A 和 B 两套数学试卷进行测试，成绩如下表：

试卷 A	78	63	72	89	91	49	68	76	85	55
试卷 B	71	44	61	84	74	51	55	60	77	39

假设学生成绩服从正态分布，试检验两套数学试卷是否有显著差异（显著性水平 $\alpha=0.05$）.

四、应用题

1. 某部门对当前市场的价格情况进行调查.以鸡蛋为例,所抽查的全省20个集市上,售价分别为(单位:元/500克)

3.05	3.31	3.34	3.82	3.30	3.16	3.84	3.10	3.90	3.18
3.88	3.22	3.28	3.34	3.62	3.28	3.30	3.22	3.54	3.30

已知往年的平均售价一直稳定在3.25元/500克左右,假设鸡蛋的销售价格服从正态分布,能否认为全省当前的鸡蛋售价明显高于往年(显著水平$\alpha=0.05$)?

2. 有若干人参加一个减肥锻炼,在一年后测量了他们的身体脂肪含量,结果如下表所示:

男生组:	13.3	19	20	8	18	22	20	31	21	12	16	12	24
女生组:	22	26	16	12	21.7	23.2	21	28	30	23			

假设身体脂肪含量服从正态分布,试比较男生和女生的身体脂肪含量有无显著差异(显著水平$\alpha=0.05$).

3. 装配一个部件时可以采用不同的方法,所关心的问题是哪一个方法的效率更高.劳动效率可以用平均装配时间反映.现从不同的装配方法中各抽取12件产品,记录下各自的装配时间(单位:分钟)如下表所示:

甲法:	31	34	29	32	35	38	34	30	29	32	31	26
乙法:	26	24	28	29	30	29	32	26	31	29	32	28

假设装配时间服从正态分布,问两种方法的装配时间有无显著不同.(显著水平$\alpha=0.05$)?

4.为了考察两种测量萘含量的液体层析方法:标准方法和高压方法的测量结果有无显著差异,取了10份试样,每份分为两半,一半用标准方法测量,一半用高压方法测量,每个试样的两个结果(单位:mg)如下表,假设萘含量服从正态分布,试检验这两种化验方法有无显著差异(显著水平$\alpha=0.05$).

标准	14.7	14.0	12.9	16.2	10.2	12.4	12.0	14.8	11.8	9.7
高压	12.1	10.9	13.1	14.5	9.6	11.2	9.8	13.7	12.0	9.1

第 9 章　相关分析与一元回归分析

变量之间的关系可以分为函数关系和相关关系两类，函数关系表示变量间确定的对应关系，而相关关系则是变量间的某种非确定的依赖关系.相关分析主要是研究随机变量间相关关系的形式和程度，在相关关系的讨论中，两个变量的地位是同等的，所使用的测度工具是相关系数；而回归分析则侧重考察变量之间的数量伴随关系，并通过一定的数学表达式将这种数量关系描述出来，用于解决预测和控制等实际问题.

本章主要学习相关分析和一元回归分析的有关概念、理论和方法.

【回归名称的来历】

“回归”这一词最早出现在 1885 年，英国生物学家兼统计学家——弗朗西斯·高尔顿在研究遗传现象时引进了这一名词.他研究分析了孩子和父母身高关系后发现：虽然高个子的父母会有高个子的后代，但后代的增高并不与父母的增高等量.他称这一现象为“向平常高度的回归”.尔后，他的朋友麦尔逊等搜集了上千个家庭成员的身高数据，分析出儿子的平均身高 $\hat{y}$ 和父亲的身高 x 大致为如下关系：

$$\hat{y}=0.516x+33.73(\text{英寸})^{①}.$$

这表明：

(1) 父亲身高增加 1 英寸，其儿子的身高平均增加 0.516 英寸.

(2) 高个子父辈有生高个子儿子的趋势，但儿子的平均身高要比于父辈低一些.如 $x=80$，那么 $\hat{y}=75.01$，低于父辈的身高.

(3) 低个子父辈的儿子们虽为低个子，但其平均身高要比于父辈高一些.如 $x=60$，那么 $\hat{y}=64.69$，高于父辈的身高.

可见儿子的高度趋向于“回归”到平均值而不是更极端，这就是“回归”一词的最初含义.诚然，如今对回归这一概念的理解并不是高尔顿的原意，但这一名词却一直沿用下来，成为数理统计中最常用的概念之一.回归分析的思想早已渗透到数理统计学科的其他分支，随着计算机的发展和各种统计软件的出现，回归分析的应用越来越广泛.

---

① 1 英寸=2.54 厘米，下同.

9.1 相关分析

在大量的实际问题中，随机变量之间虽有某种关系，但这种关系很难找到一种精确的表示方法来描述.例如，人的身高与体重之间有一定的关系，知道一个人的身高可以大致估计出他的体重，但并不能算出体重的精确值.其原因在于人有较大的个体差异，因而身高和体重的关系，是既密切但又不能完全确定的关系.随机变量间类似的这种关系在大自然和社会中屡见不鲜.

例如，农作物产量与施肥量的关系，商业活动中销售量与广告投入的关系，人的年龄与血压的关系，每种股票的收益与整个市场收益的关系，家庭收入与支出的关系等.

这种大量存在于随机变量间既互相联系，但又不是完全确定的关系，称为**相关关系**.从数量的角度去研究这种关系，是数理统计的一个任务.这包括通过观察试验数据去判断随机变量之间有无关系，对其关系大小作出数量上的估计，我们把这种统计分析方法称为**相关分析**.

相关分析通常包括考察随机变量观测数据的散点图、计算样本相关系数以及对总体相关系数的显著性检验等内容.

9.1.1 散点图

散点图是描述变量之间关系的一种直观方法.我们用坐标的横轴代表自变量 X，纵轴代表因变量 Y，每组观测数据 (x_i, y_i) 在坐标系中用一个点表示，由这些点形成的散点图描述了两个变量之间的大致关系，从中可以直观地看出变量之间的关系形态及关系强度.图 9.1 是不同形态的散点图.

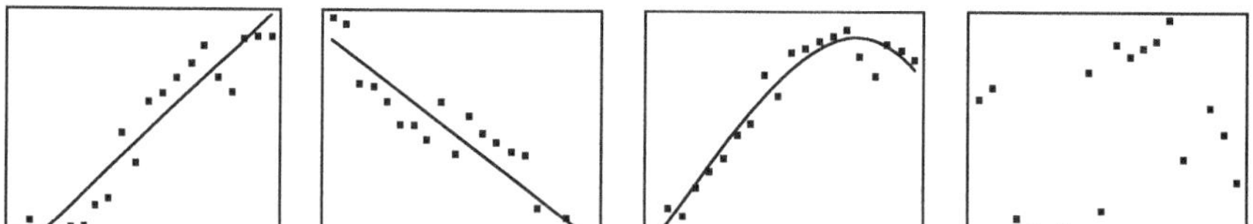

图 9.1　不同形态的散点图

从散点图可以看出，变量间相关关系的表现形态大体上可分为线性相关、非线性相关、不相关等几种.就两个变量而言，如果变量之间的关系近似地表现为一条直线，则称为线性相关，如图 9.1(a)和(b)所示；如果变量之间的关系近似地表现为一条曲线，则称为非线性相关或曲线相关；如图 9.1(c)所示；如果两个变量的观测点很分散，无任何规律，则表示变量之间没有相关关系，如图 9.1(d)所示.

在线性相关中,若两个变量的变动方向相同,一个变量的数值增加,另一个变量的数值也随之增加,或一个变量的数值减少,另一个变量的数值也随之减少,则称为正相关,如图 9.1(a)所示;若两个变量的变动方向相反,一个变量的数值增加,另一个变量的数值随之减少,或一个变量的数值减少,另一个变量的数值随之增加,则称为负相关,如图 9.1(b)所示.

通过散点图可以判断两个变量之间有无相关关系,并对变量间的关系形态作出大致的描述,但散点图不能准确反映变量之间的关系密切程度.因此,为准确度量两个变量之间的关系密切程度,需要计算相关系数.

9.1.2 相关系数

相关系数是对两个随机变量之间线性关系密切程度的度量.若相关系数是根据两个变量全部数据计算的,称为**总体相关系数**.设 X,Y 为两个随机变量,由定义 4.5 知,当 $D(X)D(Y)\neq 0$ 时,总体相关系数的计算公式为

$$\rho_{XY}=\frac{\mathrm{Cov}(X,Y)}{\sqrt{D(X)}\sqrt{D(Y)}},$$

其中 $\mathrm{Cov}(X,Y)$为变量 X 和 Y 的协方差,$D(X)$和 $D(Y)$分别为 X 和 Y 的方差.

设(x_i,y_i),$i=1,2,\cdots,n$,为(X,Y)的样本观测值,记

$$\bar{x}=\frac{1}{n}\sum_{i=1}^{n}x_i,\quad \bar{y}=\frac{1}{n}\sum_{i=1}^{n}y_i,\quad s_x^2=\frac{1}{n-1}\sum_{i=1}^{n}(x_i-\bar{x})^2,$$

$$s_y^2=\frac{1}{n-1}\sum_{i=1}^{n}(y_i-\bar{y})^2,\quad s_{xy}=\frac{1}{n-1}\sum_{i=1}^{n}(x_i-\bar{x})(y_i-\bar{y}).$$

定义 9.1 若 $s_x s_y\neq 0$,称

$$r_{xy}=\frac{s_{xy}}{s_x s_y}=\frac{\sum_{i=1}^{n}(x_i-\bar{x})(y_i-\bar{y})}{\sqrt{\left(\sum_{i=1}^{n}(x_i-\bar{x})^2\right)\left(\sum_{i=1}^{n}(y_i-\bar{y})^2\right)}}$$

为$\{x_i\}$和$\{y_i\}$的**相关系数**(也可简称为**样本相关系数**).r_{xy}常简记为 r.

可以证明 r_{xy}具有下面两条性质:

(1) $|r_{xy}|\leqslant 1$;

(2) $|r_{xy}|=1$ 时,(x_i,y_i),$i=1,2,\cdots,n$ 在一条直线上.

定义 9.2 当 $r_{xy}>0$ 时,称$\{x_i\}$和$\{y_i\}$**正相关**,当 $r_{xy}<0$ 时,称$\{x_i\}$和$\{y_i\}$**负相关**,当 $r_{xy}=0$ 时,称$\{x_i\}$和$\{y_i\}$**不相关**.

在实际应用中,为了说明$\{x_i\}$和$\{y_i\}$的相关程度,通常将相关程度分为以下四种情况:当$|r_{xy}|\geqslant 0.8$ 时,可视$\{x_i\}$与$\{y_i\}$为高度线性相关;$0.5\leqslant|r_{xy}|<0.8$ 时,可视$\{x_i\}$与$\{y_i\}$为中度线性相关;$0.3\leqslant|r_{xy}|<0.5$ 时,视$\{x_i\}$与$\{y_i\}$为低度线性相关;

当$|r_{xy}|<0.3$时，说明$\{x_i\}$与$\{y_i\}$的线性相关程度极弱.

说明：

(1) 有时个别极端数据可能影响样本相关系数，应用中要多加注意.

(2) $r_{xy}=0$，只能说明$\{x_i\}$与$\{y_i\}$之间不存在线性关系，并不能说明$\{x_i\}$与$\{y_i\}$之间无其他关系.

(3) 一般情况下，总体相关系数ρ_{XY}是未知的，通常是将样本相关系数r_{xy}作为ρ_{XY}的估计值，于是常用样本相关系数推断两变量间的相关关系.这一点要和相关系数的显著性检验结合起来应用.

【例 9.1】 某建材实验室做陶粒混凝土实验时，考察每立方米(m^3)混凝土的水泥用量(kg)对混凝土抗压强度(kg/cm^2)的影响，测得下列数据.

水泥用量	150	160	170	180	190	200	210	220	230	240	250	260
抗压程度	56.9	58.3	61.6	64.6	68.1	71.3	74.1	77.4	80.2	82.6	86.4	89.7

求水泥用量和混凝土抗压强度的相关系数.

解 设x表示水泥用量，y表示混凝土抗压强度，根据表中数据计算出

$$\bar{x}=\frac{1}{12}\sum_{i=1}^{12}x_i=205,\quad \bar{y}=\frac{1}{12}\sum_{i=1}^{12}y_i=72.6.$$

利用下面公式计算出y与x相关系数

$$r_{xy}=\frac{s_{xy}}{s_x s_y}=\frac{\sum_{i=1}^{12}(x_i-\bar{x})(y_i-\bar{y})}{\sqrt{\left(\sum_{i=1}^{12}(x_i-\bar{x})^2\right)\left(\sum_{i=1}^{n}(y_i-\bar{y})^2\right)}}=\frac{4347}{\sqrt{14300\times 1323.82}}=0.999.$$

水泥用量和混凝土抗压强度的相关系数为 0.999.

【实验 9.1】 用来评价商业中心经营好坏的一个综合指标是单位面积的营业额，它是单位时间内(通常为一年)的营业额与经营面积的比值.对单位面积营业额的影响因素的指标有单位小时车流量、日人流量、居民年平均消费额、消费者对商场的环境、设施及商品的丰富程度的满意度评分.这几个指标中车流量和人流量是通过同时对几个商业中心进行实地观测而得到的.而居民年平均消费额、消费者对商场的环境、设施及商品的丰富程度的满意度评分是通过随机采访顾客而得到的平均值数据.如图 9.2 所示的 Excel 工作表为从某市随机抽取的 20 个商业中心有关数据，试据此分析单位面积年营业额与其他各指标的相关关系.

实验准备：

学习附录二中如下 Excel 函数：

计算相关系数函数 CORREL.

实验步骤：

设各指标(变量)的变量名分别为：单位面积营业额：y，每小时机动车流量：x_1，日人流量：x_2，居民年消费额：x_3，对商场环境的满意度：x_4，对商场设施的满意度：

	A	B	C	D	E	F	G	H
1	商业中心编号	单位面积年营业额(万元/平方米)y	每小时机动车流量(万辆)x1	日人流量(万人)x2	居民年消费额(万元)x3	对商场环境满意度x4	对商场设施满意度x5	对商场商品丰富程度满意度x6
2	1	2.5	0.51	3.9	1.94	7	9	6
3	2	3.2	0.26	4.24	2.86	7	4	6
4	3	2.5	0.72	4.54	1.63	8	8	7
5	4	3.4	1.23	6.98	1.92	6	10	10
6	5	1.8	0.69	4.21	0.71	8	4	7
7	6	0.9	0.36	2.91	0.62	5	6	5
8	7	1.7	0.13	1.43	1.88	4	9	2
9	8	2.6	0.58	4.14	1.99	7	10	6
10	9	2.1	0.81	4.66	0.96	8	5	7
11	10	1.9	0.37	2.15	1.87	4	9	3
12	11	3.4	1.26	6.47	2.1	10	10	10
13	12	3.9	0.12	5.33	3.47	5	6	7
14	13	1	0.23	2.53	0.56	5	2	4
15	14	1.7	0.56	3.78	0.77	7	4	6
16	15	2.6	1.04	5.53	1.3	10	7	9
17	16	2.7	1.18	5.98	1.28	8	7	9
18	17	1.4	0.61	1.27	1.48	6	7	1
19	18	3.2	1.05	5.77	2.16	7	10	9
20	19	2.9	1.06	5.71	1.74	6	9	9
21	20	2.5	0.58	4.11	1.85	7	9	6

图 9.2 商业中心经营状况指标与数据

x_5,为商场商品丰富程度满意度:x_6.

(1) 利用 Excel 分别作出 y 与 $x_1, x_2, \cdots, x_6$ 的散点图.

依次选中单元格区域:

C2:C21,B2:B21,D2:D21,B2:B21,E2:E21,B2:B21

F2:F21,B2:B21,G2:G21,B2:B21,H2:H21,B2:B21

并选择主菜单"插入"→"图表",打开"图表向导"对话框,选中图表类型"XY 散点图",单击"完成"按钮,即可依次得到相应的散点图,如图 9.3 所示.

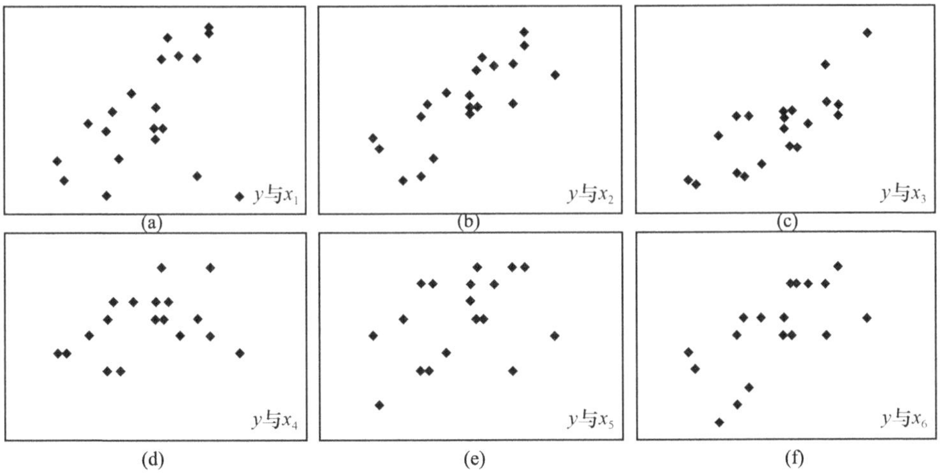

图 9.3 y 与 $x_1, x_2, \cdots, x_6$ 的散点图

可以看到,各散点图的散点分布和一条直线相比均有一定差别,其中单位面积营业额(y)与日人流量(x_2)、居民年消费额(x_3)的线性关系相对较明显一些,y 与商场商品丰富程度满意度(x_6)有一定的线性关系,而 y 与其余几个变量的线性关系较弱.

(2) 利用 Excel 分别计算 y 与 $x_1,x_2,\cdots,x_6$的相关系数.

(i) 在单元格区域 B22:G22 依次输入名称:y 与 x_1、y 与 x_2、y 与 x_3、y 与 x_4、y 与 x_5、y 与 x_6,单元格 A23 中输入"r=",如图 9.4 所示.

(ii) 计算相关系数,在单元格 B23 中输入公式:=CORREL($B2:$B21,C2:C21).

22		y与x_1	y与x_2	y与x_3	y与x_4	y与x_5	y与x_6
23	r =						

图 9.4　计算准备

(iii) 将 B23 中公式复制到单元格区域 C23:G23 中,即得 y 与 x_1,x_2,x_3,x_4,x_5,x_6的相关系数,如图 9.5 所示.

22		y与x_1	y与x_2	y与x_3	y与x_4	y与x_5	y与x_6
23	r =	0.412712	0.79048	0.794563	0.341243	0.450197	0.697493

图 9.5　计算 y 与 $x_1,x_2,\cdots,x_6$ 的相关系数

从相关系数的取值来看,单位面积营业额(y)与日人流量(x_2)、居民年消费额(x_3)接近高度相关;y 与商场商品丰富程度满意度(x_6)则属于中度相关;y 与每小时机动车流量(x_1)、对商场环境的满意度(x_4)、对商场设施的满意度(x_5)为低度相关.

9.1.3　相关性检验

设(x_i,y_i),$i=1,2,\cdots,n$,为(X,Y)的样本观测值,相关性检验也就是检验总体 X,Y 的相关系数是否为 0,通常采用费希尔提出的 t 分布检验,该检验可以用于小样本,也可以用于大样本.检验的具体步骤如下:

(1) 提出假设:假设样本是从不相关的两个总体中抽出的,即

$$H_0:\rho_{XY}=0,\quad H_1:\rho_{XY}\neq 0.$$

如果否定了 H_0 就认为 X,Y 是相关的.

(2) 可以证明,当 H_0成立时,统计量 $T=r_{xy}\sqrt{\dfrac{n-2}{1-r_{xy}^2}}\sim t(n-2)$.

因为 H_0立时,$|r_{xy}|$应该很小,从而 T 的观测值 $t=r_{xy}\sqrt{\dfrac{n-2}{1-r_{xy}^2}}$ 应该取值较小,于是,在显著水平 α 下 H_0的拒绝域是

$$\{|t|\geqslant t_{\alpha/2}(n-2)\}.$$

若 T 的观测值记为 t，衡量观测结果极端性的 p 值：

$$p=P\{|T|\geqslant|t|\}=2P\{T\geqslant|t|\}.$$

【实验 9.2】 利用实验 9.1 的数据，在显著水平 $\alpha=0.05$ 下，检验单位面积营业额与各变量之间的相关性.

实验准备：

学习附录二中如下 Excel 函数：

(1) 平方根函数 SQRT.

(2) t 分布尾部概率函数 TDIST.

实验步骤：

在实验 9.1 的 Excel 工作表中继续如下操作：

(1) 计算检验统计量的观测值 $t=r_{xy}\sqrt{\dfrac{n-2}{1-r_{xy}^2}}$，在单元格 B24 中输入公式：

=B23 * SQRT(20−2)/SQRT(1−B23^2)

(2) 将单元格 B24 中公式复制到单元格区域 C24:G24 中，即得各相关系数的检验统计量的观测值；

(3) 计算 $p=2P\{T\geqslant|t|\}$ 的值，在单元格 B25 中输入公式：

=TDIST(B24,20−2,2)

(4) 将单元格 B25 中公式复制到单元格区域 C25:G25 中，即得各相关系数的检验 p 值，如图 9.6 所示.

22		y 与 x_1	y 与 x_2	y 与 x_3	y 与 x_4	y 与 x_5	y 与 x_6
23	r =	0.412712	0.79048	0.794563	0.341243	0.450197	0.697493
24	t =	1.922346	5.475565	5.551949	1.540226	2.139055	4.129562
25	p =	0.070534	3.36E-05	2.86E-05	0.140901	0.046389	0.000629

图 9.6 y 与 $x_1,x_2,\cdots,x_6$ 相关系数的检验

从相关系数的检验结果来看，单位面积营业额(y)与日人流量(x_2)、居民年消费额(x_3)、商场商品的丰富程度满意度(x_6)、对商场设施的满意度(x_5)的相关系数显著不为 0($p<\alpha=0.05$)，拒绝相关系数为 0 的原假设，即其相关性显著；而不能拒绝 y 与每小时机动车流量(x_1)、对商场环境的满意度(x_4)相关系数为 0 的假设($p>0.05$)，即其相关性不显著.

9.2 回归分析

回归分析是针对两个或两个以上具有相关关系的变量，研究它们的数量伴随关系，并通过一定的数学表达式将这种关系描述出来，建立**回归模型**.

回归分析中总假设因变量是随机变量，自变量可以是随机变量也可以是一般变量(可以控制或精确测量的变量)，我们只讨论自变量为一般变量的情况.为简单起

见,以后的所有随机变量及其观测值均用小写字母表示.

如果设随机变量 y 是因变量,$x_1,x_2,\cdots,x_n$ 是影响 y 的自变量,回归模型的一般形式为

$$y=f(x_1,x_2,\cdots,x_n)+\varepsilon,$$

其中 ε 为均值为 0 的正态随机变量,它表示除 $x_1,x_2,\cdots,x_n$ 之外的随机因素对 y 的影响.

在回归分析中,当只有一个自变量时,称为**一元回归分析**;当自变量有两个或两个以上时,称为**多元回归分析**;f 是线性函数时,称**线性回归分析**,所建回归模型称为**线性回归模型**;f 是非线性函数时,称**非线性回归分析**,所建回归模型称为**非线性回归模型**.

线性回归模型的一般形式为

$$y=\beta_0+\beta_1x_1+\beta_2x_2+\cdots+\beta_kx_k+\varepsilon,$$

其中,β_0 和 $\beta_i(i=1,2,\cdots,k)$是未知常数,称为**回归系数**,实际中常假定$\varepsilon\sim N(0,\sigma^2)$.

一元线性回归模型的一般形式为

$$y=\beta_0+\beta_1x+\varepsilon,\quad \varepsilon\sim N(0,\sigma^2),$$

由 $\varepsilon\sim N(0,\sigma^2)$的假定,容易推出 $y\sim N(\beta_0+\beta_1x,\sigma^2)$.

本章主要讨论一元线性回归分析和可化为线性回归的一元非线性回归分析.它们是反映两个变量之间关系的简单模型,但从中可以了解到回归分析的基本思想、方法和应用.

9.2.1　一元线性回归分析

让我们用一个例子来说明如何进行一元线性回归分析.

为了研究合金钢的强度和合金中含碳量的关系,专业人员收集了 12 组数据如表 9.1 所示.

表 9.1　合金钢的强度与合金中含碳量的关系

序号	1	2	3	4	5	6	7	8	9	10	11	12
含碳量 x%	0.10	0.11	0.12	0.13	0.14	0.15	0.16	0.17	0.18	0.20	0.21	0.23
合金钢的强度 $y(10^7\text{Pa})$	42.0	43.0	45.0	45.0	45.0	47.5	49.0	53.0	50.0	55.0	55.0	60.0

试根据这些数据进行合金钢的强度 y(单位:10^7Pa)与合金中含碳量 x(%)之间的回归分析.

为了研究这些数据中所蕴涵的规律性,首先在 Excel 中由 12 对数据作出散点图,如图 9.7 所示.

从图看到,数据点大致落在一条直线附近,这告诉我们变量 x 和 y 之间大致可看成线性关系.从图中还看到,这些点又不完全在一条直线上,这表明 x 和 y 的关系

	A	B	C
1	序号	含碳量 $x(\%)$	合金钢的强度 $y(10^7\text{Pa})$
2	1	0.1	42
3	2	0.11	43
4	3	0.12	45
5	4	0.13	45
6	5	0.14	45
7	6	0.15	47.5
8	7	0.16	49
9	8	0.17	53
10	9	0.18	50
11	10	0.2	55
12	11	0.21	55
13	12	0.23	60

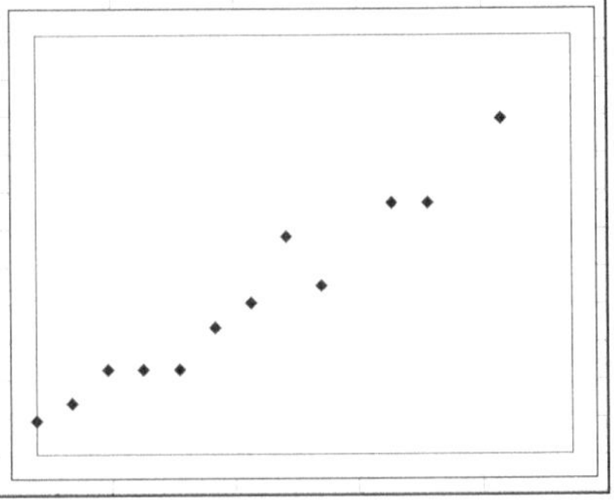

图 9.7 画散点图

并没有确切到给定 x 就可以唯一确定 y 的程度.事实上,还有许多其他随机因素对 y 产生影响.

如果只研究 x 和 y 的关系,可以考虑建立一元线性回归模型:

$$y=\beta_0+\beta_1 x+\varepsilon, \quad \varepsilon \sim N(0,\sigma^2), \tag{9.1}$$

其中 ε 是除含碳量 x 外其他诸多随机因素对合金钢强度 y 的综合影响,假定它是零均值的正态随机变量.

由式(9.1),不难算得 y 的数学期望:

$$E(y)=\beta_0+\beta_1 x, \tag{9.2}$$

式(9.2)表示当 x 已知时,可以精确地算出 $E(y)$.称方程(9.2)为 y 关于 x 的**回归方程**.

现对变量 x,y 进行了 n 次独立观察,得样本观测值 $(x_i,y_i)(i=1,2,\cdots,n)$.据式(9.1),此样本观测值可由方程

$$y_i=\beta_0+\beta_1 x_i+\varepsilon_i \tag{9.3}$$

来描述.这里 ε_i 是第 i 次观测时 ε 的值,它是不能观测到的.由于各次观测独立,ε_i 可以看成是相互独立与 ε 同分布的随机变量,即有

$$y_i=\beta_0+\beta_1 x_i+\varepsilon_i, \quad \varepsilon_i \text{ 相互独立,且 } \varepsilon_i \sim N(0,\sigma^2), i=1,2,\cdots,n. \tag{9.4}$$

式(9.4)是对理论模型进行统计推断的依据,也常称式(9.4)为一元线性回归模型.

要建立一元线性回归模型,首先利用 n 组独立观测数据 $(x_1,y_1),(x_2,y_2),\cdots,(x_n,y_n)$ 来估计 β_0 和 β_1,以估计值 $\hat{\beta}_0$ 和 $\hat{\beta}_1$ 分别代替式(9.2)中的 β_0 和 β_1,得到

$$\hat{y}=\hat{\beta}_0+\hat{\beta}_1 x, \tag{9.5}$$

由于方程(9.5)的建立有赖于通过观察或试验积累的数据,所以称其为**经验回归方程**

(或**经验公式**),经验回归方程也简称为**回归方程**,其图形称为回归直线.当给定 $x=x_0$时,$\hat{y}_0=\hat{\beta}_0+\hat{\beta}_1 x_0$ 称为**拟合值(预测值或回归值)**.那么,如何利用 n 组独立观察数据来估计β_0和β_1呢?一般常用最小二乘估计法和最大似然估计法,下面只介绍β_0和β_1的最小二乘估计法.

1. 参数β_0和β_1的最小二乘估计

设对模型(9.1)中的变量 x,y 进行了 n 次独立观察,得样本观测值$(x_i,y_i)$$(i=1,2,\cdots,n)$.由式(9.3)知随机误差 $\varepsilon_i=y_i-(\beta_0+\beta_1 x_i)$.最小二乘法的思想是:由 x_i,y_i估计β_0,β_1时,使误差平方和

$$Q(\beta_0,\beta_1)=\sum_{i=1}^{n}[y_i-(\beta_0+\beta_1 x_i)]^2$$

达到最小的 $\hat{\beta}_0$,$\hat{\beta}_1$ 分别作为 β_0,β_1的估计,并称 $\hat{\beta}_0$ 和 $\hat{\beta}_1$ 为 β_0和 β_1的**最小二乘估计**.

通常可采用微积分中求极值的办法,求出使 $Q(\beta_0,\beta_1)$达到最小值的 $\hat{\beta}_0$ 和 $\hat{\beta}_1$,即解方程

$$\begin{cases}\dfrac{\partial Q(\beta_0,\beta_1)}{\partial\beta_0}=0,\\[2ex]\dfrac{\partial Q(\beta_0,\beta_1)}{\partial\beta_1}=0,\end{cases}$$

即

$$\begin{cases}\displaystyle\sum_{i=1}^{n}[y_i-(\beta_0+\beta_1 x_i)]=0,\\\displaystyle\sum_{i=1}^{n}[y_i-(\beta_0+\beta_1 x_i)]x_i=0,\end{cases}\tag{9.6}$$

或

$$\begin{cases}\displaystyle n\beta_0+\beta_1\sum_{i=1}^{n}x_i=\sum_{i=1}^{n}y_i,\\\displaystyle\beta_0\sum_{i=1}^{n}x_i+\beta_1\sum_{i=1}^{n}x_i^2=\sum_{i=1}^{n}y_i x_i,\end{cases}\tag{9.7}$$

称方程(9.6)或方程(9.7)为正则方程.解正则方程得

$$\begin{cases}\hat{\beta}_0=\bar{y}-\hat{\beta}_1\bar{x},\\[2ex]\hat{\beta}_1=\dfrac{\displaystyle\sum_{i=1}^{n}(x_i-\bar{x})(y_i-\bar{y})}{\displaystyle\sum_{i=1}^{n}(x_i-\bar{x})^2}=\dfrac{l_{xy}}{l_{xx}},\end{cases}\tag{9.8}$$

其中 $\bar{x}=\frac{1}{n}\sum_{i=1}^{n}x_i$，$\bar{y}=\frac{1}{n}\sum_{i=1}^{n}y_i$，$l_{xx}=\sum_{i=1}^{n}(x_i-\bar{x})^2$，$l_{xy}=\sum_{i=1}^{n}(x_i-\bar{x})(y_i-\bar{y})$.从而得到回归方程：

$$\hat{y}=\hat{\beta}_0+\hat{\beta}_1x,$$

因为 $s_{xx}=\frac{1}{n-1}l_{xx}$，$s_{xy}=\frac{1}{n-1}l_{xy}$，式(9.8)又可以写成

$$\begin{cases}\hat{\beta}_0=\bar{y}-\hat{\beta}_1\bar{x},\\ \hat{\beta}_1=\dfrac{s_{xy}}{s_{xx}}.\end{cases}$$

可以证明，用最小二乘法求出的估计 $\hat{\beta}_0$，$\hat{\beta}_1$ 分别是 β_0，β_1 的无偏估计.

【例 9.2】 建立表 9.1 中合金钢的强度 y 与含碳量 x 之间的回归方程，并计算参数 β_0 和 β_1 的最小二乘估计.

解 首先计算 $\bar{x}=\frac{1}{n}\sum_{i=1}^{n}x_i=0.158$，$\bar{y}=\frac{1}{n}\sum_{i=1}^{n}y_i=49.125$，$l_{xx}=\sum_{i=1}^{n}(x_i-\bar{x})^2=0.01857$，$l_{xy}=\sum_{i=1}^{n}(x_i-\bar{x})(y_i-\bar{y})=2.4675$.参数 β_1 和 β_0 的最小二乘估计分别为

$$\hat{\beta}_1=\frac{l_{xy}}{l_{xx}}=\frac{2.4675}{0.01857}=132.88,\quad \hat{\beta}_0=\bar{y}-\hat{\beta}_1\bar{x}=49.125-132.88\times0.158=28.13,$$

因此，回归方程为 $\hat{y}=28.13+132.88x$.

2. 回归方程的显著性检验

对任意两个变量的一组观测数据 (x_1,y_1)，(x_2,y_2)，…，(x_n,y_n) 都可以用最小二乘法得到回归方程 $\hat{y}=\hat{\beta}_0+\hat{\beta}_1x$，但这样得到的回归方程不一定都有意义.如果实际上模型(9.1)中的 $\beta_1=0$，用最小二乘法得到的 $\hat{y}=\hat{\beta}_0+\hat{\beta}_1x$ 就没有意义.这时称回归方程**不显著**；如果 $\beta_1\neq0$，$\hat{y}=\hat{\beta}_0+\hat{\beta}_1x$ 就有意义，这时称回归方程是**显著**的.

综上，一元线性回归方程的显著性检验，就是要根据观测数据检验假设

$$H_0:\beta_1=0,\quad H_1:\beta_1\neq0.$$

如果检验结果拒绝原假设 H_0，说明一元线性回归方程是显著的，否则，表明 y 与 x 线性关系不显著，不需要建立这种模型了.

在一元线性回归方程的显著性检验中，有多种等价的检验方法.这里介绍常用的 F 检验法.

采用方差分析的思想，我们研究影响观测值 y_i 的原因.注意到回归方程 $\hat{y}=\hat{\beta}_0+\hat{\beta}_1x$ 只反映了 x 对 y 的影响，所以，**拟合值** $\hat{y}_i$ 是观测值 y_i 中只受 x_i 影响的那一部分，而 $y_i-\hat{y}_i$ 则是除去 x_i 的影响后，受其他种种因素影响的部分，故将 $y_i-\hat{y}_i$ 称为**残差**.于是，观测值 y_i 可以分解为两部分 $\hat{y}_i$ 和 $y_i-\hat{y}_i$.另外，$y_i-\bar{y}$ 也可分解为

两部分：

$$y_i-\bar{y}=(\hat{y}_i-\bar{y})+(y_i-\hat{y}_i).$$

记

$$\mathrm{SST}=\sum_{i=1}^{n}(y_i-\bar{y})^2,\quad \mathrm{SSM}=\sum_{i=1}^{n}(\hat{y}_i-\bar{y})^2,\quad \mathrm{SSE}=\sum_{i=1}^{n}(y_i-\hat{y}_i)^2$$

SST 反映了观测数据总的波动，称为**总变差平方和**，SSM 反映了由于自变量 x 的变化影响因变量 y 的差异，体现了 x 对 y 的影响，称为**回归平方和**；SSE 反映了种种其他因素对 y 的影响，称为**残差平方和**.

注意到 $\hat{\beta}_0,\hat{\beta}_1$ 满足正则方程(9.6)，有

$$\begin{cases}\sum_{i=1}^{n}[y_i-(\hat{\beta}_0+\hat{\beta}_1x_i)]=0,\\ \sum_{i=1}^{n}[y_i-(\hat{\beta}_0+\hat{\beta}_1x_i)]x_i=0,\end{cases}\text{即有}\begin{cases}\sum_{i=1}^{n}(y_i-\hat{y}_i)=0,\\ \sum_{i=1}^{n}(y_i-\hat{y}_i)x_i=0.\end{cases}$$

由 $\hat{y}_i=\hat{\beta}_0+\hat{\beta}_1x_i$ 及 $\bar{y}=\hat{\beta}_0+\hat{\beta}_1\bar{x}$，得到 $\hat{y}_i-\bar{y}=\hat{\beta}_1(x_i-\bar{x})$，于是

$$\begin{aligned}&\sum_{i=1}^{n}(y_i-\hat{y}_i)(\hat{y}_i-\bar{y})\\ &=\sum_{i=1}^{n}(y_i-\hat{y}_i)[\hat{\beta}_1(x_i-\bar{x})]\\ &=\hat{\beta}_1\Big[\sum_{i=1}^{n}(y_i-\hat{y}_i)x_i-\sum_{i=1}^{n}(y_i-\hat{y}_i)\bar{x}\Big]=0,\end{aligned}$$

从而

$$\begin{aligned}\mathrm{SST}&=\sum_{i=1}^{n}(y_i-\bar{y})^2=\sum_{i=1}^{n}[(\hat{y}_i-\bar{y})+(y_i-\hat{y}_i)]^2\\ &=\sum_{i=1}^{n}(\hat{y}_i-\bar{y})^2+\sum_{i=1}^{n}(y_i-\hat{y}_i)^2=\mathrm{SSM}+\mathrm{SSE},\end{aligned}$$

即总变差平方和 SST 可以分解为两部分：回归平方和 SSM 与残差平方和 SSE.

SSM/SSE 为 x 的影响部分与随机因素影响部分的相对比值.若它不是显著地大，表明回归方程中的 x 并不是影响 y 的一个重要的因素，于是由数据得到的回归方程就没有什么意义；如果它显著地大，表明 x 的作用显著地比随机因素大，这样方程就有意义.所以我们考虑用 SSM/SSE 构造检验统计量.可以证明，当原假设 H_0 成立时，即 $\beta_1=0$ 时，有

$$F=\frac{\mathrm{SSM}}{\mathrm{SSE}/(n-2)}\sim F(1,n-2),$$

将 $F=\dfrac{\mathrm{SSM}}{\mathrm{SSE}/(n-2)}$ 作为检验统计量，H_0 的拒绝域为

$$\{F \geqslant F_\alpha(1, n-2)\},$$

若 F 统计量的观测值为 F_0，则 p 值为

$$p = P\{F \geqslant F_0\}.$$

回归方程的显著性检验结果，通常汇总为方差分析表，如表 9.2 所示.

表 9.2　方差分析表

来源	平方和	自由度	平均平方和	F 统计量	p 值
回归	SSM	1	SSM	$\frac{\text{SSM}}{\text{SSE}/(n-2)}$	P
残差	SSE	$n-2$	SSE/$(n-2)$		
总计	SST	n-1			

【实验 9.3】 使用 Excel 建立表 9.1 中合金钢的强度 y 与含碳量 x 之间的回归方程，并对所建立的回归方程作显著性检验.

实验准备：

学习附录二中如下 Excel 函数：

(1) 回归直线的斜率函数 SLOPE.

(2) 回归直线的截距函数 INTERCEPT.

(3) 离差平方和函数 DEVSQ.

(4) 对应数值之差的平方和函数 SUMXMY2.

(5) F 分布尾部概率函数 FDIST.

实验步骤：

(1) 计算参数 β_1，在单元格 B14 中输入公式：

=SLOPE(C2:C13,B2:B13)

(2) 计算参数 β_0，在单元格 B15 中输入公式：

=INTERCEPT(C2:C13,B2:B13)

即可得到 β_0，β_1 的估计值，如图 9.8(a)所示.

据此得到回归方程：

$$\hat{y} = 28.083 + 132.90x.$$

注：例 9.2 中结果与此方程有些出入，原因是计算时的舍入误差所致.

(3) 计算回归值 $\hat{y}_i$，在单元格 D2 中输入公式：

=B$15+B$14*B2

将单元格 D2 中公式复制到单元格区域：D3:D13，如图 9.8 所示中.

(4) 计算 $y_1, y_2, \cdots, y_n$ 的总变差平方和 SST、回归平方和 SSM 和残差平方和 SSE：

计算 SST，在单元格 B16 中输入公式：

	A	B	C
1	序号	含碳量 x(%)	合金钢的强度 y(10^7Pa)
2	1	0.1	42
3	2	0.11	43
4	3	0.12	45
5	4	0.13	45
6	5	0.14	45
7	6	0.15	47.5
8	7	0.16	49
9	8	0.17	53
10	9	0.18	50
11	10	0.2	55
12	11	0.21	55
13	12	0.23	60
14	参数β_1	132.8995	
15	参数β_0	28.08259	

(a)

	A	B	C	D
1	序号	含碳量 x(%)	合金钢的强度 y(10^7Pa)	$\hat{y}_i$
2	1	0.1	42	41.37
3	2	0.11	43	42.70
4	3	0.12	45	44.03
5	4	0.13	45	45.36
6	5	0.14	45	46.69
7	6	0.15	47.5	48.02
8	7	0.16	49	49.35
9	8	0.17	53	50.68
10	9	0.18	50	52.00
11	10	0.2	55	54.66
12	11	0.21	55	55.99
13	12	0.23	60	58.65
14	参数β_1	132.8995		
15	参数β_0	28.08259		

(b)

16	SST =	345.0625
17	SSE =	17.13308
18	SSM =	327.9294
19	F =	191.4013
20	P =	7.59E-08

(c)

图 9.8　β_0,β_1的估计值与回归方程的显著性检验

=DEVSQ(C2:C13)

计算 SSE,在单元格 B17 中输入公式:

=SUMXMY2(C2:C13,D2:D13)

计算 SSM,在单元格 B18 中输入公式:

=B16−B17

(5) 计算检验统计量 F 的值和检验 p 值:

计算 F,在单元格 B19 中输入公式:

=B18/(B17/10)

计算 p,在单元格 B20 中输入公式:

=FDIST(B19,1,10)

得到检验 p 值,如图 9.8(c)所示. $p=7.59\times10^{-8}<0.05$,拒绝原假设,故 β_1 显著非 0,回归方程显著.

3. 回归方程的判定系数

前面已讲到观测数据 $y_1,y_2,\cdots,y_n$ 的总变差平方和 SST 可以分解为回归平方和 SSM 与残差平方和 SSE 两部分,即

$$\mathrm{SST}=\mathrm{SSM}+\mathrm{SSE}.$$

将回归平方和与总变差平方和之比值称为**判定系数**,记为 R^2,即

$$R^2=1-\frac{\mathrm{SSE}}{\mathrm{SST}}.$$

判定系数 R^2 可以解释为 $y_1,y_2,\cdots,y_n$ 的总变化量中被回归方程所描述的比例.

R^2越大，总变化量中被回归方程所描述的比例就越大，说明自变量对因变量的影响越大.从而残差平方和就越小，即拟合效果越好.可见 R^2 反映了回归方程对数据的拟合程度，是衡量拟合优劣的一个很重要的统计量，称 R^2 为回归方程的**拟合优度**.

如果所有观测数据的散点都落在回归直线上，残差平方和 $SSE=0, R^2=1$，拟合是完全的；如果 y 的变化与 x 无关，x 完全无助于解释 y 的变差，此时，$\hat{y}=\bar{y}$，则 $R^2=0$.可见，$0\leqslant R^2\leqslant 1$.$R^2$越接近于 1，表明回归平方和占总变差平方和的比例就越大，回归直线与各观测点越接近，用 x 解释 y 的变差部分就越多，回归直线的拟合程度就越好；反之，R^2越接近于 0，回归直线的拟合程度就越差.

在一元回归模型中，可以证明 R 恰好是由(x_i, y_i)，$i=1,2,\cdots,n$ 计算得到的样本相关系数 r，即有 $R^2=r^2$.

事实上，由于

$$\begin{aligned}SSM &= \sum_{i=1}^{n}(\hat{y}_i-\bar{y})^2=\sum_{i=1}^{n}(\hat{\beta}_0+\hat{\beta}_1x_i-\hat{\beta}_0-\hat{\beta}_1\bar{x})^2\\&=\hat{\beta}_1^2\sum_{i=1}^{n}(x_i-\bar{x})^2,\end{aligned}$$

由式(9.8)

$$SSM=\hat{\beta}_1\sum_{i=1}^{n}(x_i-\bar{x})(y_i-\bar{y}),$$

所以

$$\sum_{i=1}^{n}(\hat{y}_i-\bar{y})^2=\hat{\beta}_1\sum_{i=1}^{n}(x_i-\bar{x})(y_i-\bar{y}),$$

于是

$$\begin{aligned}R^2&=\frac{\sum_{i=1}^{n}(\hat{y}_i-\bar{y})^2}{\sum_{i=1}^{n}(y_i-\bar{y})^2}=\frac{\hat{\beta}_1\sum_{i=1}^{n}(x_i-\bar{x})(y_i-\bar{y})}{\sum_{i=1}^{n}(y_i-\bar{y})^2}\\&=\left[\frac{\sum_{i=1}^{n}(x_i-\bar{x})(y_i-\bar{y})}{\sqrt{\sum_{i=1}^{n}(x_i-\bar{x})^2}\sqrt{\sum_{i=1}^{n}(y_i-\bar{y})^2}}\right]^2=r^2.\end{aligned}$$

【实验 9.4】 使用 Excel 画出表 9.1 中合金钢的强度 y 与含碳量 x 之间的回归直线，并计算回归方程的拟合优度.

实验步骤：

(1) 在 Excel 中画出 y 与 x 之间的散点图，如图 9.7 所示.

(2) 用鼠标右键单击散点图中的数据点，在弹出的快捷菜单中选择“添加趋势线”，如图 9.9 所示.

(3) 在打开的“添加趋势线”对话框中，“类型”取默认的“线性”；在“选项”选项卡

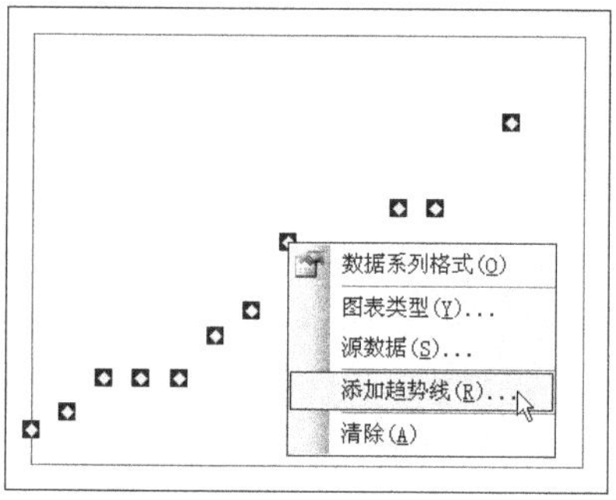

图 9.9　添加趋势线

中，修改“趋势预测”中“前推”和“倒推”为 0.1，选中“显示公式”和“显示 R 平方值”复选框，如图 9.10 所示.

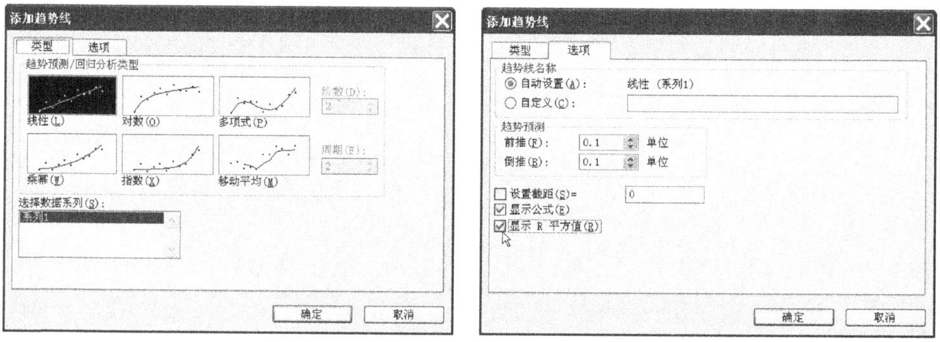

(a)　　　　(b)

图 9.10　“添加趋势线”对话框

单击“确定”按钮，得到回归直线、回归方程与拟合优度，如图 9.11 所示.

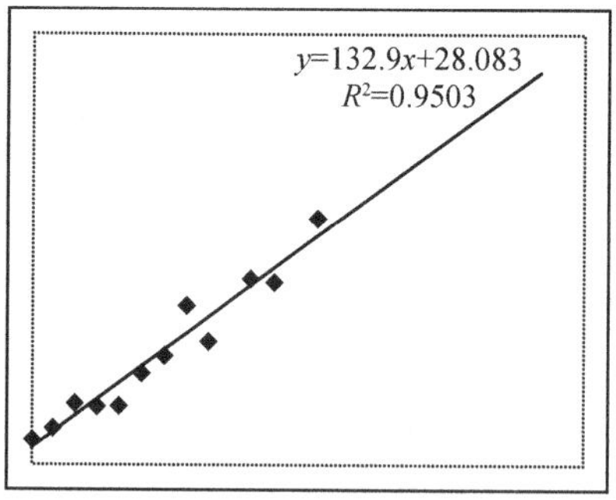

图 9.11　回归直线与拟合优度

图中显示，回归直线的方程为 $\hat{y}=28.083+132.9x$，方程的拟合优度为 0.9503.

4. 误差方差的估计

在一元线性回归模型 $y=\beta_0+\beta_1 x+\varepsilon,\varepsilon\sim N(0,\sigma^2)$ 中，随机误差 ε 的大小可由它的方差 σ^2 衡量，σ^2 越小，回归方程拟合数据的程度就越好，如何估计 σ^2？

由观测值 $(x_1,y_1),(x_2,y_2),\cdots,(x_n,y_n)$，通过参数估计得到了回归方程 $\hat{y}=\hat{\beta}_0+\hat{\beta}_1 x$，残差平方和 $\text{SSE}=\sum_{i=1}^{n}(y_i-\hat{y}_i)^2$ 说明了实际观测值 y_i 与估计值 $\hat{y}_i$ 之间的差异程度.我们称 $\hat{\sigma}^2=\dfrac{\text{SSE}}{n-2}$ 为**均方残差**（也记为 MSE）.可以证明

$$E(\hat{\sigma}^2)=E\left[\frac{SSE}{n-2}\right]=\sigma^2.$$

因此，我们将 $\hat{\sigma}=\sqrt{\dfrac{\text{SSE}}{n-2}}$ 作为随机误差 ε 的标准差 σ 的估计，称 $\hat{\sigma}=\sqrt{\dfrac{\text{SSE}}{n-2}}$ 为随机误差 ε 的**估计标准误差**，简称**标准误差**，或称为**根均方残差**.

估计标准误差 $\hat{\sigma}$ 反映了回归方程预测因变量 y 时预测误差的大小，若各观测点靠近回归直线，$\hat{\sigma}$ 越小，回归直线对各观测点的代表性就越好，根据回归方程进行预测也就越准确.可见 $\hat{\sigma}$ 也从一个侧面反映了回归直线的拟合程度.

在实验 9.3 中，SSE=17.133（图 9.8），所以回归方程 $\hat{y}=28.083+132.90x$ 的估计标准误差为

$$\hat{\sigma}=\sqrt{\frac{\text{SSE}}{n-2}}=1.3089.$$

5. 残差分析

在一元线性回归模型式(9.4)中假定了误差 $\varepsilon_i\,(i=1,2,\cdots,n)$ 的正态性、独立性和同方差性.其中，误差 $\varepsilon_i=y_i-(\beta_0+\beta_1 x_i)\ (i=1,2,\cdots,n)$ 是未知的，不可观测的.若所建回归方程 $\hat{y}=\hat{\beta}_0+\hat{\beta}_1 x$ 合适，残差 $\hat{\varepsilon}_i=y_i-\hat{y}_i\,(i=1,2,\cdots,n)$ 可近似看成 ε_i，即 $\hat{\varepsilon}_i=y_i-\hat{y}_i$ 应基本上反映未知误差 ε_i 的上述特性.利用残差 $\hat{\varepsilon}_i=y_i-\hat{y}_i\,(i=1,2,\cdots,n)$ 的特征反过来考察原模型的合理性就是残差分析的基本思想.

在将回归方程应用于实际之前必须进行残差分析，这是十分重要的一个环节.如果残差基本符合模型中对误差的假定，才能最终认为所选模型是合适的，所建回归方程是可行的，可以用于预测和控制，否则，所选模型可能不合适，需要改进，所建回归方程也不能应用于实际.

残差的正态性检验可以通过第 8 章所讲分布拟合检验法进行检验，也可以用频率检验、残差图分析等方法进行检验.下面简单介绍一下残差正态性的频率检验及残差图分析方法.

1）残差正态性的频率检验

残差正态性的频率检验是一种很直观的检验方法.其基本思想是将残差落在某范围的频率与正态分布在该范围的概率（或称为理论频率）相比较，通过二者之间偏差的大小评估残差的正态性.

在回归模型中，若假定 $\varepsilon_i \sim N(0,\sigma^2)$，则 $\dfrac{\varepsilon_i}{\sigma} \sim N(0,1)\ (i=1,2,\cdots,n)$.由于均方残差（MSE）

$$\hat{\sigma}^2 = \frac{1}{n-2}\sum_{i=1}^{n}\hat{\varepsilon}_i^2 = \frac{1}{n-2}\mathrm{SSE}$$

是 σ^2 的无偏估计.因此，当 n 较大时，$\dfrac{\hat{\varepsilon}_i}{\hat{\sigma}}\ (i=1,2,\cdots,n)$ 可近似认为是取自标准正态分布总体的样本.称 $\dfrac{\hat{\varepsilon}_i}{\hat{\sigma}}\ (i=1,2,\cdots,n)$ 为**标准化残差**.

由于服从 $N(0,1)$ 分布的随机变量取值在 $(-1,1)$ 内的概率约为 0.68，在 $(-1.5,1.5)$ 内的概率约为 0.87，在 $(-2,2)$ 内的概率约为 0.95 等等，因此理论上，标准化残差 $\dfrac{\hat{\varepsilon}_i}{\hat{\sigma}}(i=1,2,\cdots,n)$ 中有大约 68% 应在 $(-1,1)$ 内，87% 应在 $(-1.5,1.5)$ 内，95% 应在 $(-2,2)$ 内等.如果残差在某些区间内的频率与上述理论频率有较大的偏差，则有理由怀疑 $\hat{\varepsilon}_i$ 从而 $\varepsilon_i(i=1,2,\cdots,n)$ 的正态性假定的合理性.

用这种方法检验残差的正态性是十分方便的.在实际应用中，一般取二到三个具有代表性的区间即可.

2）残差图分析

凡是以残差为纵坐标，而以观测值 y_i，拟合值 $\hat{y}_i$，自变量 $x_i(i=1,2,\cdots,n)$ 或序号、观测时间等为横坐标的散点图，均称为**残差图**.

可以通过残差图对误差项的正态性、等方差性、独立性及对模型中是否应该包含自变量的高次项、观测值中是否有异常值存在等作出直观的考察.

如果线性回归模型的假定成立，标准化残差 $\dfrac{\hat{\varepsilon}_i}{\hat{\sigma}}(i=1,2,\cdots,n)$ 应相互独立且近似服从 $N(0,1)$，那么残差图中绝大多数散点（95%）应随机地分布在 -2 到 $+2$ 的带子里.这样的残差图称为合适的残差图，如图 9.12(a) 所示.

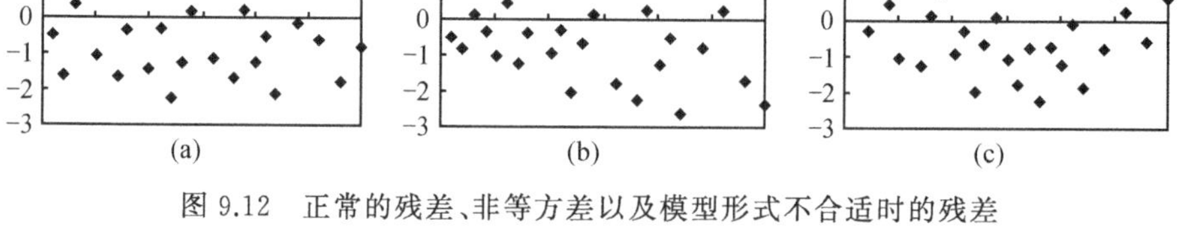

图 9.12　正常的残差、非等方差以及模型形式不合适时的残差

图 9.12(b)中表明残差的方差随自变量的增大而增大，不是常数.图 9.12(c)散点分布有二次趋势，表明回归模型不合适，可以考虑在回归模型中加入自变量的二次项，建立非线性回归方程.

【实验 9.5】 使用 Excel 数据分析功能对表 9.1 中合金钢的强度 y 与含碳量 x 作一元线性回归分析.

实验步骤：

(1)将表 9.1 中的数据整理如图 9.7 所示.

(2) 在 Excel 主菜单中选择“工具”→“数据分析”，打开“数据分析”对话框，在“分析工具”列表中选择“回归”选项，单击“确定”按钮.

(3) 在打开的“回归”对话框中，依次输入“Y 值输入区域”和“X 值输入区域”，选中“残差”和“残差图”，如图 9.13 所示，单击“确定”按钮.

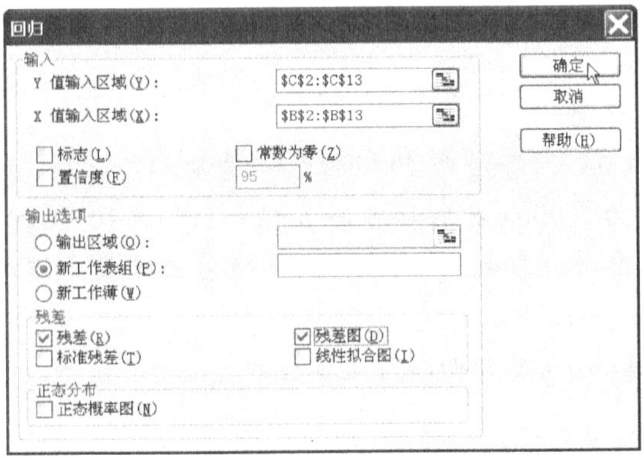

图 9.13 “回归”对话框

得到回归分析的结果如图 9.14 和图 9.15 所示.

	A	B	C	D	E	F	G	H	I
1	SUMMARY OUTPUT								
2									
3	回归统计								
4	Multiple	0.974858							
5	R Square	0.950348							
6	Adjusted	0.945383							
7	标准误差	1.308934							
8	观测值	12							
9									
10	方差分析								
11		df	SS	MS	F	Significance F			
12	回归分析	1	327.9294	327.9294	191.4013	7.58531E-08			
13	残差	10	17.13308	1.713308					
14	总计	11	345.0625						
15									
16		Coefficient	标准误差	t Stat	P-value	Lower 95%	Upper 95%	下限 95.0%	上限 95.0%
17	Intercept	28.08259	1.567211	17.91882	6.27E-09	24.59062077	31.57455	24.5906208	31.57454979
18	X Variabl	132.8995	9.60618	13.83479	7.59E-08	111.4955577	154.30337	111.495558	154.3033651

图 9.14 回归分析结果

22	RESIDUAL OUTPUT		
23			
24	观测值	预测 Y	残差
25	1	41.37253	0.627469
26	2	42.70153	0.298474
27	3	44.03052	0.969479
28	4	45.35952	-0.35952
29	5	46.68851	-1.68851
30	6	48.0175	-0.5175
31	7	49.3465	-0.3465
32	8	50.67549	2.324506
33	9	52.00449	-2.00449
34	10	54.66248	0.337522
35	11	55.99147	-0.99147
36	12	58.64946	1.350539

(a)

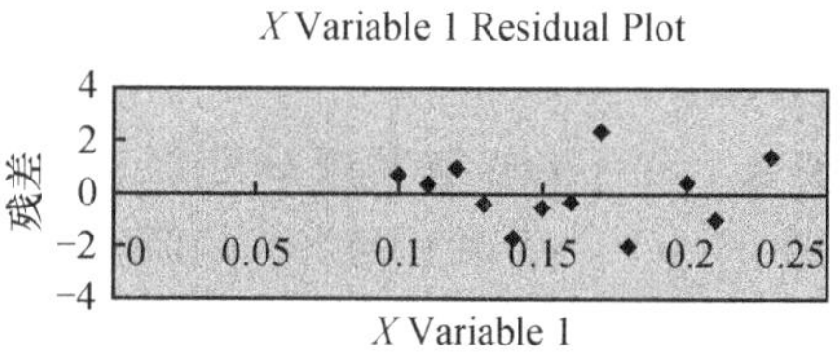

(b)

图 9.15　残差

结果显示，回归方程为

$$\hat{y}=28.083+132.90x,$$

方程的拟合优度 R^2 为 0.9503.F 统计量的 p 值$=7.59\times10^{-8}<0.05$，说明 β_1 显著非0，回归方程显著.其中回归系数 $\beta_1=132.90$，意味着含碳量每增加 0.01%，合金钢的强度平均增加 1.329 个 10^7Pa.

从残差图可以看出，所建回归模型是合适的.

6. 利用回归方程进行估计和预测

在回归方程通过各种检验后，就可以利用它对因变量的取值进行预测了.对因变量的取值进行预测分为点预测（点估计）和区间预测（区间估计），点预测是根据回归方程代入自变量的值，得到对应因变量的预测值，而区间预测则是在点预测的基础上，给出给定置信水平下的因变量的预测区间.

1）点预测

假设通过各种检验的“最优”回归方程为

$$\hat{y}=\hat{\beta}_0+\hat{\beta}_1x.$$

对给定的 x_0 值，代入回归方程 $\hat{y}=\hat{\beta}_0+\hat{\beta}_1x$ 中就可得 $\hat{y}_0=\hat{\beta}_0+\hat{\beta}_1x_0$ 的值. 它既可以作为实际值 $y_0=\beta_0+\beta_1x_0+\varepsilon_0$ 的估计值，也可以作为 $E(y_0)=\beta_0+\beta_1x_0$ 的估计值，这就是所谓的点预测.

例如，对合金钢强度 y 对含碳量 x 的回归方程

$$\hat{y}=28.083+132.90x,$$

当已知含碳量 $x_0=0.22$ 时，就可以预测合金钢强度为

$$\hat{y}_0=28.083+132.90x_0=57.318.$$

2) 区间预测

区间预测分为个体的区间预测和均值的区间预测，这里只介绍个体的区间预测.

对给定的 x_0 值，因变量 y 的相应值 y_0 是一个随机变量，记成

$$y_0 = \hat{y}_0 + \varepsilon_0, \quad \varepsilon_0 \sim N(0, \sigma^2).$$

由于 y_0 服从正态分布，且 $E(y_0) = E(\hat{y}_0)$，可以证明

$$\frac{y_0 - \hat{y}_0}{\hat{\sigma}\sqrt{1 + \frac{1}{n} + \frac{(x_0 - \bar{x})^2}{l_{xx}}}} \sim t(n-2),$$

其中 $\hat{\sigma} = \sqrt{\frac{\mathrm{SSE}}{n-2}}$，$l_{xx} = \sum_{i=1}^{n} (x_i - \bar{x})^2$.

因此，对给定的 x_0，在给定的置信水平 $1-\alpha$ 下，y_0 的置信区间为

$$\left(\hat{y}_0 - t_{\alpha/2}(n-2)\hat{\sigma}\sqrt{1 + \frac{1}{n} + \frac{(x_0 - \bar{x})^2}{l_{xx}}},\ \hat{y}_0 + t_{\alpha/2}(n-2)\hat{\sigma}\sqrt{1 + \frac{1}{n} + \frac{(x_0 - \bar{x})^2}{l_{xx}}}\right),$$

可以看出，对于给定的 n 和 α，l_{xx} 越大或 x_0 越靠近 $\bar{x}$，区间的长度就越短，预测精度就越高.由于 $l_{xx} = \sum_{i=1}^{n} (x_i - \bar{x})^2$ 刻画了观测点 $x_1, x_2, \cdots, x_n$ 的分散程度，因此，想提高预测精度就要使 $x_1, x_2, \cdots, x_n$ 尽量分散.

例如，合金钢强度 y 对含碳量 x 的回归方程

$$\hat{y} = 28.083 + 132.90x,$$

当已知含碳量 $x_0 = 0.22$ 时，就可以得到合金钢强度置信水平为 95% 的置信区间：(54.01, 60.63).

9.2.2 可化为线性回归的一元非线性回归

现实世界中严格的线性模型并不多见，它们或多或少都带有某种程度的近似；在不少情况下，非线性模型可能更加符合实际，因此，非线性回归与线性回归同样重要.下面主要介绍可化为线性回归的一元非线性回归分析.

在对数据进行分析时，常常先描出数据的散点图，判断两个变量间可能存在的函数关系.如果两个变量间存在线性关系，我们可以用前面所述的方法建立一元线性回归方程 $\hat{y} = \hat{\beta}_0 + \hat{\beta}_1 x$ 来描述，如果它们之间存在着一种非线性关系，这时常用的方法是通过变量变换，使新变量之间具有线性关系，然后利用一元线性回归方法对其进行分析.

表 9.3 给出了一些常见的可线性化的一元非线性函数及线性化方法.

表 9.3　典型函数及线性化方法

函数名称	函数表达式	线性化方法
双曲线函数	$1/y=a+b/x$	$u=1/x, v=1/y$
幂函数	$y=ax^b$	$u=\ln x, v=\ln y$
指数函数	$y=a\mathrm{e}^{bx}$	$u=x, v=\ln y$
	$y=a\mathrm{e}^{b/x}$	$u=1/x, v=\ln y$
对数函数	$y=a+b\ln x$	$u=\ln x, v=y$
S 型函数	$y=\dfrac{1}{a+b\mathrm{e}^{-x}}$	$u=\mathrm{e}^{-x}, v=1/y$

下面通过一个具体实例说明一元非线性回归分析的方法.

【实验 9.6】 设随机变量 x 与 y 的观测数据如下,试建立 y 与 x 的回归模型.

x	2	3	4	5	7	8	10	11	14	15	16	18	19
y	106.42	108.20	109.58	109.50	110.00	109.93	110.49	110.59	110.60	110.90	110.76	111.00	111.20

下面分三步进行分析建立模型.

1. 确定回归函数可能形式

为确定可能的函数形式,首先描出数据的散点图.步骤如下.

选中单元格区域:B2:C14,并选择主菜单"插入"→"图表",打开"图表向导"对话框,选中图表类型"XY 散点图",单击"完成"按钮,即可得到散点图,如图 9.16 所示.

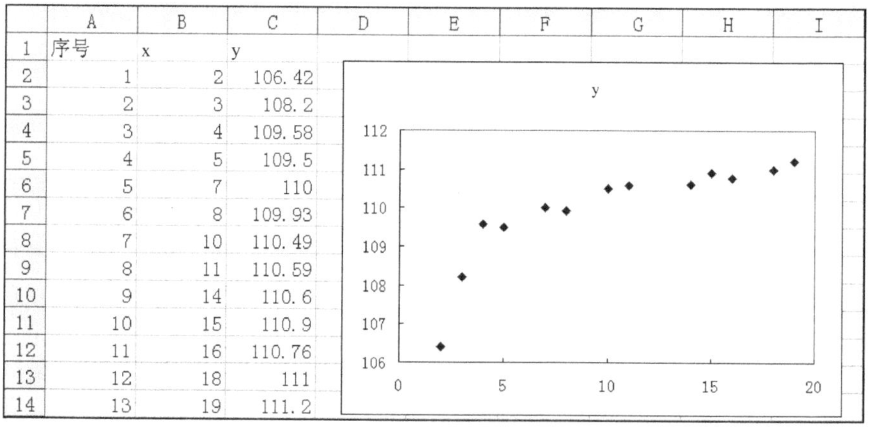

	A	B	C
1	序号	x	y
2	1	2	106.42
3	2	3	108.2
4	3	4	109.58
5	4	5	109.5
6	5	7	110
7	6	8	109.93
8	7	10	110.49
9	8	11	110.59
10	9	14	110.6
11	10	15	110.9
12	11	16	110.76
13	12	18	111
14	13	19	111.2

图 9.16　y 与 x 的散点图

散点图呈现出明显的向上且上凸的趋势,可能选择的函数关系有很多,比如可以给出如下三种曲线函数:

$$1/y=a+b/x,\quad y=a+b\ln x,\quad y=a+b\sqrt{x}.$$

令 $u=1/x$, $v=1/y$, $w=\ln x$, $z=\sqrt{x}$,三种曲线函数又可以表示为

$$v=a+bu,\quad y=a+bw,\quad y=a+bz,$$

2. 变量变换

(1) 增加变量 $u=1/x$,在单元格 D2 中输入公式:=1/B2 并将单元格 D2 中公式复制到单元格区域 D3: D14 中.

(2) 增加变量 $v=1/y$,在单元格 E2 中输入公式:=1/C2 并将单元格 E2 中公式复制到单元格区域 E3: E14 中.

(3) 增加变量 $w=\ln x$,在单元格 F2 中输入公式:=LN(B2)并将单元格 F2 中公式复制到单元格区域 F3: F14 中.

(4) 增加变量 $z=\sqrt{x}$,在单元格 G2 中输入公式:=SQRT(B2)并将单元格 G2 中公式复制到单元格区域 G3: G14 中.

结果如图 9.17 所示.

	A	B	C	D	E	F	G
1	序号	x	y	u=1/x	v=1/y	w=lnx	z=sqrt(x)
2	1	2	106.42	0.5	0.009397	0.693147	1.414214
3	2	3	108.2	0.333333	0.009242	1.098612	1.732051
4	3	4	109.58	0.25	0.009126	1.386294	2
5	4	5	109.5	0.2	0.009132	1.609438	2.236068
6	5	7	110	0.142857	0.009091	1.94591	2.645751
7	6	8	109.93	0.125	0.009097	2.079442	2.828427
8	7	10	110.49	0.1	0.009051	2.302585	3.162278
9	8	11	110.59	0.090909	0.009042	2.397895	3.316625
10	9	14	110.6	0.071429	0.009042	2.639057	3.741657
11	10	15	110.9	0.066667	0.009017	2.70805	3.872983
12	11	16	110.76	0.0625	0.009029	2.772589	4
13	12	18	111	0.055556	0.009009	2.890372	4.242641
14	13	19	111.2	0.052632	0.008993	2.944439	4.358899

图 9.17 增加四个变量

分别做 v 对 u, y 对 w 和 y 对 z 散点图,如图 9.18 所示.

从散点图可以看出变换后的两变量的关系接近线性,可以考虑建立线性回归模型.

3. 回归方程的比较

利用实验 9.1 中介绍的方法分别建立 v 和 u, y 和 w 及 y 和 z 线性回归方程如下所示.

(1) $v=0.0090+0.0008u$.

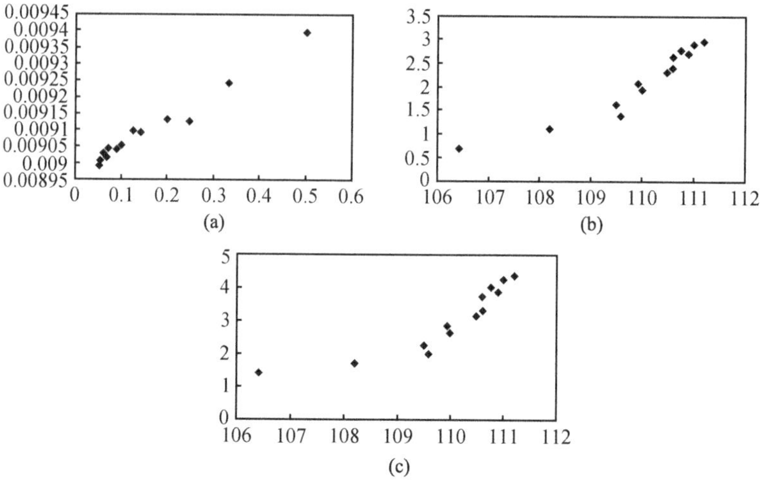

图 9.18　散点图

模型的各项检验结果如图 9.19 所示.

	A	B	C	D	E	F	G	H	I
1	SUMMARY OUTPUT								
2									
3	回归统计								
4	Multiple	0.986705							
5	R Square	0.973586							
6	Adjusted	0.971185							
7	标准误差	1.9E-05							
8	观测值	13							
9									
10	方差分析								
11		df	SS	MS	F	Significance F			
12	回归分析	1	1.47E-07	1.47E-07	405.4441	4.97E-10			
13	残差	11	3.99E-09	3.62E-10					
14	总计	12	1.51E-07						
15									
16		Coefficien	标准误差	t Stat	P-value	Lower 95%	Upper 95%	下限 95.0%	上限 95.0%
17	Intercept	0.008967	8.37E-06	1071.138	5.9E-29	0.0089482	0.00898505	0.0089482	0.00898505
18	X Variabl	0.000829	4.12E-05	20.13564	4.97E-10	0.0007385	0.00091981	0.00073854	0.00091981

图 9.19　模型 1

(2) $y=106.315 + 1.7140w$.

模型的各项检验结果如图 9.20 所示.

(3) $y=106.301+1.1947z$.

模型的各项检验结果如图 9.21 所示.

从上面三个结果看,三个线性模型均有效(这里略去做残差分析,有兴趣的读者可以自己做一做).其中第一个模型的判定系数 R^2 最大、标准误差最小,即第一个方

	A	B	C	D	E	F	G	H	I
1	SUMMARY OUTPUT								
2									
3	回归统计								
4	Multiple R	0.936651							
5	R Square	0.877315							
6	Adjusted R	0.866162							
7	标准误差	0.486379							
8	观测值	13							
9									
10	方差分析								
11		df	SS	MS	F	Significance F			
12	回归分析	1	18.6083	18.6083	78.66052	2.41876E-06			
13	残差	11	2.602211	0.236565					
14	总计	12	21.21051						
15									
16		Coefficien	标准误差	t Stat	P-value	Lower 95%	Upper 95%	下限 95.0%	上限 95.0%
17	Intercept	106.3147	0.430032	247.2248	5.95E-22	105.3681791	107.261169	105.368179	107.261169
18	X Variable	1.713977	0.193253	8.869076	2.42E-06	1.28862986	2.13932464	1.28862986	2.13932464

图 9.20 模型 2

程拟合得最好，所以应选用线性回归方程 $v=0.0090+0.0008u$，原数据的回归方程为

$$\frac{1}{\hat{y}}=0.0090+0.0008\,\frac{1}{x},$$

即

$$\hat{y}=\frac{x}{0.0090x+0.0008}.$$

由本例可以看到，通过变量变换，使新变量之间具有线性关系，对新变量建立线性模型，从而得到用原变量表达的非线性模型的方法是一种建立非线性模型有效方法.

	A	B	C	D	E	F	G	H	I
1	SUMMARY OUTPUT								
2									
3	回归统计								
4	Multiple R	0.886082							
5	R Square	0.785142							
6	Adjusted R	0.765609							
7	标准误差	0.643658							
8	观测值	13							
9									
10	方差分析								
11		df	SS	MS	F	Significance F			
12	回归分析	1	16.65325	16.65325	40.19652	5.5206E-05			
13	残差	11	4.557255	0.414296					
14	总计	12	21.21051						
15									
16		Coefficien	标准误差	t Stat	P-value	Lower 95%	Upper 95%	下限 95.0%	上限 95.0%
17	Intercept	106.3013	0.600469	177.0305	2.34E-20	104.979652	107.622898	104.979652	107.622898
18	X Variable	1.194729	0.188441	6.340073	5.52E-05	0.77997318	1.60948426	0.77997318	1.60948426

图 9.21 模型 3

习　题　9

一、填空题

1. (X,Y)的一组观测数据为$(x_i,y_i)(i=1,2,\cdots,n)$，$X$ 和 Y 的相关系数 $\rho_{XY}=$________.应用中常用 $r_{xy}=$________作为 ρ_{XY}的估计值.

2. 在(X,Y)的相关系数 ρ_{XY}的显著性检验中，当 $H_0:\rho_{XY}=0$ 成立时，统计量 $T=r_{xy}\sqrt{\dfrac{n-2}{1-r_{xy}^2}}\sim t(n-2)$，当显著水平为 α 时 H_0的拒绝域为________，p 值=________.

3. 已知一元线性回归方程为 $\hat{y}=\hat{\beta}_0+15x$ 且 $\bar{x}=4,\bar{y}=80$，那么，当 $x=10$ 时，y 的预测值 $\hat{y}=$________.

4. 在一元线性回归模型 $y=\beta_0+\beta_1x+\varepsilon$ 中，如 $H_0:\beta_0=0$ 成立，统计量 $F=\dfrac{\text{SSM}}{\text{SSE}/(n-2)}$服从的分布是________，当显著水平为 α 时 H_0的拒绝域为________，p 值=________.

5. 由一组观测数据$(x_i,y_i)(i=1,2,\cdots,n)$计算得 $\bar{x}=150,\bar{y}=200,l_{xx}=25,l_{xy}=65$，则 y 对 x 的回归方程为________.

6. 由一组观测数据$(x_i,y_i)(i=1,2,\cdots,n)$计算得 $\bar{x}=150,\bar{y}=200,s_{xx}=3,s_{xy}=1$，则 y 对 x 的回归方程为________.

7. 一元线性回归分析中回归方程的判定系数 $R^2=$________.回归直线的拟合效果和 R^2 的关系是________.

二、单项选择题

1. 在一元线性回归模型 $y=\beta_0+\beta_1x+\varepsilon$ 中，假定随机变量 ε 服从分布是(　　).

(A) 两点分布　　(B) $N(0,1)$　　(C) $N(1,\sigma^2)$　　(D) $N(0,\sigma^2)$

2. 已知一元线性回归方程为 $\hat{y}=\hat{\beta}_0+4x$ 且 $\bar{x}=3,\bar{y}=6$，则 $\hat{\beta}_0=$(　　).

(A) 0　　(B) 6　　(C) 2　　(D) -6

3. 在一元线性回归中，下列式子中(　　)是不正确的.

(A) $l_{xx}=\sum\limits_{i=1}^{n}(x_i-\bar{x})^2$　　(B) $\text{SSM}=\sum\limits_{i=1}^{n}(\hat{y}_i-\bar{y})^2$

(C) $\text{SSE}=\sum\limits_{i=1}^{n}(y_i-\hat{y}_i)^2$　　(D) $l_{xy}=\sum\limits_{i=1}^{n}(x_i-y_i)^2$

4. 在一元线性回归模型 $y=\beta_0+\beta_1x+\varepsilon$ 中，假定随机变量 ε 服从分布 $N(0,\sigma^2)$相当于假定(　　).

(A) $y\sim N(0,\sigma^2)$　　(B) $y\sim N(0,1)$

(C) y 是常量　　(D) $y\sim N(\beta_0+\beta_1x,\sigma^2)$

5. 在一元线性回归模型 $y=\beta_0+\beta_1x+\varepsilon$ 中，(　　)是随机误差 ε 的标准差 σ 的估计.

(A) $\hat{\sigma}=\sqrt{\dfrac{\text{SSE}}{n-2}}$　　(B) $\hat{\sigma}=\dfrac{\text{SSE}}{n-2}$　　(C) $\hat{\sigma}^2=\dfrac{\text{SSE}}{n-2}$　　(D) $\hat{\sigma}=\sqrt{\dfrac{\text{SSE}}{n-1}}$

三、应用题

1. 某家电厂需要研究广告投入的效果，从所有销售额相似的地区中随机选 16 个地区，分别统计该地区的销售额和广告费用数据如下所示(单位:万元)：

地区	1	2	3	4	5	6	7	8	9	10	11	12	13	14	15	16
销售额	5600	5200	3200	4200	4750	4400	3850	5900	3100	3250	4500	2800	5800	3300	4050	6100
广告费用	450	400	200	330	380	350	290	480	180	210	360	150	470	250	300	500

试对销售额与广告费进行相关分析：

(1) 画出散点；

(2) 求出销售额与广告费的样本相关系数；

(3) 对销售额与广告费的相关系数进行显著性检验.

2. 比萨斜塔是一建筑奇迹. 工程师们关于塔的稳定性作了大量研究工作，1975 年至 1987 年对塔的斜度的测量值如下表所示.表中"斜度"表示塔上某一点的实际位置与假如塔为垂直时它所处位置之偏差再减去 29000.数据是按$\frac{1}{10}$mm 记录的.

年份 x	75	76	77	78	79	80	81	82	83	84	85	86	87
斜度 y/(1/10mm)	642	644	656	667	673	688	696	698	713	717	725	742	757

试对 y(斜度)和年份 x 进行回归分析.

(1) 画出散点；

(2) 求出 y(斜度)和年份 x 的样本相关系数；

(3) 求出 y(斜度)对年份 x 的回归方程，并指出回归方程的判定系数和残差平方和；

(4) 通过残差图对残差进行分析，阐述其是否符合模型的假定；

(5) 分析如果不对比萨斜塔进行维护，它的倾斜情况是否会逐年恶化？并对 1990 年比萨斜塔的斜度进行预测.

3. 某建材实验室做陶粒混凝土实验时，考察每立方米(m^3)混凝土的水泥用量(kg)对混凝土抗压强度(kg/cm^2)的影响，测得下列数据.

水泥用量	150	160	170	180	190	200	210	220	230	240	250	260
抗压程度	56.9	58.3	61.6	64.6	68.1	71.3	74.1	77.4	80.2	82.6	86.4	89.7

(1) 混凝土强度与水泥用量的回归方程；

(2) 检验回归方程的显著性；

(3) 设 $x_0=225$kg，求混凝土强度的预测值及置信水平为 0.95 的预测区间.

4. 某年度 12 个地区的财政收入和国民生产总值如下表所示.试对财政收入和国民生产总值进行相关分析和回归分析.

地区	1	2	3	4	5	6	7	8	9	10	11	12
年财政收入	212.2	219.9	235.7	266.5	293.7	315.0	348.3	434.9	521.8	624.2	650.8	720.4
国民生产总值	1020.1	1195.5	1492.2	1691.8	1859.8	2166.2	2665.2	3465.1	4653.3	5727.7	6235.4	6925.2

5. 为研究肉鸡的增重与某种饲料添加剂之间的关系，测得数据如下(单位：克)：

添加剂量 x	0	25	50	75	100	125	150	175	200	225
7 天后增重 y	206	222	256	296	324	375	363	408	407	434

试对 x 与 y 进行回归分析，建立回归方程.

第10章 方差分析

方差分析是英国大统计学家费希尔在20世纪20年代创立的.起初用于农田间试验结果的分析,随后迅速发展完善,被广泛应用于在工业、农业生产,经济、管理领域,工程技术和科学研究中.方差分析与回归分析方法有许多相似之处,但又有本质区别,回归分析研究两个或多个数值型变量之间的关系,而方差分析是研究分类自变量对数值型因变量的影响.本章学习方差分析的基本理论和方法.

【营销策略问题】

某苹果汁厂家开发了一种新产品——浓缩苹果汁,一包该果汁与水混合可产生1升的普通苹果汁.该产品有三点特性可以吸引消费者的注意:

1. 它比目前市场销售的罐装苹果汁方便.

2. 由于市场上的罐装苹果汁事实上也是通过浓缩果汁制造而成,因此新产品的质量至少不会差于罐装果汁.

3. 新产品的生产成本要略低于罐装苹果汁.

营销经理需要决定的是如何宣传这种新产品,她可以通过强调产品的便利性、高品质或价格优势的广告来推销,还可以使用两种媒体中的一种来刊登广告:电视和报纸.

为了决定采用何种广告战略,她分别在6个小城市开展试验.

在城市1,营销的重点是宣传浓缩苹果汁的便利性(例如,很方便地就可以从商店搬回家,占用更少的冰箱空间等),广告采用电视形式;

在城市2,营销的重点依然是便利性,但广告采用报纸形式;

在城市3,营销的重点是大力宣传产品的质量(画面上“普通的”购买者正在讨论果汁的口味如何纯正),广告采用电视形式;

在城市4,营销的重点也是质量,但广告采用报纸形式;

城市5和城市6的营销重点都是产品的另一亮点——相对较低的成本,但城市5采用电视形式,而城市6采用报纸形式.

记录下每个城市10周中每周的销售情况.数据如表10.1所示(1—6列分别是每个城市的10个观测值).

从这些数据来看:

(1) 采用不同的营销策略对销售是否有显著的差异?

(2) 采用不同的广告媒体对销售是否有显著的差异?

(3) 不同营销策略与不同广告媒体之间有无交互作用?

表 10.1 不同营销策略及广告媒体下的销售情况

城市 1	城市 2	城市 3	城市 4	城布 5	城市 6
491	464	677	689	575	803
712	559	627	650	614	584
558	759	590	704	706	525
447	557	632	652	484	498
479	528	683	576	478	812
624	670	760	836	650	565
546	534	690	628	583	708
444	657	548	798	536	546
582	557	579	497	579	616
672	474	644	841	795	587

10.1 方差分析中的基本概念

在实际问题中,影响一个数值型随机变量的因素一般会有很多,例如,影响农作物产量的因素就有种子品种、肥料、雨水等;影响化工产品的产出率的因素可能有原料成分、剂量、催化剂、反应温度、机器设备和操作水平等;影响儿童识记效果的因素有教学材料、教学方法等.为了找出影响结果(效果)最显著的因素,并指出它们在什么状态下对结果最有利,就要先做试验,方差分析就是对试验数据进行统计分析,鉴别各个因素对我们要考察的指标(试验指标)影响程度的方法.

方差分析采用的方法是通过检验各总体的均值是否相等,来判断分类型自变量对数值型因变量(响应变量)是否有显著影响. 由于检验各总体的均值是否相等的方法是通过计算分析观测数据的变差而实现的,所以称之为方差分析.

当方差分析中只涉及一个分类型自变量时,称为**单因素方差分析**,当涉及两(多)个分类型自变量时称为**双(多)因素方差分析**.

10.2 单因素方差分析

10.2.1 单因素方差分析的问题

单因素方差分析用来检验根据某一个分类变量得到的多个分类总体的均值是否相等.下面以一简单例子说明方差分析的原理.

【例 10.1】 某化肥生产商要检验三种新产品的效果,在同一地区选取 18 块大小相同、土质相近的农田中播种同样的种子,用等量的甲、乙、丙化肥各施于六块农田,试验结果每块农田的粮食产量如下所示.

	产量					
甲化肥	50	46	49	52	48	48
乙化肥	49	50	47	47	46	49
丙化肥	51	50	49	46	50	50

试根据试验数据推断甲、乙、丙三种化肥的肥效是否存在差异.

本例中,只考虑化肥这一个因素(记为 A)对粮食产量的影响,三种不同的化肥称为该因素的三个不同水平(分别记为 A_1, A_2, A_3).从表中数据看出,即使是施同一种化肥,由于随机因素(温度、湿度等)的影响,产量也不同.因而有:

(1) 粮食产量是随机变量,是数值型的变量;

(2) 把同一化肥(A 的同一水平)得到的粮食产量看成同一总体抽得的样本,施用不同化肥得到的粮食产量视为不同总体下抽得的样本,故表中数据应看成从三个总体 x_1, x_2, x_3 中分别抽了容量为 6 的样本的观测值.

推断甲乙丙三种化肥的肥效是否存在差异的问题,就是要辨别粮食产量之间的差异主要是由随机误差造成的,还是由不同化肥造成的,这一问题可归结为三个总体是否有相同分布的讨论.由于在实际中有充分的理由认为粮食产量服从正态分布,且在安排试验时,除所关心的因素(这儿是化肥)外,其他试验条件总是尽可能做到一致,这就使我们可以认为每个总体的方差相同,即 $x_i \sim N(\mu_i, \sigma^2), i=1,2,3$.

因此,推断三个总体是否具有相同分布的问题就简化为:检验几个具有相同方差的正态总体均值是否相等的问题,即检验

$$H_0: \mu_1=\mu_2=\mu_3, H_1: \mu_1, \mu_2, \mu_3 \text{ 不全相等}.$$

像这类检验若干同方差的正态总体均值是否相等的一种统计分析方法称为**方差分析**.当只有两个正态总体时,这类问题也可以用第 8 章讲过的两正态总体均值比较的方法来解决.

10.2.2　单因素方差分析的数学模型

进行单因素方差分析时,需要得到如表 10.2 所示的数据结构.

表 10.2　单因素方差分析中数据结构

观测值(j)	A 因素(i)			
	A_1	A_2	…	A_m
1	x_{11}	x_{21}	…	x_{m1}
2	x_{12}	x_{22}	…	x_{m2}
…	…	…	…	…
n_i	x_{1n_1}	x_{2n_2}	…	x_{mn_m}
平均值	$\bar{x}_{1.}$	$\bar{x}_{2.}$	…	$\bar{x}_{m.}$

表 10.2 中用 A 表示因素，A 的 m 个取值称为 m 个水平分别用 $A_1,A_2,\cdots,A_m$ 表示，每个水平对应一个总体.从不同水平(总体)中抽出的样本容量可以相同，也可以不同.若不同水平抽出的样本容量相同则称为**均衡数据**，否则称**非均衡数据**.

单因素方差分析问题的一般提法为：因素 A 有 m 个水平 $A_1,A_2,\cdots,A_m$，在 A_i 水平下，总体 $x_i \sim N(\mu_i,\sigma^2)$，$i=1,2,\cdots,m$.其中 μ_i 和 σ^2 均未知，但方差相等，希望对不同水平下总体的均值进行比较.

设 x_{ij} 表示第 i 个总体的第 j 个观测值($j=1,2,\cdots,n_i$，$i=1,2,\cdots,m$)，由于 $x_{ij} \sim N(\mu_i,\sigma^2)$，$i=1,2,\cdots,m$.单因素方差分析模型常可表示为

$$x_{ij}=\mu_i+\varepsilon_{ij},\quad \varepsilon_{ij}\sim N(0,\sigma^2)\text{ 相互独立},\quad 1\leqslant i\leqslant m,1\leqslant j\leqslant n_i.$$

其中 μ_i 表示第 i 个总体的均值，ε_{ij} 为随机误差.

10.2.3 单因素方差分析的方法

为了方便起见，可将上述单因素方差分析模型中的 μ_i 记为

$$\mu_i=\mu+\nu_i,$$

其中 $\mu=\dfrac{1}{n}\sum\limits_{i=1}^{m}n_i\mu_i$ 称为总均值 $\left(n=\sum\limits_{i=1}^{m}n_i\right)$，$\nu_i=\mu_i-\mu(i=1,2,\cdots,m)$称为因素 A 的第 i 个水平的附加效应，这样对不同水平下均值是否相同的检验

$$H_0:\mu_1=\mu_2=\cdots=\mu_m,H_1:\mu_1,\mu_2,\cdots,\mu_m\text{ 不全相等};$$

就可以表示为

$$H_0:\nu_1=\nu_2=\cdots=\nu_m=0,H_1:\nu_1,\nu_2,\cdots,\nu_m\text{ 不全为零}.$$

下面简单介绍检验统计量及检验方法.

以 $\bar{x}$ 表示所有 x_{ij} 的总平均值，$\bar{x}_{i.}$ 表示第 i 组数据的组内平均值，即

$$\bar{x}=\frac{1}{n}\sum_{i=1}^{m}\sum_{j=1}^{n_i}x_{ij},\quad \bar{x}_{i.}=\frac{1}{n_i}\sum_{j=1}^{n_i}x_{ij},$$

其中 $n=n_1+n_2+\cdots+n_m$.统计量：

$$\mathrm{SST}=\sum_{i=1}^{m}\sum_{j=1}^{n_i}(x_{ij}-\bar{x})^2$$

称为**总离差平方和**，或简称**总平方和**. 它反映了全部试验数据之间的差异.另外

$$\mathrm{SSM}_A=\sum_{i=1}^{m}\sum_{j=1}^{n_i}(\bar{x}_{i.}-\bar{x})^2=\sum_{i=1}^{m}n_i(\bar{x}_{i.}-\bar{x})^2$$

反映了每组数据均值和总平均值的差异，称为**组间离差平方和**，简称**组间平方和**，或称**因素 A 平方和**.

$$\mathrm{SSE}=\sum_{i=1}^{m}\sum_{j=1}^{n_i}(x_{ij}-\bar{x}_{i.})^2$$

反映了组内数据和组内平均的随机误差，称为**组内离差平方和**，或称为**误差平方和**.

可以证明

$$\mathrm{SST} = \mathrm{SSM}_A + \mathrm{SSE}.$$

构造检验统计量

$$F = \frac{\mathrm{SSM}_A/(m-1)}{\mathrm{SSE}/(n-m)},$$

可以证明,在 H_0成立下

$$F = \frac{\mathrm{SSM}_A/(m-1)}{\mathrm{SSE}/(n-m)} \sim F(m-1, n-m).$$

当原假设成立时,各总体均值相等,各样本均值间的差异应该较小,模型平方和也应较小,F 统计量取很大值应该是稀有的情形.所以对给定显著性水平 $\alpha \in (0, 1)$,H_0的拒绝域为

$$\left\{F = \frac{\mathrm{SSM}_A/(m-1)}{\mathrm{SSE}/(n-m)} \geqslant F_\alpha(m-1, n-m)\right\}.$$

若由观测数据 $x_{ij}(j=1,2,\cdots,n_i, i=1,2,\cdots,m)$计算得到 F 的观测值为 F_0,当 F_0落入拒绝域时拒绝原假设 H_0,可以认为所考虑的因素 A 对响应变量有显著影响;否则不能拒绝 H_0,认为所考虑的因素 A 对响应变量无显著影响.

另外,F 统计量的 $p=P\{F \geqslant F_0\}$,在显著水平 α 下,若 $P= P\{F \geqslant F_0\} < \alpha$,则拒绝原假设 H_0,可以认为所考虑的因素对响应变量有显著影响;否则不能拒绝 H_0,认为所考虑的因素对响应变量无显著影响.

通常将上述计算结果表示如表 10.3 所示的方差分析表.

表 10.3　单因素方差分析表

来源	平方和	自由度	平均平方和	F 统计量	P 值
组间	SSM_A	$m-1$	$\mathrm{SSM}_A/(m-1)$	$\mathrm{MS}_A/\mathrm{MSE}$	P
组内	SSE	$n-m$	$\mathrm{SSE}/(n-m)$		
全部	$\mathrm{SSM}_A+\mathrm{SSE}$	$n-1$			

其中,$\mathrm{MS}_A=\mathrm{SSM}_A/(m-1)$,$\mathrm{MSE}=\mathrm{SSE}/(n-m)$.利用方差分析表中的信息,就可以对单因素 A 各水平间的差异是否显著做出判断.

【实验 10.1】 利用 Excel 的数据分析工具对例 10.1 作方差分析.

实验步骤:

(1) 将例 10.1 中数据输入 Excel 中,如图 10.1 所示.

(2) 在 Excel 主菜单中选择"工具"→"数据分析",打开"数据分析"对话框,在"分析工具"列表中选择"方差分析:单因素方差分析"选项,单击"确定"按钮.

(3) 在打开的"方差分析:单因素方差分析"对话框中,输入"输入区域":B2:D8,

"分组方式"取默认的"列"方式,选中"标志位于第一行"复选框,如图 10.2 所示,单击"确定"按钮.

	A	B	C	D
1	18块农田产量			
2		甲化肥	乙化肥	丙化肥
3	产量	50	49	51
4		46	50	50
5		49	47	49
6		52	47	46
7		48	46	50
8		48	49	50

图 10.1 18 块农田产量

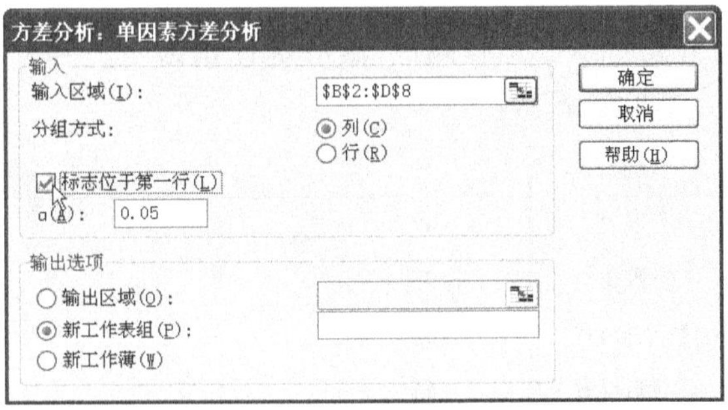

图 10.2 "方差分析:单因素方差分析"对话框

得到单因素方差分析的结果如图 10.3 所示.

(4) 结果分析.

第一部分"SUMMARY"提供拟合模型的一般信息,包括各分组的名称、观测数、和、均值和方差,如图 10.3 所示.

	A	B	C	D	E	F	G
1	方差分析：单因素方差分析						
2							
3	SUMMARY						
4	组	观测数	求和	平均	方差		
5	甲化肥	6	293	48.83333	4.166667		
6	乙化肥	6	288	48	2.4		
7	丙化肥	6	296	49.33333	3.066667		
8							
9							
10	方差分析						
11	差异源	SS	df	MS	F	P-value	F crit
12	组间	5.444444	2	2.722222	0.847751	0.447908	3.68232
13	组内	48.16667	15	3.211111			
14							
15	总计	53.61111	17				

图 10.3 单因素方差分析的结果

第二部分为方差分析表,其中各项含义可参见表 10.3 的说明.最右边多了一列:在 $\alpha=0.05$ 的显著水平下,单因素方差分析 F 检验的临界值(即 F 统计量的上 α 分位点:F_α).

从方差分析表可以看出,P 值大于 0.05(显著水平),所以不能拒绝原假设,没有足够的证据证明三种化肥的肥效有显著差异.

【例 10.2】 消费者与产品生产者、销售者或服务的提供者之间经常发生纠纷.当发生纠纷后，消费者常常会向消费者协会投诉.为了对几个行业的服务质量进行评价，消费者协会在零售业、旅游业、航空公司、家电制造业分别抽取了不同的企业作为样本.每个行业各抽取 5 家企业，所抽取的这些企业在服务对象、服务内容、企业规模等方面基本上是相同的.然后统计出最近一年中消费者对总共 20 家企业投诉的次数，结果如下：

行业	投诉次数				
零售业	57	66	49	40	44
旅游业	68	39	29	45	56
航空公司	31	49	21	34	40
家电制造业	44	51	65	77	58

通常，受到投诉的次数越多，说明服务的质量越差.消费者协会想知道这几个行业之间的服务质量是否有显著差异，试进行方差分析.

本例采用单因素方差分析法，只考虑行业这一个因素对投诉次数的影响，四个不同的行业称为该因素的四个不同水平.原假设是：不同行业对服务质量的投诉次数没有显著差异.

【实验 10.2】 利用 Excel 的数据分析工具对例 10.2 作方差分析.

实验步骤：

(1) 将数据输入 Excel 中，如图 10.4 所示.

	A	B	C	D
1	消费者对四个行业的投诉次数			
2	零售业	旅游业	航空公司	家电制造业
3	57	68	31	44
4	66	39	49	51
5	49	29	21	65
6	40	45	34	77
7	44	56	40	58

图 10.4　消费者对四个行业的投诉次数

(2) 在 Excel 主菜单中选择“工具”→“数据分析”，打开“数据分析”对话框，在“分析工具”列表中选择“方差分析：单因素方差分析”选项，单击“确定”按钮.

(3) 在打开的“方差分析：单因素方差分析”对话框中，输入“输入区域”：A2:D7，“分组方式”取默认的“列”方式，选中“标志位于第一行”复选框，如图 10.5 所示，单击“确定”按钮.

得到单因素方差分析的结果如图 10.6 所示.

(4) 结果分析：从方差分析表可以看出，P 值$=0.047647<0.05$(显著水平)，所以拒绝原假设，即 4 个行业之间的服务质量有显著差异.

从平均投诉的次数来看，家电制造业最高(59)、航空公司最低(35)，从各分组的方差来看，航空公司的服务最稳定(方差最小).

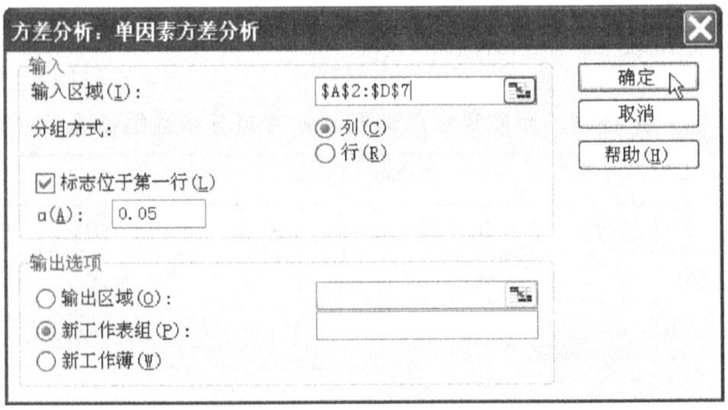

图 10.5 "方差分析:单因素方差分析"对话框

	A	B	C	D	E	F	G
1	方差分析：单因素方差分析						
2							
3	SUMMARY						
4	组	观测数	求和	平均	方差		
5	零售业	5	256	51.2	108.7		
6	旅游业	5	237	47.4	228.3		
7	航空公司	5	175	35	108.5		
8	家电制造	5	295	59	162.5		
9							
10							
11	方差分析						
12	差异源	SS	df	MS	F	P-value	F crit
13	组间	1502.55	3	500.85	3.295066	0.047647	3.238872
14	组内	2432	16	152			
15							
16	总计	3934.55	19				

图 10.6 单因素方差分析的结果

10.3 双因素方差分析

单因素方差分析研究的是总体的均值受一个因素不同水平的影响．但在一些实际问题中，影响总体均值的因素不止一个，这些因素间还可能存在交互作用，这就要考虑两个或多个因素的问题．为简单起见，下面仅考虑两个因素的情况．

10.3.1 无交互作用的双因素方差分析

在双因素方差分析中，如果在实际中已知因素间无交互作用，或者交互作用对试验指标的影响很弱，则可以忽略交互作用，此时对因素水平的每一个组合试验次数可以是一次.若第一个因素 A 有 l 个水平，第二个因素 B 有 m 个水平．在因素 A 的第

i 个水平和因素 B 的第 j 个水平下均进行一次观测，观测值记为$\{x_{ij}, 1\leqslant i\leqslant l, 1\leqslant j\leqslant m\}$. 其数据结构如表 10.4 所示 .

表 10.4　无重复观测的双因素方差分析数据结构

观测值		B 因素(j)				平均值
		B_1	B_2	…	B_m	
A 因素(i)	A_1	x_{11}	x_{12}	…	x_{1m}	$\bar{x}_{1.}$
	A_2	x_{21}	x_{22}	…	x_{2m}	$\bar{x}_{2.}$
	…	…	…	…	…	…
	A_l	x_{l1}	x_{l2}	…	x_{lm}	$\bar{x}_{l.}$
平均值		$\bar{x}_{.1}$	$\bar{x}_{.2}$	…	$\bar{x}_{.m}$	$\bar{x}$

无交互作用的双因素方差分析的数学模型可以表示为

$$x_{ij}=\mu+\alpha_i+\tau_j+\varepsilon_{ij}$$

$$\varepsilon_{ij}\sim N(0,\sigma^2)\text{，且相互独立，}1\leqslant i\leqslant l, 1\leqslant j\leqslant m.$$

$$\sum_{i=1}^{l}\alpha_i=0,\quad \sum_{j=1}^{m}\tau_i=0$$

其中 μ 表示平均的效应，α_i 和 τ_j 分别表示因素 A 的第 i 个水平和因素 B 的第 j 个水平的附加效应，ε_{ij} 为随机误差，假定 ε_{ij} 相互独立并且服从等方差的正态分布 .

要说明因素 A 有无显著影响，就是要检验如下假设：

$$H_{0A}:\alpha_1=\alpha_2=\cdots=\alpha_l=0, H_{1A}:\alpha_1,\alpha_2,\cdots,\alpha_l\text{ 不全为零.}$$

要说明因素 B 有无显著影响，就是要检验如下假设：

$$H_{0B}:\tau_1=\tau_2=\cdots=\tau_m=0, H_{1B}:\tau_1,\tau_2,\cdots,\tau_m\text{ 不全为零.}$$

与单因素方差分析类似，引进以下统计量：

总平均值

$$\bar{x}=\frac{1}{lm}\sum_{i=1}^{l}\sum_{j=1}^{m}x_{ij}.$$

组内平均值

$$\bar{x}_{i.}=\frac{1}{m}\sum_{j=1}^{m}x_{ij}\text{ 和 }\bar{x}_{.j}=\frac{1}{l}\sum_{i=1}^{l}x_{ij}.$$

因素 A 平方和

$$\mathrm{SSM}_A=m\sum_{i=1}^{l}(\bar{x}_{i.}-\bar{x})^2.$$

因素 B 平方和

$$SSM_B = l\sum_{j=1}^{m}(\bar{x}_{.j}-\bar{x})^2.$$

误差平方和

$$\mathrm{SSE}=\sum_{i=1}^{l}\sum_{j=1}^{m}(x_{ij}-\bar{x}_{i.}-\bar{x}_{.j}-\bar{x})^2.$$

总离差平方和

$$\mathrm{SST}=\sum_{i=1}^{l}\sum_{j=1}^{m}(x_{ij}-\bar{x})^2.$$

可以证明

$$\mathrm{SST}=\mathrm{SSM}_A+\mathrm{SSM}_B+\mathrm{SSE}.$$

构造检验统计量

$$F_A=\frac{\mathrm{SSM}_A/(l-1)}{\mathrm{SSE}/(l-1)(m-1)},$$

$$F_B=\frac{\mathrm{SSM}_B/(m-1)}{\mathrm{SSE}/(l-1)(m-1)}.$$

可以证明:在 H_{0A} 成立时,检验统计量

$$F_A=\frac{\mathrm{SSM}_A/(l-1)}{\mathrm{SSE}/(l-1)(m-1)}\overset{H_{0A}\text{真}}{\sim}F(l-1,(l-1)(m-1)).$$

在 H_{0B} 成立时,检验统计量

$$F_B=\frac{\mathrm{SSM}_B/(m-1)}{\mathrm{SSE}/(l-1)(m-1)}\overset{H_{0B}\text{真}}{\sim}F(m-1,(l-1)(m-1)).$$

对于给定的显著性水平 α,H_{0A} 的拒绝域为

$$\left\{F_A=\frac{\mathrm{SSM}_A/(l-1)}{\mathrm{SSE}/(l-1)(m-1)}\geqslant F_\alpha(l-1,(l-1)(m-1))\right\}.$$

H_{0B} 的拒绝域为

$$\left\{F_B=\frac{\mathrm{SSM}_B/(m-1)}{\mathrm{SSE}/(l-1)(m-1)}\geqslant F_\alpha(m-1,(l-1)(m-1))\right\}.$$

另外,若 F_A,F_B 统计量的观测值分别为 F_{A0},F_{B0},则
当值 $p=P\{F_A\geqslant F_{A0}\}<\alpha$ 时拒绝 H_{0A},否则不能拒绝 H_{0A};
当值 $p=P\{F_B\geqslant F_{B0}\}<\alpha$ 时拒绝 H_{0B},否则不能拒绝 H_{0B}.
无交互作用的双因素方差分析表见表 10.5.

表 10.5　无交互作用的双因素方差分析表

来源 Source	自由度 DF	平方和 Sun of Square	平均平方和 Mean Square	F 统计量 F value	P 值 $Pr>F$
因素 A	$l-1$	SSM_A	$SSM_A/(l-1)$	MS_A/MSE	P_A
因素 B	$m-1$	SSM_B	$SSM_B/(m-1)$	MS_B/MSE	P_B
随机误差	$(l-1)(m-1)$	SSE	$SSE/(l-1)(m-1)$		
全部	$lm-1$	SSM_A+SSM_B+SSE			

其中 $MS_A=SSM_A/(l-1)$，$MS_B=SSM_B/(m-1)$，$MSE=SSE/(l-1)(m-1)$. 利用方差分析表中的信息，就可以对每个因素对试验指标的影响是否显著做出判断 .

【例 10.3】 为了提高一种橡胶的定强，考虑三种不同的促进剂(因素 A)、四种不同分量的氧化锌(因素 B)对定强的影响，对配方的每种组合试验一次，总共试验了 12 次，得到数据如表 10.6 所示 .

表 10.6　不同的促进剂、不同分量的氧化锌对橡胶定强的影响

A:促进剂	B:氧化锌			
	1	2	3	4
1	31	34	35	39
2	33	36	37	38
3	35	37	39	42

试分析不同促进剂和不同份量氧化锌对橡胶的定强是否有显著影响 .

要分析不同促进剂和不同份量氧化锌对橡胶的定强是否有显著影响，由于没有重复观测数据，只能采用无交互作用的双因素方差分析，即要检验：

H_{0A}:不同促进剂对定强无影响，H_{1A}:不同促进剂对定强有显著影响；

H_{0B}:氧化锌的不同分量对定强无影响，H_{1B}:氧化剂的不同分量对定强有显著影响 .

具体计算可以在 Excel 中进行(参见实验 10.3).

【实验 10.3】 在 Excel 中对例 10.3 作方差分析 .

由于 Excel 的数据分析工具中没有“无交互作用的双因素方差分析”，故采用公式计算法 .

实验准备：

学习附录二中如下 Excel 函数：

(1) t 分布尾部概率函数 TDIST.

(2) 样本二阶中心矩函数 VARP.

	A	B	C	D	E	F
1			橡胶配方试验数据			
2		B：氧化锌				
3			B1	B2	B3	B4
4	A：促进剂	A1	31	34	35	39
5		A2	33	36	37	38
6		A3	35	37	39	42

图 10.7 橡胶配方试验数据

(3) 样本均值函数 AVERAGE.

实验步骤：

(1) 将例 10.2 中数据输入 Excel 中，如图 10.7 所示.

(2) 计算 $\bar{x}_{i.}$，在单元格 C7 中输入公式：=AVERAGE(C4:C6)

并将单元格 C7 中公式复制到单元格区域 D7:F7.

计算 $\bar{x}_{.j}$，在单元格 G4 中输入公式：=AVERAGE(C4:F4)

并将单元格 G4 中公式复制到单元格 G5，G6 中. 如图 10.8 所示.

D16 fx

	A	B	C	D	E	F	G
1			橡胶配方试验数据				
2		B：氧化锌					
3			B1	B2	B3	B4	
4	A：促进剂	A1	31	34	35	39	34.75
5		A2	33	36	37	38	36
6		A3	35	37	39	42	38.25
7			33	35.66667	37	39.66667	

图 10.8 计算组内平均值

(3) 计算方差分析表：

如图 10.9 所示，输入统计量名(提示信息).

输入自由度：在单元格 D10 中输入 2，D11 中输入 3，D12 中输入 6，D13 中输入 11.

计算平方和 SSM_A，在单元格 E10 中输入公式：=VARP(G4:G6) * 12

计算平方和 SSM_B，在单元格 E11 中输入公式：=VARP(C7:F7) * 12

计算平方和 SST，在单元格 E13 中输入公式：=VARP(C4:F6) * 12

计算平方和 SSE，在单元格 E12 中输入公式：=E13−E10−E11

计算平均平方和 MS_A，在单元格 F10 中输入公式：=E10/D10

计算平均平方和 MS_B，在单元格 F11 中输入公式：=E11/D11

计算平均平方和 MSE，在单元格 F12 中输入公式：=E12/D12

计算 F 统计量的观测值 F_{A0}，在单元格 G10 中输入公式：=F10/F12

计算 F 统计量的观测值 F_B，在单元格 G11 中输入公式：=F11/F12

计算 F 的 p 值，在单元格 H10 中输入公式：=FDIST(G10,D10,D12)

计算 F_B 的 p 值，在单元格 H11 中输入公式：=FDIST(G11,D11,D12)

如图 10.9 所示．

	A	B	C	D	E	F	G	H
1				橡胶配方试验数据				
2			B：氧化锌					
3			B1	B2	B3	B4		
4	A：促进剂	A1	31	34	35	39	34.75	
5		A2	33	36	37	38	36	
6		A3	35	37	39	42	38.25	
7			33	35.66667	37	39.666667		
8								
9			来源	自由度DF	平方和	平均平方和	F统计量	p值
10			因素A	2	25.16667	12.583333	18.12	0.002866
11			因素B	3	69.33333	23.111111	33.28	0.00039
12			随机误差	6	4.166667	0.6944444		
13			全部	11	98.66667			

图 10.9　计算方差分析表

(4)结果分析：从方差分析表中可以看出：

因素 A(即促进剂因素)：$p = 0.002866 < 0.05$，差异显著，表示使用不同促进剂会对橡胶的定强有显著影响．

因素 B(即氧化锌因素)：$p = 0.00039 < 0.05$，差异显著，表示使用不同氧化锌会对橡胶的定强有显著影响．

10.3.2　有交互作用的双因素方差分析

对于双因素方差分析，如果要考虑两因素对试验指标影响的交互作用，两因素不同水平搭配下的试验数据就不能只有一个，通常考虑等重复观测的情形，若第一个因素 A 有 l 个水平，第二个因素 B 有 m 个水平．在因素 A 的第 i 个水平和因素 B 的第 j 个水平下均进行了 $n(n>1)$ 次观测，观测值记为 $\{x_{ijk}, 1\leqslant i\leqslant l, 1\leqslant j\leqslant m, 1\leqslant k\leqslant n\}$．其数据结构如表 10.7 所示．

表 10.7 等重复观测的双因素方差分析数据结构

观测值		B 因素(j)				平均值
		B_1	B_2	…	B_m	
A 因素 (i)	A_1	$x_{111}\cdots x_{11n}$	$x_{121}\cdots x_{12n}$	…	$x_{1m1}\cdots x_{1mn}$	$\bar{x}_{1..}$
	A_2	$x_{211}\cdots x_{21n}$	$x_{221}\cdots x_{22n}$	…	$x_{2m1}\cdots x_{2mn}$	$\bar{x}_{2..}$
	…	…	…	…	…	…
	A_l	$x_{l11}\cdots x_{l1n}$	$x_{l21}\cdots x_{l2n}$	…	$x_{lm1}\cdots x_{lmn}$	$\bar{x}_{l..}$
平均值		$\bar{x}_{.1.}$	$\bar{x}_{.2.}$	…	$\bar{x}_{.m.}$	$\bar{x}$

有交互作用的双因素方差分析的数学模型可以表示为

$$x_{ijk}=\mu+\alpha_i+\tau_j+\gamma_{ij}+\varepsilon_{ijk};$$

$$\varepsilon_{ijk}\sim N(0,\sigma^2)，且相互独立；1\leqslant i\leqslant l,1\leqslant j\leqslant m,1\leqslant k\leqslant n.$$

$$\sum_{i=1}^{l}\alpha_i=0,\quad \sum_{j=1}^{m}\tau_i=0,\quad \sum_{i=1}^{l}\gamma_{ij}=0,\quad \sum_{j=1}^{m}\gamma_{ij}=0.$$

其中 μ 表示平均的效应，α_i 和 τ_j 分别表示因素 A 的第 i 个水平和因素 B 的第 j 个水平的附加效应，γ_{ij} 表示因素 A 的第 i 个水平和因素 B 的第 j 个水平的交互效应，ε_{ijk} 为随机误差，这里也假定随机误差 ε_{ijk} 是相互独立的并且服从等方差的正态分布.

要说明因素 A 有无显著影响，就是要检验如下假设：

$$H_{0A}:\alpha_1=\alpha_2=\cdots=\alpha_l=0,H_{1A}:\alpha_1,\alpha_2,\cdots,\alpha_l \text{ 不全为零};$$

要说明因素 B 有无显著影响，就是要检验如下假设：

$$H_{0B}:\tau_1=\tau_2=\cdots=\tau_m=0,H_{1B}:\tau_1,\tau_2,\cdots,\tau_m \text{ 不全为零};$$

要说明因素 A 与因素 B 的交互作用有无显著影响，就是要检验如下假设：

$$H_{0(A*B)}:\gamma_{ij}=0(1\leqslant i\leqslant l,1\leqslant j\leqslant m),$$

$$H_{1(A*B)}:\gamma_{ij} \text{ 不全为零}(1\leqslant i\leqslant l,1\leqslant j\leqslant m).$$

和无交互作用的方差分析相比，这里增加了交互作用的检验．引进以下统计量：

总平均值

$$\bar{x}=\frac{1}{lmn}\sum_{i=1}^{l}\sum_{j=1}^{m}\sum_{k=1}^{n}x_{ijk}.$$

组内平均值

$$\bar{x}_{ij.}=\frac{1}{n}\sum_{k=1}^{n}x_{ijk},\bar{x}_{i..}=\frac{1}{mn}\sum_{j=1}^{m}\sum_{k=1}^{n}x_{ijk} \text{ 和 } \bar{x}_{.j.}=\frac{1}{l_n}\sum_{i=1}^{l}\sum_{k=1}^{n}x_{ijk}.$$

因素 A 平方和

$$\mathrm{SSM}_A=mn\sum_{i=1}^{l}(\bar{x}_{i..}-\bar{x})^2.$$

因素 B 平方和

$$\mathrm{SSM}_B = ln\sum_{j=1}^{m}(\bar{x}_{.j.}-\bar{x})^2.$$

误差平方和

$$\mathrm{SSE} = \sum_{i=1}^{l}\sum_{j=1}^{m}\sum_{k=1}^{n}(x_{ijk}-\bar{x}_{ij.})^2.$$

交互作用平方和

$$\mathrm{SSM}_{(A*B)} = n\sum_{i=1}^{l}\sum_{j=1}^{m}(\bar{x}_{ij.}-\bar{x}_{i..}-\bar{x}_{.j.}-\bar{x})^2.$$

总离差平方和

$$\mathrm{SST} = \sum_{i=1}^{l}\sum_{j=1}^{m}\sum_{k=1}^{n}(x_{ijk}-\bar{x})^2.$$

可以证明

$$\mathrm{SST} = \mathrm{SSM}_A + \mathrm{SSM}_B + \mathrm{SSM}_{(A*B)} + \mathrm{SSE}$$

在 H_{0A}成立时，

$$F_A = \frac{\mathrm{SSM}_A/(l-1)}{\mathrm{SSE}/lm(n-1)} \overset{H_{0A}\text{真}}{\sim} F(l-1, lm(n-1)).$$

在 H_{0B}成立时，

$$F_B = \frac{\mathrm{SSM}_B/(m-1)}{\mathrm{SSE}/lm(n-1)} \overset{H_{0B}\text{真}}{\sim} F(m-1, lm(n-1)).$$

在 $H_{0(A*B)}$成立时，

$$F_{(A*B)} = \frac{\mathrm{SSM}_{(A*B)}/(l-1)(m-1)}{\mathrm{SSE}/(lm(n-1))} \overset{H_{0A}\text{真}}{\sim} F((l-1)(m-1), lm(n-1)).$$

对于给定的显著性水平 α，H_{0A}的拒绝域为

$$\left\{F_A = \frac{\mathrm{SSM}_A/(l-1)}{\mathrm{SSE}/lm(n-1)} \geqslant F_\alpha(l-1, lm(n-1))\right\}.$$

H_{0B}的拒绝域为

$$\left\{F_B = \frac{\mathrm{SSM}_B/(m-1)}{\mathrm{SSE}/lm(n-1)} \geqslant F_\alpha(m-1, lm(n-1))\right\}.$$

$H_{0(A*B)}$的拒绝域为

$$\left\{F_{(A*B)} = \frac{\mathrm{SSM}_{(A*B)}/(l-1)(m-1)}{\mathrm{SSE}/(lm(n-1))} \geqslant F_\alpha((l-1)(m-1), lm(n-1))\right\}.$$

另外，若 F_A，F_B和 $F_{(A*B)}$统计量的观测值分别为 F_{A0}，F_{B0}和 $F_{(A*B)0}$则

当值 $p = P\{F_A \geqslant F_{A0}\} < \alpha$ 时拒绝 H_{0A}，否则不能拒绝 H_{0A}；

当值 $p = P\{F_B \geqslant F_{B0}\} < \alpha$ 时拒绝 H_{0B}，否则不能拒绝 H_{0B}；

当值 $p = P\{F_{(A*B)} \geqslant F_{(A*B)0}\} < \alpha$ 时拒绝 $H_{0(A*B)}$，否则不能拒绝 $H_{0(A*B)}$. 有交互作用的双因素方差分析表的形式见表 10.8.

表 10.8 有交互作用的双因素方差分析表

来源 Source	自由度 DF	平方和 Sun of Square	平均平方和 Mean Square	F 统计量 F value	P 值 Pr>F
因素 A	$l-1$	SSM_A	$SSM_A/(l-1)$	MS_A/MSE	P_A
因素 B	$m-1$	SSM_B	$SSM_B/(m-1)$	MS_B/MSE	P_B
$A*B$	$(l-1)(m-1)$	$SSM_{(A*B)}$	$SSM_{(A*B)}/(l-1)(m-1)$	$MS_{(A*B)}/MSE$	$P_{(A*B)}$
随机误差	$lm(n-1)$	SSE	$SSE/lm(n-1)$		
全部	$lmn-1$	$SSM_A+SSM_B+SSM_{(A*B)}+SSE$			

其中 $MS_A = SSM_A/(l-1)$，$MS_B = SSM_B/(m-1)$，$MS_{(A*B)} = SSM_{(A*B)}/(l-1)(m-1)$，$MSE = SSE/lm(n-1)$. 利用表中的信息，就可以对各个因素间交互作用是否显著和每个因素各水平间的差异是否显著做出判断 .

【例 10.4】(有交互作用的双因素方差分析) 考虑合成纤维收缩率(因素 A)和总拉伸倍数(因素 B)对纤维弹性 y 的影响.收缩率取 4 个水平：$A_1=0, A_2=4, A_3=8, A_4=12$；因素 B 也取 4 个水平：$B_1=460, B_2=520, B_3=580, B_4=640$.在每个组合 A_iB_j 下重复做两次试验，弹性数据如表 10.9 所示.

考虑如下问题：

(1) 收缩率(因素 A)、拉伸倍数(因素 B)对弹性 y 有无显著性影响?

(2) 因素 A 和因素 B 是否有交互作用?

表 10.9 合成纤维收缩率和总拉伸倍数对纤维弹性的影响

A:收缩率	B:拉伸倍数			
	460	520	580	640
0	71,73	72,73	75,73	77,75
4	73,75	76,74	78,77	74,74
8	76,73	79,77	74,75	74,73
12	75,73	73,72	70,71	69,69

解 本例可以采用有交互作用的双因素方差分析，就是要检验如下假设：

H_{0A}：不同收缩率对弹性无影响，H_{1A}：不同收缩率对弹性有显著影响；

H_{0B}：不同拉伸倍数对弹性无影响，H_{1B}：不同拉伸倍数对弹性有显著影响；

$H_{0(A*B)}$:因素 A 和因素 B 无交互作用,$H_{1(A*B)}$:因素 A 和因素 B 有交互作用.

具体计算可以在 Excel 中进行(参见实验 10.4).

【实验 10.4】 使用 Excel 的数据分析工具对例 10.4 进行有交互作用的双因素方差分析.

分析步骤如下:

(1) 将表 10.8 中数据输入 Excel 中,如图 10.10 所示.

	A	B	C	D	E	F
1	合成纤维收缩率和总拉伸倍数对纤维弹性的影响					
2			*B*:拉伸倍数			
3			B460	B520	B580	B640
4	*A*:收缩率	A0	71	72	75	77
5			73	73	73	75
6		A4	73	76	78	74
7			75	74	77	74
8		A8	76	79	74	74
9			73	77	75	73
10		A12	75	73	70	69
11			73	72	71	69

图 10.10　收缩率和总拉伸倍数对纤维弹性的影响

(2) 在 Excel 主菜单中选择"工具"→"数据分析",打开"数据分析"对话框,在"分析工具"列表中选择"方差分析:可重复双因素方差分析"选项,单击"确定"按钮.

(3) 在打开的"方差分析:可重复双因素方差分析"对话框中,输入"输入区域":B3:F11,输入"每一样本的行数":2,如图 10.11 所示,单击"确定"按钮.

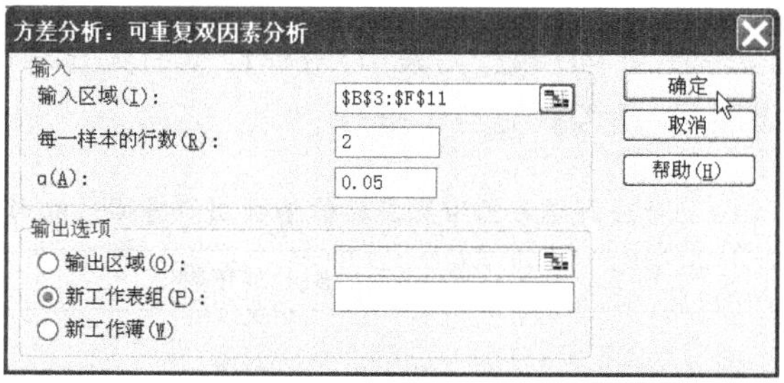

图 10.11　"方差分析:可重复双因素方差分析"对话框

得到可重复双因素方差分析的结果如图 10.12 所示.

(4) 结果分析:从方差分析表(第 33 行～第 40 行)可以看出:

样本因素(因素 A):$p<0.0001<0.05$,差异显著,表示收缩率对纤维弹性有显著影响.

列因素(因素 B):$p=0.1363>0.05$,差异不显著,表示拉伸倍数对纤维弹性无显著影响.

	A	B	C	D	E	F
1	方差分析：可重复双因素分析					
2	SUMMARY	B460	B520	B580	B640	总计
3	A0					
4	观测数	2	2	2	2	8
5	求和	144	145	148	152	589
6	平均	72	72.5	74	76	73.625
7	方差	2	0.5	2	2	3.696429
8						
9	A4					
10	观测数	2	2	2	2	8
11	求和	148	150	155	148	601
12	平均	74	75	77.5	74	75.125
13	方差	2	2	0.5	0	2.982143
14						
15	A8					
16	观测数	2	2	2	2	8
17	求和	149	156	149	147	601
18	平均	74.5	78	74.5	73.5	75.125
19	方差	4.5	2	0.5	0.5	4.410714
20						
21	A12					
22	观测数	2	2	2	2	8
23	求和	148	145	141	138	572
24	平均	74	72.5	70.5	69	71.5
25	方差	2	0.5	0.5	0	4.571429
26						
27	总计					
28	观测数	8	8	8	8	
29	求和	589	596	593	585	
30	平均	73.625	74.5	74.125	73.125	
31	方差	2.553571	6.571429	7.553571	7.839286	

(a)

32							
33	方差分析						
34	差异源	SS	df	MS	F	P-value	F crit
35	样本	70.59375	3	23.53125	17.51163	2.62E-05	3.238872
36	列	8.59375	3	2.864583	2.131783	0.136299	3.238872
37	交互	79.53125	9	8.836806	6.576227	0.000591	2.537667
38	内部	21.5	16	1.34375			
39							
40	总计	180.2188	31				

(b)

图 10.12 可重复双因素方差分析的结果

交互因素：$p=0.000591<0.05$，差异显著，表示合成纤维收缩率和拉伸倍数有显著交互作用.

【营销策略问题解答】

某苹果汁厂家开发了一种新产品——浓缩苹果汁，一包该果汁与水混合可产生1升的普通苹果汁.该产品有三点特性可以吸引消费者的注意：

1. 它比目前市场销售的罐装苹果汁方便.

2. 由于市场上的罐装苹果汁事实上也是通过浓缩果汁制造而成，因此新产品的质量至少不会差于罐装苹果汁.

3. 新产品的生产成本要略低于罐装苹果汁.

营销经理需要决定的是如何宣传这种新产品，她可以通过强调产品的便利性、高品质或价格优势的广告来推销，还可以使用两种媒体中的一种来刊登广告：电视和报纸.

为了决定采用何种广告战略，她分别在6个小城市开展试验.

在城市1，营销的重点是宣传浓缩果汁的便利性（例如，很方便地就可以从商店搬回家，占用更少的冰箱空间等），广告采用电视形式；

在城市2，营销的重点依然是便利性，但广告采用报纸形式；

在城市3，营销的重点是大力宣传产品的质量（画面上“普通的”购买者正在讨论果汁的口味如何纯正)，广告采用电视形式；

在城市4，营销的重点也是质量，但广告采用报纸形式；

城市5和城市6的营销重点都是产品的另一亮点——相对较低的成本，但城市5采用电视形式，而城市6采用报纸形式.

记录下每个城市10周中每周的销售情况.数据如表10.10所示(1～6列分别是每个城市的10个观测值).

从这些数据来看：

(1) 采用不同的营销策略对销售是否有显著的差异？

(2) 采用不同的广告媒体对销售是否有显著的差异？

(3) 不同营销策略与不同广告媒体之间有无交互作用？

表10.10　不同营销策略及广告媒体下的销售情况

城市1	城市2	城市3	城市4	城布5	城市6
491	464	677	689	575	803
712	559	627	650	614	584
558	759	590	704	706	525
447	557	632	652	484	498
479	528	683	576	478	812
624	670	760	836	650	565
546	534	690	628	583	708
444	657	548	798	536	546
582	557	579	497	579	616
672	474	644	841	795	587

	A	B	C	D
1		因素A: 策略		
2	因素B:媒体	便利性	质量	价格
3	电视	491	677	575
4		712	627	614
5		558	590	706
6		447	632	484
7		479	683	478
8		624	760	650
9		546	690	583
10		444	548	536
11		582	579	579
12		672	644	795
13	报纸	464	689	803
14		559	650	584
15		759	704	525
16		557	652	498
17		528	576	812
18		670	836	565
19		534	628	708
20		657	798	546
21		557	497	616
22		474	841	587

图10.13　调查数据

解　考虑有交互作用的双因素方差分析.在Excel中整理数据，如图10.13所示.

使用Excel数据分析工具得到如下分析结果.

结果分析：从方差分析表(图10.14(b))可以看出：

样本因素(因素A)：$p=0.2387>0.05$，差异不显著，表示在电视上或是在报纸上作广告的效果是一样的.

列因素(因素B)：$p=0.0077<0.05$，各水平之间差异显著，即营销策略对销售情况有显著影响.

交互因素：$p=0.917>0.05$，差异不显著，表示不同营销策略与不同广告媒体之间交互作用不显著.

从图 10.14(a)看出，无论哪种媒体广告，强调质量时的销售情况是最好的.其销售量的均值分别为电视：643.0，报纸：687.1.

	A	B	C	D	E
1	方差分析：可重复双因素分析				
2					
3	SUMMARY	便利性	质量	价格	总计
4	电视				
5	观测数	10	10	10	30
6	求和	5555	6430	6000	17985
7	平均	555.5	643	600	599.5
8	方差	8641.389	3884.667	9527.556	8164.397
9					
10	报纸				
11	观测数	10	10	10	30
12	求和	5759	6871	6244	18874
13	平均	575.9	687.1	624.4	629.1333
14	方差	8545.878	12558.54	12523.82	12579.91
15					
16	总计				
17	观测数	20	20	20	
18	求和	11314	13301	12244	
19	平均	565.7	665.05	612.2	
20	方差	8250.853	8300.682	10602.06	

(a)

	A	B	C	D	E	F	G
23	方差分析						
24	差异源	SS	df	MS	F	P-value	F crit
25	样本	13172.02	1	13172.02	1.419351	0.23872	4.019541
26	列	98838.63	2	49419.32	5.32518	0.007748	3.168246
27	交互	1609.633	2	804.8167	0.086723	0.917058	3.168246
28	内部	501136.7	54	9280.309			
29							
30	总计	614757	59				

(b)

图 10.14 分析结果

习 题 10

1. 企业在评价项目时，通常会比较各项目的收益率，如果项目的收益率大于基准收益率，则认为项目是可以盈利的，企业便对该项目进行投资.为此企业考察了近期在三个主营项目上的收益率情况：

项目 1	5.73	13.49	0.22	2.08	0.49	0.26
项目 2	1.51	13.27	6.11	3.68	2.46	4.28
项目 3	8.95	14.38	12.95	0.68	3.29	5.15

试用单因素方差分析检验这三个项目的收益率是否存在明显的差异.

2. 某房地产开发商为研究购房者的背景特征与购房者对房价的看法之间的关系，专门设计了调查问卷，获得了购房者的一些基本资料以及他们对房产价格的看法，其中一项要求受访购房者为房价的高低打分，从 1 到 100 分，如果觉得价格高则打分也高，不同学历购房者对房价的打分情况如下.

初中	1	6	51	60	21	48
高中	4	34	17	10	3	22
大专	57	75	73	35	68	48
本科	51	65	99	40	24	20

请用单因素方差分析检验不同学历的购房者是否对房价有一致的看法.

3. 为了研究不同广告形式的效果：某工厂选择四种广告形式进行试验：当地报纸广告(paper)、当地广播广告(ratio)、店内销售员(people)、店内展示(display)，在该省共分为 144 个销售

点,每种广告方式随机地在36个销售点实施.在每个销售点以万元为单位计量其销售量如下:

id	display	paper	people	radio	id	display	paper	people	radio
1	52	75	63	69	19	41	68	58	54
2	61	57	67	51	20	44	75	82	78
3	61	76	85	100	21	86	83	78	79
4	76	77	80	90	22	75	66	87	83
5	57	75	87	77	23	75	66	70	74
6	52	72	62	60	24	63	76	77	69
7	33	76	70	33	25	52	70	68	68
8	69	81	75	79	26	61	86	61	75
9	60	63	40	73	27	43	62	55	65
10	61	94	64	100	28	69	88	76	70
11	66	54	40	61	29	43	56	70	53
12	41	70	67	68	30	51	86	77	73
13	65	87	51	68	31	60	84	42	79
14	58	65	61	63	32	52	77	71	66
15	50	65	75	83	33	55	78	65	65
16	44	79	64	76	34	52	80	78	81
17	45	62	50	73	35	45	62	37	57
18	58	75	62	74	36	60	70	83	65

从这些数据看,各种广告方式下的销售量有显著差异吗?

4. 酿造厂有化验员三名,担任发酵粉的颗粒检验.今有三位化研员每天从该厂所产的发酵粉中抽样一次,连续10天,每天检验其中所含颗粒的百分率,结果如下所示.试分析3名化验员的化验技术之间与每日所抽取样本之间有无显著差异?

		因素 B(化验时间)									
		B_1	B_2	B_3	B_4	B_5	B_6	B_7	B_8	B_9	B_{10}
因素 A(化验员)	A_1	10.1	4.7	3.1	3.0	7.8	8.2	7.8	6.0	4.9	3.4
	A_2	10.0	4.9	3.1	3.2	7.8	8.2	7.7	6.2	5.1	3.4
	A_3	10.2	4.8	3.0	3.0	7.8	8.4	7.8	6.1	5.0	3.3

5. 工厂订单的多少直接反映了工厂生产的产品的畅销程度,因此工厂订单数目的增减是经营者所关心的.经营者为了研究产品的外形设计及销售地区对月订单数目的影响,记录了一个月中不同外形设计的该类产品在不同地区的订单数据:

销售地区	设计1	设计2	设计3
地区1	700	450	560
地区2	597	357	420
地区3	697	552	720
地区4	543	302	515

试用双因素方差分析检验该产品的外形设计与销售地区是否对订单的数量有所影响.

6.下表给出某种化工过程在三种浓度、四种温度水平下得率的数据.假设在诸水平搭配下得率的总体服从正态分布，且方差相等，试在 $\alpha=0.05$ 水平下检验不同浓度下得率有无显著差异；在不同温度下得率有无显著差异；交互作用的效应是否显著？

浓度/%	温度/℃			
	10	24	38	52
2	41	11	13	10
	10	11	9	12
4	9	10	7	6
	7	8	11	10
6	5	13	12	14
	11	14	13	10

7. 北京市房地产开发商想要了解本市商品房各类房型在各地的销售情况，搜集了房屋的销售量数据：

		三室两厅	两室两厅	复式房型	其他
朝阳区	1 月份	652	521	67	486
	2 月份	711	548	59	338
海淀区	1 月份	481	521	50	391
	2 月份	509	425	55	348
大兴区	1 月份	397	561	28	147
	2 月份	314	570	24	184
通州区	1 月份	157	138	8	96
	2 月份	164	194	5	57
其他	1 月份	217	449	5	147
	2 月份	145	492	8	108

试用有交互作用的双因素方差分析检验地区与房型之间是否存在交互作用.

习题答案

习 题 1

(A)

一、填空题

1. (1) $\Omega=\{2,3,4,\cdots,12\}$； (2) $\Omega=\{$白,黑$\}$； (3) $\Omega=\{0,1,2\}$； (4) $\Omega=\{v\,|\,v\geqslant 0\}$.

2. (1) $1-P(A)$； (2) $P(B)-P(AB)$；

(3) $P(A)+P(B)+P(C)-P(AB)-P(AC)-P(BC)+P(ABC)$.

3. (1) $A\bar{B}\bar{C}$； (2) $A\cup B\cup C$； (3) $A\bar{B}\bar{C}\cup\bar{A}B\bar{C}\cup\bar{A}\bar{B}C$；

(4) $\bar{A}\bar{B}\bar{C}\cup A\bar{B}\bar{C}\cup\bar{A}B\bar{C}\cup\bar{A}\bar{B}C$； (5) $\bar{A}\bar{B}\bar{C}$或$\overline{A\cup B\cup C}$； (6) $\bar{A}(B\cup C)$.

4. (1) $\frac{5}{8}$, (2) 0, (3) $\frac{3}{8}$.

5. (1) $\frac{2}{n(n-1)}$； (2) $\frac{n-3}{n}$； (3) $1-\frac{(n-5)(n-6)(n-7)}{n(n-1)(n-2)}$.

6. $\frac{5}{12}$.

7. (1) $P(B)=\sum_{i=1}^{n}P(A_i)P(B\mid A_i),i=1,2,\cdots,n$；

(2) $P(A_i\mid B)=\frac{P(A_i)P(B\mid A_i)}{\sum_{i=1}^{n}P(A_i)P(B\mid A_i)},i=1,2,\cdots,n$.

8. $P(AB)=P(A)P(B)$；$P(AB)=P(A)P(B)$，$P(BC)=P(B)P(C)$，$P(AC)=P(A)P(C)$，$P(ABC)=P(A)P(B)P(C)$.

9. (1) $\frac{28}{45}$； (2) $\frac{16}{45}$； (3) $\frac{1}{45}$； (4) $\frac{1}{5}$.

10. 0.42. 11. (1) 0.3； (2) 0.5.

12. 0.3. 13. 4. 14. 3/4.

二、单项选择题

1. C. 2. D. 3. A. 4. C. 5. B. 6. C. 7. D. 8. C. 9. B. 10. C. 11. B.

三、解答题

1. (4) (6).

2. $P(AB)\leqslant P(A)\leqslant P(A\cup B)\leqslant P(A)+P(B)$.

3. $1-p$. 4. 0.6. 5. $\frac{11}{15},\frac{4}{15},\frac{17}{20},\frac{3}{20}$.

6. (1) $\frac{1}{12}$； (2) $\frac{1}{20}$. 7. $\frac{3}{8},\frac{9}{16},\frac{1}{16}$.

8. 0.3,0.6,0.1. 9. $\frac{13}{28}$. 10. $\frac{17}{25}$.

11. $\frac{1}{2}+\frac{1}{\pi}$. 12. $\frac{1}{3}$. 13. $\frac{1}{5}$. 14. $\frac{13}{24},\frac{3}{13}$. 15. $\frac{196}{197}$. 16. $\frac{102}{151}$, 17. 0.6.

18. 0.5. 19. 0.75. 20. (1) 第二种；(2) 第一种.

(B)

1. $\frac{1}{4}$. 2. 证明略. 3. 证明略. 4. 证明略.

5. (1) $\frac{3p-p^2}{2}$；(2) $\frac{2p}{p+1}$.

6. 0.892. 7. 0.905.

8. (1) 0.356475,0.4365；(2) 0.207025.

9. 甲、乙、丙各得冠军的概率分别为$\frac{5}{14},\frac{5}{14},\frac{2}{7}$.

习 题 2

(A)

一、填空题

1. $P\{X\leqslant x\}$；$F(x_2)-F(x_1)$.

2. $C_n^k p^k(1-p)^{n-k}, k=0,1,\cdots,n$.

3. $P\{X=k\}=\frac{\lambda^k}{k!}e^{-\lambda}(\lambda>0), k=0,1,2,\cdots$.

4. $\frac{1}{1+\lambda}$.

5. $f(x)=\begin{cases}\frac{1}{b-a}, & a<x<b,\\ 0, & \text{其他}.\end{cases}$

6. $f(x)=\frac{1}{\sqrt{2\pi}\sigma}e^{-\frac{(x-\mu)^2}{2\sigma^2}}, x\in\mathbf{R}$.

7. $\varphi(x)=\frac{1}{\sqrt{2\pi}}e^{-\frac{x^2}{2}}, x\in\mathbf{R}$.

8. $\Phi\left(\frac{b-\mu}{\sigma}\right)-\Phi\left(\frac{a-\mu}{\sigma}\right)$.

9.

X	-1	1	2
p_i	0.4	0.4	0.2

10. $\frac{9}{64}$. 11. 0.7257;0.8950;0.8822.

12. $F\left(\frac{y-1}{3}\right)$. 13. $\frac{13}{48}$.

14. $1-e^{-1}$.

二、单项选择题

1. B. 2. B. 3. C. 4. D. 5. C. 6. A. 7. D. 8. B. 9. A.

三、解答题

1. (1)

X	1	2	3	4	5	6
p_i	11/36	9/36	7/36	5/36	3/36	1/36

(2) $F(x)=\begin{cases}0, & x<1,\\ \frac{11}{36}, & 1\leqslant x<2,\\ \frac{20}{36}, & 2\leqslant x<3,\\ \frac{27}{36}, & 3\leqslant x<4,\\ \frac{32}{36}, & 4\leqslant x<5,\\ \frac{35}{36}, & 5\leqslant x<6,\\ 1, & 6\leqslant x.\end{cases}$

2.

X	-1	99
p_i	125/126	1/126

3. $e^{-\lambda}$.

4.

(1) $F(x)=\begin{cases}0, & x<-1,\\ \frac{1}{4}, & -1\leqslant x<2,\\ \frac{3}{4}, & 2\leqslant x<3,\\ 1, & x\geqslant 3;\end{cases}$　(2) $\frac{1}{4},\frac{1}{2},\frac{3}{4}$.

5. (1) $\frac{1}{3}$;　(2) $\frac{1}{16}$;　(3) $\frac{1}{7}$.

6. (1) $e^{-1.5}$;　(2) $1-e^{-2.5}$.

7. 0.9972.　8. 0.1631.

9. $P\{Y=k\}=C_5^k(e^{-2})^k(1-e^{-2})^{5-k}, k=0,1,\cdots,5$;　0.5167.

10. (1) $\frac{1}{2}$;　(2) $\frac{\sqrt{2}}{4}$.

11. (1) 1;　(2) 0.4;　(3) $f(x)=\begin{cases}2x, & 0<x<1,\\ 0, & \text{其他}.\end{cases}$

12. $\frac{3}{5}$.

13. (1) 0.5328, 0.9996, 0.6977, 0.5;　(2) $c=3$,　(3) $d\leqslant 0.42$.

14. 0.95.　15. 不变.

16.

Y	0	1	4	9
p_i	1/5	7/30	1/5	11/30

Z	0	1	2	3
p_i	1/5	7/30	1/5	11/30

17. $f(y)=\begin{cases}\dfrac{1}{y\sqrt{2\pi}\sigma}\exp\left\{-\dfrac{(\ln y-\mu)^2}{2\sigma^2}\right\}, & y>0,\\ 0, & y\leqslant 0.\end{cases}$

18. $f_Y(y)=\begin{cases}1, & 0<y<1,\\ 0, & \text{其他}.\end{cases}$ 19. $f(y)=\begin{cases}\dfrac{1}{2y}, & e^2<y<e^4,\\ 0, & \text{其他}.\end{cases}$

20. (1) $f_{Y_1}(y)=\begin{cases}\dfrac{y^2}{18}, & -3<y<3,\\ 0, & \text{其他};\end{cases}$ (2) $f_{Y_2}(y)=\begin{cases}\dfrac{3(3-y)^2}{2}, & 2<y<4,\\ 0, & \text{其他};\end{cases}$

(3) $f_{Y_3}(y)=\begin{cases}\dfrac{3\sqrt{y}}{2}, & 0<y<1,\\ 0, & \text{其他}.\end{cases}$

四、应用题

1. 6. 2. 0.8916. 3. (1) 0.8698; (2) 0.3801.

4. $F(Y)=\begin{cases}0, & y<0,\\ 1-e^{-\frac{y}{5}}, & 0\leqslant y<2,\\ 1, & y\geqslant 2.\end{cases}$ 5. (1) 1/70; (2) 有区分的能力.

(B)

1. $1\leqslant k\leqslant 3$.

2.

Y	-1	1
p_i	1/3	2/3

3. $\dfrac{3(1-y)^2}{\pi[1+(1-y)^6]}$. 4. 略. 5. $F_Y(y)=\begin{cases}0, & y<0,\\ y, & 0\leqslant y<1,\\ 1, & y\geqslant 1.\end{cases}$

6. (1) $f_{Y_1}(y)=\begin{cases}\dfrac{1}{2}e^{-\frac{y-1}{2}}, & y>1,\\ 0, & \text{其他}.\end{cases}$ (2) $f_{Y_2}(y)=\begin{cases}\dfrac{1}{y^2}, & y>1,\\ 0, & \text{其他};\end{cases}$

(3) $f_{Y_3}(y)=\begin{cases}\dfrac{1}{2\sqrt{y}}e^{-\sqrt{y}}, & y>0,\\ 0, & \text{其他}.\end{cases}$

7. 略

8. (1) $F_Y(y)=\begin{cases}0, & y<1,\\ \dfrac{y^3+18}{27} & 1\leqslant y<2,\\ 1 & y\geqslant 2;\end{cases}$

(2) 8/27.

习　题　3

(A)

一、填空题

1. $P\{X=x_i, Y=y_j\}, i,j=1,2,\cdots$;　1.

2. $P\{X=x_i\}=\sum_{j=1}^{\infty} p_{ij}, i=1,2,\cdots$;　$p_{ij}=P\{X=x_i\}P\{Y=y_j\}, i,j=1,2,\cdots$.

3. $\frac{1}{2}$.　　4. $\int_{-\infty}^{y}\int_{-\infty}^{x} f(x,y)\mathrm{d}x\mathrm{d}y$,　1.

5. $\int_{-\infty}^{+\infty} f(x,y)\mathrm{d}y$; $\int_{-\infty}^{+\infty} f(x,y)\mathrm{d}x$; $f(x,y)=f_X(x)f_Y(y)$ 几乎处处成立.

6. $f(x,y)=\begin{cases}\frac{1}{A}, & (x,y)\in G,\\ 0, & \text{其他}.\end{cases}$　7. $\frac{1}{4}$;　$f_Y(y)=\begin{cases}\frac{1}{2}, & 0\leqslant y\leqslant 2,\\ 0, & \text{其他}.\end{cases}$

8. $\frac{1}{4}$.　9. $\frac{5}{7}$.　10. $\frac{1}{4}$.　11. $\frac{1}{9}$.　12. $P(3.5)$.　13. $N(-1,5), N(5,14)$.

二、单项选择题

1.B.　2. B.　3. A.　4. C.　5. B.　6. A.　7. D.　8. A.　9. A.　10. D.

三、解答题

1.

X \ Y	1	2
1	1/3	1/3
2	1/3	0

2. (1)

X \ Y	0	1	2
0	3/28	6/28	1/28
1	9/28	6/28	0
2	3/28	0	0

(2) $\frac{9}{14}$.

3.

X \ Y	0	1
0	5/8	1/8
1	1/8	1/8

4. (1) 4； (2) 0； (3) 0.5； (4) $F(x,y)=\begin{cases}0, & x<0 \text{ 或 } y<0,\\ x^2y^2, & 0\leqslant x<1, 0\leqslant y<1,\\ x^2, & 0\leqslant x<1, y\geqslant 1,\\ y^2, & x\geqslant 1, 0\leqslant y<1,\\ 1, & x\geqslant 1, y\geqslant 1.\end{cases}$

5. $\frac{65}{72}$.

6.

X \ Y	0	1	2	3	$P\{X=x_i\}$
0	1/8	1/8	0	0	1/4
1	0	1/4	1/4	0	1/2
2	0	0	1/8	1/8	1/4
$P\{Y=y_j\}$	1/8	3/8	3/8	1/8	1

7. (1) 1/3；

(2) (X, Y)关于 X 和关于 Y 的边缘分布律分别为

X	1	2
p_i	1/2	1/2

X	−1	0
p_i	5/12	7/12

(X, Y)关于 X 和关于 Y 的边缘分布函数分别为

$$F_X(x)=\begin{cases}0, & x<1,\\ 1/2, & 1\leqslant x<2,\\ 1, & x\geqslant 2,\end{cases}\quad F_Y(y)=\begin{cases}0, & y<-1,\\ 5/12, & -1\leqslant y<0,\\ 1, & y\geqslant 0.\end{cases}$$

8. $f_X(x)=\begin{cases}e^{-x}, & x>0,\\ 0, & x\leqslant 0,\end{cases}\quad f_Y(y)=\begin{cases}ye^{-y}, & y>0,\\ 0, & y\leqslant 0.\end{cases}$

9. (1) $\frac{21}{4}$；

(2) $f_X(x)=\begin{cases}\frac{21}{8}x^2(1-x^4), & -1\leqslant x\leqslant 1,\\ 0, & \text{其他}.\end{cases}\quad f_Y(y)=\begin{cases}\frac{7}{2}y^{\frac{5}{2}}, & 0\leqslant y\leqslant 1,\\ 0, & \text{其他}.\end{cases}$

10. $f_X(x)=\begin{cases}\frac{1}{2x}, & 1\leqslant x\leqslant e^2,\\ 0, & \text{其他}.\end{cases}\quad f_Y(y)=\begin{cases}\frac{1}{2}(e^2-1), & 0\leqslant y\leqslant e^{-2},\\ \frac{1}{2}\left(\frac{1}{y}-1\right), & e^{-2}<y\leqslant 1,\\ 0, & \text{其他}.\end{cases}$

11. $f_{Y|X}(y|x)=\begin{cases}\frac{1}{x}, & 0<y<x<1,\\ 0, & \text{其他}.\end{cases}$ 12. $f_{X|Y}(x|y)=\begin{cases}\frac{1}{1-|y|}, & |y|<x<1,\\ 0, & \text{其他}.\end{cases}$

13. $\frac{47}{64}$.

14. $a=2/9, b=1/9$.

15.(1) X 和 Y 的联合分布律为

$X \backslash Y$	3	4	5
1	0.1	0.2	0.3
2	0	0.1	0.2
3	0	0	0.1

(2) X 和 Y 不相互独立.

16.(1) X 和关于 Y 的边缘分布律分别为

X	0.4	0.8
p_i	0.8	0.2

Y	2	5	8
p_i	0.2	0.42	0.38

(2) X 和 Y 不相互独立.

17. $f_X(x)=\begin{cases}\dfrac{2}{\pi}\sqrt{1-x^2}, & -1<x<1,\\ 0, & \text{其他},\end{cases}$　$f_Y(y)=\begin{cases}\dfrac{2}{\pi}\sqrt{1-y^2}, & -1<y<1,\\ 0, & \text{其他}\end{cases}$　不独立.

18. $Z=\max(X,Y)$和 $W=\min(X,Y)$的分布律为

Z	0	1	2
p_i	0.2	0.6	0.2

$W=\min(X,Y)$ 的分布律为

W	−1	0	1
p_i	0.16	0.53	0.31

19.(1) $Z_1=X+Y$ 的分布律为

$Z=X+Y$	−2	0	1	3	4
p_{ij}	1/10	2/10	5/10	1/10	1/10

(2) $Z_2=\max(X,Y)$的分布律为

$Z=\max(X,Y)$	−1	1	2
p_{ij}	1/10	2/10	7/10

20. Z 的分布律为

Z	0	1
p_i	1/2	1/2

21.(1) $f_Z(z)=\begin{cases}z, & 0\leqslant z<1,\\ 2-z, & 1\leqslant z<2,\\ 0, & \text{其他};\end{cases}$　(2) $f_Z(z)=\begin{cases}1-e^{-z}, & 0\leqslant z<1,\\ (e-1)e^{-z}, & z\geqslant 1,\\ 0, & \text{其他}.\end{cases}$

22. 0.5.

23. (1) 不独立；(2) $f_Z(z)=\begin{cases}\dfrac{1}{2}z^2e^{-z}, & z>0,\\ 0, & z\leqslant 0.\end{cases}$

24. $U=\min(X,Y)$的概率密度为 $f_U(u)=\begin{cases}2(1-u), & 0\leqslant u<1,\\ 0, & \text{其他}.\end{cases}$

$V=\max(X,Y)$的概率密度为 $f_V(v)=F'_V(v)=\begin{cases}2v, & 0\leqslant v<1,\\ 0, & \text{其他}.\end{cases}$

(B)

1. $a=0.4, b=0.1$.　2. (1) 7/24;　(2) $f_Z(z)=\begin{cases}2z-z^2, & 0<z<1,\\ (z-2)^2, & 1<z<2,\\ 0, & \text{其他}.\end{cases}$

3. (1) $f_Y(y)=\begin{cases}\dfrac{3}{8}y^{-\frac{1}{2}}, & 0\leqslant y<1,\\ \dfrac{1}{8}y^{-\frac{1}{2}}, & 1\leqslant y<4,\\ 0, & \text{其他}.\end{cases}$　(2) $\dfrac{1}{4}$.

4. (1)

X \ Y	0	1	$p_{i\cdot}$
−1	1/4	0	1/4
0	0	1/2	1/2
1	1/4	0	1/4
$p_{\cdot j}$	1/2	1/2	1

(2) X 与 Y 不相互独立.

5. $f_Z(z)=\dfrac{1}{2\pi}\left[\Phi\left(\dfrac{z+\pi-\mu}{\sigma}\right)-\Phi\left(\dfrac{z-\pi-\mu}{\sigma}\right)\right]$.

6. $f_S(s)=\begin{cases}\dfrac{1}{2}(\ln2-\ln s), & 0<s<2,\\ 0, & \text{其他}.\end{cases}$　7. $g(u)=0.3f(u-1)+0.7f(u-2)$.

8. (1) $f_X(x)=\begin{cases}2x, & 0<x<1,\\ 0, & \text{其他},\end{cases}$　$f_Y(y)=\begin{cases}1-\dfrac{y}{2}, & 0<y<2,\\ 0, & \text{其他};\end{cases}$

(2) $f_Z(z)=\begin{cases}1-\dfrac{z}{2}, & 0<z<2,\\ 0, & \text{其他}.\end{cases}$

9. (1) $f(x,y)=\begin{cases}\dfrac{1}{x}, & 0<y<x<1,\\ 0, & \text{其他};\end{cases}$　(2) $f_Y(y)=\begin{cases}-\ln y, & 0<y<1,\\ 0, & \text{其他};\end{cases}$

(3) $1-\ln2$.

10. (1) 1/2;　(2) $f_Z(z)=\begin{cases}\dfrac{1}{3}, & -1<z<2,\\ 0, & \text{其他}.\end{cases}$

11. $f_Z(z)=\begin{cases}\dfrac{3}{2}(1-z)^2, & 0<z<1,\\ 0, & \text{其他}.\end{cases}$　12. $f_Z(z)=\begin{cases}z\mathrm{e}^{-\frac{z^2}{2}}, & z>0,\\ 0, & z\leqslant0.\end{cases}$

13. (1) $P\{X=1\mid Z=0\}=4/9$;

(2)

$X \backslash Y$	0	1	2
0	1/4	1/3	1/9
1	1/6	1/9	0
2	1/36	0	0

习　题　4

(A)

一、填空题

1. $\pm 1/2, \mp 1/2$.　2. 0,1/6.　3. 104.　4. 1/4,25/16.
5. 1/(2e).　6. 6.　7. 2.　8. 0.9.
9. 0.　10. 1/2,5.　11. 2.

二、单项选择题

1. C.　2. D.　3. D.　4. B.　5. A.　6. D.　7. A.　8. B.　9. B.
10. C.　11. B.　12. A.　13. C.　14. D.　15. C.　16. D.　17. A.　18. D.
19. D.　20. B.　21. C.

三、解答题

1. −0.2,2.8,4.4.　2. 28.　3. (1) np_1;(2) $n(p_1+p_2-p_1p_2)$.
4. 1.　5. 6.　6. 不存在.
7. 6.　8. 10.　9. 1/4.　10. 0.
11. $4p(1-p)(1-2p)$.　12. $\dfrac{1}{3}ka^2$.　13. 1/2, 3/4, −1/4.
14. 2/5, 2/5, 2/15.　15. 400, 1.44×10^6.　16. $1/p,(1-p)/p^2$.
17. 0,1/2.　18. 11,51.
19. $-9/56,-\dfrac{\sqrt5}{5}$.　20. −2/75,−2/3,2/75.　21. 略.
22. 略.

四、应用题

1. $a=\dfrac{bp}{q}$.　2. $(m+n)\lambda\sum\limits_{k=0}^{n-2}\dfrac{\lambda^k}{k!}e^{-\lambda}-r(m+n)\sum\limits_{k=0}^{n-1}\dfrac{\lambda^k}{k!}e^{-\lambda}+rm$.

(B)

1. (1) 3/2;　(2) 1/4.　2. 5.

3. (1)

Y \ X	-1	1
-1	1/4	0
1	1/2	1/4

(2) 2.

4. 证明略.

5. 证明略.

6. (1)

V \ U	1	2
1	4/9	0
2	4/9	1/9

(2) 4/81.

7. 2/3.　　8. 证明略.

9. (1)

Y \ X	-1	0	1
0	0	1/3	0
1	1/3	0	1/3

(2)

Z	-1	0	1
p_i	1/3	1/3	1/3

(3) 0.

10. (1) 1/4；(2) $-\dfrac{2}{3}$.

11. (1) $F_Y(y)=\begin{cases}0, & y<0,\\ \dfrac{3y}{4}, & 0\leqslant y<1,\\ \dfrac{y}{4}+\dfrac{1}{2}, & 1\leqslant y<2,\\ 1, & y\geqslant 2;\end{cases}$　　(2) 3/4.

习 题 5

(A)

一、填空题

1. 1/9.　2. 0.975.　3. 1/2.　4. 1/12.　5. 1.　6. 1.　7. 0.0013.

二、单项选择题

1. C. 2. B. 3. C. 4. A. 5. A. 6. A. 7. A. 8. D.

三、解答题

1. $1-1/(4n)$. 2. 7/9. 3. 0.2116. 4. 643. 5. 0.9298.

6. 0.0013. 7. 12655. 8. 0.9015. 9. $75.18a$. 10. 0.01.

四、应用题

1. 0.901. 2. 12980. 3. (1) 0.1357； (2) 0.9938.

(B)

1-3. 证明略.

习 题 6

(A)

一、填空题

1. $\bar{X}=\frac{1}{n}\sum_{i=1}^{n}X_i$；$S^2=\frac{1}{n-1}\sum_{i=1}^{n}(X_i-\bar{X})^2$； $A_k=\frac{1}{n}\sum_{i=1}^{n}X_i^k$； $B_k=\frac{1}{n}\sum_{i=1}^{n}(X_i-\bar{X})^k$.

2. n,χ^2. 3. $N(0,1)$；$t(n-1)$；$\chi^2(n-1)$； $\chi^2(n)$. 4. $F(n,m)$.

5. n,t. 6. $\mu,\frac{\sigma^2}{n}$. 7. λ,λ. 8. 2;4.

9. 2.17，−1.645；1.372；40.647；1.96；2.91；0.41.

10. σ^2.

二、单项选择题

1. D. 2. C. 3. C. 4. D. 5. D. 6. C. 7. C. 8. D.

三、解答题

1. (1) $P\{X_1=x_1,X_2=x_2,\cdots,X_n=x_n\}=p^{\sum_{i=1}^{n}x_i}(1-p)^{n-\sum_{i=1}^{n}x_i}$，$x_i=0,1,i=1,2,\cdots,n$；

(2) 设 $Y=\sum_{i=1}^{n}X_i$，$P\{Y=y\}=C_n^y p^y(1-p)^{n-y}$，$y=0,1,2,\cdots,n$；

(3) p，$\frac{p(1-p)}{n}$，$p(1-p)$.

2. 0.8293 3. (1) 0.0456;(2) 0.6826. 4. 16. 5. (1) 0.1;(2) 0.975.

6. 证明略.

四、应用题(略)

(B)

1-3. 证明略. 4. 0.2905.

5. (1) $D(Y_i)=\frac{n-1}{n}$，$i=1,2,\cdots,n$； (2) $\mathrm{Cov}(Y_1,Y_n)=-\frac{1}{n}$； (3) $\frac{1}{2}$.

习 题 7

(A)

一、填空题

1. 矩估计法，极大似然估计法．　2. 0.5，0.25．　3. 4．　4. $\bar{X}-1$．

5. $\prod_{i=1}^{n} p(x_i;\theta)$，$\prod_{i=1}^{n} f(x_i;\theta)$．

6. $E(\hat{\theta})=\theta$，$D(\hat{\theta}_1)<D(\hat{\theta}_2)$，$\lim_{n\to\infty} P\{|\hat{\theta}-\theta|<\varepsilon\}=1$．

7. $E(X)$，$D(X)$．　8. $\bar{X}$，$\bar{X}$．　9. $\dfrac{\bar{X}-\mu}{\sigma/\sqrt{n}}$，$N(0,1)$，$\dfrac{\bar{X}-\mu}{S/\sqrt{n}}$，$t(n-1)$．

10. $\dfrac{(n-1)S^2}{\sigma^2}$，$\chi^2(n-1)$．　11. $F(n_1-1,n_2-1)$．　12. (2.694，7.306)．

13. (39.598，40.411)．

二、单项选择题

1. B．　2. D．　3. A．　4. C．　5. C．　6. B．　7. C．　8. A．

三、解答题

1. $\dfrac{5}{6}$．　2. $\dfrac{1}{\bar{X}}$．　3. $\bar{X}$；7．

4. $\hat{a}=\bar{X}-\sqrt{\dfrac{3}{n}\sum_{i=1}^{n}(X_i-\bar{X})^2}$，　$\hat{b}=\bar{X}+\sqrt{\dfrac{3}{n}\sum_{i=1}^{n}(X_i-\bar{X})^2}$．

5. $\hat{\theta}=\sqrt{\dfrac{1}{n}\sum_{i=1}^{n}(X_i-\bar{X})^2}$，　$\hat{\mu}=\bar{X}-\sqrt{\dfrac{1}{n}\sum_{i=1}^{n}(X_i-\bar{X})^2}$．

6. $\dfrac{\bar{X}}{m}$；0.6．　7. 0.000858．　8. $\hat{\theta}=\min(x_1,x_2,\cdots,x_n)$．　9. $\dfrac{1}{2}(X_1+X_2)$最有效．

10. 证明略．　11. (1) $\dfrac{1}{2(n-1)}$；　(2) $\dfrac{1}{n}$．

12. (1) (5.608，6.392)；　(2) (5.558，6.442)．

13. (0.98，1.03)．　14. (1071.78，1210.45)．　15. (1.99，40.76)．　16. (0.24，5.48)．

17. (−3.3，−0.7)．　18. (−18.78，−9.8)．　19. (0.34，1.61)．

20. (2.853，46.39)．　21. 0.99．

22. 32.54．　23. $n\geqslant 4\left(\dfrac{\sigma_0}{L}z_{\alpha/2}\right)^2$．

四、应用题

1. (略)．　2. 0.05．　3. 1．

4. 可以将抗压力的95%的置信下限 μ_0 作为抗压力的标准，计算得 $\mu_0=47.346$．

要控制产品质量，抗压力的方差 σ^2 不应太大，计算得到 σ^2 的95%的置信上限为8.962. 当抗压力的方差超出8.962时有理由认为车间的生产有问题.

(B)

1. (1) $\hat{\theta}=2\bar{X}-\frac{1}{2}$；(2) $4\bar{X}^2$ 不是 θ^2 的无偏估计量.　2. $\frac{1}{4},\frac{7-\sqrt{13}}{12}$.

3. (1) $\hat{\beta}=\frac{\bar{X}}{\bar{X}-1}$；(2) $\hat{\beta}=\frac{n}{\sum\limits_{i=1}^{n}\ln X_i}$.　4. $\frac{N}{n}$.

5. (1) 证明略；　(2) $\frac{2}{n(n-1)}$.

6. (1)$D(Y_i)=\frac{n-1}{n}\sigma^2, i=1,2,\cdots,n$；　(2) $\mathrm{Cov}(Y_i,Y_n)=-\frac{1}{n}\sigma^2$；　(3) $\frac{n}{2(n-2)}$.

7. (1)$F(x)=\begin{cases}1-\mathrm{e}^{-2(x-\theta)}, & x>\theta,\\ 0, & x\leqslant\theta;\end{cases}$　(2) $F_{\hat{\theta}}(x)=\begin{cases}1-\mathrm{e}^{-2n(x-\theta)}, & x>\theta,\\ 0, & x\leqslant\theta;\end{cases}$

(3) $\hat{\theta}$ 不具无偏性.

8. (1) $E(X)=\frac{\sqrt{\pi\theta}}{2}, E(X^2)=\theta$；(2) $\hat{\theta}=\frac{1}{n}\sum\limits_{i=1}^{n}X_i^2$；　(3) 存在 $a=\theta$.

9. (1) $\hat{\theta}=\bar{X}$；(2) $\hat{\theta}=\frac{2n}{\frac{1}{x_1}+\frac{1}{x_2}+\cdots+\frac{1}{x_n}}$.

10. (1) $f_Z(z)=\frac{1}{\sqrt{6\pi}\sigma}\mathrm{e}^{-\frac{z^2}{6\sigma^2}}$；(2) $\hat{\sigma}^2=\frac{1}{3n}\sum\limits_{i=1}^{n}Z_i^2$；(3) 证明略.

11. (1) $\hat{\sigma}^2=\frac{1}{n}\sum\limits_{i=1}^{n}(X_i-\mu_0)^2$；(2) $E(\hat{\sigma}^2)=\sigma^2, D(\hat{\sigma}^2)=\frac{2\sigma^4}{n}$.

习　题　8

一、填空题

1. $Z=\frac{\bar{X}-\mu_0}{\sigma/\sqrt{n}}$；$N(0,1)$；$T=\frac{\bar{X}-\mu_0}{S/\sqrt{n}}$；$t(n-1)$.

2. $T=\frac{\bar{X}-\bar{Y}}{S_w\sqrt{\frac{1}{n_1}+\frac{1}{n_2}}}, t(n_1+n_2-2)$.

3. $\chi^2=\frac{(n-1)S^2}{\sigma_0^2}$；$\{\chi^2\leqslant\chi^2_{1-\frac{\alpha}{2}}(n-1)\}\cup\{\chi^2\geqslant\chi^2_{\frac{\alpha}{2}}(n-1)\}$.　4. 二,一.

5. p 值是当原假设成立时得到样本观测值和更极端结果的概率.

6. $Z=\frac{\bar{X}-100}{\sigma/\sqrt{n}}, \left\{|z|=\left|\frac{\bar{x}-100}{\sigma/\sqrt{n}}\right|\geqslant z_{\frac{\alpha}{2}}\right\}, p=p\left\{|Z|\geqslant\left|\frac{\bar{x}-100}{\sigma/\sqrt{n}}\right|\right\}$.

7. $T=\frac{\bar{X}-100}{S/\sqrt{n}}, \left\{t=\frac{\bar{x}-100}{s/\sqrt{n}}\geqslant t_\alpha(n-1)\right\}, P=P\left\{T\geqslant\frac{\bar{x}-100}{s/\sqrt{n}}\right\}$.

二、单项选择题

1. A.　2. B.　3.B.　4. D.　5. C.　6. A.　7. C.　8. A.

三、解答题

1. 不能认为这批零件的平均长度为 32.50 毫米.

2. 有显著差异.

3. 可以认为该试验物发热量的平均值不大于 12100.

4. 可以认为元件的平均寿命显著不小于 225 小时.

5. (1) 可以认为这次考试全体考生的平均成绩为 70 分;

(2) 可以认为这次考试考生的成绩的方差为 16^2.

6. 在显著性水平 $\alpha=0.05$ 下,未达到所要求的精度.

7. 在显著性水平 $\alpha=0.10$ 下,有显著差异.

8. 第一步:方差齐性检验,在显著性水平 $\alpha=0.05$ 下,结果是可以认为男女身高方差相等;

第二步:均值检验,在显著性水平 $\alpha=0.05$ 下,结果是性别对男女身高有显著影响.

9. 在显著性水平 $\alpha=0.05$ 下,有明显提高.

10. 在显著性水平 $\alpha=0.05$ 下,有显著差异.

四、应用题

1. 在 0.05 的显著水平下拒绝 H_0,可以认为全省当前的鸡蛋售价明显高于往年.

2. 第一步:方差齐性检验,在显著性水平 $\alpha=0.05$ 下,结果是可以认为男生和女生身体脂肪含量的方差相等;

第二步:均值检验,在显著性水平 $\alpha=0.05$ 下,可以认为男生和女生的身体脂肪含量无显著差异.

3. 第一步:方差齐性检验,在显著性水平 $\alpha=0.05$ 下,结果是可以认为这两种方法的装配时间的方差相等;

第二步:均值检验,在 0.05 的显著水平下,可以认为这两种方法的装配时间有显著不同.

4. 在显著性水平 $\alpha=0.05$ 下,可以认为两种测试方法有显著差异.

习 题 9

一、填空题

1. $\rho_{XY}=\dfrac{\operatorname{Cov}(X,Y)}{\sqrt{D(X)}\sqrt{D(Y)}}$; $r_{xy}=\dfrac{\sum\limits_{i=1}^{n}(x_i-\bar{x})(y_i-\bar{y})}{\sqrt{\left(\sum\limits_{i=1}^{n}(x_i-\bar{x})^2\right)\left(\sum\limits_{i=1}^{n}(y_i-\bar{y})^2\right)}}$.

2. $\{|t|>t_{\frac{\alpha}{2}}(n-2)\}$, $p=P\{|T|\geqslant|t|\}=2P\{T\geqslant|t|\}$. 3. 170.

4. $F(1,n-2)$, $F>F_\alpha(1,n-2)$, $p=P\{F\geqslant F_0\}$. 5. $y=-190+\dfrac{13}{5}x$.

6. $y=150+\dfrac{1}{3}x$.

7. $R^2=\dfrac{\sum\limits_{i=1}^{n}(\hat{y}_i-\bar{y})^2}{\sum\limits_{i=1}^{n}(y_i-\bar{y})^2}$, R^2 越接近于 1,回归直线的拟合程度就越好;反之,R^2 越接近于 0,回归直线的拟合程度就越差.

二、单项选择题

1. D. 2. D. 3. D. 4. D. 5. A.

三、应用题

1. (1) 散点图(略);

(2) 样本相关系数:$r=0.991$;

(3) 对销售额与广告费的相关系数进行显著性检验:由于 $p=1.098\times10^{-13}<\alpha=0.05$. 相关系数显著不为 0,即销售额与广告费的相关性显著.

2. (1) 散点图(略);

(2) 样本相关系数:$r=0.994$;

(3) 回归方程:$\hat{y}=-61.12088+9.3186813x$,

判定系数:$R^2=0.988$,

残差平方和:192.286;

(4) 通过残差图对残差进行分析,残差符合模型的假定,所建回归模型是合适的;

(5) 如果不对比萨斜塔进行维护,它的倾斜情况会逐年恶化,预测得到 1990 年比萨斜塔的斜度为 777.56.

3. (1) 回归方程:$\hat{y}=10.28+0.304x$;

(2) 在 0.05 的显著水平下,回归方程显著;

(3) (77.546,79.814).

4. $r=0.999$,财政收入和国民生产总值高度相关.

回归方程:$\hat{y}=-1397.897+11.535753x$, 判定系数 $R^2=0.9978693$.

5. 回归方程:$\hat{y}=194.81+1.519x-0.0021x^2$.

习 题 10

1. 无明显的差异. 2. 对房价的看法存在明显的差异. 3. 有显著差异.

4. 技术之间无显著差异,样品之间有显著差异.

5. 销售地区对订单的数量有显著影响,外形设计对订单的数量有显著影响.

6. 不同浓度下的得率有显著差异;不同温度下的得率无显著差异;交互作用不显著.

7. 有交互作用.

附 录 一

附表 1 泊松分布表

$$P\{X\leqslant k\}=\sum_{i=0}^{k}\frac{\lambda^{i}}{i!}e^{-\lambda}$$

λ \ k	0	1	2	3	4	5	6	7	8
0.1	0.905	0.995	1.000	1.000					
0.2	0.819	0.982	0.999	1.000					
0.3	0.741	0.963	0.996	1.000					
0.4	0.670	0.938	0.992	0.999	1.000				
0.5	0.607	0.910	0.986	0.998	1.000				
0.6	0.549	0.878	0.977	0.997	1.000				
0.7	0.497	0.844	0.966	0.994	0.999	1.000			
0.8	0.449	0.809	0.953	0.991	0.999	1.000			
0.9	0.407	0.772	0.937	0.987	0.998	1.000			
1	0.368	0.736	0.920	0.981	0.996	0.999	1.000		
1.1	0.333	0.699	0.900	0.974	0.995	0.999	1.000		
1.2	0.301	0.663	0.879	0.966	0.992	0.998	1.000		
1.3	0.273	0.627	0.857	0.957	0.989	0.998	1.000		
1.4	0.247	0.592	0.833	0.946	0.986	0.997	0.999	1.000	
1.5	0.223	0.558	0.809	0.934	0.981	0.996	0.999	1.000	
1.6	0.202	0.525	0.783	0.921	0.976	0.994	0.999	1.000	
1.7	0.183	0.493	0.757	0.907	0.970	0.992	0.998	1.000	
1.8	0.165	0.463	0.731	0.891	0.964	0.990	0.997	0.999	1.000
1.9	0.150	0.434	0.704	0.875	0.956	0.987	0.997	0.999	1.000
2	0.135	0.406	0.677	0.857	0.947	0.983	0.995	0.999	1.000

λ \ k	0	1	2	3	4	5	6	7	8	9	10	11	12
2.1	0.122	0.380	0.650	0.839	0.938	0.980	0.994	0.999	1.000				
2.2	0.111	0.355	0.623	0.819	0.928	0.975	0.993	0.998	1.000				
2.3	0.100	0.331	0.596	0.799	0.916	0.970	0.991	0.997	0.999	1.000			
2.4	0.091	0.308	0.570	0.779	0.904	0.964	0.988	0.997	0.999	1.000			
2.5	0.082	0.287	0.544	0.758	0.891	0.958	0.986	0.996	0.999	1.000			
2.6	0.074	0.267	0.518	0.736	0.877	0.951	0.983	0.995	0.999	1.000			
2.7	0.067	0.249	0.494	0.714	0.863	0.943	0.979	0.993	0.998	0.999	1.000		
2.8	0.061	0.231	0.469	0.692	0.848	0.935	0.976	0.992	0.998	0.999	1.000		
2.9	0.055	0.215	0.446	0.670	0.832	0.926	0.971	0.990	0.997	0.999	1.000		
3	0.050	0.199	0.423	0.647	0.815	0.916	0.966	0.988	0.996	0.999	1.000		
3.1	0.045	0.185	0.401	0.625	0.798	0.906	0.961	0.986	0.995	0.999	1.000		
3.2	0.041	0.171	0.380	0.603	0.781	0.895	0.955	0.983	0.994	0.998	1.000		
3.3	0.037	0.159	0.359	0.580	0.763	0.883	0.949	0.980	0.993	0.998	0.999	1.000	
3.4	0.033	0.147	0.340	0.558	0.744	0.871	0.942	0.977	0.992	0.997	0.999	1.000	
3.5	0.030	0.136	0.321	0.537	0.725	0.858	0.935	0.973	0.990	0.997	0.999	1.000	
3.6	0.027	0.126	0.303	0.515	0.706	0.844	0.927	0.969	0.988	0.996	0.999	1.000	
3.7	0.025	0.116	0.285	0.494	0.687	0.830	0.918	0.965	0.986	0.995	0.998	1.000	1.000
3.8	0.022	0.107	0.269	0.473	0.668	0.816	0.909	0.960	0.984	0.994	0.998	1.000	1.000
3.9	0.020	0.099	0.253	0.453	0.648	0.801	0.899	0.955	0.981	0.993	0.998	1.000	1.000
4	0.018	0.092	0.238	0.433	0.629	0.785	0.889	0.949	0.979	0.992	0.997	1.000	1.000

续表

λ \ k	0	1	2	3	4	5	6	7	8	9	10	11	12	13	14
5	0.007	0.040	0.125	0.265	0.440	0.616	0.762	0.867	0.932	0.968	0.986	0.995	0.998	0.999	1.000
6	0.002	0.017	0.062	0.151	0.285	0.446	0.606	0.744	0.847	0.916	0.957	0.980	0.991	0.996	0.999
7	0.001	0.007	0.030	0.082	0.173	0.301	0.450	0.599	0.729	0.830	0.901	0.947	0.973	0.987	0.994
8	0.000	0.003	0.014	0.042	0.100	0.191	0.313	0.453	0.593	0.717	0.816	0.888	0.936	0.966	0.983
9	0.000	0.001	0.006	0.021	0.055	0.116	0.207	0.324	0.456	0.587	0.706	0.803	0.876	0.926	0.959
10	0.000	0.000	0.003	0.010	0.029	0.067	0.130	0.220	0.333	0.458	0.583	0.697	0.792	0.864	0.917
11	0.000	0.000	0.001	0.005	0.015	0.038	0.079	0.143	0.232	0.341	0.460	0.579	0.689	0.781	0.854
12	0.000	0.000	0.001	0.002	0.008	0.020	0.046	0.090	0.155	0.242	0.347	0.462	0.576	0.682	0.772
13	0.000	0.000	0.000	0.001	0.004	0.011	0.026	0.054	0.100	0.166	0.252	0.353	0.463	0.573	0.675
14	0.000	0.000	0.000	0.000	0.002	0.006	0.014	0.032	0.062	0.109	0.176	0.260	0.358	0.464	0.570
15	0.000	0.000	0.000	0.000	0.001	0.003	0.008	0.018	0.037	0.070	0.118	0.185	0.268	0.363	0.466

λ \ k	15	16	17	18	19	20	21	22	23	24	25	26	27	28	29
5	1.000	1.000													
6	0.999	1.000													
7	0.998	0.999	1.000	1.000											
8	0.992	0.996	0.998	0.999	1.000										
9	0.978	0.989	0.995	0.998	0.999	1.000	1.000								
10	0.951	0.973	0.986	0.993	0.997	0.998	0.999	1.000							
11	0.907	0.944	0.968	0.982	0.991	0.995	0.998	0.999	1.000	1.000					
12	0.844	0.899	0.937	0.963	0.979	0.988	0.994	0.997	0.999	0.999	1.000				
13	0.764	0.835	0.890	0.930	0.957	0.975	0.986	0.992	0.996	0.998	0.999	1.000	1.000		
14	0.669	0.756	0.827	0.883	0.923	0.952	0.971	0.983	0.991	0.995	0.997	0.999	0.999	1.000	1.000
15	0.568	0.664	0.749	0.819	0.875	0.917	0.947	0.967	0.981	0.989	0.994	0.997	0.998	0.999	1.000

附表 2　标准正态分布函数表

$$\Phi(x)=\frac{1}{\sqrt{2\pi}}\int_{-\infty}^{x}\mathrm{e}^{-\frac{t^2}{2}}\mathrm{d}t$$

x	0	0.01	0.02	0.03	0.04	0.05	0.06	0.07	0.08	0.09
0	0.5000	0.5040	0.5080	0.5120	0.5160	0.5199	0.5239	0.5279	0.5319	0.5359
0.1	0.5398	0.5438	0.5478	0.5517	0.5557	0.5596	0.5636	0.5675	0.5714	0.5753
0.2	0.5793	0.5832	0.5871	0.5910	0.5948	0.5987	0.6026	0.6064	0.6103	0.6141
0.3	0.6179	0.6217	0.6255	0.6293	0.6331	0.6368	0.6406	0.6443	0.6480	0.6517
0.4	0.6554	0.6591	0.6628	0.6664	0.6700	0.6736	0.6772	0.6808	0.6844	0.6879
0.5	0.6915	0.6950	0.6985	0.7019	0.7054	0.7088	0.7123	0.7157	0.7190	0.7224
0.6	0.7257	0.7291	0.7324	0.7357	0.7389	0.7422	0.7454	0.7486	0.7517	0.7549
0.7	0.7580	0.7611	0.7642	0.7673	0.7704	0.7734	0.7764	0.7794	0.7823	0.7852
0.8	0.7881	0.7910	0.7939	0.7967	0.7995	0.8023	0.8051	0.8078	0.8106	0.8133
0.9	0.8159	0.8186	0.8212	0.8238	0.8264	0.8289	0.8315	0.8340	0.8365	0.8389
1	0.8413	0.8438	0.8461	0.8485	0.8508	0.8531	0.8554	0.8577	0.8599	0.8621
1.1	0.8643	0.8665	0.8686	0.8708	0.8729	0.8749	0.8770	0.8790	0.8810	0.8830
1.2	0.8849	0.8869	0.8888	0.8907	0.8925	0.8944	0.8962	0.8980	0.8997	0.9015
1.3	0.9032	0.9049	0.9066	0.9082	0.9099	0.9115	0.9131	0.9147	0.9162	0.9177
1.4	0.9192	0.9207	0.9222	0.9236	0.9251	0.9265	0.9279	0.9292	0.9306	0.9319
1.5	0.9332	0.9345	0.9357	0.9370	0.9382	0.9394	0.9406	0.9418	0.9429	0.9441
1.6	0.9452	0.9463	0.9474	0.9484	0.9495	0.9505	0.9515	0.9525	0.9535	0.9545
1.7	0.9554	0.9564	0.9573	0.9582	0.9591	0.9599	0.9608	0.9616	0.9625	0.9633
1.8	0.9641	0.9649	0.9656	0.9664	0.9671	0.9678	0.9686	0.9693	0.9699	0.9706
1.9	0.9713	0.9719	0.9726	0.9732	0.9738	0.9744	0.9750	0.9756	0.9761	0.9767
2	0.9772	0.9778	0.9783	0.9788	0.9793	0.9798	0.9803	0.9808	0.9812	0.9817
2.1	0.9821	0.9826	0.9830	0.9834	0.9838	0.9842	0.9846	0.9850	0.9854	0.9857
2.2	0.9861	0.9864	0.9868	0.9871	0.9875	0.9878	0.9881	0.9884	0.9887	0.9890
2.3	0.9893	0.9896	0.9898	0.9901	0.9904	0.9906	0.9909	0.9911	0.9913	0.9916
2.4	0.9918	0.9920	0.9922	0.9925	0.9927	0.9929	0.9931	0.9932	0.9934	0.9936
2.5	0.9938	0.9940	0.9941	0.9943	0.9945	0.9946	0.9948	0.9949	0.9951	0.9952
2.6	0.9953	0.9955	0.9956	0.9957	0.9959	0.9960	0.9961	0.9962	0.9963	0.9964
2.7	0.9965	0.9966	0.9967	0.9968	0.9969	0.9970	0.9971	0.9972	0.9973	0.9974
2.8	0.9974	0.9975	0.9976	0.9977	0.9977	0.9978	0.9979	0.9979	0.9980	0.9981
2.9	0.9981	0.9982	0.9982	0.9983	0.9984	0.9984	0.9985	0.9985	0.9986	0.9986
3	0.9987	0.9987	0.9987	0.9988	0.9988	0.9989	0.9989	0.9989	0.9990	0.9990
3.1	0.9990	0.9991	0.9991	0.9991	0.9992	0.9992	0.9992	0.9992	0.9993	0.9993
3.2	0.9993	0.9993	0.9994	0.9994	0.9994	0.9994	0.9994	0.9995	0.9995	0.9995
3.3	0.9995	0.9995	0.9995	0.9996	0.9996	0.9996	0.9996	0.9996	0.9996	0.9997
3.4	0.9997	0.9997	0.9997	0.9997	0.9997	0.9997	0.9997	0.9997	0.9997	0.9998
3.5	0.9998	0.9998	0.9998	0.9998	0.9998	0.9998	0.9998	0.9998	0.9998	0.9998

附表 3　χ^2 分布分位数表

$$P\{\chi^2(n)>\chi_\alpha^2(n)\}=\alpha$$

n \ α	0.005	0.01	0.025	0.05	0.1	0.9	0.95	0.975	0.99	0.995
1	7.8794	6.6349	5.0239	3.8415	2.7055	0.0158	0.0039	0.0010	0.0002	0.0000
2	10.5966	9.2103	7.3778	5.9915	4.6052	0.2107	0.1026	0.0506	0.0201	0.0100
3	12.8382	11.3449	9.3484	7.8147	6.2514	0.5844	0.3518	0.2158	0.1148	0.0717
4	14.8603	13.2767	11.1433	9.4877	7.7794	1.0636	0.7107	0.4844	0.2971	0.2070
5	16.7496	15.0863	12.8325	11.0705	9.2364	1.6103	1.1455	0.8312	0.5543	0.4117
6	18.5476	16.8119	14.4494	12.5916	10.6446	2.2041	1.6354	1.2373	0.8721	0.6757
7	20.2777	18.4753	16.0128	14.0671	12.0170	2.8331	2.1673	1.6899	1.2390	0.9893
8	21.9550	20.0902	17.5345	15.5073	13.3616	3.4895	2.7326	2.1797	1.6465	1.3444
9	23.5894	21.6660	19.0228	16.9190	14.6837	4.1682	3.3251	2.7004	2.0879	1.7349
10	25.1882	23.2093	20.4832	18.3070	15.9872	4.8652	3.9403	3.2470	2.5582	2.1559
11	26.7568	24.7250	21.9200	19.6751	17.2750	5.5778	4.5748	3.8157	3.0535	2.6032
12	28.2995	26.2170	23.3367	21.0261	18.5493	6.3038	5.2260	4.4038	3.5706	3.0738
13	29.8195	27.6882	24.7356	22.3620	19.8119	7.0415	5.8919	5.0088	4.1069	3.5650
14	31.3193	29.1412	26.1189	23.6848	21.0641	7.7895	6.5706	5.6287	4.6604	4.0747
15	32.8013	30.5779	27.4884	24.9958	22.3071	8.5468	7.2609	6.2621	5.2293	4.6009
16	34.2672	31.9999	28.8454	26.2962	23.5418	9.3122	7.9616	6.9077	5.8122	5.1422
17	35.7185	33.4087	30.1910	27.5871	24.7690	10.0852	8.6718	7.5642	6.4078	5.6972
18	37.1565	34.8053	31.5264	28.8693	25.9894	10.8649	9.3905	8.2307	7.0149	6.2648
19	38.5823	36.1909	32.8523	30.1435	27.2036	11.6509	10.1170	8.9065	7.6327	6.8440
20	39.9968	37.5662	34.1696	31.4104	28.4120	12.4426	10.8508	9.5908	8.2604	7.4338
21	41.4011	38.9322	35.4789	32.6706	29.6151	13.2396	11.5913	10.2829	8.8972	8.0337
22	42.7957	40.2894	36.7807	33.9244	30.8133	14.0415	12.3380	10.9823	9.5425	8.6427
23	44.1813	41.6384	38.0756	35.1725	32.0069	14.8480	13.0905	11.6886	10.1957	9.2604
24	45.5585	42.9798	39.3641	36.4150	33.1962	15.6587	13.8484	12.4012	10.8564	9.8862
25	46.9279	44.3141	40.6465	37.6525	34.3816	16.4734	14.6114	13.1197	11.5240	10.5197
26	48.2899	45.6417	41.9232	38.8851	35.5632	17.2919	15.3792	13.8439	12.1981	11.1602
27	49.6449	46.9629	43.1945	40.1133	36.7412	18.1139	16.1514	14.5734	12.8785	11.8076
28	50.9934	48.2782	44.4608	41.3371	37.9159	18.9392	16.9279	15.3079	13.5647	12.4613
29	52.3356	49.5879	45.7223	42.5570	39.0875	19.7677	17.7084	16.0471	14.2565	13.1211
30	53.6720	50.8922	46.9792	43.7730	40.2560	20.5992	18.4927	16.7908	14.9535	13.7867
31	55.0027	52.1914	48.2319	44.9853	41.4217	21.4336	19.2806	17.5387	15.6555	14.4578
32	56.3281	53.4858	49.4804	46.1943	42.5847	22.2706	20.0719	18.2908	16.3622	15.1340
33	57.6484	54.7755	50.7251	47.3999	43.7452	23.1102	20.8665	19.0467	17.0735	15.8153
34	58.9639	56.0609	51.9660	48.6024	44.9032	23.9523	21.6643	19.8063	17.7891	16.5013
35	60.2748	57.3421	53.2033	49.8018	46.0588	24.7967	22.4650	20.5694	18.5089	17.1918
36	61.5812	58.6192	54.4373	50.9985	47.2122	25.6433	23.2686	21.3359	19.2327	17.8867
37	62.8833	59.8925	55.6680	52.1923	48.3634	26.4921	24.0749	22.1056	19.9602	18.5858
38	64.1814	61.1621	56.8955	53.3835	49.5126	27.3430	24.8839	22.8785	20.6914	19.2889
39	65.4756	62.4281	58.1201	54.5722	50.6598	28.1958	25.6954	23.6543	21.4262	19.9959
40	66.7660	63.6907	59.3417	55.7585	51.8051	29.0505	26.5093	24.4330	22.1643	20.7065

附表 4　t 分布分位数表

$$P\{t(n)>t_{\alpha}(n)\}=\alpha$$

n \ α	0.25	0.2	0.1	0.05	0.025	0.01	0.005	0.001
1	1.0000	1.3764	3.0777	6.3138	12.7062	31.8205	63.6567	318.3088
2	0.8165	1.0607	1.8856	2.9200	4.3027	6.9646	9.9248	22.3271
3	0.7649	0.9785	1.6377	2.3534	3.1824	4.5407	5.8409	10.2145
4	0.7407	0.9410	1.5332	2.1318	2.7764	3.7469	4.6041	7.1732
5	0.7267	0.9195	1.4759	2.0150	2.5706	3.3649	4.0321	5.8934
6	0.7176	0.9057	1.4398	1.9432	2.4469	3.1427	3.7074	5.2076
7	0.7111	0.8960	1.4149	1.8946	2.3646	2.9980	3.4995	4.7853
8	0.7064	0.8889	1.3968	1.8595	2.3060	2.8965	3.3554	4.5008
9	0.7027	0.8834	1.3830	1.8331	2.2622	2.8214	3.2498	4.2968
10	0.6998	0.8791	1.3722	1.8125	2.2281	2.7638	3.1693	4.1437
11	0.6974	0.8755	1.3634	1.7959	2.2010	2.7181	3.1058	4.0247
12	0.6955	0.8726	1.3562	1.7823	2.1788	2.6810	3.0545	3.9296
13	0.6938	0.8702	1.3502	1.7709	2.1604	2.6503	3.0123	3.8520
14	0.6924	0.8681	1.3450	1.7613	2.1448	2.6245	2.9768	3.7874
15	0.6912	0.8662	1.3406	1.7531	2.1314	2.6025	2.9467	3.7328
16	0.6901	0.8647	1.3368	1.7459	2.1199	2.5835	2.9208	3.6862
17	0.6892	0.8633	1.3334	1.7396	2.1098	2.5669	2.8982	3.6458
18	0.6884	0.8620	1.3304	1.7341	2.1009	2.5524	2.8784	3.6105
19	0.6876	0.8610	1.3277	1.7291	2.0930	2.5395	2.8609	3.5794
20	0.6870	0.8600	1.3253	1.7247	2.0860	2.5280	2.8453	3.5518
21	0.6864	0.8591	1.3232	1.7207	2.0796	2.5176	2.8314	3.5272
22	0.6858	0.8583	1.3212	1.7171	2.0739	2.5083	2.8188	3.5050
23	0.6853	0.8575	1.3195	1.7139	2.0687	2.4999	2.8073	3.4850
24	0.6848	0.8569	1.3178	1.7109	2.0639	2.4922	2.7969	3.4668
25	0.6844	0.8562	1.3163	1.7081	2.0595	2.4851	2.7874	3.4502
26	0.6840	0.8557	1.3150	1.7056	2.0555	2.4786	2.7787	3.4350
27	0.6837	0.8551	1.3137	1.7033	2.0518	2.4727	2.7707	3.4210
28	0.6834	0.8546	1.3125	1.7011	2.0484	2.4671	2.7633	3.4082
29	0.6830	0.8542	1.3114	1.6991	2.0452	2.4620	2.7564	3.3962
30	0.6828	0.8538	1.3104	1.6973	2.0423	2.4573	2.7500	3.3852
31	0.6825	0.8534	1.3095	1.6955	2.0395	2.4528	2.7440	3.3749
32	0.6822	0.8530	1.3086	1.6939	2.0369	2.4487	2.7385	3.3653
33	0.6820	0.8526	1.3077	1.6924	2.0345	2.4448	2.7333	3.3563
34	0.6818	0.8523	1.3070	1.6909	2.0322	2.4411	2.7284	3.3479
35	0.6816	0.8520	1.3062	1.6896	2.0301	2.4377	2.7238	3.3400
36	0.6814	0.8517	1.3055	1.6883	2.0281	2.4345	2.7195	3.3326
37	0.6812	0.8514	1.3049	1.6871	2.0262	2.4314	2.7154	3.3256
38	0.6810	0.8512	1.3042	1.6860	2.0244	2.4286	2.7116	3.3190
39	0.6808	0.8509	1.3036	1.6849	2.0227	2.4258	2.7079	3.3128
40	0.6807	0.8507	1.3031	1.6839	2.0211	2.4233	2.7045	3.3069

附表 5　F 分布分位数表

$$P\{F(n_1,n_2) > F_\alpha(n_1,n_2)\} = \alpha$$

(α=0.1)

n_2 \ n_1	1	2	3	4	5	6	7	8	9	10	11	12	13	14	15
1	39.86	49.50	53.59	55.83	57.24	58.20	58.91	59.44	59.86	60.19	60.47	60.71	60.90	61.07	61.22
2	8.53	9.00	9.16	9.24	9.29	9.33	9.35	9.37	9.38	9.39	9.40	9.41	9.41	9.42	9.42
3	5.54	5.46	5.39	5.34	5.31	5.28	5.27	5.25	5.24	5.23	5.22	5.22	5.21	5.20	5.20
4	4.54	4.32	4.19	4.11	4.05	4.01	3.98	3.95	3.94	3.92	3.91	3.90	3.89	3.88	3.87
5	4.06	3.78	3.62	3.52	3.45	3.40	3.37	3.34	3.32	3.30	3.28	3.27	3.26	3.25	3.24
6	3.78	3.46	3.29	3.18	3.11	3.05	3.01	2.98	2.96	2.94	2.92	2.90	2.89	2.88	2.87
7	3.59	3.26	3.07	2.96	2.88	2.83	2.78	2.75	2.72	2.70	2.68	2.67	2.65	2.64	2.63
8	3.46	3.11	2.92	2.81	2.73	2.67	2.62	2.59	2.56	2.54	2.52	2.50	2.49	2.48	2.46
9	3.36	3.01	2.81	2.69	2.61	2.55	2.51	2.47	2.44	2.42	2.40	2.38	2.36	2.35	2.34
10	3.29	2.92	2.73	2.61	2.52	2.46	2.41	2.38	2.35	2.32	2.30	2.28	2.27	2.26	2.24
11	3.23	2.86	2.66	2.54	2.45	2.39	2.34	2.30	2.27	2.25	2.23	2.21	2.19	2.18	2.17
12	3.18	2.81	2.61	2.48	2.39	2.33	2.28	2.24	2.21	2.19	2.17	2.15	2.13	2.12	2.10
13	3.14	2.76	2.56	2.43	2.35	2.28	2.23	2.20	2.16	2.14	2.12	2.10	2.08	2.07	2.05
14	3.10	2.73	2.52	2.39	2.31	2.24	2.19	2.15	2.12	2.10	2.07	2.05	2.04	2.02	2.01
15	3.07	2.70	2.49	2.36	2.27	2.21	2.16	2.12	2.09	2.06	2.04	2.02	2.00	1.99	1.97
16	3.05	2.67	2.46	2.33	2.24	2.18	2.13	2.09	2.06	2.03	2.01	1.99	1.97	1.95	1.94
17	3.03	2.64	2.44	2.31	2.22	2.15	2.10	2.06	2.03	2.00	1.98	1.96	1.94	1.93	1.91
18	3.01	2.62	2.42	2.29	2.20	2.13	2.08	2.04	2.00	1.98	1.95	1.93	1.92	1.90	1.89
19	2.99	2.61	2.40	2.27	2.18	2.11	2.06	2.02	1.98	1.96	1.93	1.91	1.89	1.88	1.86
20	2.97	2.59	2.38	2.25	2.16	2.09	2.04	2.00	1.96	1.94	1.91	1.89	1.87	1.86	1.84
25	2.92	2.53	2.32	2.18	2.09	2.02	1.97	1.93	1.89	1.87	1.84	1.82	1.80	1.79	1.77
30	2.88	2.49	2.28	2.14	2.05	1.98	1.93	1.88	1.85	1.82	1.79	1.77	1.75	1.74	1.72
50	2.81	2.41	2.20	2.06	1.97	1.90	1.84	1.80	1.76	1.73	1.70	1.68	1.66	1.64	1.63
100	2.76	2.36	2.14	2.00	1.91	1.83	1.78	1.73	1.69	1.66	1.64	1.61	1.59	1.57	1.56
120	2.75	2.35	2.13	1.99	1.90	1.82	1.77	1.72	1.68	1.65	1.63	1.60	1.58	1.56	1.55

续表

n_2 \ n_1	16	17	18	19	20	25	30	35	40	50	60	80	100	120
1	61.35	61.46	61.57	61.66	61.74	62.05	62.26	62.42	62.53	62.69	62.79	62.93	63.01	63.06
2	9.43	9.43	9.44	9.44	9.44	9.45	9.46	9.46	9.47	9.47	9.47	9.48	9.48	9.48
3	5.20	5.19	5.19	5.19	5.18	5.17	5.17	5.16	5.16	5.15	5.15	5.15	5.14	5.14
4	3.86	3.86	3.85	3.85	3.84	3.83	3.82	3.81	3.80	3.80	3.79	3.78	3.78	3.78
5	3.23	3.22	3.22	3.21	3.21	3.19	3.17	3.16	3.16	3.15	3.14	3.13	3.13	3.12
6	2.86	2.85	2.85	2.84	2.84	2.81	2.80	2.79	2.78	2.77	2.76	2.75	2.75	2.74
7	2.62	2.61	2.61	2.60	2.59	2.57	2.56	2.54	2.54	2.52	2.51	2.50	2.50	2.49
8	2.45	2.45	2.44	2.43	2.42	2.40	2.38	2.37	2.36	2.35	2.34	2.33	2.32	2.32
9	2.33	2.32	2.31	2.30	2.30	2.27	2.25	2.24	2.23	2.22	2.21	2.20	2.19	2.18
10	2.23	2.22	2.22	2.21	2.20	2.17	2.16	2.14	2.13	2.12	2.11	2.09	2.09	2.08
11	2.16	2.15	2.14	2.13	2.12	2.10	2.08	2.06	2.05	2.04	2.03	2.01	2.01	2.00
12	2.09	2.08	2.08	2.07	2.06	2.03	2.01	2.00	1.99	1.97	1.96	1.95	1.94	1.93
13	2.04	2.03	2.02	2.01	2.01	1.98	1.96	1.94	1.93	1.92	1.90	1.89	1.88	1.88
14	2.00	1.99	1.98	1.97	1.96	1.93	1.91	1.90	1.89	1.87	1.86	1.84	1.83	1.83
15	1.96	1.95	1.94	1.93	1.92	1.89	1.87	1.86	1.85	1.83	1.82	1.80	1.79	1.79
16	1.93	1.92	1.91	1.90	1.89	1.86	1.84	1.82	1.81	1.79	1.78	1.77	1.76	1.75
17	1.90	1.89	1.88	1.87	1.86	1.83	1.81	1.79	1.78	1.76	1.75	1.74	1.73	1.72
18	1.87	1.86	1.85	1.84	1.84	1.80	1.78	1.77	1.75	1.74	1.72	1.71	1.70	1.69
19	1.85	1.84	1.83	1.82	1.81	1.78	1.76	1.74	1.73	1.71	1.70	1.68	1.67	1.67
20	1.83	1.82	1.81	1.80	1.79	1.76	1.74	1.72	1.71	1.69	1.68	1.66	1.65	1.64
25	1.76	1.75	1.74	1.73	1.72	1.68	1.66	1.64	1.63	1.61	1.59	1.58	1.56	1.56
30	1.71	1.70	1.69	1.68	1.67	1.63	1.61	1.59	1.57	1.55	1.54	1.52	1.51	1.50
50	1.61	1.60	1.59	1.58	1.57	1.53	1.50	1.48	1.46	1.44	1.42	1.40	1.39	1.38
100	1.54	1.53	1.52	1.50	1.49	1.45	1.42	1.40	1.38	1.35	1.34	1.31	1.29	1.28
120	1.53	1.52	1.50	1.49	1.48	1.44	1.41	1.39	1.37	1.34	1.32	1.29	1.28	1.26

$$P\{F(n_1,n_2)>F_\alpha(n_1,n_2)\}=\alpha$$

(α=0.05)

n_2 \ n_1	1	2	3	4	5	6	7	8	9	10	11	12	13
1	161.45	199.50	215.71	224.58	230.16	233.99	236.77	238.88	240.54	241.88	242.98	243.91	244.69
2	18.51	19.00	19.16	19.25	19.30	19.33	19.35	19.37	19.38	19.40	19.40	19.41	19.42
3	10.13	9.55	9.28	9.12	9.01	8.94	8.89	8.85	8.81	8.79	8.76	8.74	8.73
4	7.71	6.94	6.59	6.39	6.26	6.16	6.09	6.04	6.00	5.96	5.94	5.91	5.89
5	6.61	5.79	5.41	5.19	5.05	4.95	4.88	4.82	4.77	4.74	4.70	4.68	4.66
6	5.99	5.14	4.76	4.53	4.39	4.28	4.21	4.15	4.10	4.06	4.03	4.00	3.98
7	5.59	4.74	4.35	4.12	3.97	3.87	3.79	3.73	3.68	3.64	3.60	3.57	3.55
8	5.32	4.46	4.07	3.84	3.69	3.58	3.50	3.44	3.39	3.35	3.31	3.28	3.26
9	5.12	4.26	3.86	3.63	3.48	3.37	3.29	3.23	3.18	3.14	3.10	3.07	3.05
10	4.96	4.10	3.71	3.48	3.33	3.22	3.14	3.07	3.02	2.98	2.94	2.91	2.89
11	4.84	3.98	3.59	3.36	3.20	3.09	3.01	2.95	2.90	2.85	2.82	2.79	2.76
12	4.75	3.89	3.49	3.26	3.11	3.00	2.91	2.85	2.80	2.75	2.72	2.69	2.66
13	4.67	3.81	3.41	3.18	3.03	2.92	2.83	2.77	2.71	2.67	2.63	2.60	2.58
14	4.60	3.74	3.34	3.11	2.96	2.85	2.76	2.70	2.65	2.60	2.57	2.53	2.51
15	4.54	3.68	3.29	3.06	2.90	2.79	2.71	2.64	2.59	2.54	2.51	2.48	2.45
16	4.49	3.63	3.24	3.01	2.85	2.74	2.66	2.59	2.54	2.49	2.46	2.42	2.40
17	4.45	3.59	3.20	2.96	2.81	2.70	2.61	2.55	2.49	2.45	2.41	2.38	2.35
18	4.41	3.55	3.16	2.93	2.77	2.66	2.58	2.51	2.46	2.41	2.37	2.34	2.31
19	4.38	3.52	3.13	2.90	2.74	2.63	2.54	2.48	2.42	2.38	2.34	2.31	2.28
20	4.35	3.49	3.10	2.87	2.71	2.60	2.51	2.45	2.39	2.35	2.31	2.28	2.25
25	4.24	3.39	2.99	2.76	2.60	2.49	2.40	2.34	2.28	2.24	2.20	2.16	2.14
30	4.17	3.32	2.92	2.69	2.53	2.42	2.33	2.27	2.21	2.16	2.13	2.09	2.06
50	4.03	3.18	2.79	2.56	2.40	2.29	2.20	2.13	2.07	2.03	1.99	1.95	1.92
80	3.96	3.11	2.72	2.49	2.33	2.21	2.13	2.06	2.00	1.95	1.91	1.88	1.84
100	3.94	3.09	2.70	2.46	2.31	2.19	2.10	2.03	1.97	1.93	1.89	1.85	1.82
120	3.92	3.07	2.68	2.45	2.29	2.18	2.09	2.02	1.96	1.91	1.87	1.83	1.80

续表

n_2 \ n_1	14	15	16	17	18	19	20	40	60	80	100	120
1	245.36	245.95	246.46	246.92	247.32	247.69	248.01	251.14	252.20	252.72	253.04	253.25
2	19.42	19.43	19.43	19.44	19.44	19.44	19.45	19.47	19.48	19.48	19.49	19.49
3	8.71	8.70	8.69	8.68	8.67	8.67	8.66	8.59	8.57	8.56	8.55	8.55
4	5.87	5.86	5.84	5.83	5.82	5.81	5.80	5.72	5.69	5.67	5.66	5.66
5	4.64	4.62	4.60	4.59	4.58	4.57	4.56	4.46	4.43	4.41	4.41	4.40
6	3.96	3.94	3.92	3.91	3.90	3.88	3.87	3.77	3.74	3.72	3.71	3.70
7	3.53	3.51	3.49	3.48	3.47	3.46	3.44	3.34	3.30	3.29	3.27	3.27
8	3.24	3.22	3.20	3.19	3.17	3.16	3.15	3.04	3.01	2.99	2.97	2.97
9	3.03	3.01	2.99	2.97	2.96	2.95	2.94	2.83	2.79	2.77	2.76	2.75
10	2.86	2.85	2.83	2.81	2.80	2.79	2.77	2.66	2.62	2.60	2.59	2.58
11	2.74	2.72	2.70	2.69	2.67	2.66	2.65	2.53	2.49	2.47	2.46	2.45
12	2.64	2.62	2.60	2.58	2.57	2.56	2.54	2.43	2.38	2.36	2.35	2.34
13	2.55	2.53	2.51	2.50	2.48	2.47	2.46	2.34	2.30	2.27	2.26	2.25
14	2.48	2.46	2.44	2.43	2.41	2.40	2.39	2.27	2.22	2.20	2.19	2.18
15	2.42	2.40	2.38	2.37	2.35	2.34	2.33	2.20	2.16	2.14	2.12	2.11
16	2.37	2.35	2.33	2.32	2.30	2.29	2.28	2.15	2.11	2.08	2.07	2.06
17	2.33	2.31	2.29	2.27	2.26	2.24	2.23	2.10	2.06	2.03	2.02	2.01
18	2.29	2.27	2.25	2.23	2.22	2.20	2.19	2.06	2.02	1.99	1.98	1.97
19	2.26	2.23	2.21	2.20	2.18	2.17	2.16	2.03	1.98	1.96	1.94	1.93
20	2.22	2.20	2.18	2.17	2.15	2.14	2.12	1.99	1.95	1.92	1.91	1.90
25	2.11	2.09	2.07	2.05	2.04	2.02	2.01	1.87	1.82	1.80	1.78	1.77
30	2.04	2.01	1.99	1.98	1.96	1.95	1.93	1.79	1.74	1.71	1.70	1.68
50	1.89	1.87	1.85	1.83	1.81	1.80	1.78	1.63	1.58	1.54	1.52	1.51
80	1.82	1.79	1.77	1.75	1.73	1.72	1.70	1.54	1.48	1.45	1.43	1.41
100	1.79	1.77	1.75	1.73	1.71	1.69	1.68	1.52	1.45	1.41	1.39	1.38
120	1.78	1.75	1.73	1.71	1.69	1.67	1.66	1.50	1.43	1.39	1.37	1.35

$$P\{F(n_1,n_2)>F_\alpha(n_1,n_2)\}=\alpha$$

$(\alpha=0.025)$

n_2 \ n_1	1	2	3	4	5	6	7	8	9	10	11	12
1	647.8	799.5	864.2	899.6	921.9	937.1	948.2	956.7	963.3	968.6	973.0	976.7
2	38.51	39.00	39.17	39.25	39.30	39.33	39.36	39.37	39.39	39.40	39.41	39.41
3	17.44	16.04	15.44	15.10	14.88	14.73	14.62	14.54	14.47	14.42	14.37	14.34
4	12.22	10.65	9.98	9.60	9.36	9.20	9.07	8.98	8.90	8.84	8.79	8.75
5	10.01	8.43	7.76	7.39	7.15	6.98	6.85	6.76	6.68	6.62	6.57	6.52
6	8.81	7.26	6.60	6.23	5.99	5.82	5.70	5.60	5.52	5.46	5.41	5.37
7	8.07	6.54	5.89	5.52	5.29	5.12	4.99	4.90	4.82	4.76	4.71	4.67
8	7.57	6.06	5.42	5.05	4.82	4.65	4.53	4.43	4.36	4.30	4.24	4.20
9	7.21	5.71	5.08	4.72	4.48	4.32	4.20	4.10	4.03	3.96	3.91	3.87
10	6.94	5.46	4.83	4.47	4.24	4.07	3.95	3.85	3.78	3.72	3.66	3.62
11	6.72	5.26	4.63	4.28	4.04	3.88	3.76	3.66	3.59	3.53	3.47	3.43
12	6.55	5.10	4.47	4.12	3.89	3.73	3.61	3.51	3.44	3.37	3.32	3.28
13	6.41	4.97	4.35	4.00	3.77	3.60	3.48	3.39	3.31	3.25	3.20	3.15
14	6.30	4.86	4.24	3.89	3.66	3.50	3.38	3.29	3.21	3.15	3.09	3.05
15	6.20	4.77	4.15	3.80	3.58	3.41	3.29	3.20	3.12	3.06	3.01	2.96
16	6.12	4.69	4.08	3.73	3.50	3.34	3.22	3.12	3.05	2.99	2.93	2.89
17	6.04	4.62	4.01	3.66	3.44	3.28	3.16	3.06	2.98	2.92	2.87	2.82
18	5.98	4.56	3.95	3.61	3.38	3.22	3.10	3.01	2.93	2.87	2.81	2.77
19	5.92	4.51	3.90	3.56	3.33	3.17	3.05	2.96	2.88	2.82	2.76	2.72
20	5.87	4.46	3.86	3.51	3.29	3.13	3.01	2.91	2.84	2.77	2.72	2.68
25	5.69	4.29	3.69	3.35	3.13	2.97	2.85	2.75	2.68	2.61	2.56	2.51
30	5.57	4.18	3.59	3.25	3.03	2.87	2.75	2.65	2.57	2.51	2.46	2.41
35	5.48	4.11	3.52	3.18	2.96	2.80	2.68	2.58	2.50	2.44	2.39	2.34
40	5.42	4.05	3.46	3.13	2.90	2.74	2.62	2.53	2.45	2.39	2.33	2.29
45	5.38	4.01	3.42	3.09	2.86	2.70	2.58	2.49	2.41	2.35	2.29	2.25
50	5.34	3.97	3.39	3.05	2.83	2.67	2.55	2.46	2.38	2.32	2.26	2.22
60	5.29	3.93	3.34	3.01	2.79	2.63	2.51	2.41	2.33	2.27	2.22	2.17
70	5.25	3.89	3.31	2.97	2.75	2.59	2.47	2.38	2.30	2.24	2.18	2.14
80	5.22	3.86	3.28	2.95	2.73	2.57	2.45	2.35	2.28	2.21	2.16	2.11
90	5.20	3.84	3.26	2.93	2.71	2.55	2.43	2.34	2.26	2.19	2.14	2.09
100	5.18	3.83	3.25	2.92	2.70	2.54	2.42	2.32	2.24	2.18	2.12	2.08
120	5.15	3.80	3.23	2.89	2.67	2.52	2.39	2.30	2.22	2.16	2.10	2.05

续表

n_2 \ n_1	13	14	15	16	17	18	19	20	40	80	100	120
1	979.8	982.5	984.9	986.9	988.7	990.4	991.8	993.1	1005.6	1011.9	1013.2	1014.0
2	39.42	39.43	39.43	39.44	39.44	39.44	39.45	39.45	39.47	39.49	39.49	39.49
3	14.30	14.28	14.25	14.23	14.21	14.20	14.18	14.17	14.04	13.97	13.96	13.95
4	8.71	8.68	8.66	8.63	8.61	8.59	8.58	8.56	8.41	8.33	8.32	8.31
5	6.49	6.46	6.43	6.40	6.38	6.36	6.34	6.33	6.18	6.10	6.08	6.07
6	5.33	5.30	5.27	5.24	5.22	5.20	5.18	5.17	5.01	4.93	4.92	4.90
7	4.63	4.60	4.57	4.54	4.52	4.50	4.48	4.47	4.31	4.23	4.21	4.20
8	4.16	4.13	4.10	4.08	4.05	4.03	4.02	4.00	3.84	3.76	3.74	3.73
9	3.83	3.80	3.77	3.74	3.72	3.70	3.68	3.67	3.51	3.42	3.40	3.39
10	3.58	3.55	3.52	3.50	3.47	3.45	3.44	3.42	3.26	3.17	3.15	3.14
11	3.39	3.36	3.33	3.30	3.28	3.26	3.24	3.23	3.06	2.97	2.96	2.94
12	3.24	3.21	3.18	3.15	3.13	3.11	3.09	3.07	2.91	2.82	2.80	2.79
13	3.12	3.08	3.05	3.03	3.00	2.98	2.96	2.95	2.78	2.69	2.67	2.66
14	3.01	2.98	2.95	2.92	2.90	2.88	2.86	2.84	2.67	2.58	2.56	2.55
15	2.92	2.89	2.86	2.84	2.81	2.79	2.77	2.76	2.59	2.49	2.47	2.46
16	2.85	2.82	2.79	2.76	2.74	2.72	2.70	2.68	2.51	2.42	2.40	2.38
17	2.79	2.75	2.72	2.70	2.67	2.65	2.63	2.62	2.44	2.35	2.33	2.32
18	2.73	2.70	2.67	2.64	2.62	2.60	2.58	2.56	2.38	2.29	2.27	2.26
19	2.68	2.65	2.62	2.59	2.57	2.55	2.53	2.51	2.33	2.24	2.22	2.20
20	2.64	2.60	2.57	2.55	2.52	2.50	2.48	2.46	2.29	2.19	2.17	2.16
25	2.48	2.44	2.41	2.38	2.36	2.34	2.32	2.30	2.12	2.02	2.00	1.98
30	2.37	2.34	2.31	2.28	2.26	2.23	2.21	2.20	2.01	1.90	1.88	1.87
35	2.30	2.27	2.23	2.21	2.18	2.16	2.14	2.12	1.93	1.82	1.80	1.79
40	2.25	2.21	2.18	2.15	2.13	2.11	2.09	2.07	1.88	1.76	1.74	1.72
45	2.21	2.17	2.14	2.11	2.09	2.07	2.04	2.03	1.83	1.72	1.69	1.68
50	2.18	2.14	2.11	2.08	2.06	2.03	2.01	1.99	1.80	1.68	1.66	1.64
60	2.13	2.09	2.06	2.03	2.01	1.98	1.96	1.94	1.74	1.63	1.60	1.58
70	2.10	2.06	2.03	2.00	1.97	1.95	1.93	1.91	1.71	1.59	1.56	1.54
80	2.07	2.03	2.00	1.97	1.95	1.92	1.90	1.88	1.68	1.55	1.53	1.51
90	2.05	2.02	1.98	1.95	1.93	1.91	1.88	1.86	1.66	1.53	1.50	1.48
100	2.04	2.00	1.97	1.94	1.91	1.89	1.87	1.85	1.64	1.51	1.48	1.46
120	2.01	1.98	1.94	1.92	1.89	1.87	1.84	1.82	1.61	1.48	1.45	1.43

$$P\{F(n_1,n_2)>F_\alpha(n_1,n_2)\}=\alpha$$
$$(\alpha=0.01)$$

n_2 \ n_1	1	2	3	4	5	6	7	8	9	10	11	12
1	4052.2	4999.5	5403.4	5624.6	5763.7	5859.0	5928.4	5981.1	6022.5	6055.9	6083.3	6106.3
2	98.50	99.00	99.17	99.25	99.30	99.33	99.36	99.37	99.39	99.40	99.41	99.42
3	34.12	30.82	29.46	28.71	28.24	27.91	27.67	27.49	27.35	27.23	27.13	27.05
4	21.20	18.00	16.69	15.98	15.52	15.21	14.98	14.80	14.66	14.55	14.45	14.37
5	16.26	13.27	12.06	11.39	10.97	10.67	10.46	10.29	10.16	10.05	9.96	9.89
6	13.75	10.92	9.78	9.15	8.75	8.47	8.26	8.10	7.98	7.87	7.79	7.72
7	12.25	9.55	8.45	7.85	7.46	7.19	6.99	6.84	6.72	6.62	6.54	6.47
8	11.26	8.65	7.59	7.01	6.63	6.37	6.18	6.03	5.91	5.81	5.73	5.67
9	10.56	8.02	6.99	6.42	6.06	5.80	5.61	5.47	5.35	5.26	5.18	5.11
10	10.04	7.56	6.55	5.99	5.64	5.39	5.20	5.06	4.94	4.85	4.77	4.71
11	9.65	7.21	6.22	5.67	5.32	5.07	4.89	4.74	4.63	4.54	4.46	4.40
12	9.33	6.93	5.95	5.41	5.06	4.82	4.64	4.50	4.39	4.30	4.22	4.16
13	9.07	6.70	5.74	5.21	4.86	4.62	4.44	4.30	4.19	4.10	4.02	3.96
14	8.86	6.51	5.56	5.04	4.69	4.46	4.28	4.14	4.03	3.94	3.86	3.80
15	8.68	6.36	5.42	4.89	4.56	4.32	4.14	4.00	3.89	3.80	3.73	3.67
16	8.53	6.23	5.29	4.77	4.44	4.20	4.03	3.89	3.78	3.69	3.62	3.55
17	8.40	6.11	5.18	4.67	4.34	4.10	3.93	3.79	3.68	3.59	3.52	3.46
18	8.29	6.01	5.09	4.58	4.25	4.01	3.84	3.71	3.60	3.51	3.43	3.37
19	8.18	5.93	5.01	4.50	4.17	3.94	3.77	3.63	3.52	3.43	3.36	3.30
20	8.10	5.85	4.94	4.43	4.10	3.87	3.70	3.56	3.46	3.37	3.29	3.23
25	7.77	5.57	4.68	4.18	3.85	3.63	3.46	3.32	3.22	3.13	3.06	2.99
30	7.56	5.39	4.51	4.02	3.70	3.47	3.30	3.17	3.07	2.98	2.91	2.84
35	7.42	5.27	4.40	3.91	3.59	3.37	3.20	3.07	2.96	2.88	2.80	2.74
40	7.31	5.18	4.31	3.83	3.51	3.29	3.12	2.99	2.89	2.80	2.73	2.66
45	7.23	5.11	4.25	3.77	3.45	3.23	3.07	2.94	2.83	2.74	2.67	2.61
50	7.17	5.06	4.20	3.72	3.41	3.19	3.02	2.89	2.78	2.70	2.63	2.56
60	7.08	4.98	4.13	3.65	3.34	3.12	2.95	2.82	2.72	2.63	2.56	2.50
80	6.96	4.88	4.04	3.56	3.26	3.04	2.87	2.74	2.64	2.55	2.48	2.42
100	6.90	4.82	3.98	3.51	3.21	2.99	2.82	2.69	2.59	2.50	2.43	2.37
110	6.87	4.80	3.96	3.49	3.19	2.97	2.81	2.68	2.57	2.49	2.41	2.35
120	6.85	4.79	3.95	3.48	3.17	2.96	2.79	2.66	2.56	2.47	2.40	2.34

续表

n_2 \ n_1	13	14	15	16	17	18	19	20	40	80	120
1	6125.9	6142.7	6157.3	6170.1	6181.4	6191.5	6200.6	6208.7	6286.8	6326.2	6339.4
2	99.42	99.43	99.43	99.44	99.44	99.44	99.45	99.45	99.47	99.49	99.49
3	26.98	26.92	26.87	26.83	26.79	26.75	26.72	26.69	26.41	26.27	26.22
4	14.31	14.25	14.20	14.15	14.11	14.08	14.05	14.02	13.75	13.61	13.56
5	9.82	9.77	9.72	9.68	9.64	9.61	9.58	9.55	9.29	9.16	9.11
6	7.66	7.60	7.56	7.52	7.48	7.45	7.42	7.40	7.14	7.01	6.97
7	6.41	6.36	6.31	6.28	6.24	6.21	6.18	6.16	5.91	5.78	5.74
8	5.61	5.56	5.52	5.48	5.44	5.41	5.38	5.36	5.12	4.99	4.95
9	5.05	5.01	4.96	4.92	4.89	4.86	4.83	4.81	4.57	4.44	4.40
10	4.65	4.60	4.56	4.52	4.49	4.46	4.43	4.41	4.17	4.04	4.00
11	4.34	4.29	4.25	4.21	4.18	4.15	4.12	4.10	3.86	3.73	3.69
12	4.10	4.05	4.01	3.97	3.94	3.91	3.88	3.86	3.62	3.49	3.45
13	3.91	3.86	3.82	3.78	3.75	3.72	3.69	3.66	3.43	3.30	3.25
14	3.75	3.70	3.66	3.62	3.59	3.56	3.53	3.51	3.27	3.14	3.09
15	3.61	3.56	3.52	3.49	3.45	3.42	3.40	3.37	3.13	3.00	2.96
16	3.50	3.45	3.41	3.37	3.34	3.31	3.28	3.26	3.02	2.89	2.84
17	3.40	3.35	3.31	3.27	3.24	3.21	3.19	3.16	2.92	2.79	2.75
18	3.32	3.27	3.23	3.19	3.16	3.13	3.10	3.08	2.84	2.70	2.66
19	3.24	3.19	3.15	3.12	3.08	3.05	3.03	3.00	2.76	2.63	2.58
20	3.18	3.13	3.09	3.05	3.02	2.99	2.96	2.94	2.69	2.56	2.52
25	2.94	2.89	2.85	2.81	2.78	2.75	2.72	2.70	2.45	2.32	2.27
30	2.79	2.74	2.70	2.66	2.63	2.60	2.57	2.55	2.30	2.16	2.11
35	2.69	2.64	2.60	2.56	2.53	2.50	2.47	2.44	2.19	2.05	2.00
40	2.61	2.56	2.52	2.48	2.45	2.42	2.39	2.37	2.11	1.97	1.92
45	2.55	2.51	2.46	2.43	2.39	2.36	2.34	2.31	2.05	1.91	1.85
50	2.51	2.46	2.42	2.38	2.35	2.32	2.29	2.27	2.01	1.86	1.80
60	2.44	2.39	2.35	2.31	2.28	2.25	2.22	2.20	1.94	1.78	1.73
80	2.36	2.31	2.27	2.23	2.20	2.17	2.14	2.12	1.85	1.69	1.63
100	2.31	2.27	2.22	2.19	2.15	2.12	2.09	2.07	1.80	1.63	1.57
110	2.30	2.25	2.21	2.17	2.13	2.10	2.07	2.05	1.78	1.61	1.55
120	2.28	2.23	2.19	2.15	2.12	2.09	2.06	2.03	1.76	1.60	1.53

$$P\{F(n_1,n_2)>F_\alpha(n_1,n_2)\}=\alpha$$

$(\alpha=0.005)$

n_2 \ n_1	1	2	3	4	5	6	7	8	9	10	11	12
1	16211	20000	21615	22500	23056	23437	23715	23925	24091	24225	24334	24426
2	198.50	199.00	199.17	199.25	199.30	199.33	199.36	199.37	199.39	199.40	199.41	199.42
3	55.55	49.80	47.47	46.19	45.39	44.84	44.43	44.13	43.88	43.69	43.52	43.39
4	31.33	26.28	24.26	23.15	22.46	21.97	21.62	21.35	21.14	20.97	20.82	20.70
5	22.78	18.31	16.53	15.56	14.94	14.51	14.20	13.96	13.77	13.62	13.49	13.38
6	18.63	14.54	12.92	12.03	11.46	11.07	10.79	10.57	10.39	10.25	10.13	10.03
7	16.24	12.40	10.88	10.05	9.52	9.16	8.89	8.68	8.51	8.38	8.27	8.18
8	14.69	11.04	9.60	8.81	8.30	7.95	7.69	7.50	7.34	7.21	7.10	7.01
9	13.61	10.11	8.72	7.96	7.47	7.13	6.88	6.69	6.54	6.42	6.31	6.23
10	12.83	9.43	8.08	7.34	6.87	6.54	6.30	6.12	5.97	5.85	5.75	5.66
11	12.23	8.91	7.60	6.88	6.42	6.10	5.86	5.68	5.54	5.42	5.32	5.24
12	11.75	8.51	7.23	6.52	6.07	5.76	5.52	5.35	5.20	5.09	4.99	4.91
13	11.37	8.19	6.93	6.23	5.79	5.48	5.25	5.08	4.94	4.82	4.72	4.64
14	11.06	7.92	6.68	6.00	5.56	5.26	5.03	4.86	4.72	4.60	4.51	4.43
15	10.80	7.70	6.48	5.80	5.37	5.07	4.85	4.67	4.54	4.42	4.33	4.25
16	10.58	7.51	6.30	5.64	5.21	4.91	4.69	4.52	4.38	4.27	4.18	4.10
17	10.38	7.35	6.16	5.50	5.07	4.78	4.56	4.39	4.25	4.14	4.05	3.97
18	10.22	7.21	6.03	5.37	4.96	4.66	4.44	4.28	4.14	4.03	3.94	3.86
19	10.07	7.09	5.92	5.27	4.85	4.56	4.34	4.18	4.04	3.93	3.84	3.76
20	9.94	6.99	5.82	5.17	4.76	4.47	4.26	4.09	3.96	3.85	3.76	3.68
25	9.48	6.60	5.46	4.84	4.43	4.15	3.94	3.78	3.64	3.54	3.45	3.37
30	9.18	6.35	5.24	4.62	4.23	3.95	3.74	3.58	3.45	3.34	3.25	3.18
35	8.98	6.19	5.09	4.48	4.09	3.81	3.61	3.45	3.32	3.21	3.12	3.05
40	8.83	6.07	4.98	4.37	3.99	3.71	3.51	3.35	3.22	3.12	3.03	2.95
50	8.63	5.90	4.83	4.23	3.85	3.58	3.38	3.22	3.09	2.99	2.90	2.82
60	8.49	5.79	4.73	4.14	3.76	3.49	3.29	3.13	3.01	2.90	2.82	2.74
70	8.40	5.72	4.66	4.08	3.70	3.43	3.23	3.08	2.95	2.85	2.76	2.68
80	8.33	5.67	4.61	4.03	3.65	3.39	3.19	3.03	2.91	2.80	2.72	2.64
90	8.28	5.62	4.57	3.99	3.62	3.35	3.15	3.00	2.87	2.77	2.68	2.61
100	8.24	5.59	4.54	3.96	3.59	3.33	3.13	2.97	2.85	2.74	2.66	2.58
110	8.21	5.56	4.52	3.94	3.57	3.30	3.11	2.95	2.83	2.72	2.64	2.56
120	8.18	5.54	4.50	3.92	3.55	3.28	3.09	2.93	2.81	2.71	2.62	2.54

续表

n_2 \ n_1	13	14	15	16	17	18	19	20	30	50	100	120
1	24505	24572	24630	24682	24727	24767	24803	24836	25044	25211	25338	25359
2	199.42	199.43	199.43	199.44	199.44	199.44	199.45	199.45	199.47	199.48	199.49	199.49
3	43.27	43.17	43.08	43.01	42.94	42.88	42.83	42.78	42.47	42.21	42.02	41.99
4	20.60	20.51	20.44	20.37	20.31	20.26	20.21	20.17	19.89	19.67	19.50	19.47
5	13.29	13.21	13.15	13.09	13.03	12.98	12.94	12.90	12.66	12.45	12.30	12.27
6	9.95	9.88	9.81	9.76	9.71	9.66	9.62	9.59	9.36	9.17	9.03	9.00
7	8.10	8.03	7.97	7.91	7.87	7.83	7.79	7.75	7.53	7.35	7.22	7.19
8	6.94	6.87	6.81	6.76	6.72	6.68	6.64	6.61	6.40	6.22	6.09	6.06
9	6.15	6.09	6.03	5.98	5.94	5.90	5.86	5.83	5.62	5.45	5.32	5.30
10	5.59	5.53	5.47	5.42	5.38	5.34	5.31	5.27	5.07	4.90	4.77	4.75
11	5.16	5.10	5.05	5.00	4.96	4.92	4.89	4.86	4.65	4.49	4.36	4.34
12	4.84	4.77	4.72	4.67	4.63	4.59	4.56	4.53	4.33	4.17	4.04	4.01
13	4.57	4.51	4.46	4.41	4.37	4.33	4.30	4.27	4.07	3.91	3.78	3.76
14	4.36	4.30	4.25	4.20	4.16	4.12	4.09	4.06	3.86	3.70	3.57	3.55
15	4.18	4.12	4.07	4.02	3.98	3.95	3.91	3.88	3.69	3.52	3.39	3.37
16	4.03	3.97	3.92	3.87	3.83	3.80	3.76	3.73	3.54	3.37	3.25	3.22
17	3.90	3.84	3.79	3.75	3.71	3.67	3.64	3.61	3.41	3.25	3.12	3.10
18	3.79	3.73	3.68	3.64	3.60	3.56	3.53	3.50	3.30	3.14	3.01	2.99
19	3.70	3.64	3.59	3.54	3.50	3.46	3.43	3.40	3.21	3.04	2.91	2.89
20	3.61	3.55	3.50	3.46	3.42	3.38	3.35	3.32	3.12	2.96	2.83	2.81
25	3.30	3.25	3.20	3.15	3.11	3.08	3.04	3.01	2.82	2.65	2.52	2.50
30	3.11	3.06	3.01	2.96	2.92	2.89	2.85	2.82	2.63	2.46	2.32	2.30
35	2.98	2.93	2.88	2.83	2.79	2.76	2.72	2.69	2.50	2.33	2.19	2.16
40	2.89	2.83	2.78	2.74	2.70	2.66	2.63	2.60	2.40	2.23	2.09	2.06
50	2.76	2.70	2.65	2.61	2.57	2.53	2.50	2.47	2.27	2.10	1.95	1.93
60	2.68	2.62	2.57	2.53	2.49	2.45	2.42	2.39	2.19	2.01	1.86	1.83
70	2.62	2.56	2.51	2.47	2.43	2.39	2.36	2.33	2.13	1.95	1.80	1.77
80	2.58	2.52	2.47	2.43	2.39	2.35	2.32	2.29	2.08	1.90	1.75	1.72
90	2.54	2.49	2.44	2.39	2.35	2.32	2.28	2.25	2.05	1.87	1.71	1.68
100	2.52	2.46	2.41	2.37	2.33	2.29	2.26	2.23	2.02	1.84	1.68	1.65
110	2.50	2.44	2.39	2.35	2.31	2.27	2.24	2.21	2.00	1.82	1.66	1.63
120	2.48	2.42	2.37	2.33	2.29	2.25	2.22	2.19	1.98	1.80	1.64	1.61

附录二　Excel 函数简介

1）函数 AVERAGE 的使用格式：AVERAGE(number1, number2, …)

功能：返回其参数的算术平均值；参数可以是数值或包含数值的名称、数组或引用.

计算公式：

$$\frac{1}{n}\sum_{i=1}^{n} x_i .$$

2）函数 BINOMDIST 的使用格式：BINOMDIST(number_s, trials, probability_s, cumulative)

功能：返回二项式分布的概率值.number_s 为试验成功的次数，trials 为独立试验的总次数，probability_s 为每次试验中成功的概率，Cumulative 为一逻辑值，用于确定函数的形式.如果 cumulative 为 TRUE，函数 BINOMDIST 返回累积概率（即分布函数值）；如果为 FALSE，返回概率函数值，即 number_s 次成功的概率.

计算公式：若 $X \sim B(n,p)$，则

$$\text{BINOMDIST}(k,n,p,\text{TRUE}) = P\{X \leqslant k\} = \sum_{i=0}^{k} C_n^i p^i (1-p)^{n-k} \ (k=0,1,2,\cdots,n),$$

$$\text{BINOMDIST}(k,n,p,\ \text{FALSE}) = P\{X=k\} = C_n^k p^k (1-p)^{n-k} (k=0,1,2,\cdots,n).$$

注：2010 版为 BINOM.DIST.

3）函数 CHIINV 的使用格式：CHIINV(probability, degrees_freedom)

功能：返回 χ^2 分布的上 α 分位数.其中 α = probability 为 χ^2 分布的单尾概率，Degrees_freedom 为自由度.

计算公式：

若 $X \sim \chi^2(n)$，$P\{X > \chi_\alpha^2(n)\} = \alpha$，则 χ^2 分布的上 α 分位数 $\chi_\alpha^2(n) = \text{CHIINV}(\alpha,\ n)$.

注：2010 版为 CHISQ.INV.RT.

4）函数 COMBIN 的使用格式：COMBIN(number, number_chosen)

功能：返回从给定数目的对象集合中提取若干对象的组合数.number 为对象的总数量，number_chosen 为每一组合中对象的数量.

计算公式：

$$\text{COMBIN}(n,\ k) = C_n^k = \frac{n!}{k!\ (n-k)!}.$$

5）函数 COUNT 的使用格式：COUNT(value1, value2, …)

功能:返回包含数字的单元格以及参数列表中数字的个数.

6) 函数 CORREL 的使用格式:CORREL(array1,array2)

功能:返回单元格区域 array1 和 array2 中两组数据之间的相关系数.

计算公式:

$$\frac{\sum_{i=1}^{n}(x_i-\bar{x})(y_i-\bar{y})}{\sqrt{\sum_{i=1}^{n}(x_i-\bar{x})^2\sum_{i=1}^{n}(y_i-\bar{y})^2}}.$$

7) 函数 DEVSQ 的使用格式:DEVSQ(number1, number2,…)

功能:返回数据点与各自样本平均值偏差的平方和.number1, number2, …为 1 到 30 个需要计算偏差平方和的参数,也可以不使用这种用逗号分隔参数的形式,而用单个数组或对数组的引用.

计算公式:

$$\sum_{i=1}^{n}(x_i-\bar{x})^2.$$

8) 函数 FACT 的使用格式:FACT(number)

功能:返回数 number 的阶乘,如果输入的 number 不是整数,则截尾取整.

计算公式:

$$\mathrm{FACT}(n)=n!.$$

9) 函数 FDIST 的使用格式:FDIST(x, degrees_freedom1, degrees_freedom2)

功能:返回两组数据 F 分布的尾部概率.其中 degrees_freedom1,degrees_freedom2 为两个自由度.

计算公式:若 $X\sim F(n_1,n_2)$, $\mathrm{FDIST}(x, n_1, n_2) = P\{X>x\}$.

注:2010 版为 F.DIST.RT.

10) 函数 FINV 的使用格式:FINV(probability, degrees_freedom1, degrees_freedom2)

功能:返回 F 分布的上 α 分位数,其中 α=probability 为 F 分布的单尾概率,degrees_freedom1 和 degrees_freedom2 为两个自由度.

计算公式:若 $X\sim F(n_1,n_2)$, $P\{X>F_\alpha^2(n_1,n_2)\}=\alpha$, 则 F 分布的上 α 分位数:

$$F_\alpha(n_1,n_2)=\mathrm{FINV}(\alpha,n).$$

注:2010 版为 F.INT.RT.

11) 函数 IF 的使用格式:IF(logical_test, value_if_true, value_if_false)

功能:执行真假值判断,根据逻辑计算的真假值,返回不同结果.其中 logical_test 为条件表达式.value_if_true 为当 logical_test 为 TRUE 时返回的值.value_if_false 为当 logical_test 为 FALSE 时返回的值.

12）函数 INTERCEPT 的使用格式：INTERCEPT(known_y′s, known_x′s)

功能：返回回归直线的截距.其中 known_y′s 为因变量观测数据或单元格区域. known_x′s 为自变量观测数据或单元格区域.

13）函数 NORMDIST 的使用格式：NORMDIST(x, mean, standard_dev, cumulative)

功能：返回给定均值和标准差的正态分布函数值.其中，x 为一实数值，mean 为正态分布的均值，standard_dev 正态分布的标准差，cumulative 为一逻辑值，指明函数的形式.如果 cumulative 为 TRUE，函数 NORMDIST 返回累积概率函数值（即分布函数值）；如果为 FALSE，返回概率密度函数值.

计算公式：若 $X \sim N(\mu,\sigma^2)$，其概率密度函数为 $f(x)$，分布函数为 $F(x)$，则

$$\text{NORMDIST}(x, \mu, \sigma, \text{TRUE}) = F(x) = \int_{-\infty}^{x} f(t)\,dt,$$

$$\text{NORMDIST}(x, \mu, \sigma, \text{FALSE}) = f(x) = \frac{1}{\sqrt{2\pi}\,\sigma} e^{-\frac{(x-\mu)2}{2\sigma 2}}.$$

注：2010 版为 NORM.DIST. 返回正态分布函数值.

14）函数 NORMSDIST 的使用格式：NORMSDIST(z)

功能：返回标准正态分布的分布函数值.其中 z 为实数.

计算公式：

$$\text{NORMSDIST}(x) = \Phi(x) = \int_{-\infty}^{x} \frac{1}{\sqrt{2\pi}} e^{-\frac{t2}{2}}\,dt.$$

注：2010 版为 NORM.S.DIST(z, cumulative). 返回标准正态分布函数值或概率密度值.

15）函数 NORMSINV 的使用格式：NORMSINV(probability)

功能：返回标准正态分布的分布函数的反函数值.其中 probability 为标准正态分布的概率值.

计算公式：若 $X \sim N(0,1)$，其分布函数记为 $\Phi(x)$，则 $\text{NORMSINV}(\alpha) = \Phi^{-1}(\alpha)$，$\alpha$ 为一个概率值.

注：2010 版为 NORM.S.INV.

16）函数 POISSON 的使用格式：POISSON(x, mean, cumulative)

功能：返回泊松分布的概率值.其中 x 为事件数，mean 为期望值，cumulative 为一逻辑值，确定所返回的概率形式.如果 cumulative 为 TRUE，函数 POISSON 返回泊松累积概率；如果为 FALSE，则返回泊松概率函数值.

计算公式：若 $X \sim P(\lambda)$，则

$$\text{POISSON}(k, \lambda, \text{TRUE}) = P\{X \leqslant k\} = \sum_{i=0}^{k} \frac{\lambda^i e^{-\lambda}}{i!}\ (k=0,1,2,\cdots),$$

$$\text{POISSON}(k, \lambda, \text{FALSE}) = P\{X = k\} = \frac{\lambda^k e^{-\lambda}}{k!}(k=0,1,2,\cdots).$$

注:2010 版为 POISSON.DIST.

17) 函数 POWER 的使用格式:POWER(number, power)

功能:返回给定数字的乘幂.其中 number 为底数,power 为指数.

计算公式:

$$\mathrm{POWER}(n, k) = n^k.$$

18) 函数 SLOPE 的使用格式:SLOPE(known_y's, known_x's)

功能:返回回归直线的斜率.其中 known_y's 为因变量观测数据或单元格区域. known_x's 为自变量观测数据或单元格区域.

19) 函数 SQRT 的使用格式:SQRT(number)

功能:返回正平方根,其中 number 是要计算平方根的数.

计算公式:

$$\mathrm{SQRT}(x) = \sqrt{x}.$$

20) 函数 STDEV 的使用格式:STDEV(number1, number2,…)

功能:计算给定样本的标准差.计算公式为

$$\sqrt{\frac{1}{n-1}\sum_{i=1}^{n}(x_i-\bar{x})^2} = \sqrt{\frac{n\sum_{i=1}^{n}x_i^2-\left(\sum_{i=1}^{n}x_i\right)^2}{n(n-1)}}.$$

注:2010 版为 STDEV.S. 估算基于给定样本的标准差.

21) 函数 SUM 的使用格式:SUM(number1, number2, …)

功能:将指定为参数的所有数字相加.每个参数都可以是单元格引用、数组、常量、公式或另一个函数的结果.

计算公式:

$$\sum_{i-1}^{n}x_i.$$

22) 函数 SUMPRODUCT 的使用格式:SUMPRODUCT(array1, array2, array3, …)

功能:返回多个区域 array1,array2,array3, …对应数值乘积之和.

计算公式:

$$\sum_{i=1}^{n}x_iy_i, \sum_{i=1}^{n}x_iy_iz_i, \cdots$$

23) 函数 SUMXMY2 的使用格式:SUMXMY2(array_x, array_y)

功能:返回两数组中对应数值之差的平方和.其中 Array_x 为第一个数组或数值区域,Array_y 为第二个数组或数值区域.

计算公式:

$$\sum_{i=1}^{n}(x_i-y_i)^2.$$

24）函数 TDIST 的使用格式：TDIST(x，degrees_freedom，tails)

功能：返回 t 分布的尾部概率.其中 Degrees_freedom 为自由度，Tails 指明返回的是单尾概率还是双尾概率.如果 tails＝1，函数 TDIST 返回单尾概率.如果 tails＝2，函数 TDIST 返回双尾概率.

注：2010 版为 T.DIST.2T，返回双尾学生 t 分布；

2010 版为 T. DIST.RT，返回右尾学生 t 分布；

2010 版为 T. TEST，返回学生 t 检验的概率值.

25）函数 TINV 的使用格式：TINV(probability，degrees_freedom)

功能：返回给定自由度的 t 分布的上 $\alpha/2$ 分位数.其中 α＝probability 为 t 分布的双尾概率，degrees_freedom 为分布的自由度.

计算公式：若 $x \sim t(n)$，$P\{X > t_\alpha(n)\}=\alpha$，则 t 分布的上 α 分位数

$$t_\alpha(n)=\mathrm{TINV}(2\alpha,\ n).$$

注：2010 版为 T.DIST.2T.

26）函数 VAR 的使用格式：VAR(number1，number2，…)

功能：计算给定样本的方差.

计算公式：

$$\frac{1}{n-1}\sum_{i=1}^{n}(x_i-\bar{x})^2=\frac{n\sum\limits_{i=1}^{n}x_i^2-\left(\sum\limits_{i=1}^{n}x_i\right)^2}{n(n-1)}.$$

注：2010 版为 VAR.S.

27）函数 VARP 的使用格式：VARP(number1，number2，…)

功能：计算样本的二阶中心距.

计算公式：

$$\frac{1}{n}\sum_{i=1}^{n}(x_i-\bar{x})^2=\frac{n\sum\limits_{i=1}^{n}x_i^2-\left(\sum\limits_{i=1}^{n}x_i\right)^2}{n^2}.$$

注：2010 版为 VAR.P.